소송실무자료

2024년 최신판

알기쉬운 이혼소송

편저 : 법률연구회

법률정보센터

목 차

제1장 이혼소송

제1절 이혼

제1장 이혼소송

제1절 이혼

1. 가사재판이란

가사재판은 가족 및 친족간의 분쟁사건과 가정에 관한 일반적인 사건에 대한 재판입니다.

2. 가정법원의 설치와 조직

가. 가정법원은 지방법원에 대응하는 제1심 법원이다(1·963. 7. 31. 법률 제1373호 구 법원조직법중개정법률 및 법률 제1374호 하급법원의설치와관할구역에관한 법률중개정법률에 의하여 신설).

나. 원래는 각 지방법원에 대응하여 1개씩의 가정법원을 설치할 예정이었다. 그러나 아직까지는 서울가정법원과 대구, 부산, 광주, 대전가정지원만이 설치되어 있다.
기타지역은 해당 지방법원 및 지방법원 지원이 가정법원의 권한에 속하는 사항을 처리한다.

3. 심급구조

가정법원 단독판사의 제1심 재판에 대한 제2심 재판 : 가정법원이 전담
가정법원 합의부의 제1심 재판에 대한 제2심 재판 : 고등법원이 전담
모든 가사사건에 대한 제3심 재판 : 최고법원인 대법원이 전담

민사및가사소송의사물관할에관한규칙 제3조(가정법원 및 그 지원 합의부의 심판범위) 가정법원 및 가정법원지원의 합의부는 「가사소송법」 제2조제1항, 제2항의 사건 중 다음 사건을 제1심으로 심판한다. <신설 1990. 12. 31., 2023. 1. 31.>

1. 소송목적의 값이 5억원을 초과하는 다류 가사소송사건.다만, 단독판사

가 심판할 것으로 합의부가 결정한 사건을 제외한다.

2. 「가사소송법」 제2조제1항제2호 나목 9), 10) 사건 및 4) 사건 중 청구목적의 값이 5억원을 초과하는 사건. 다만, 단독판사가 심판할 것으로 합의부가 결정한 사건을 제외한다.

2의2. 다류 가사소송사건과 「가사소송법」 제2조제1항제2호 나목 4) 사건을 병합한 사건으로서 그 소송목적의 값과 청구목적의 값을 더한 금액이 5억원을 초과하는 사건. 다만, 단독판사가 심판할 것으로 합의부가 결정한 사건을 제외한다.

3. 제1호부터 제2호의2까지 본문에 해당하지 아니하는 사건으로서 합의부가 심판할 것으로 합의부가 결정한 사건.

[제2조제2항에서 이동 <2001. 2. 10.>]

가사사건에 관한 사건별 부호문자

[사건별 부호문자의 부여에 관한 예규(재일 2003-1)]

가정보호사건	버
가정보호항고사건	서
가정보호재항고사건	어
가정보호신청사건	저
가정보호집행감독사건	버집
피해자보호명령사건	처
피해자보호명령항고사건	커
피해자보호명령재항고사건	터
피해자보호명령집행감독사건	처집
아동보호사건	동버
아동보호항고사건	동서
아동보호재항고사건	동어
아동보호신청사건	동저
아동보호집행감독사건	동버집
피해아동보호명령사건	동처
피해아동보호명령항고사건	동커

피해아동보호명령재항고사건	동터
피해아동보호명령집행감독사건	동처집
성매매관련보호사건	성
성매매관련보호항고사건	성로
성매매관련보호재항고사건	성모
성매매관련보호신청사건	성초
인신보호사건	인
인신보호항고사건	인라
인신보호재항고사건	인마
인신보호신청사건	인카
법정질서위반감치등사건	정고
기타감치신청사건	정기
법정질서위반감치등항고사건	정로
법정질서위반감치등특별항고사건	정모
가사1심합의사건	드합
가사1심단독사건	드단
가사항소사건	르
가사상고사건	므
가사항고사건	브
가사재항고사건	스
가사특별항고사건	으
가사조정사건	너
가사공조사건	츠
가사가압류,가처분등 합의사건	즈합
가사가압류,가처분등 단독사건	즈단
기타가사신청사건	즈기
가사비송합의사건	느합
가사비송단독사건	느단
후견개시사건	후개
기본 후견감독사건	후감
기타후견사건	후기
개명사건	호명
가족관계등록(제적)비송사건	호기
협의이혼의사확인 신청사건	호협

4. 법원청사

서울가정법원은 독립청사가 있지만, 부산가정지원, 광주가정지원도 독립한 청사를 가지고 있지 않고 해당 지방법원과 함께 청사를 사용하고 있으며, 대구가정지원은 등기소와 함께, 대전가정지원은 특허법원 청사를 사용하고 있다.

5. 가사재판의 종류

가사재판의 종류로는 재판상 이혼, 재산분할, 이혼을 원인으로 하는 손해배상청구, 혼인무효, 자의 양육, 친생자관계존부확인, 상속재산분할, 상속포기 등이 있다.

가. 가사소송 : 대립되는 당사자 사이의 법적 분쟁에 대하여 법원이 주로 실체법상의 판단기준을 적용하여 당사자의 주장과 당부를 판단하는 절차. 대표적인 것이 이혼소송이다.

나. 가사비송 : 대립되는 당사자 사이의 법적 분쟁을 전제로 하지 아니하고 국가가 정책적인 고려에서 사안의 법적 사항의 처리에 대하여 사법기관인 법원에게 특히 후견, 감독의 직무를 맡김으로써 법원이 재량에 의하여 합목적적으로 사건을 처리하는 절차, 대표적인 것이 상속포기 및 상속한정승인, 금치산 및 한정치산선고, 친권자·양육자 변경, 부양료 청구 등이 있다.

6. 가사사건의 절차에 대한 적용법규

가. 가사소송(가, 나, 다류) : 가사소송법이 절차를 규율하되, 민사소송법이 준용, 보완[1)]

① 가류 - 혼인무효, 친생자관계존부확인 등(외형상 신분관계와의 불일치를 해소하기 위한 방편으로 하는 확인소송)

예) 혼인 외에서 아들을 낳아 본처의 아들로 가족관계등록부에 입적시키고 출생신고를 하였는데, 후에 본처가 '남편이 혼인 외에서 낳아온 아들이고 자신의 아들이 아니라'는 이유로 친생자관계부존재확인소송을 제기하는 경우

② 나류 - 재판상이혼, 재판상파양, 인지청구, 사실혼관계존부확인, 부의 결정 등(신분관계의 생성을 목적을 하는 소송)

---

1) 가사소송법 12조 : 가사소송절차에 관하여는 이 법에 특별한 규정이 있는 경우를 제외하고는 민사소송법의 규정에 의한다. 이하 생략.

예) 아들이 상대방을 아버지라고 주장하는데, 아버지는 아니라고 부인하는 경우, 아들이 인지청구 소송 제기

③ 다류 - 약혼해제, 이혼 등을 원인으로 한 손해배상청구(제3자 포함) 등(본질적으로는 민사사건임. 다만, 가사분쟁과 일거에 해결하기 위하여 가사소송에 포함시킴)

예) 남편이 간통을 하였는데, 남편을 상대로는 이혼청구를 하면서 위자료 등 손해배상청구를 함께 하고, 상간자에 대하여도 함께 손해배상청구를 하는 경우[*다만, 이는 원칙적으로 민사소송이므로, 남편에 대하여는 이혼을 원하지 않고 상간자에 대하여만 손해배상청구를 하는 경우에는, 이혼을 원인으로하는 것이 아니기 때문에, 민사사건으로 되어, 가정법원 관할이 아니므로, 지방법원으로 이송하여야 함]

나. 가사비송(라, 마류) : 가사소송법 및 비송사건절차법이 규율

① 라류 - 한정치산 또는 금치산 선고, 상속포기, 한정승인, 실종선고, 유언증서의 검인, 유언증서의 개봉, 자의 성본 변경, 친양자입양 허가 등(법원의 후견적 허가나 감독처분을 요구하는 사건)

유언증서는 공정증서를 제외하고는 자필증서이든 녹음이든 법원의 검인을 받아야 유언의 효력을 인정받는다.

② 마류 - 부양료청구, 부부동거 등에 관한 처분, 친권자 지정 및 변호경, 친권상실선고, 상속재산의 분할 등(대심적 분쟁이지만 법원의 후견적 입장에서 재량이 필요한 사건)

한쪽은 이혼을 청구하고 있는데, 다른 한쪽은 이혼을 거부하면서 "부부로서의 동거의무를 이행하라"는 심판을 구하기도 한다.

다. 토지관할

(1) 일반원칙

가사소송은 특별한 규정이 있는 경우를 제외하고는 피고의 보통재판적이 있는 곳의 가정법원이 관할한다(법 제13조 제1항).

당사자 또는 관계인의 주소, 거소 또는 마지막 주소에 따라 관할이 정하여지는 경우에 그 주소, 거소 또는 마지막 주소가 국내에 없거나 이를 알 수 없을 때에는 대법원이 있는 곳의 가정법원이 관할한다(법 제13조 제2항).

(2) 관련사건이 병합된 경우

수 개의 가사소송사건 또는 가사소송사건과 가사비송사건의 청구 원인이 동일한 사실관계에 기초하거나 1개의 청구의 당부가 다른 청구의 당부의 전제가 되는 때에는 이를 1개의 소로 제기할 수 있다(법 제14조 제1항)

이 경우에 사건의 관할법원이 다를 때에는 가사소송사건 중 1개의 청구에 대한 관할권이 있는 가정법원에 소를 제기할 수 있다(법 제14조 제2항)

(3) 이송

(가) 관할위반으로 인한 이송

가정법원은 소송의 전부 또는 일부에 대하여 관할권이 없음을 인정한 경우에는 결정으로 관할법원에 이송하여야 한다(법 제13조 제3항).

(나) 편의이송

가정법원은 그 관할에 속하는 가사소송사건에 관하여 현저한 손해 또는 지연을 피하기 위하여 필요한 경우에는 직권 또는 당사자의 신청에 의하여 다른 관할가정법원에 이송할 수 있다(법 제13조 제4항)

이송결정과 이송신청의 기각결정에 대하여는 즉시항고를 할 수 있다(법 제13조 제5항)

라. 사물관할

(1) 일반원칙

사물관할이란 제1심 가사사건에 대한 합의재판부와 단독판사 사이의 사무분장을 말하며, 성질상 임의관할이다.

(가) 합의부의 사물관할

① 소송목적의 값이 2억원을 초과하는 다류 가사소송사건. 다만, 단독판사가 심판할 것으로 합의부가 결정한 사건을 제외한다.

② 가사소송법 제2조 제1항 제2호 나목 9), 10) 사건 및 4) 사건 중 청구목적의 값이 2억원을 초과하는 사건. 다만, 단독판사가 심판할 것으로 합의부가 결정

한 사건은 제외한다(다류 가사소송사건과 가사소송법 제2조 제1항 제2호 나목 4) 사건을 병합한 사건으로서 그 소송목적의 값과 청구목적의 값을 더한 금액이 2억원을 초과하는 사건. 다만, 단독판사가 심판할 것으로 합의부가 결정한 사건은 제외).

③ 제1호부터 제2호의2까지 본문에 해당하지 아니하는 사건으로서 합의부가 심판할 것으로 합의부가 결정한 사건이다.

마류 가사비송사건 중 단독판사의 사물관할로 규정되지 아니한 사건(따라서 마류가사비송사건 중 합의부의 사물관할에 속하는 사건은 친권 · 법률행위대리권 · 재산관리권의 상실선고 및 실권회복의 선고, 상속재산에 대한 기여분의 결정, 상속재산의 분할에 관한 처분 등이다.) 다만, 단독판사가 심판할 것으로 합의부가 결정한 사건을 제외한다.

(나) 단독판사의 사물관할

가정법원 및 그 지원의 심판권은 특별한 규정이 없는 한 단독판사가 행한다(법 제7조 제4항). 위에서 합의부의 관할에 속하는 것으로 열거되지 않은 아래 사건은 단독판사 사물관할에 속한다.

① 가류 가사소송사건

② 나류 가사소송사건

③ 소송목적의 값이 2억원을 이하인 다류 가사소송사건

④ 라류 가사비송사건

⑤ 마류 가사비송사건 중 부부의 동거, 부양, 협조 또는 생활비용의 부담에 관한 처분의 청구사건, 부부재산관리자의 변경 또는 공유물의 분할청구사건, 자녀의 양육에 관한 처분과 그 변경, 면접교섭권의 제한 또는 배제 청구사건, 이혼등을 원인으로 하는 재산분할청구사건, 친권을 행사할 자의 지정과 변경 청구사건 및 친족간의 부양에 관한 사건

⑥ 다른 법률에 의하여 가정법원의 권한에 속하게 된 사건

⑦ 후견인의 순위확인사건 및 양친자관계 존부 확인사건

⑧ 민법 제1014조의 규정에 의한 피인지자등의 상속분에 상당한 가액의 지급청구사건으로서 소송목적의 값이 2억원 이하인 사건(2억원을 초과하는 사건은 합의부의 사물관할에 속한다).

가사접수서류에 붙일 인지액 및 그 편철방법 등 일람표(재판예규 第1691號)

서 류 의 종 류	조 문	인 지 액	전산입력방법	편철방법
관할법원지정신청서	가소 3, 민소 28	1,000원	가사신청 사건입력	별도기록
법원직원의 제척·기피 신청서	가소 4, 민소 42, 43, 50	1,000원	가사신청 사건입력	별도기록
대리출석·보조인 동반 허가신청서	가소 7	–	문건입력	가철
소송기록의 열람·복사 신청서	가소10조의2	500원	문건입력	(열람및복사청구서철에 편철)
재판서, 조서의 정본·등본·초본 교부 신청서	가소10조의2	1,000원	문건입력	(제증명발급신청서철에 편철)
소송에 관한 사항의 증명서 발급 신청서	가소10조의2	500원	문건입력	(제증명발급신청서철에 편철)
이송신청서	가소 13③, 35, 51	–	문건입력	가철
이송신청서	가소 13④, 35, 51	1,000원	가사신청 사건입력	별도기록
관련사건 병합신청서	가소 14③	–	문건입력	가철
당사자의 추가·경정신청서	가소 15	–	문건입력	가철
소송절차의 승계신청서	가소 16	–	문건입력	가철
소장	가소 12 민소 248	1. 가류, 나류 :1건당20,000원 2. 다류 : 가수규 2② 소정액	가사사건 입력	별도기록
항소장	가소 12 민소 390	소장의 1.5배액	문건입력	가철
상고장	가소 12 민소 422	소장의 2배액	문건입력	가철
재심·준재심소장	가소 12 민소 451, 461	가수규 2⑤ 소정액	가사재심 사건입력	첨철
혈액형 등의 수검명령신청서	가소 29	–	문건입력	가철
심판청구서	가소 36	가수규 3① 소정액	가사사건 입력	별도기록

참가신청서	가소 37	–	문건입력	가철
절차구조신청서	가소37조의2	1,000원	신청사건입력	첨철 (항고,재항고 심리기간에는 별도기록)
절차구조취소신청서	가소37조의2 ②, 민소 131	1,000원	신청사건입력	합철
증거조사신청서	가소 38	–	문건입력	가철
가집행선고신청서	가소 42	–	문건입력	가철
반대청구서	가소규 92	가수규 3③ 소정액	가사사건입력	합철
심판에 대한 즉시항고장	가소 43①	가수규 3② 소정액	문건입력	가철
심판에 대한 재항고장	가소 43④	가수규 3② 소정액	문건입력	가철
관할변경신청서	가소 44②	1,000원	가사신청 사건입력	별도기록
정신상태의 감정신청서	가소 45조의2①	–	문건입력	가철
부재자재산관리사건의 이송신청서	가소규 40	–	문건입력	가철
가정법원이 선임한 재산관리인의 사임신고서	가소규 42②, 69	–	문건입력	가철
재산관리인의 담보의 증감·변경·면제신청서	가소규 45, 69	–	문건입력	가철
이해관계인의 재산목록 작성참여 허가신청서	가소규 47③, 69	–	문건입력	가철
재산관리에 관한 처분의 취소신청서	가소규 50, 69	5,000원	가사사건입력	첨철
이행명령신청서	가소규 97, 108, 115③	–	문건입력	가철
재산명시신청서	가소48조의2	–	문건입력	가철
재산조회신청서	가소48조의3	–	문건입력	가철
가사조정신청서	가소 49 민조 5	5,000원 ※ 민사사건의 청구를 병합한 경우에는 가수규 6② 소정액	가사사건입력	별도기록
조정회부신청서	가소 50②	–	문건입력	가철

사전처분신청서	가소 62	1,000원	가사신청사건 입력	첨철
가압류·가처분신청서	가소 63	10,000원	가사신청사건 입력	별도기록
임시의 지위를 정하기 위한 가처분신청서	가소 63	본안의 소에 따른 인지액의 2분의 1(인지액의 상한액은 50만원)		
양육비 직접지급명령신청서	가소 63조의2①	2,000원	가사신청사건 입력	별도기록
소득세원천징수의무자에 대한 진술최고신청서	가소 63조의2②, 민집 237①	–	문건입력	가철
양육비 직접지급명령취소신청서	가소 63조의2③	2,000원	가사신청사건 입력	첨철
담보제공명령신청서	가소 63조의3②	1,000원	가사신청사건 입력	별도기록
일시금지급명령신청서	가소 63조의3④	1,000원	가사신청사건 입력	별도기록
이행명령신청서	가소 64	1,000원	가사신청사건 입력	별도기록
금전임치신청서	가소 65	1,000원	가사신청사건 입력	별도기록
과태료부과신청서	가소 67① 중 29조, 62조 각 위반	–	문건입력	가철
	가소 67① 중 63조의2①, 63조의3①②, 64조 각 위반	1,000원	과태료사건입력	별도기록
감치신청서	가소 67②	–	감치사건입력	첨철
	가소 68	1,000원	감치사건입력	별도기록
재산상황의 조사와 의무이행의 권고신청서	가소규 122	1,000원	가사신청사건 입력	첨철
조정위원선정합의서	가소 53②	–	문건입력	가철

비송사건절차법의 준용범위 등

비송사건 절차법	주요내용	준용여부		가사소송법·규칙상 특별규정
		라류사건	마류사건	
제2조	관할의 보충	X	X	법 35,44,46
제3조 본문	우선관할	O	O	
제3조 단서	이송	X	X	법 35②,13④
제4조	관할법원의 지정	O	O	
제5조	법원직원의 제척·기피	X	X	법 4
제6조	대리인	견해대립	견해대립	법 7 해석문제
제7조	대리권 증명	O	O	
제8조	신청 및 진술의 방법	심판청구외의 신청·진술에 준용	좌동	법 36
제9조 제1항	신청서기재사항	심판청구서 외의 신청에 준용	좌동	
제9조 제2항	증거서류의 첨부	O	O	
제10조	기일·기간·소명방법, 인증과 감정에 민사소송법의 준용	기일·기간·소명방법에 관하여 준용	좌동	법 38 규 23
제11조	직권에 의한 탐지와 증거조사	O	O	관계규정 : 법 8 규 23①
제12조	촉탁할 수 있는 사항	사실탐지의 촉탁을 제외한 소환·고지·재판의 집행에 관하여 준용	좌동	법 8 규 23②
제13조	심문의 비공개	O	△ (공개해석여지)	

제14조	조서의 작성	O	O	
제16조	검사에 대한 통지	O	O	
제17조	재판의 방식	제1심의 종국재판을 제외한 사항에 대하여 준용	좌동	법 39
제18조	재판의 고지	제1항의 규정은 준용이 제한됨	좌동	법 40 규 25
제19조 제1항	재판의 취소·변경	X (반대견해 있음)	X (반대견해 있음)	
제19조 제2항	"	X	X	규 27
제19조 제3항	"	O	O	
제20조	항고	X	X	법 43
제21조	항고의 효력	X	X	법 40
제22조	항고법원의 재판	O	O	참고 : 법 43②
제23조	항고의 절차	O	O	
제24조	비용의 부담	O	O	
제25조	비용액에 관한 재판	O (일부제한)	O (일부제한)	규 52,58, 74,90,95
제26조	관계인에 대한 비용부담명령	O	O	
제27조	비용의 공동부담	O	O	
제28조	비용부담에 대한 불복신청	O	O	
제29조	비용채권자의 강제집행	O	O	
제30조	국고에 의한 비용의 체당	O	O	규 4
제31조	신청의 정의	O (일부제한)	O (일부제한)	

7. 가사분쟁을 해결하는 방법

가사분쟁을 해결하는 방법은 판결, 심판, 조정 등이 있다.

재판상 이혼청구나 이혼을 원인으로 하는 손해배상청구와 같은 가사소송사건과 자의 양육, 상속재산의 분할청구와 같은 가사비송사건은 원칙적으로 본안재판을 하기 전에 조정을 거쳐야 합니다. 가사조정절차는 본인이 출석한 상태에서 비공개로 진행되는 것을 원칙으로 하고, 조정이 성립되어 그 내용이 조정조서에 기재되면 이는 재판상 화해와 동일한 효력이 있다.

가정법원에서는 사건의 해결에 필요하다고 인정하는 때에는 관계자들에게 현상 변경 또는 처분행위의 금지를 명하는 등 적당한 사전처분을 할 수 있고, 확정된 가사판결 등에 따라 재산상의 의무 또는 유아의 인도의무를 부담하고 있는 자가 이를 이행하지 아니하는 때에는, 일정한 기간 내에 그 의무를 이행할 것을 명할 수 있다.

8. 이혼절차의 진행

질의	고민 끝에 이혼을 결정하였습니다. 어떤 절차를 밟아야 하나요?
응답	이혼은 당사자뿐만 아니라 그 자녀와 주변 사람들에게 깊은 상처를 남기게 됩니다. 그럼에도 이혼을 결정하신 데에는 많은 고민과 생각이 있었을 것입니다.

가. 이혼의 의의

이혼이란 부부의 생존 중에 당사자의 협의 또는 재판에 의하여 유효한 혼인을 장래에 향하여 해소시키는 신분행위이다. 혼인으로 인하여 발생한 인척관계는, 혼인취소의 경우와 마찬가지로 이혼으로 인하여 종료한다(민 775조). 그러나 당사자의 사망 또는 실종선고로 혼인관계가 해소된 때에는 혼인으로 발생한 인척관계는 소멸하지 않는다(다만, 생존배우자가 재혼한 때에 인척관계는 종료한다). 이혼은 그 혼인관계를 해소하는 방법에 따라 협의상 이혼으로 나눌 수 있다.

나. 이혼절차는 크게 두 가지의 형태 협의이혼과 재판상 이혼

(1) 협의 이혼이란 : '협의 이혼'은 당사자가 이혼과 자녀양육에 합의하여 판사로부터 이혼 의사를 확인받아 신고하는 방법이다

(2) 재판상 이혼이란 : '재판상 이혼'은 이혼 합의가 되지 않거나 합의를 할 수 없는 경우, 당사자 일방에게 재판상 이혼 사유가 있을 때 소송을 통해 이혼하는 방법이다.

다. 협의이혼

(1) 의의

협의상 이혼이란 당사자 간의 자유로운 의사의 합치에 의하여 혼인관계를 장래에 향하여 해소시키는 신분행위로, 가정법원의 확인을 받아 신고함으로써 그 효력이 발생한다(민 836조). 이혼원인에는 아무런 제한이 없다.

◉ 민법 834조 (협의상 이혼) : 부부는 협의에 의하여 이혼할 수 있다.

◉ 민법 836조 (이혼의 성립과 신고방식) 협의상 이혼은 가정법원의 확인을 받아 「가족관계의 등록 등에 관한 법률」의 정한 바에 의하여 신고함으로써 그 효력이 생긴다. <개정 1977.12.31., 2007.5.17.>

◉ 민법 836조의2 (이혼의 절차) ① 협의상 이혼을 하려는 자는 가정법원이 제공하는 이혼에 관한 안내를 받아야 하고, 가정법원은 필요한 경우 당사자에게 상담에 관하여 전문적인 지식과 경험을 갖춘 전문상담인의 상담을 받을 것을 권고할 수 있다.

② 가정법원에 이혼의사의 확인을 신청한 당사자는 제1항의 안내를 받은 날부터 다음 각 호의 기간이 지난 후에 이혼의사의 확인을 받을 수 있다.

1. 양육하여야 할 자(포태 중인 자를 포함한다. 이하 이 조에서 같다)가 있는 경우에는 3개월
2. 제1호에 해당하지 아니하는 경우에는 1개월

③ 가정법원은 폭력으로 인하여 당사자 일방에게 참을 수 없는 고통이 예상되는 등 이혼을 하여야 할 급박한 사정이 있는 경우에는 제2항의 기간을 단축 또는 면제할 수 있다.

④ 양육하여야 할 자가 있는 경우 당사자는 제837조에 따른 자(子)의 양육과

제909조제4항에 따른 자(子)의 친권자결정에 관한 협의서 또는 제837조 및 제909조제4항에 따른 가정법원의 심판정본을 제출하여야 한다.

⑤ 가정법원은 당사자가 협의한 양육비부담에 관한 내용을 확인하는 양육비부담조서를 작성하여야 한다. 이 경우 양육비부담조서의 효력에 대하여는 「가사소송법」 제41조를 준용한다. <신설 2009.5.8.>

[본조신설 2007.12.21.]

질의	저희 부부는 더 이상 혼인생활을 계속할 수 없다는데 합의하였고, 재판으로 다투기 원하지 않습니다. 이러한 경우 협의이혼 절차는 어떻게 하면 될까요?
응답	협의이혼을 하고자 하는 부부는, 신분증과 도장을 가지고, 등록기준지 또는 주소지를 관할하는 지방법원 또는 지원이나 시, 군 법원 등에 가서 협의이혼 의사확인 신청서를 작성, 제출하면 됩니다.

(가) 부부의 주소가 각기 다르거나 등록기준지(본적)와 주소가 다른 경우에는 그 중 편리한 곳에 신청서를 제출하면 됩니다.

(나) 협의이혼하고자 하는 부부는 자녀의 양육자의 결정, 양육비용의 부담, 면접교섭권의 행사 여부 및 그 방법 등이 기재된 양육사항과 친권자 결정에 관한 협의서 또는 가정법원의 심판 정본을 이혼 확인시 의무적으로 제출하여야 합니다.

(다) 가정법원에 이혼의사의 확인을 신청한 당사자는 제1항의 안내(이혼에 관한 안내)를 받은 날부터, 양육하여야 할 자(포태 중인 자 포함)가 있는 경우에는 3개월, 양육하여야 할 자가 없는 경우에는 1개월이 각 지난 후에 이혼의사의 확인을 받을 수 있으며(제836조의2 제2항), 가정법원은 폭력으로 인하여 당사자 일방에게 참을 수 없는 고통이 예상되는 등 이혼을 하여야 할 급박한 사정이 있는 경우에는 그 기간을 단축 또는 면제할 수 있다(동조 제3항). 양육하여야 할 자가 있는 경우 당사자는 제837조 및 제909조 제4항에 따른 가정법원의 심판정본을 제출하여야 한다(동조 제4항 - 자녀 양육사항 및 친권자 결정 의무화). 가정법원은 당사자가 협의한 양육비부담에 관한 내용을 확인하는 양육비 부담조서를 작성하여야 한다. 이 경우 양육비부담조서는 집행권원이 된다(동조 제5항, 가사소송법 제41조). 양육비부담조서의 집행문은 그 양육비부담조서의 집행문은 그 양육비부담조서가 작성된 협의이혼의사확인사건의 확인서에 따라 이혼신고를 하였음을 소명한 때에만 내

어준다(가족관계의 등록 등에 관한 규칙 제78조 제5항)

협의상 이혼은 가정법원의 확인을 받아 가족관계의 등록 등에 관한 법률이 정한 바에 의하여 신고함으로써 그 효력이 생기며(제836조 제1항), 이 신고는 당사자 쌍방과 성년자인 증인 2인의 연서한 서면으로 하여야 한다(동조 제2항).

(2) 협의이혼의사확인진행절차

부부가 함께 본인의 신분증과 도장을 가지고 통지받은 확인기일(시간)에 법원에 출석하여야 합니다.

첫 번째 확인기일에 불출석하였을 경우에는 두 번째 확인기일에 출석하면 된다. 두 번째 확인기일에도 불출석한 경우에는 확인신청을 취하한 것으로 봅니다.

부부 모두 이혼의사가 있음이 확인되면 법원에서 부부에게 확인서 등본 한통씩을 교부합니다.

(3) 본인출석주의

가사소송법 7조 : 원칙적으로 본인이 출석하여야 한다.

대리인의 선임유무와 관계없이 일단 본인을 소환하는 것이 실무이다.

출석 위반 시 50만 원 이하의 과태료 및 구인(가사소송법 66조)

변호사 단독으로 출석하는 경우에는 그 기일에 재판장으로부터 대리출석에 관한 허가를 받아야 함. 다만 변호사가 선임되어 있는 경우에 기일소환장을 본인에게 송달하지 아니하고 그 대리인에게 송달하면 그것으로써 대리인의 출석대리를 허가하는 취지로 볼 수 있을 것이다.

변호사 아닌 자가 대리인이 되기 위해서는 미리 사전에 재판장으로부터 소송(조정)대리에 관한 허가를 받아야 한다.

위 허가는 재판장이 언제든지 취소할 수 있고, 본인이 함께 출석할 것을 명할 수도 있다.

(4) 금치산자는 이혼의 동의를 얻을 것

금치산자는 부모 또는 후견인의 동의를 얻어서 협의이혼을 할 수 있고, 부모 또는 후견인이 없거나 또는 동의할 수 없는 때에는 친족회의 동의를 얻어 협의

이혼을 할 수 있다(민 제835조). 금치산자도 의사능력이 있으면 협의이혼을 할 수 있다.

미성년자나 한정치산자는 누구의 동의(친권자·후견인 등 법정대리인의 동의)도 받지 않고 협의이혼 할 수 있다.

본조개정
제835조(성년후견과 협의상 이혼) 피성년후견인의 협의상 이혼에 관하여는 제808조 제2항을 준용한다. [전문개정 2011. 3. 7.]

라. 재판상 이혼 진행절차

질의	더 이상 혼인생활을 계속하기 곤란한 상황입니다. 그런데, 배우자는 이혼에 동의해 줄 수 없다고 합니다. 이러한 경우 재판상 이혼 절차는 어떻게 하는지요?
응답	당사자 간에 이혼에 대한 조정이 성립되지 않은 경우에 그 조정신청한 때에 소가 제기된 것으로 보고(민조 36조 1항), 직권으로 조정에 회부된 재판상 이혼소송사건은 다시 소송절차로 복귀되어 이혼소송절차가 진행된다. 그리하여 재판에 의한 이혼판결이 확정되면 재판상 이혼은 성립하고 소를 제기한 자는 판결확정일부터 1개월 내에 이혼판결의 등본과 확정증명서를 첨부하여 이혼신고를 하여야 하고, 상대방도 이혼신고를 할 수 있다(법 78조, 58조). 부부사이에 협의가 이루어지지 않을 때에는 소송을 통하여 이혼을 하게 되는데, 재판상 이혼을 하기위해서는 상대 배우자에게 민법 제840조의 이혼사유가 있어야 합니다. 재판상 이혼이 확정되면 확정일로부터 1개월 이내에 판결 등본과 확정증명서를 첨부하여 등록기준지(본적) 또는 주소지에 이혼신고를 하여야 합니다.

(1) 의의

재판상 이혼이란 민법 제840조 각 호[2)]에서 정한 이혼사유가 있는 경우에 당사

2) 부부의 일방은 (ⅰ) 배우자에 부정한 행위가 있었을 때, (ⅱ) 배우자가 악으로 다른 일방을 유기한 때, (ⅲ) 배우자 또는 그 직계존속으로부터 심히 부당한 대우를 받았을 때, (ⅳ) 자기의 직계존속이 배우자로부터 심히 부당한 대우를 받았을때, (ⅴ) 배우자의 생사가 3년 이상 분명하지 아니한 때, (ⅵ) 기타 혼인을 계속하기 어려운 중대한 사유가 있을 때에는 가정법원에 이혼을 청구할 수 있다(민 840조)

자의 일방의 청구로 가정법원의 재판에 의하여 혼인관계를 해소시키는 것을 말한다. 재판상 이혼은 이혼판결의 확정 또는 이혼조종의 성립으로 이혼이 성립한다. 그러므로 재판상 이혼신고는 보고적 신고이다.

(2) 민법 제840조의 이혼사유

(가) 배우자에 부정한 행위가 있었을 때(1호)

'간통'보다는 넓은 개념(광의설) : '부부의 정조의무에 충실하지 아니한 일체의 정숙하지 못한 행위'를 말한다. 약혼한 단계에서는 해당되지 않는다.

● 이혼,위자료 ●

대법원 1987. 5. 26. 선고 87므5,87므6 판결

【판시사항】

가. 민법 제840조 제1호에서 재판상 이혼사유로 규정한 "배우자의 부정한 행위"의 의미

나. 유책배우자에 대한 위자료수액의 산정방법

【판결요지】

가. 민법 제840조 제1호에서 재판상 이혼사유로 규정한 "배우자의 부정한 행위"라 함은 간통을 포함하는 보다 넓은 개념으로서 간통에 까지는 이르지 아니하나 부부의 정조의무에 충실하지 않는 일체의 부정한 행위가 이에 포함되며, 부정한 행위인지의 여부는 구체적 사안에 따라 그 정도와 상황을 참작하여 이를 평가하여야 한다.

나. 유책배우자에 대한 위자료수액을 산정함에 있어서는 유책행위에 이르게 된 경위와 정도, 혼인관계, 파탄의 원인과 책임, 배우자의 연령과 재산상태 등 변론에 나타나는 모든 사정을 참작하여 법원이 직권으로 정하는 것이다.

【참조조문】

가. 민법 제840조 제1호 나. 제843조

【참조판례】

가. 대법원 1963.3.14 선고 63다54 판결
나. 대법원 1981.10.13 선고 80므100 판결

【전 문】

【청구인, 피상고인】 청구인
【피청구인, 상고인】 피청구인
【원심판결】 서울고등법원 1986.12.15 선고 86르206,207 판결

【주 문】

상고를 기각한다.
상고비용은 피청구인의 부담으로 한다.

【이 유】

피청구인의 상고이유를 판단한다.

민법 제840조 제1호에서 재판상 이혼사유로 규정한 "배우자의 부정한 행위"라 함은 간통을 포함하는 보다 넓은 개념으로서 간통에까지는 이르지 아니하나 부부의 정조의무에 충실하지 않는 일체의 부정한 행위가 이에 포함될 것이고, 부정한 행위인지의 여부는 구체적 사안에 따라 그 정도와 상황을 참작하여 이를 평가하여야 할 것이다.

원심이 적법히 확정한 바에 의하면, 피청구인은 청구외인 과 판시와 같은 경위로 서로 친하게 지내던중 청구외인이 간혹 시간이 늦으면 피청구인 방에서 같이 자고 새벽에 나가는 일이 더러 있었고, 1985.9.11.23:00경 위 두 사람 관계를 의심한 청구인이 경찰관과 함께 피청구인집(아파트)에 들이닥쳤을 때, 피청구인은 런닝셔츠와 팬티만 입고 청구외인은 브레지어와 7부 팬티를 입은 상태에 있었다는 것이고, 원심은 피청구인의 위와 같은 행위를 배우자로서의 부정한 행위에 해당한다고 판단하고 있다.

기록에 비추어 보면, 원심의 사실인정과 판단은 정당한 것으로 수긍이 되고, 거기에 채증법칙을 어기거나 부정행위에 대한 법리를 오해한 위법이 있다할 수 없다.

또, 유책배우자에 대한 위자료수액을 산정함에 있어서는, 유책행위에 이르게 된 경위와 정도, 혼인관계파탄의 원인과 책임, 배우자의 연령과 재산상태 등 변

론에 나타나는 모든 사정을 참작하여 법원이 직권으로 정하는 것인바,기록에 비추면서 원심이 이 사건에서 판시하고 있는 여러가지 사정을 종합하여 보면, 원심이 그 위자료수액을 금 700만원으로 결정한 조치 또한 정당하고 거기에 소론과 같이 귀책사유를 잘못 인정하거나 부정행위의 법리를 오해하여 위자료수액을 잘못 인정한 위법이 있다 할 수 없다. 논지는 결국 이유없다.

이에 상고를 기각하고, 상고비용은 패소자의 부담으로 하여 관여법관의 일치된 의견으로 주문과 같이 판결한다.

대법관　배석(재판장) 윤일영 최재호

(나) 배우자가 악의로 다른 일방을 유기한 때(2호)

민법 제826조 1항(부부의 동거, 부양, 협조의무)의 위반

"악의" : 단순히 알고 있다는 것 이상의 적극적인 의미로서 사회적으로 비난받을 만한 윤리적 요소를 포함하는 것이다.

"유기" : 상대방을 내쫓거나 또는 두고 나가버린다든지 아니면 상대방으로 하여금 나갈 수 없게 만든 다음 돌아오지 못하게 함으로써 계속하여 동거에 응하지 않는 것도 포함한다. 일정기간의 계속을 요하나, 우리 민법은 기간에 대하여는 규정하지 않는다.

주로 가출한 경우. 각 방 별거도 포함한다.

[대법원 판례에서 인정된 사안]

* 직장생황을 하는 처가 가정생활에 충실하라는 시어머니의 타이름에 불만을 품고 남편에게 시어머니와의 별거를 주장하였으나 남편이 이를 거절하자 의복 등을 챙겨 집을 나가 가출한 경우
* 남편이 처와 신앙의 차이로 갈등하다가 정신병적 증세를 보이는 처를 두고 집을 나와 입산하여 비구승이 된 경우
* 부양의무를 이행하면서 동거의무를 위반한 경우 첩과 동거하고 있는 남편이 본처의 생활을 위해서 주택을 마련해 주었다 하더라도 축첩행위 자체만으로도 동거의무를 불이행한 것으로서 악의의 유기에 해당한다.

- 처가 남편의 폭행을 견디지 못하고 가출한 경우는 해당되지 않는다.

(다) 배우자 또는 그 직계존속으로부터 심히 부당한 대우를 받았을 때(3호)

"혼인관계의 지속을 인내하도록 강요하는 것이 참으로 가혹하다고 여겨질 정도"여야 한다.

주로 폭행, 학대, 중대한 모욕 등이 있다.

[대법원 판례에서 인정된 사안]

* 노예적인 가사노동 : 처에게 썩은 사과궤짝을 연료로 사용하도록 하고 시장에서 주워온 무나 배추우거지로 반찬을 만들게 하는 등 남편의 수입에 비하여 지나친 내핍생활을 하도록 하고 세탁이나 집안의 모든 힘든 일을 처 혼자서 하도록 하고 시누이 등 다른 사람은 이를 전혀 돌보지 않은 경우
* 직장인으로서 본분을 다할 수 없게끔 하는 행패 : 처가 대학교수인 남편의 직장에 남편을 비방하는 투서를 하고 학생들 앞에서 정신감정을 하자며 남편을 끌고 가려고 하는 등 교수로서의 본분을 다할 수 없게끔 한 경우
* 처가 남편을 정신병 환자로 몰아 병원에 강제로 입원시킨 행위
* 배우자에 대한 무고 등 : 배우자의 결백을 알면서도 간통죄로 고소하고 제3자에게 거짓진술을 부탁한 경우
* 처가 임신불능임을 트집잡아 남편이 처에게 이혼을 요구하면서 자살한다고 농약을 마시는 등 소동을 벌인 경우
* 단 2회의 폭행이라도 그로 인한 상해의 정도가 중하고, 결국 그것이 파탄에 이르게 된 원인이 된 경우에는 부당한 대우로 인정 : 폭행에 대한 대법원의 태도가 보다 엄격해지고 있는 듯함.

[대법원 판례에서 부정된 사안]

* 부부싸움 중의 감정의 격화로 인한 경미한 폭행, 모욕 등 : 남편이 무정자증으로 생식불능이고 성기능이 다소 원활하지 못하자 이를 비관한 나머지 음주를 하고 부부싸움을 하던 중 처가 친정으로 가버리자 찾아가 폭행한 경우
* 무분별한 행동을 제지하기 위한 경미한 폭행 : 처가 가정을 돌보지 않고 사치와 춤을 일삼아 불화하던 중 남편이 처를 2회 폭행한 경우
* 폭언은 있었으나 유형력의 행사는 없었으며 신혼초기 적응과정에서 겪는 일시적인 장애에 직면한 정도인 경우

(라) 자기의 직계존속이 배우자로부터 심히 부당한 대우를 받았을 때(4호)
혼인 당사자 한쪽의 직계존속이 상대방 배우자로부터 혼인관계의 지속을 강요하는 것이 가혹하다고 여겨질 정도의 폭행이나 학대 또는 중대한 모욕을 받았을 경우

(마) 배우자의 생사가 3년 이상 분명하지 아니한 때(5호)

- 생사불명의 책임여부는 불문

(바) 기타 혼인을 계속하기 어려운 중대한 사유가 있을 때(6호)

- "부부간의 애정과 신뢰가 바탕으로 되어야 할 혼인의 본질에 상응하는 부부공동생활관계가 회복할 수 없을 정도로 파탄되고 그 혼인생활의 계속을 강제하는 것이 일방 배우자에게 참을 수 없는 고통이 되는 경우"를 말함(대법원 1991. 7. 9. 선고 90므1067).

[대법원 판례에서 인정된 경우]

① 정신적 내지 정서적 사유

* 지나친 신앙생활 : 교리상의 이유로 시부모 생일이나 제사 참석을 거부하고 종교집회에 참석한다고 집에 들어오지도 않는 등 가사와 육아에 소홀한 경우
* 불치의 정신병
* 파렴치한 범죄 : 강간, 강취 등의 범죄로 징역 4년의 장기복역형을 선고받은 경우

② 육체적 사유

* 성기능 장애, 성적 부조화 : 남자의 성기능이 불완전함에도 이를 은폐한 채 혼인하고, 신혼생활 6개월간 한 번도 성교관계가 없는 경우(이 사안은 사실혼관계 해소에 따른 위자료 청구사건)
* 부당한 피임, 성병의 감염, 이유 없는 성교거부

③ 경제적 사유

* 무분별한 계 조직으로 인한 가정경제의 위협
* 상습적인 도박 : 한 달에 20일 정도 외박을 하면서 도박
* 낭비로 인한 수입 탕진

④ 부부간의 별거

* 부부가 20년 이상 별거하면서 각자 다른 사람과 동거하는 경우 : 혼인한지 불과 10여일 만에 남편이 강제징용으로 일본으로 간이래 별거상태에서 각각 다른 사람과 사실혼관계에서 자식까지 낳고 산 경우
* 남편이 처와 혼인신고 후 이틀 만에 이혼합의한 후 10년 이상 연락이 끊긴 채 그 후 2년 뒤부터 다른 여자와 동거하면서 자식까지 둔 경우, 남편의 이혼청구 인용
* 갑과 을 사이의 11년이 넘는 장기간의 별거, 갑과 병 사이의 사실혼관계 형성 및 자의 출산 등 제반사정을 고려하여 갑과 을의 혼인은 혼인의 본질에 상응하는 부부공동생활 관계가 회복할 수 없을 정도로 파탄되었고, 그 혼인생활의 계속을 강제하는 것이 일반 배우자에게 참을 수 없는 고통이 된다고 하여, 비록 '유책배우자'의 이혼청구라 하더라도 갑과 을의 혼인에는 민법 제840조 제6호의 '혼인을 계속하기 어려운 중대한 사유가 있을 때'라는 이혼원인이 존재한다(대법원 2009.12.24. 선고 2009므2130)

[대법원 판례에서 부정된 경우]

* 회복가능한 정신병적 증세 : "부부는 사랑과 희생으로 그 병의 치료를 위하여 진력을 다하여야 할 의무가 있으므로" 남편의 이혼청구 기각
* 혼인 전부터의 신앙의 차이 : 남편이 신앙포기를 요구하면서 폭행하여 처가 가출한 경우엥 남편의 이혼청구 기각
* 성격차이, 애정상실 : 재혼부부간에 전처 소생의 자식이 있어 부부간에 불화가 있는 경우, 부부간의 연령차이가 10년이고 학력과 재벌이 심히 한쪽으로 기울어져 있어 부부간에 애정이 상실된 경우, 해외유학을 위한 장기간의 합의별거로 인한 애정 냉각 등은 이혼사유 안됨
* 대가족생활에서 오는 불화
* 무정자증과 성기능의 상대적 저열(심인성 음경발기부전증), 혼인 후 약 2년간 성관계 없음(대법원 2009.12.24. 선고 2009므2413)
* 혼전의 임신
* 임신불능
* 사업실패로 인한 채무부담 : 처가 남편의 동의하에 양품점을 경영하다가 채무를 부담하고 채무담보를 위하여 남편의 인장을 도용하여 남편 소유의 가옥에 대하여 가등기를 설정한 경우
* 첩과의 동거로 인한 장기간의 별거

* 단순한 이혼합의사실의 존재 : 그것만으로는 이혼사유가 안되고, 사실상 부부관계의 실체를 해소한 채 생활하여 왔다는 특별한 사정이 있어야 함

질의	어느 법원에 이혼소송을 청구하면 되는지요?
응답	재판상 이혼 청구를 할 법원, 즉 재판상 이혼의 관할법원은 다음과 같은 순서에 의해 결정됩니다. ① 부부가 같은 가정법원의 관할구역 내에 주소를 둔 경우에는 그 가정법원이, ② 부부가 최후의 공통의 주소지를 가졌던 가정법원의 관할구역 내에 부부 중 일방의 주소가 있을 때에는 그 가정법원이, ③ 위의 각 경우에 해당하지 않을 때에는 상대방의 주소지를 관할하는 가정법원이 각각 관할법원이 됩니다.

질의	남편을 상대로 이혼소송을 하고 싶은데, 남편이 가출하여 어디에 살고 있는지도 모르고 남편의 주민등록 또한 말소된 상태라면 어떻게 해야 되는지요?
응답	배우자와 장기간 동안 별거하여 주소도 모르고 연락조차 되지 않아 법원의 우편물을 송달할 수 없는 경우에는 공시송달 신청을 하여 재판을 진행할 수 있습니다. 공시송달 신청시 갖추어야 할 서류는 공시송달 신청서, 피고의 최후 주소지를 확인할 수 있는 증명서(주민등록초본), 피고의 친족(부모, 형제자매)이 작성한 소재 불명 확인서(가족관계증명서, 주민등록등본 포함) 등입니다.

질의	해외에 거주하는 외국인 아내와 이혼하고 싶은데, 우리나라 법원에 이혼소송을 청구할 수 있는지요?
응답	이혼소송의 한쪽이 외국인이고 다른 한쪽이 대한민국 국민인 경우에는 우리나라 법원에 이혼소송을 청구할 수 있습니다. 다만, 외국인이 국내에 거주지가 있는 경우 그 거소를 관할하는 가정법원이, 아직 국내에 입국하지 않은 때에는 서울가정법원이 관할법원이 됩니다(후자의 경우 소장을 번역, 공증 받아 3부를 추가로 제출하여야 합니다).

(3) 유책배우자의 이혼청구

(가) 혼인생활의 파탄에 대하여 주된 책임이 있는 배우자는 원칙적으로 그 파탄을 사유로 하여 이혼을 청구할 수 없다.[3)]

(나) 다만 상대방도 그 파탄 이후 혼인을 계속할 의사가 없음이 객관적으로 명백함에도 오기나 보복적 감정에서 이혼에 응하지 아니하고 있을 뿐이라는 등의 특별한 사정이 있는 경우에만 예외적으로 유책배우자의 이혼청구권이 인정된다.[4)]

● 이혼 ●

대법원 2015. 9. 15. 선고 2013므568 전원합의체 판결

【판시사항】

민법 제840조 제6호 이혼사유에 관하여 유책배우자의 이혼청구를 허용할 것인지 여부(원칙적 소극) / 예외적으로 유책배우자의 이혼청구를 허용할 수 있는 경우 및 판단 기준

【판결요지】

[다수의견]

(가) 이혼에 관하여 파탄주의를 채택하고 있는 여러 나라의 이혼법제는 우리나라와 달리 재판상 이혼만을 인정하고 있을 뿐 협의상 이혼을 인정하지 아니하고 있다. 우리나라에서는 유책배우자라 하더라도 상대방 배우자와 협의를 통하여 이혼을 할 수 있는 길이 열려 있다. 이는 유책배우자라도 진솔한 마음과 충분한 보상으로 상대방을 설득함으로써 이혼할 수 있는 방도가 있음을 뜻하므로, 유책배우자의 행복추구권을 위하여 재판상 이혼원인에 있어서까지 파탄주의를 도입하여야 할 필연적인 이유가 있는 것은 아니다.

우리나라에는 파탄주의의 한계나 기준, 그리고 이혼 후 상대방에 대한 부양적 책임 등에 관해 아무런 법률 조항을 두고 있지 아니하다. 따라서 유

3) 대법원 1966. 6. 28. 선고 66므9 판결
4) 대법원 2006. 1. 13. 선고 2004므1378 판결

책배우자의 상대방을 보호할 입법적인 조치가 마련되어 있지 아니한 현 단계에서 파탄주의를 취하여 유책배우자의 이혼청구를 널리 인정하는 경우 유책배우자의 행복을 위해 상대방이 일방적으로 희생되는 결과가 될 위험이 크다.

유책배우자의 이혼청구를 허용하지 아니하고 있는 데에는 중혼관계에 처하게 된 법률상 배우자의 축출이혼을 방지하려는 의도도 있는데, 여러 나라에서 간통죄를 폐지하는 대신 중혼에 대한 처벌규정을 두고 있는 것에 비추어 보면 이에 대한 아무런 대책 없이 파탄주의를 도입한다면 법률이 금지하는 중혼을 결과적으로 인정하게 될 위험이 있다.

가족과 혼인생활에 관한 우리 사회의 가치관이 크게 변화하였고 여성의 사회 진출이 대폭 증가하였더라도 우리 사회가 취업, 임금, 자녀양육 등 사회경제의 모든 영역에서 양성평등이 실현되었다고 보기에는 아직 미흡한 것이 현실이다. 그리고 우리나라에서 이혼율이 급증하고 이혼에 대한 국민의 인식이 크게 변화한 것이 사실이더라도 이는 역설적으로 혼인과 가정생활에 대한 보호의 필요성이 그만큼 커졌다는 방증이고, 유책배우자의 이혼청구로 인하여 극심한 정신적 고통을 받거나 생계유지가 곤란한 경우가 엄연히 존재하는 현실을 외면해서도 아니 될 것이다.

(나) 이상의 논의를 종합하여 볼 때, 민법 제840조 제6호 이혼사유에 관하여 유책배우자의 이혼청구를 원칙적으로 허용하지 아니하는 종래의 대법원판례를 변경하는 것이 옳다는 주장은 아직은 받아들이기 어렵다.

유책배우자의 이혼청구를 허용하지 아니하는 것은 혼인제도가 요구하는 도덕성에 배치되고 신의성실의 원칙에 반하는 결과를 방지하려는 데 있으므로, 혼인제도가 추구하는 이상과 신의성실의 원칙에 비추어 보더라도 책임이 반드시 이혼청구를 배척해야 할 정도로 남아 있지 아니한 경우에는 그러한 배우자의 이혼청구는 혼인과 가족제도를 형해화할 우려가 없고 사회의 도덕관·윤리관에도 반하지 아니하므로 허용될 수 있다.

그리하여 상대방 배우자도 혼인을 계속할 의사가 없어 일방의 의사에 따른 이혼 내지 축출이혼의 염려가 없는 경우는 물론, 나아가 이혼을 청구하는 배우자의 유책성을 상쇄할 정도로 상대방 배우자 및 자녀에 대한 보호와 배려가 이루어진 경우, 세월의 경과에 따라 혼인파탄 당시 현저하였던 유책배우자의 유책성과 상대방 배우자가 받은 정신적 고통이 점차 약화되어 쌍방의 책임의 경중을 엄밀히 따지는 것이 더 이상 무의미할 정도가 된 경우 등과 같이 혼인생활의 파탄에 대한 유책성이 이혼청구를 배척해야 할 정도로 남아 있지 아니한 특별한 사정이 있는 경우에는 예외적으로 유책배우자의 이혼청구를 허용할 수 있다.

유책배우자의 이혼청구를 예외적으로 허용할 수 있는지 판단할 때에는, 유책배우자 책임의 태양·정도, 상대방 배우자의 혼인계속의사 및 유책배우자에 대한 감정, 당사자의 연령, 혼인생활의 기간과 혼인 후의 구체적인 생활관계, 별거기간, 부부간의 별거 후에 형성된 생활관계, 혼인생활의 파탄 후 여러 사정의 변경 여부, 이혼이 인정될 경우의 상대방 배우자의 정신적·사회적·경제적 상태와 생활보장의 정도, 미성년 자녀의 양육·교육·복지의 상황, 그 밖의 혼인관계의 여러 사정을 두루 고려하여야 한다.

[대법관 민일영, 대법관 김용덕, 대법관 고영한, 대법관 김창석, 대법관 김신, 대법관 김소영의 반대의견]

(가) 이혼에 대한 사회 일반의 인식, 사회·경제적 환경의 변화와 아울러 이혼법제 및 실무의 변화 등을 함께 종합하여 볼 때, 유책배우자의 이혼청구라는 이유만으로 민법 제840조 제6호 이혼사유에 의한 재판상 이혼청구를 제한하여야 할 필요는 상당히 감소하였다.

상대방 배우자의 혼인계속의사는 부부공동생활관계가 파탄되고 객관적으로 회복할 수 없을 정도에 이르렀는지 등을 판단할 때에 참작하여야 하는 중요한 요소라 할 수 있다. 그렇지만 그러한 의사를 참작하였음에도 부부공동생활관계가 객관적으로 회복할 수 없을 정도로 파탄되었다고 인정되는 경우에, 다시 상대방 배우자의 주관적인 의사만을 가지고 형식에 불과한 혼인관계를 해소하는 이혼청구가 불허되어야 한다고 단정하는 것은 불합리하며, 협의가 이루어지지 아니할 때의 혼인해소 절차를 규정한 재판상 이혼제도의 취지에도 부합하지 아니한다.

간통죄는 과거의 간통행위 자체에 대한 형사적인 제재인 반면 혼인파탄에 따른 이혼은 혼인의 실체가 소멸함에 따른 장래의 혼인 법률관계의 해소로서 제도의 목적과 법적 효과가 다르므로, 간통을 한 유책배우자에 대한 형사적 제재가 없어졌다고 하더라도, 민사상의 불법행위에 해당하는 간통행위로 인한 손해배상책임을 강화하는 것은 별론으로 하고, 혼인의 실체가 소멸한 법률관계를 달리 처우하여야 할 필요는 없다.

(나) 위와 같은 여러 사정들을 종합하여 보면, 혼인관계가 파탄되었음에도 유책배우자가 이혼을 청구하고 상대방이 이를 거부한다는 사정만으로 일률적으로 이혼청구를 배척하는 것은 더 이상 이혼을 둘러싼 갈등 해소에 적

절하고 합리적인 해결 방안이라고 보기 어렵다.

부부공동생활관계가 회복할 수 없을 정도로 파탄된 경우에는 원칙적으로 제6호 이혼사유에 해당하지만, 이혼으로 인하여 파탄에 책임 없는 상대방 배우자가 정신적·사회적·경제적으로 심히 가혹한 상태에 놓이는 경우, 부모의 이혼이 자녀의 양육·교육·복지를 심각하게 해치는 경우, 혼인기간 중에 고의로 장기간 부양의무 및 양육의무를 저버린 경우, 이혼에 대비하여 책임재산을 은닉하는 등 재산분할, 위자료의 이행을 의도적으로 회피하여 상대방 배우자를 곤궁에 빠뜨리는 경우 등과 같이, 유책배우자의 이혼청구를 인용한다면 상대방 배우자나 자녀의 이익을 심각하게 해치는 결과를 가져와 정의·공평의 관념에 현저히 반하는 객관적인 사정이 있는 경우에는 헌법이 보장하는 혼인과 가족제도를 형해화할 우려가 있으므로, 그와 같은 객관적인 사정이 부존재하는 경우에 한하여 제6호 이혼사유가 있다고 해석하는 것이 혼인을 제도적으로 보장한 헌법 정신에 부합한다.

그리고 혼인파탄에 책임이 없는 배우자에 대하여 재판상 이혼을 허용할 경우에도, 혼인관계 파탄으로 입은 정신적 고통에 대한 위자료의 액수를 정할 때에 주된 책임이 있는 배우자의 유책성을 충분히 반영함으로써 혼인 해소에 대한 책임을 지우고 상대방 배우자에게 실질적인 손해 배상이 이루어질 수 있도록 하며, 재산분할의 비율·액수를 정할 때에도 혼인 중에 이룩한 재산관계의 청산뿐 아니라 부양적 요소를 충분히 반영하여 상대방 배우자가 이혼 후에도 혼인 중에 못지않은 생활을 보장받을 수 있도록 함으로써, 이혼청구 배우자의 귀책사유와 상대방 배우자를 위한 보호 및 배려 사이에 균형과 조화를 도모하여야 한다.

【참조조문】

민법 제810조, 제816조 제1호, 제826조 제1항, 제834조, 제840조, 헌법 제36조 제1항

【참조판례】

대법원 1965. 9. 21. 선고 65므37 판결(민13-2, 민148)
대법원 1971. 3. 23. 선고 71므41 판결(민19-1, 민216)
대법원 1987. 4. 14. 선고 86므28 판결(공1987, 810)
대법원 1990. 4. 27. 선고 90므95 판결(공1990, 1164)

대법원 1991. 7. 9. 선고 90므1067 판결(공1991, 2158)
대법원 1993. 3. 9. 선고 92므990 판결(공1993상, 1173)
대법원 1993. 4. 23. 선고 92므1078 판결(공1993하, 1570)
대법원 1993. 11. 26. 선고 91므177, 184 판결(공1994상, 202)
대법원 1997. 5. 16. 선고 97므155 판결(공1997상, 1735)
대법원 1999. 2. 12. 선고 97므612 판결(공1999상, 661)
대법원 2007. 12. 14. 선고 2007므612 판결
대법원 2009. 12. 24. 선고 2009므2130 판결(공2010상, 248)

【전 문】

【원고, 상고인】 원고 (소송대리인 변호사 장순재)
【피고, 피상고인】 피고 (소송대리인 변호사 박경환 외 1인)
【원심판결】 대구가법 2013. 1. 11. 선고 2012르754 판결

【주 문】

상고를 기각한다. 상고비용은 원고가 부담한다.

【이 유】

상고이유(상고이유서 제출기간이 경과한 후에 제출된 원고 준비서면들의 기재는 상고이유를 보충하는 범위 내에서)를 판단한다.

1. 가. 혼인은 일생의 공동생활을 목적으로 하여 부부의 실체를 이루는 신분상 계약으로서, 그 본질은 애정과 신뢰에 바탕을 둔 인격적 결합에 있다. 부부는 동거하며 서로 부양하고 협조하여야 할 의무가 있는데(민법 제826조 제1항), 이는 혼인의 본질이 요청하는 바로서, 혼인생활을 함에 있어서 부부는 애정과 신의 및 인내로써 상대방을 이해하고 보호하여 혼인생활의 유지를 위한 최선의 노력을 기울여야 하고, 혼인생활 중에 장애가 되는 여러 사태에 직면하는 경우가 있더라도 그러한 장애를 극복하기 위한 노력을 다하여야 하며, 일시 부부간의 화합을 저해하는 사정이 있다는 이유로 혼인생활의 파탄을 초래하는 행위를 하여서는 아니 된다(대법원 1999. 2. 12. 선고 97므612 판결 등 참조).

   나. 혼인은 이혼에 의하여 해소된다. 부부는 협의에 의하여 이혼할 수 있고(민법 제834조), 부부의 일방은 법률에 정한 사유가 있는 경우에는 가정

법원에 이혼을 청구할 수 있다(민법 제840조). 민법 제840조는 제1호 내지 제5호에서 재판상 이혼원인이 되는 이혼사유를 '배우자에 부정한 행위가 있었을 때'와 같이 구체적·개별적으로 열거하고 있는 외에, 제6호에서 '기타 혼인을 계속하기 어려운 중대한 사유가 있을 때'(이하 '제6호 이혼사유'라고 한다)를 이혼사유로 규정하고 있다. 그리고 제6호 이혼사유의 의미에 관하여 대법원판례는 혼인의 본질에 상응하는 부부공동생활관계가 회복할 수 없을 정도로 파탄되고, 혼인생활의 계속을 강제하는 것이 일방 배우자에게 참을 수 없는 고통이 되는 경우를 말한다고 해석하여 왔다(대법원 1991. 7. 9. 선고 90므1067 판결, 대법원 2007. 12. 14. 선고 2007므1690 판결, 대법원 2009. 12. 24. 선고 2009므2130 판결 등 참조).

다. 이혼제도에 관한 각국의 입법례를 살펴보면, 배우자 중 어느 일방이 동거·부양·협조·정조 등 혼인에 따른 의무에 위반되는 행위를 한 때와 같이 이혼사유가 명백한 경우에 그 상대방에게만 재판상의 이혼청구권을 인정하는 이른바 유책주의(유책주의)와 부부 당사자의 책임 유무를 묻지 아니하고 혼인의 목적을 달성할 수 없는 사실 즉 혼인을 도저히 계속할 수 없는 객관적 사정인 파탄을 이유로 하여 이혼을 허용하는 이른바 파탄주의(파탄주의)로 대별할 수 있다.

우리 헌법은 제36조 제1항에서 "혼인과 가족생활은 개인의 존엄과 양성의 평등을 기초로 성립되고 유지되어야 하며, 국가는 이를 보장한다."고 규정하고 있으므로, 개인의 존엄과 양성의 평등은 혼인의 효력뿐만 아니라 재판상 이혼사유에 관한 평가 및 판단에서도 지도원리가 된다. 따라서 법원은 민법 제840조에 규정된 재판상 이혼제도를 운영함에 있어서 개인의 존엄과 양성의 평등을 지도원리로 하여 우리나라의 사회·경제적 현실과 국민의 보편적 도덕관념 그리고 각국의 입법추세 등을 면밀히 검토한 다음 상충되는 법익을 조정하면서도 일관된 법 정책을 유지함으로써 국민의 법 생활에 불필요한 혼란이 발생하지 아니하도록 하여야 할 것이다.

2. 가. 대법원은 일찍부터 재판상 이혼원인에 관한 민법 제840조는 원칙적으로 유책주의를 채택하고 있는 것으로 해석하여 왔다. 그리하여 민법 제840조 제1호 내지 제5호의 이혼사유가 있는 것으로 인정되는 경우라 할지라도 전체적으로 보아 그 이혼사유를 일으킨 배우자보다도 상대방 배우자에게 혼인파탄의 주된 책임이 있는 경우에는 그 상대방 배우자는 그

러한 이혼사유를 들어 이혼청구를 할 수 없다고 하였다(대법원 1993. 4. 23. 선고 92므1078 판결 등 참조). 또한 제6호 이혼사유에 관하여도 혼인생활의 파탄에 주된 책임이 있는 배우자는 그 파탄을 사유로 하여 이혼을 청구할 수 없는 것이 원칙임을 확인하고 있다(대법원 1965. 9. 21. 선고 65므37 판결, 대법원 1971. 3. 23. 선고 71므41 판결, 대법원 1987. 4. 14. 선고 86므28 판결, 대법원 1990. 4. 27. 선고 90므95 판결, 대법원 1993. 3. 9. 선고 92므990 판결 등 참조).

그러면서도 대법원은 제6호 이혼사유에 관하여, 혼인의 파탄을 자초한 배우자에게 재판상 이혼청구권을 인정하는 것은 혼인제도가 요구하고 있는 도덕성에 근본적으로 배치되고 배우자 일방의 의사에 의한 이혼 내지는 축출이혼을 시인하는 부당한 결과가 되므로 혼인의 파탄에도 불구하고 이혼을 희망하지 아니하고 있는 상대방 배우자의 의사에 반하여서는 이혼을 할 수 없도록 하려는 것일 뿐, 상대방 배우자에게도 그 혼인을 계속할 의사가 없음이 객관적으로 명백한 경우에까지 파탄된 혼인의 계속을 강제하려는 취지는 아니므로, 상대방 배우자도 이혼의 반소를 제기하고 있는 경우 혹은 오로지 오기나 보복적 감정에서 표면적으로는 이혼에 불응하고 있기는 하나 실제에 있어서는 혼인의 계속과는 도저히 양립할 수 없는 행위를 하는 등 이혼의 의사가 객관적으로 명백한 경우에는 비록 혼인의 파탄에 관하여 전적인 책임이 있는 배우자의 이혼청구라 할지라도 이를 인용함이 타당하고, 그러한 경우에까지 이혼을 거부하여 혼인의 계속을 강제하는 것은 쌍방이 더 이상 계속할 의사가 없는 혼인관계가 형식상 지속되고 있음을 빌미로 하여 유책배우자를 사적으로 보복하는 것을 도와주는 것에 지나지 아니하여 이를 시인할 수 없다는 견해를 취하고 있다(위에서 본 대법원 86므28 판결, 대법원 2009므2130 판결 및 대법원 1993. 11. 26. 선고 91므177, 184 판결, 대법원 1997. 5. 16. 선고 97므155 판결 등 참조).

나. 이러한 대법원판례의 태도에 대하여는 우리나라와 유사한 법제를 가지고 있는 여러 나라의 입법례가 유책주의에서 파탄주의로 이미 바뀐 점, 부부공동생활관계가 도저히 회복될 수 없을 정도로 파탄되었다면 혼인은 한낱 형식에 불과할 뿐 이혼은 불가피한 것임에도 불구하고 유책배우자라고 하여 혼인관계를 계속 유지하라고 강제하는 것은 개인의 존엄과 행복추구권을 침해하는 면이 있는 점, 유책배우자의 이혼청구를 배척하는 판례가 형성된 1960년대 중반이나 그 판례가 확립된 1980년대 후반까지는 민법상

재산분할과 면접교섭권 제도가 없었으나 그 후 민법이 개정되어 이혼한 당사자에게 재산분할청구권과 면접교섭권이 부여되었을 뿐만 아니라 자녀에 대한 양육권, 친권 등도 남녀 간에 차별 없이 평등하게 보장되기에 이른 점, 우리 사회가 경제발전과 더불어 가족보다 개인을 중요시하는 사회로 변화되고 있고 여성의 사회적 진출이 증가하였을 뿐만 아니라 1990년대 중반 이후부터는 이혼율이 급증하여 이혼에 대한 국민의 인식이 크게 변화된 점 등을 고려하여 볼 때, 이제는 제6호 이혼사유의 해석에 있어서도 본래의 입법 취지에 맞게 유책배우자의 이혼청구라 하더라도 이를 허용하는 쪽으로 판례를 변경하여야 한다는 주장이 대두하고 있으므로, 이에 대하여 검토하여 본다.

다. 대법원이 종래 유책배우자의 이혼청구를 허용하지 아니한 데에는, 스스로 혼인의 파탄을 야기한 사람이 이를 이유로 이혼을 청구하는 것은 신의성실에 반하는 행위라는 일반적 논리와 아울러, 여성의 사회적·경제적 지위가 남성에 비해 상대적으로 열악한 것이 현실인 만큼 만일 유책배우자의 이혼청구를 널리 허용한다면, 특히 파탄에 책임이 없는 여성배우자가 이혼 후의 생계나 자녀 부양 등에 큰 어려움을 겪는 등 일방적인 불이익을 입게 될 위험이 크므로 유책인 남성배우자의 이혼청구를 불허함으로써 여성배우자를 보호하고자 하는 취지가 있다고 보인다. 이런 관점에서, 대법원이 종래 취해온 법의 해석을 바꾸려면 이혼에 관련된 전체적인 법체계와 현 시점에서 종래 대법원판례의 배경이 된 사회적·경제적 상황에 의미 있는 변화가 생겼는지 등에 관한 깊은 검토가 있어야 한다.

첫째로, 이혼에 관하여 파탄주의를 채택하고 있는 여러 나라의 이혼법제는 우리나라와 달리 재판상 이혼만을 인정하고 있을 뿐 협의상 이혼을 인정하지 아니하고 있다. 우리나라에서는 유책배우자라 하더라도 상대방 배우자와 협의를 통하여 이혼을 할 수 있는 길이 열려 있을 뿐만 아니라, 실제로도 2014년 현재 전체 이혼 중 77.7% 정도가 협의상 이혼에 해당하는 실정이다. 이는 곧 유책배우자라도 진솔한 마음과 충분한 보상으로 상대방을 설득함으로써 이혼할 수 있는 방도가 있음을 뜻하므로, 유책배우자의 행복추구권을 위하여 재판상 이혼원인에 있어서까지 파탄주의를 도입하여야 할 필연적인 이유가 있는 것은 아니다.

둘째로, 1990. 1. 13. 민법이 개정됨에 따라 부부가 이혼을 하는 경우 당사자에게 재산분할청구권과 면접교섭권이 부여됨으로써 이혼한 여성의 법적 지위에 관하여 개선이 이루어진 것은 사실이다. 그러나 파탄주의 입법례를 취하고 있는 나라들에서는 혼인생활이 파탄되더라도 미성년 자녀의 이익을 위하여 부부관계를 유지하는 것이 꼭 필요한 특별한 사정이 있거나 이혼에 동의하지 아니하는 일방에게 심히 가혹한 결과를 초래하는 경우 등에는 이혼을 허용하지 아니하는 이른바 '가혹조항'을 두어 파탄주의의 한계를 구체적이고 상세하게 규정하고 있고, 나아가 이혼을 허용하는 경우에도 이혼 후 부양 제도라든지 보상급부 제도 등 유책배우자에게 이혼 후 상대방에 대한 부양적 책임을 지우는 제도를 마련하고 있는 것이 일반적이다. 이는 한편으로 파탄주의 원칙을 채택하면서도 다른 한편 유책배우자의 상대방이나 자녀를 보호하는 제도적 장치를 둠으로써 파탄주의의 시행에 따른 상대방의 일방적인 희생을 방지하기 위한 것이다. 이에 반해 우리나라에는 파탄주의의 한계나 기준, 그리고 이혼 후 상대방에 대한 부양적 책임 등에 관해 아무런 법률 조항을 두고 있지 아니하다. 물론 법원이 판례로써 파탄주의의 적용에 관하여 어느 정도 기준을 제시할 수 있을 것이고, 또 위자료나 재산분할 제도의 운영에서 상대방에 대한 배려를 한층 높이는 방향으로 실무를 발전시켜 나갈 수도 있을 것이나, 그와 같은 사법적 기능만으로 상대방을 보호하기에는 너무나 불충분하고 한계가 있다. 따라서 유책배우자의 상대방을 보호할 입법적인 조치가 마련되어 있지 아니한 현 단계에서 파탄주의를 취하여 유책배우자의 이혼청구를 널리 인정하는 경우 유책배우자의 행복을 위해 상대방이 일방적으로 희생되는 결과가 될 위험이 크다.

셋째로, 유책배우자의 책임사유로는 여러 가지가 있겠지만 현실적으로 가장 문제가 되는 것은 배우자 아닌 사람과 사실혼에 가까운 불륜관계를 맺는 경우이다. 우리나라는 중혼을 금지하고 있고(민법 제810조), 이를 위반한 때에는 혼인의 취소를 청구할 수 있으나(민법 제816조 제1호), 이를 처벌하는 형벌규정을 두고 있지는 아니하다. 사실상 중혼에 대한 형벌조항으로 기능하던 간통죄가 2015. 2. 26. 헌법재판소의 위헌결정에 의하여 폐지된 이상 중혼에 대한 형사 제재가 없는 것이 사실이다. 대법원판례가 유책배우자의 이혼청구를 허용하지 아니하고 있는 데에는 중혼관계에 처하게 된 법률상 배우자의 축출이혼을 방지하려는 의도도 있는데, 여러 나라에서 간통죄를 폐지하는 대신 중혼에 대한 처벌규정을 두고 있는 것에 비추어 보면 이에 대한 아무런 대책 없이 파탄주의를 도입한다면 법률이 금지하는 중혼을 결과적으로 인정하게 될 위험이 있다.

넷째로, 가족과 혼인생활에 관한 우리 사회의 가치관이 크게 변화하였고 여성의 사회 진출이 대폭 증가하였더라도 우리 사회가 취업, 임금, 자녀양육 등 사회경제의 모든 영역에서 양성평등이 실현되었다고 보기에는 아직 미흡한 것이 현실이다. 그리고 우리나라에서 이혼율이 급증하고 이혼에 대한 국민의 인식이 크게 변화한 것이 사실이더라도 이는 역설적으로 혼인과 가정생활에 대한 보호의 필요성이 그만큼 커졌다는 방증이라고 할 수 있고, 유책배우자의 이혼청구로 인하여 극심한 정신적 고통을 받거나 생계유지가 곤란한 경우가 엄연히 존재하는 현실을 외면해서도 아니 될 것이다.

라. 이상의 논의를 종합하여 볼 때, 제6호 이혼사유에 관하여 유책배우자의 이혼청구를 원칙적으로 허용하지 아니하는 종래의 대법원판례를 변경하는 것이 옳다는 주장은 그 주장이 들고 있는 여러 논거를 감안하더라도 아직은 받아들이기 어렵다.

그러나 대법원판례가 유책배우자의 이혼청구를 허용하지 아니하는 것은 앞서 본 바와 같이 혼인제도가 요구하는 도덕성에 배치되고 신의성실의 원칙에 반하는 결과를 방지하려는 데에 있으므로, 혼인제도가 추구하는 이상과 신의성실의 원칙에 비추어 보더라도 그 책임이 반드시 이혼청구를 배척해야 할 정도로 남아 있지 아니한 경우에는 그러한 배우자의 이혼청구는 혼인과 가족제도를 형해화할 우려가 없고 사회의 도덕관·윤리관에도 반하지 아니한다고 할 것이므로 허용될 수 있다고 보아야 한다.

그리하여 대법원판례에서 이미 허용하고 있는 것처럼 상대방 배우자도 혼인을 계속할 의사가 없어 일방의 의사에 의한 이혼 내지 축출이혼의 염려가 없는 경우는 물론, 나아가 이혼을 청구하는 배우자의 유책성을 상쇄할 정도로 상대방 배우자 및 자녀에 대한 보호와 배려가 이루어진 경우, 세월의 경과에 따라 혼인파탄 당시 현저하였던 유책배우자의 유책성과 상대방 배우자가 받은 정신적 고통이 점차 약화되어 쌍방의 책임의 경중을 엄밀히 따지는 것이 더 이상 무의미할 정도가 된 경우 등과 같이 혼인생활의 파탄에 대한 유책성이 그 이혼청구를 배척해야 할 정도로 남아 있지 아니한 특별한 사정이 있는 경우에는 예외적으로 유책배우자의 이혼청구를 허용할 수 있다. 이와 같이 유책배우자의 이혼청구를 예외적으로 허용할 수 있는지를 판단할 때에는, 유책배우자의 책임의 태양·정도, 상대방 배우자의 혼인계속의사 및 유책배우자에 대한 감정, 당사자의 연령, 혼인생활의 기간과 혼인 후의 구체적인 생활관계, 별거기간, 부부간의 별거 후에 형성된 생활관계, 혼인생활의 파탄 후 여러 사정의 변경 여부, 이혼이 인정될 경우의 상대방 배우자의 정신적·사회적·경제적 상태와 생활보장의 정도, 미성년 자녀의 양육·교육·복지의 상황, 그 밖의 혼인관계의 여러 사정을 두루 고려하여야 한다.

3. 원심판결과 원심이 인용한 제1심판결의 이유 및 기록에 의하면, ① 원고와 피고는 1976. 3. 9. 혼인신고를 마친 법률상 부부로서 그 사이에 성년인 자녀 3명을 두고 있는 사실, ② 원고는 2000. 1.경 집을 나와 원고의 딸을 출산한 소외인과 동거하고 있는 사실, ③ 피고는 원고가 집을 나간 후 혼자서 세 자녀를 양육한 사실, ④ 피고는 직업이 없고 원고로부터 생활비로 지급받은 월 100만 원 정도로 생계를 유지하였는데 그나마 2012. 1.경부터는 원고로부터 생활비를 지급받지 못하고 있는 사실, ⑤ 피고는 원심 변론종결 당시 만 63세가 넘는 고령으로서 위암 수술을 받고 갑상선 약을 복용하고 있는 등 건강이 좋지 아니하며 원고와의 혼인관계에 애착을 가지고 혼인을 계속할 의사를 밝히고 있는 사실 등을 알 수 있다.

이러한 사실관계를 앞서 본 법리에 비추어 살펴보면, 원고는 혼인생활의 파탄에 대하여 주된 책임이 있는 유책배우자이고, 혼인관계의 여러 사정을 두루 고려하여 보아도 피고가 혼인을 계속할 의사가 없음이 객관적으로 명백함에도 오기나 보복적 감정에서 이혼에 응하지 아니하고 있을 뿐이거나 원고의 유책성이 그 이혼청구를 배척해야 할 정도로 남아 있지 아니한 특별한 사정이 있는 경우에 해당한다고 할 수 없으므로, 원고는 그 파탄을 사유로 하여 이혼을 청구할 수 없다고 할 것이다.

원심이 같은 취지에서 원고의 이혼청구를 기각한 제1심판결을 유지한 조치는 정당하고, 거기에 상고이유 주장과 같이 논리와 경험의 법칙에 반하여 자유심증주의의 한계를 벗어나거나 제6호 이혼사유 또는 유책배우자의 재판상 이혼청구 등에 관한 법리를 오해하는 등의 잘못이 없다.

상고이유로 들고 있는 대법원판결은 이 사건과 사안이 다르므로 이 사건에 원용하기에 적절하지 아니하다.

4. 그러므로 상고를 기각하고 상고비용은 패소자가 부담하기로 하여, 주문과 같이 판결한다. 이 판결에 대하여는 대법관 민일영, 대법관 김용덕, 대법관 고영한, 대법관 김창석, 대법관 김신, 대법관 김소영의 반대의견이 있는 외에는 관여 법관의 의견이 일치하였다.

5. 대법관 민일영, 대법관 김용덕, 대법관 고영한, 대법관 김창석, 대법관 김신, 대법관 김소영의 반대의견은 다음과 같다.

가. 부부공동생활관계가 회복할 수 없을 정도로 파탄되었다면 이는 더 이상

혼인생활은 기대할 수 없음을 말하며, 결국 혼인의 실체가 소멸하여 부존재하고 혼인이라는 외형만이 남아 있을 뿐인 상태를 뜻한다. 혼인생활의 회복이 불가능하여 법률이 예정한 부부공동생활체로서의 혼인의 실체가 완전히 소멸하였다면, 이는 실질적인 이혼상태라 할 것이므로 그에 맞게 법률관계를 확인·정리하여 주는 것이 합리적이다. 이러한 상태의 부부공동생활관계에 대하여 이혼을 인정하는 것은 현재 소멸하여 있는 혼인 실체의 부존재를 확인하여 줌에 그칠 뿐, 아직 그 실체가 남아 있어 혼인생활이 회복될 가능성이 있음에도 새로이 그 실체를 깨뜨려 혼인을 해소하는 것이 아님에 유의하여야 한다.

따라서 비록 혼인생활이 회복할 수 없을 정도의 파탄 상태에 이르기까지 과정에는 여러 원인이 있을 수 있고 그에 따라 쌍방 또는 일방에게 주된 귀책사유가 있을 수 있지만, 혼인생활이 회복할 수 없을 정도의 파탄 상태에 이르러 혼인의 실체가 소멸한 이상 그 귀책사유는 더 이상 혼인의 실체 유지나 회복에 아무런 영향을 미치지 못하므로, 그 귀책사유가 그 혼인 해소를 결정짓는 판단 기준이 되지 못한다. 다만 그와 같은 귀책사유에 대하여는, 그로 인하여 상대방이 입은 손해나 상대방 보호에 필요한 사항을 이혼에 따른 배상책임 및 재산분할 등에 충분히 반영함으로써, 그에 상응한 책임을 묻고 아울러 이를 통하여 상대방 배우자를 보호할 수 있을 것이다.

그러므로 제6호 이혼사유가 부부공동생활관계가 회복할 수 없을 정도로 파탄되었고 그 혼인생활의 계속을 강제하는 것이 일방 배우자에게 참을 수 없는 고통이 되는 경우를 말한다고 하면서도, 그와 같이 회복불가능한 상태의 파탄에 이르게 된 주된 책임이 있는 배우자라는 이유만으로 제6호 이혼사유에 의한 재판상 이혼청구를 허용하여서는 아니 된다는 다수의견에는 찬성할 수 없고, 다수의견과 같은 취지의 종전 대법원판례는 변경되어야 한다.

아래에서 이와 같은 요지의 반대의견이 타당함에 대한 논거를 구체적으로 제시한다.

나. 혼인적령에 이른 사람이 혼인의 합의를 하고 혼인신고를 하면 혼인이 성립한다(민법 제807조, 제812조 제1항, 제815조 제1호). 혼인은 애정을 바탕으로 하여 일생의 공동생활을 목적으로 정신적·육체적·경제적으로 결합된 공동체로서, 부부 사이에는 동거하며 서로 부양하고 협조하여야 할 의무가 있다(민법 제826조 제1항). 헌법 제36조 제1항도 "혼인과 가

족생활은 개인의 존엄과 양성의 평등을 기초로 성립되고 유지되어야 하며, 국가는 이를 보장한다."고 규정하여 혼인제도를 보호하고 있다. 혼인이 성립하면 부부는 애정과 신의 및 인내로써 상대방을 서로 이해하고 보호하여 부부공동생활로서의 혼인이 유지되도록 상호 간에 포괄적으로 협력하여야 하며, 혼인생활 중에 그 장애가 되는 여러 사태에 직면하는 경우가 있다 하더라도 이를 극복하기 위하여 최선의 노력을 하여야 한다. 그렇지만 혼인에 의하여 공동생활을 이룬 부부가 여러 사정에 의하여 더 이상 혼인을 유지할 수 없는 경우가 발생함에 따라, 민법은 이러한 혼인을 해소할 수 있는 방법으로 협의상 이혼(민법 제834조)과 재판상 이혼(민법 제840조) 제도를 두고 있다.

협의상 이혼은 가정법원으로부터 이혼의사를 확인받아 신고함으로써 효력이 생기며 그 이혼사유에 제한이 없으므로, 부부 사이에 이혼에 관한 진정한 합의가 이루어지면 이혼이 허용된다.

한편 재판상 이혼은 민법 제840조에서 정한 재판상 이혼사유가 있는 경우에 허용되며, 부부의 일방이 상대방의 동의 없이 가정법원에 재판상 이혼을 청구할 수 있다. 협의상 이혼제도를 두면서도 별도로 재판상 이혼제도를 마련한 목적은, 부부 사이에 이혼에 대한 의사합치가 이루어지지 아니하였더라도 혼인의 해소가 불가피한 경우가 있음을 고려하여, 헌법이 인정한 혼인의 제도적 보장 취지를 벗어나지 아니하는 범위 내에서 객관적인 재판상 이혼사유를 법률로 정하되 가정법원의 재판에 의하여 그 사유가 있다고 인정될 때에 이혼을 허용하려는 것이다.

이에 따라 민법 제840조는 재판상 이혼을 청구할 수 있는 이혼원인으로 제1호부터 제6호까지의 사유를 개별적으로 열거하고 있는데, 그중 제1호 내지 제5호의 사유는 부정행위, 악의의 유기, 심히 부당한 대우 또는 상대방의 3년 이상의 생사불명으로서 모두 이혼청구 상대방에게 책임 있는 사유를 구체적으로 정하고 있으나, 제6호 이혼사유는 '기타 혼인을 계속하기 어려운 중대한 사유가 있을 때'라고 하여 추상적·포괄적으로 규정하고 있다.

다. 그동안 대법원은 제6호 이혼사유인 '기타 혼인을 계속하기 어려운 중대한 사유가 있을 때'라 함은 혼인의 본질에 상응하는 부부공동생활관계가 회복할 수 없을 정도로 파탄되고 그 혼인생활의 계속을 강제하는 것이 일방 배우자에게 참을 수 없는 고통이 되는 경우를 말한다고 해석하여 왔다(위 대법원 90므1067 판결 등 참조).

혼인은 인간의 존엄과 가치를 실현하고 행복을 추구하는 바탕이 될 뿐만 아니라 사회생활에서 가장 기본이 되는 사회적 조직체인 가정을 형성하는 주요한 토대가 되는 것이어서 일단 맺어진 혼인관계는 유지되는 것이 바람직하다. 그렇지만 부부가 장기간 별거하는 등의 사유로 실질적으로 부부공동생활이 파탄되어 더 이상 존재하지 아니하게 되고 객관적으로 회복할 수 없는 정도에 이른 때에는, 정신적·육체적·경제적으로 결합된 공동체로서의 부부공동생활을 본질로 하는 혼인의 실체는 소멸하였다고 보아야 한다. 법적으로만 혼인이 해소되지 아니하였을 뿐, 혼인관계를 파탄되기 전의 상태로 돌이킬 수 없고 부부 사이의 애정과 신뢰의 회복이나 동거의무 등의 이행을 기대할 수 없는 이상, 그 혼인을 토대로 형성된 가정이 그 구성원인 부부와 자녀의 존엄과 가치를 실현하는 조직체로서의 기능을 수행하지 못하기 때문이다.

그리고 이와 같이 외형적으로만 혼인이 유지된 부부로서 서로 대립·갈등하는 관계가 장기간 지속됨에 따라 자녀의 인격형성과 정서 등에 부정적인 영향을 미치게 되고 또한 부부의 서로에 대한 악감정이 자녀에게 그대로 대물림되어 부모·자녀 관계마저 파탄에 이르게 될 우려도 있다.

그럼에도 외형뿐인 혼인관계를 존속시키면 이는 쌍방 배우자에게 실제로 이행 불가능한 부부공동생활 내지는 동거의무 등의 이행을 요구하는 것이 되어 불합리하고 그 혼인생활의 계속을 강제하는 것이 일방 배우자에게 참을 수 없는 고통이 될 수 있으므로, 이러한 경우에는 제6호 이혼사유인 혼인을 계속하기 어려운 중대한 사유가 있는 때에 해당한다고 보아야 한다.

이와 같이 부부공동생활관계가 회복할 수 없을 정도로 파탄되고 혼인생활의 계속을 강제하는 것이 일방 배우자에게 참을 수 없는 고통이 되는지 여부가 제6호 이혼사유의 해당 여부에 대한 기준이 되므로, 그 파탄의 정도, 혼인계속 의사의 유무, 파탄의 원인에 관한 당사자의 책임 유무, 혼인생활의 기간, 자녀의 유무 및 양육, 당사자의 연령, 이혼 후의 생활보장 그 밖의 혼인관계에 관한 여러 사정을 두루 고려함과 아울러 (대법원 1987. 7. 21. 선고 87므24 판결 등 참조), 혼인과 가족생활을 보호하려는 민법의 취지와 혼인제도를 보장하려는 헌법 정신에 비추어 신중히 판단할 필요가 있다.

라. (1) 한편 대법원은, 위와 같이 부부의 혼인관계가 돌이킬 수 없을 정도

로 파탄된 것으로 인정되더라도, 그 파탄이 이혼을 청구하는 배우자에게 전적으로 또는 주된 책임을 물어야 할 사유로 인한 경우이거나 이혼을 청구하는 배우자의 책임이 상대방 배우자의 책임보다 더 무겁다고 인정되는 경우에는 그러한 유책배우자의 이혼청구를 인용하여서는 아니 되고, 다만 이혼청구 상대방이 그 파탄 이후 혼인을 계속할 의사가 없음이 객관적으로 명백함에도 오기나 보복적 감정에서 표면적으로 이혼에 응하지 아니하고 있을 뿐이라는 등의 특별한 사정이 있다면 유책배우자의 이혼청구권이 인정될 수 있다고 해석하여 왔다(위 대법원 65므37 판결, 위 대법원 86므28 판결, 위 대법원 90므1067 판결 등 참조).

(2) 이처럼 대법원이 혼인관계의 파탄에 대하여 주된 책임이 있는 유책배우자의 이혼청구권을 제한하여 온 것은 혼인의 파탄을 자초한 사람에게 재판상 이혼청구권을 인정하는 것은 혼인관계를 고의로 파기한 불법을 행한 사람에게 이혼청구권을 인정하게 되어 혼인제도가 요구하고 있는 도덕성에 배치되고 배우자 일방의 의사에 의한 이혼 내지는 축출이혼을 시인하는 부당한 결과가 될 수 있음을 고려한 것이다(위 대법원 71므41 판결, 위 대법원 86므28 판결 등 참조).

그리고 이혼을 하나의 병리적 현상으로 보는 사회적 분위기와 아울러, 여성의 사회적·경제적 지위가 상대적으로 열악하여 귀책사유 없이 이혼한 여성배우자가 이혼 후에 경제적으로 자립하거나 사회활동을 하기가 현실적으로 쉽지 아니한 사정 및 이혼 과정에서 재산분할·부양·양육 등에 관하여 불이익을 입지 아니하도록 하는 제도나 절차도 충분하지 아니한 사정을 고려하여, 사회적·경제적 약자인 여성배우자를 보호하려는 목적이 그 배경으로 자리 잡고 있었다.

(3) 그러나 주된 유책배우자의 이혼청구라는 이유로 재판상 이혼을 허용하지 아니한 결과, 부부가 서로 승소하기 위하여 상대방의 귀책사유를 부각시킬 수밖에 없게 됨에 따라, 이혼소송절차에서 부부 쌍방은 혼인생활 과정에서 발생한 갈등과 대립을 들추어내어 그에 관한 책임공방을 벌이게 되고 아울러 상대방에 대한 비난과 악감정을 쏟아내게 되어 부부관계는 더욱 적대적으로 되고 이혼소송의 심리가 과거의 잘못을 들추어내는 것에만 집중되는 나머지 이혼 과정에서의 갈등 해소, 이혼 후의 생활이나 자녀의 양육과 복지 등에 관하여 합리적인 해결책을 모색하는 데에 상대적으로 소홀하게 되는 폐단이

있어 왔다.

그리고 혼인생활의 파탄을 초래하는 경위는 대체로 복잡·미묘하여 그 책임이 당사자 어느 한쪽에만 있다고 확정할 수 없는 경우가 많고, 또한 파탄의 주된 책임이 재판상 이혼을 청구하는 배우자에게 있다 하더라도 앞에서 본 것처럼 부부공동생활관계가 회복할 수 없을 정도로 이미 파탄되었다면 부부공동생활을 본질로 하는 혼인의 실체가 객관적으로 소멸하였음을 부정하기 어렵다. 또한 다수의견도 인정하듯이 부부공동생활관계가 회복할 수 없을 정도로 파탄된 상태가 장기화되면서 파탄에 책임 있는 배우자의 주된 유책성도 약화될 수 있으며, 파탄 상태의 장기간 지속 원인이나 그 밖의 다른 여러 사정이 변화하면서 책임의 경중을 엄밀히 따지는 것에 관한 법적·사회적 의의가 현저히 줄고 쌍방의 책임의 경중에 대하여 단정적인 판단을 내리는 것 역시 곤란하거나 적절하지 아니한 상황에 이를 수도 있다(위 대법원 2009므2130 판결 참조).

(4) 또한 급속한 경제성장 및 개인 중심적인 사회변화와 함께 이혼에 대한 사회적 인식이 변화하고 협의이혼 등에 의한 이혼이 증가함에 따라 혼인생활을 지속할 수 없는 중요한 사유가 있는 경우에는 더 나은 삶의 질을 추구하기 위하여 이혼도 가능하다는 가치관의 변화가 생겼으며, 여성의 사회진출이 활발해짐에 따라 여성도 남성에 못지않은 경제적 능력을 갖추는 경우가 늘어나는 등 이혼 후 여성의 자립에 관한 사회·경제적 여건이 많이 개선되었다. 그리고 1990. 1. 13. 법률 제4199호로 개정되어 1991. 1. 1.부터 시행된 민법은 가족생활에서의 남녀평등의 원칙을 강조하고 있는 헌법 정신을 반영하여 이혼당사자에게 재산분할청구권과 자녀에 대한 면접교섭권을 인정하는 제도 등을 신설하고 자녀에 대한 양육권과 친권도 남녀 사이에 차별없이 평등하게 보장하였다. 나아가 실제의 재산분할청구 사건에서 여성배우자에게 인정되는 재산분할 비율이 점차 늘어나 서로 대등한 정도에 이르는 사건도 상당수 있으며, 이혼 재판실무에서도 여성배우자에 대한 보호가 지속적으로 확대되어 왔다. 비록 민법이 이혼 후에는 부부 사이의 부양의무를 인정하지 아니하지만, 그 대신 이혼 후 부양 제도를 도입하고 있는 법제에서는 대체로 인정되지 아니하는 재판상 이혼에 따른 손해배상청구권을 인정하고 있으며(민법 제843조, 제806조), 재산분할청구 사건에서는 혼인 중에 이룩한 재산관

계의 청산뿐 아니라 이혼 후 당사자들의 생활보장에 대한 배려 등 부양적 요소 등도 함께 고려의 대상이 된다는 대법원판례(대법원 2013. 6. 20. 선고 2010므4071, 4088 전원합의체 판결 등 참조)에 따라 실무상 이혼 후의 부양 필요성을 반영하여 재산분할의 범위를 정하고 있다. 그뿐 아니라 대법원 2014. 7. 16. 선고 2012므2888 전원합의체 판결에서 이미 발생한 퇴직연금수급권이 재산분할의 대상에 포함된다고 보고 연금수급권자인 배우자가 매월 수령할 퇴직연금액 중 일정 비율에 해당하는 금액을 상대방 배우자에게 정기적으로 지급하는 방식으로 재산분할을 하는 것을 허용함에 따라, 정기적인 재산분할금의 지급을 통한 이혼 후의 생활보장 내지 부양도 실질적으로 가능하게 되었다.

이와 같은 이혼에 대한 사회 일반의 인식, 사회·경제적 환경의 변화와 아울러 이혼 법제 및 실무의 변화 등을 함께 종합하여 볼 때, 종전의 대법원판례와 같이 유책배우자의 이혼청구라는 이유만으로 제6호 이혼사유에 의한 재판상 이혼청구를 제한하여야 할 필요는 상당히 감소하였다 할 것이고, 오히려 이러한 사정들을 반영하여 제6호 이혼사유에 의한 이혼 여부에 관한 합리적인 판단 기준을 새로이 세워야 할 때가 되었다.

(5) 상대방 배우자의 혼인계속의사는 부부공동생활관계가 파탄되고 객관적으로 회복할 수 없을 정도에 이르렀는지 등을 판단할 때에 참작하여야 하는 중요한 요소라 할 수 있다. 그렇지만 그러한 의사를 참작하였음에도 부부공동생활관계가 객관적으로 회복할 수 없을 정도로 파탄되었다고 인정되는 경우에, 다시 상대방 배우자의 주관적인 의사만을 가지고 형식에 불과한 혼인관계를 해소하는 이혼청구가 불허되어야 한다고 단정하는 것은 불합리하며, 협의가 이루어지지 아니할 때의 혼인해소 절차를 규정한 재판상 이혼제도의 취지에도 부합하지 아니한다. 이에 비추어 보면 협의이혼의 경우에는 파탄주의가 허용됨에도 그에 갈음하는 기능을 하는 재판상 이혼에는 파탄주의를 허용할 필요가 없다는 취지의 다수의견이 타당하지 아니함을 알 수 있다.

(6) 한편 헌법재판소가 간통죄를 처벌하는 조항에 대한 위헌결정을 함에 따라 간통행위가 더 이상 처벌받지 아니하게 되었다. 그러나 간통죄는 과거의 간통행위 자체에 대한 형사적인 제재인 반면 혼인파탄에

따른 이혼은 혼인의 실체가 소멸함에 따른 장래의 혼인 법률관계의 해소로서 그 제도의 목적과 법적 효과가 다르므로, 간통을 한 유책배우자에 대한 형사적 제재가 없어졌다고 하더라도, 민사상의 불법행위에 해당하는 간통행위로 인한 손해배상책임을 강화하는 것은 별론으로 하고, 혼인의 실체가 소멸한 법률관계를 달리 처우하여야 할 필요는 없다. 더구나 이혼청구권의 인정 여부는 법률의 규정 및 혼인과 이혼제도의 목적, 취지, 기능 등을 종합하여 당사자인 부부 및 자녀 등의 이익을 조화하는 방향으로 미래를 위하여 정해져야 하는 것이지, 유책배우자에게 외형뿐인 혼인관계가 계속되도록 강제하여 참을 수 없는 고통을 받게 함으로써 그에 대한 응보 내지 사적 보복을 달성하기 위한 수단이 되어서는 아니 된다.

(7) 위와 같은 여러 사정들을 종합하여 보면, 혼인관계가 파탄되었음에도 유책배우자가 이혼을 청구하고 상대방이 이를 거부한다는 사정만으로 일률적으로 이혼청구를 배척하는 것은 더 이상 이혼을 둘러싼 갈등 해소에 적절하고 합리적인 해결 방안이라고 보기 어렵다.

마. 따라서 이혼에 대한 국민의 의식이 크게 변화하는 등 사회적 여건이 성숙되었고 법적·제도적 보완도 상당히 이루어진 만큼, 이제는 혼인관계가 파탄되어 그 실체가 소멸함에 따라 제6호 이혼사유에 의하여 이혼을 청구한 경우에, 유책배우자의 이혼청구라는 이유로 그 이혼의 허부를 당사자의 의사에만 맡길 수 없고, 혼인관계가 완전히 파탄되어 그 실체가 소멸하였는지 그리고 그러한 혼인관계가 여전히 보호되고 유지되어야 할 필요가 있는지 등에 관하여 객관적 사정에 기초한 합리적인 판단을 통하여, 자칫 상충될 수도 있는 혼인과 이혼이라는 양 제도의 목적 및 취지를 조화시킬 수 있는 방안을 모색하여야 한다.

앞에서 본 것과 같이 헌법 제36조 제1항은 혼인과 가족생활이 개인의 존엄과 양성의 평등을 기초로 성립하고 유지되어야 한다고 규정함은 물론 혼인을 제도적으로 보장하고 있으므로, 민법이 정한 재판상 이혼사유도 헌법이 인정한 개인의 존엄과 양성의 평등 및 혼인의 제도적 보장 취지를 벗어나지 아니하는 범위 내에서 해석·적용되어야 한다.

부부공동생활관계가 회복할 수 없을 정도로 파탄되었다 하더라도, 부부 사이에 개인의 존엄과 양성의 평등을 실현하고 부부·자녀의 행복추구권과 인간다운 생활을 할 권리를 보호할 필요가 있음은 그 파탄 전후에 차이가 없다. 혼인에서 부부공동생활체로서의 동거의무가 기본적인 요소이기는 하나, 배우자에 대한 부양 및 자녀의 양육 역시 그에 못지않게 중요한 의미를 가지며, 혼인관계의 파탄에 책임이 없는 배우자가 이혼으로 인하여 심각한 불이익을 입지 아니하도록 보호할 필요가 있다.

이러한 사정들에 비추어 보면, 부부공동생활관계가 회복할 수 없을 정도로 파탄된 경우에는 원칙적으로 제6호 이혼사유에 해당한다고 할 것이지만, 이혼으로 인하여 파탄에 책임 없는 상대방 배우자가 정신적·사회적·경제적으로 심히 가혹한 상태에 놓이는 경우, 부모의 이혼이 자녀의 양육·교육·복지를 심각하게 해치는 경우, 혼인기간 중에 고의로 장기간 부양의무 및 양육의무를 저버린 경우, 이혼에 대비하여 책임재산을 은닉하는 등 재산분할, 위자료의 이행을 의도적으로 회피하여 상대방 배우자를 곤궁에 빠뜨리는 경우 등과 같이, 유책배우자의 이혼청구를 인용한다면 상대방 배우자나 자녀의 이익을 심각하게 해치는 결과를 가져와 정의·공평의 관념에 현저히 반하는 객관적인 사정이 있는 경우에는 헌법이 보장하는 혼인과 가족제도를 형해화할 우려가 있으므로, 그와 같은 객관적인 사정이 부존재하는 경우에 한하여 제6호 이혼사유가 있다고 해석하는 것이 혼인을 제도적으로 보장한 헌법 정신에 부합한다.

그리고 혼인파탄에 책임이 없는 배우자에 대하여 재판상 이혼을 허용할 경우에도, 혼인관계 파탄으로 입은 정신적 고통에 대한 위자료의 액수를 정할 때에 주된 책임이 있는 배우자의 유책성을 충분히 반영함으로써 혼인 해소에 대한 책임을 지우고 상대방 배우자에게 실질적인 손해 배상이 이루어질 수 있도록 하며, 재산분할의 비율·액수를 정할 때에도 혼인 중에 이룩한 재산관계의 청산뿐 아니라 부양적 요소를 충분히 반영하여 상대방 배우자가 이혼 후에도 혼인 중에 못지않은 생활을 보장받을 수 있도록 함으로써, 이혼청구 배우자의 귀책사유와 상대방 배우자를 위한 보호 및 배려 사이에 균형과 조화를 도모하여야 할 것이다.

한편 다수의견은 유책배우자의 이혼청구를 인정하기 위해서는 다른 나라에서와 같은 이른바 '가혹조항' 등의 제도적 보완장치가 필요하다고 보고 있다. 그렇지만 제6호 이혼사유에 관한 위와 같은 해석은 다른 나라에서 이른바 '가혹조항'으로 고려하는 사정들을 포함한 것으로서, 혼인제도를 보장하는 헌법 정신과 현재까지 정비된 민법상의 제도들에 터잡아 이러한 해석과 재판 실무 운영에 의하여 충분히 상대방 배우자 등을 보호할 수 있으므로, 반드시 이에 관한 법률적·제도적인 보완이 선행될 필요는 없다.

바. 결론적으로 부부의 혼인관계가 회복할 수 없을 정도로 파탄되고 그 혼인생활의 계속을 강제하는 것이 일방 배우자에게 참을 수 없는 고통이 되는 경우에 그 파탄에 주된 책임이 있는 배우자라는 이유만으로 제6호 이혼사유에 의한 이혼청구를 배척할 수 있다는 다수의견에는 찬성할 수 없으며, 다수의견이 들고 있는 종전의 대법원판례는 이러한 견해에 배치되는 범위 내에서 변경되어야 한다.

혼인의 실체가 소멸하고 회복 불가능하여 혼인이 외형에 그칠 뿐인 상태에 이르렀다면, 상대방 배우자를 보호하기 위하여 유책배우자에게 급부나 배려 등을 요구할 필요가 있다 하더라도, 혼인 해소 후에도 그와 같은 급부나 배려 등이 계속 이루어질 수 있도록 하는 적절한 방안을 강구하면 될 것이지, 유책배우자의 이혼청구라는 이유만으로 외형뿐인 혼인의 해소 자체를 거부할 것은 아니다.

사. 원심판결 이유 및 원심이 인용한 제1심판결 이유에 의하면, 원심은 그 판시와 같은 사실을 인정한 다음, 혼인관계의 파탄에 대하여 주된 책임이 있는 배우자는 그 파탄을 사유로 하여 이혼을 청구할 수 없다는 전제에서 유책배우자인 원고의 이혼청구는 받아들일 수 없다고 판단하였다.

그러나 앞에서 본 법리에 의하면, 유책배우자가 이혼을 청구한다는 사정만을 이유로 이혼청구를 배척하여서는 아니 되며, 원·피고 사이의 부부공동생활관계가 회복할 수 없을 정도로 파탄되고 그 혼인생활의 계속을 강제하는 것이 원고에게 참을 수 없는 고통이 되는지를 먼저 가리고, 그와 같이 파탄된 경우라면 이 사건 이혼으로 인하여 파탄에 주된 책임이 없는 피고나 자녀들의 이익을 심각하게 해치지 아니하여 정의·공평의 관념에 현저히 반하지 아니한다고 객관적으로 인정되는지를 심리하여, 제6호 이혼사유에 해당하는지 판단하여야 한다.

원심판결과 원심이 인용한 제1심판결의 이유 및 기록에 의하면, ① 원고와 피고는 법률상 부부이지만 2000. 1.경 별거하기 시작하여 그로부터 상당한 기간이 경과하였고, ② 원고는 소외인과의 사이에서 혼인 외의 딸이 출생하자 집을 나가는 등 혼인파탄의 주된 원인을 제공하였지만, 피고도 별거를 시작한 후에는 상당한 기간이 지나도록 혼인관계를 회복하기 위한 별다른 노력을 하지 아니하였고 명절이나 제사 등의 원고 집안 행사에 참여하거나 원고의 친척들과 교류한 사정이 기록상 나타나 있지 아니하며, ③ 원고는 별거 중에도 원·피고 사이에서 출생한 자녀들의 학비를 부담하였을 뿐 아니라 이 사건 소를 제기할 무렵까지 피고에게 생활비로 월 100만 원 정도를 지급하였고, ④ 원고는 당뇨와 고혈압의 질환이 있고 합병증으로 인하여 신장장애 2급의 장애인으로 등록되어 있는 등 건강이 좋지 아니한데, 2011년 말경 피고와 자녀들에게 신장이식에 관한 이야기를 하였다가 거절당한 채 소외인의 도움을 받아 집에서 복막투석을 받고 있는 등 소외인의 개호와 협력이 없이는 생활하기 곤란한 상황에 처해 있으며, ⑤ 원고가 소외인과 동거하면서 그 사이에 태어난 미성년의 딸을 양육하고 있는 등 별거 후에 형성된 원·피고의 독립적인 생활관계가 고착화되었음을 알 수 있다.

이러한 혼인생활의 과정과 파탄의 경위 등에 비추어 보면 원·피고의 혼인관계는 파탄되어 더 이상 회복할 수 없는 상태에 이르렀고 혼인생활의 계속을 강제하는 것이 원고에게 참을 수 없는 고통이 된다고 할 것이며, 이 사건 이혼이 정의·공평의 관념에 현저히 반하지 아니한다고 객관적으로 볼 수 있는 사정들도 상당히 나타나 있다.

그뿐 아니라 다수의견에 의하더라도 세월의 경과 등에 따라 원·피고 쌍방의 책임의 경중을 엄밀히 따지는 것이 더 이상 무의미하여 원고의 유책성이 그 이혼청구를 배척해야 할 정도로 남아 있지 아니하다고 볼 여지가 있으므로, 이러한 사정도 사실심법원의 심리를 통해 가려야 할 필요가 있다.

특히 이 사건에서는 비록 중혼적 사실혼관계에서이지만 부모의 양육이 필요한 미성년의 딸이 있음을 고려하여야 한다. 가정은 단순히 부부만의 공동체에 그치는 것이 아니고 자녀의 공동생활을 보호하는 기능도 가지므로, 혼인의 유지 또는 해소를 결정할 때에는 자녀의 복리를 우선적으로 고려할 필요가 있는데, 자녀의 복리는 현재 실질적으로 형성되어 있는 생활관계를 기반으로 하여 실현될 수 있다. 중혼적 사실혼관계를 법률혼보다 보호할 수는 없음이 원칙이라 할 것이지만, 이미 법률혼의 실체가 소멸하여 외형만 남아 있는 반면 사실혼이 혼인으로서의 실체를 갖추고 있는 경우에는 그 사실혼관계에서 출생한 자녀의 복리를 위해서라도 그러한 실질에 적합한 법률관계를 형성할 수 있도록 배려할 필요가 있다. 혼인의 실체가 소멸하고 회복이 불가능함에도 부부 사이의 갈등 내지 감정적인 대립 등으로 그 외형만을 유지시킴으로 인하여 후대인 미성년 자녀의 정상적인 성장에 악영향을 미치거나 복리를 해치는 결과를 낳지 아니하도록, 선대의 외형뿐인 법률관계를 실체에 맞추어 합리적으로 정리하는 미래지향적인 방안을 고려함이 타당하다.
그럼에도 원심은 위와 같은 사정들을 제대로 살펴보지 아니한 채 그 판시와 같은 이유만으로 원고의 청구를 기각하고 말았는바, 이러한 원심판결에는 제6호 이혼사유 및 유책배우자의 재판상 이혼청구 등에 관한 법리를 오해하여 필요한 심리를 다하지 아니함으로써 판결에 영향을 미친 위법이 있다. 따라서 원심판결은 파기되어야 한다.
이상과 같은 이유로 다수의견에 찬성할 수 없음을 밝힌다.

대법원장 양승태(재판장)
대법관 민일영 이인복 이상훈 김용덕(주심) 박보영 고영한 김창석
김신 김소영 조희대 권순일 박상옥

---

(4) 가정법원의 협의이혼의사확인

(가) 협의이혼의사확인의 의의

협의이혼은 가정법원의 호가인을 받아「가족관계의 등록 등에 관한 법률」에 정하는 바에 의하여 신고함으로써 그 효력이 생긴다(민836조). 따라서 협의이혼을 하고자 하는 자는 가정법원으로부터 협의이혼의사확인을 받아 확인서등본을 교부 또는 송달받은 날부터 3개월 내에 그 등본을 첨부하여 신고하여야 하는바(법 75조 2항), 이러한 협의이혼신고에 있어서의 신고기간은 보고적 신고에 있어서의 신고기간과는 무관하며, 단지 협의이혼의사확인의 유효기간을 정하는데 불과함을 유의하여야 한다. 신고기간의 기산일에 초일은 산입한다(구선례 3-297)[5]확인서등본을 교부 또는 송달받은 날부터 3개월이 경과한 때에는 가정법원의 확인은 그 효력을 상실한다(법 75조3항).

---

5) 신고를 수리 또는 불수리한 경우에 접수장의 수리사항란에 그 취지와 일자를 기재해야 하는바, 위에서 신고서류를 '접수할 때' 란 관련서류를 위 시(구)·읍·면의 장이 직접 교부받은 날을 의미하므로, 1994.8.1 서울가정법원으로부터 협의이혼의사확인을 받은 사람은 그 확인을 받은 날 (초일산입)인 1994.8.1(월)부터 3월 내에 협의이혼신고를 하여야 하므로 1994.10.31(월요일)까지 위 신고서류가 시(구)·읍·면의 장에게 접수되어야 한다.

(나) 관할법원

협의상 이혼을 하고자 하는 사람은 등록기준지 또는 주소지를 관할하는 가정법원(지원)이나 시·군법원의 확인을 받아 신고하여야 한다(법 75조 1항). 부부 쌍방의 주소지 또는 등록기준지가 서로 다른 경우에는 각 주소지 또는 등록기준지를 관할하는 가정법원이 된다 할 것이며, 당사자 쌍방이 재외국민인 경우에는 그 확인은 '서울가정법원의 관할'로 한다(법 75조 1항)

(다) 신청인

협의이혼 당사자인 부(夫)와 처(妻)이며, 대리인에 의한 신청은 허용되지 않는다. 또 협의이혼의사확인신청은 부부가 함께 출석하여 협의이혼의사확인신청서를 제출하고 이혼에 관한 안내를 받아야 한다(규칙 73조 1항). 부부 중 일방이 재외국민이거나 수감자로서 출석하기 어려운 경우에는 다른 쪽이 출석하여 협의이혼의사확인신청서를 제출하고 이혼에 관한 안내를 받아야 하며, 재외국민이거나 수감자로서 출석이 어려운 자는 서면으로 안내를 받을 수 있다(규칙 73조 2항)

① 호칭

- 법은 당사자의 호칭에 관하여 특별한 규정을 두고 있지 아니하므로 민사소송과 동일하다.
- 제1심에서 적극적으로 판결을 요구하는 자를 '원고', 소극적으로 판결을 요구받는 자를 '피고' 반소절차에서는 '반소원고', '반소피고'
- 항소심에서는 '항소인', '피항소인'
- 상고심에서는 '상고인', '피상고인', 재심에서는 '재심원고', '재심피고'
- 가압류·가처분절차에서는 '채권자', '채무자'
- 이송신청 등과 같은 절차상의 재판절차에서는 '신청인', '상대방(또는 피신청인)'
- 가사소송법상의 특수한 절차인 사전처분절차에서는 '신청인', '피신청인'(법 제62조)
- 금전임치절차에서는 '권리자', '의무자' (법 제65조)
- 당사자 이외 당해 재판에 의해 신분관계 그 밖의 권리, 의무에 영향을 받는 사람을 '사건본인'(법 제44조, 규칙 제20조)

② 소송 중 당사자의 사망시 특칙

㉮ 원고가 사망한 경우

가사소송의 소송물이 일신전속적인 것이어서 당사자가 사망하더라도 수계가 허용되지 아니하고 달리 원고로서의 당사자적격자도 없어 가사소송법 제16조에 따른 이혼 소송의 계속 중에 원고가 사망한 경우에는 그 소송은 당연히 종료한다.

대판 1992. 5. 26. 90므1135 : 이혼판결에 대한 재심소송의 제1심 계속 중 원고(재심피고)가 사망하였다면, 제1심으로서는 원고의 상속인들로 하여금 원고를 수계하도록 할 것이 아니라 검사로 하여금 원고의 지위를 수계하도록 하여 재심사유의 존재 여부를 살펴보아야 하고 심리한 결과 재심사유가 있다고 밝혀지면, 재심대상판결을 취소하고 혼인한 부부 중 일방의 사망으로 소송이 그 목적물을 잃어버렸음을 이유로 소송종료를 선언하여야 한다.

㉯ 피고가 사망한 경우

혼인무효소송 중 피고가 사망한 경우 검사수계설과 소송종료설이 대립하나, 위법한 신분관계가 존재하는 경우에 이를 다툴 구체적 상대방이 없다는 이유로 방치하는 것은 공익에 반하므로, 검사수계설이 타당.

이혼, 친생부인, 파양소송 중 피고가 사망한 경우에는 그 소송은 당연히 종료(친생부인의 경우 민법 제849조에 의하여 자가 사망한 후에도 그 직계비속이 있는 때에는 상대방을 모, 모 부재시 검사로 하여 소제기 가능.

대판 1994. 10. 28. 94므246, 253 : 재판상의 이혼청구권은 부부의 일신전속권이므로 이혼소송의 계속 중 배우자의 일방이 사망한 때에는 상속인이 그 절차를 수계할 수 없음은 물론이고, 또 그러한 경우에 검사가 이를 수계할 수 있는 특별한 규정도 없으므로 이혼소송은 종료되고, 이에 따라 이혼의 성립을 전제로 하여 이혼소송에 부대한 재산분할청구 역시 이를 유지할 이익이 상실되어 이혼소송의 종료와 동시에 종료한다.

(라) 신청방법

협의이혼하고자 하는 부부는 협의이혼의사확인신청서를 제출하여야 하며(규칙 73조 1항), 협의이혼의사확인신청서에는 (ⅰ) 당사자 성명·등록기준지(외국인인 경우 국적을 말한다)·주소 및 주민등록번호, (ⅱ) 신청의 취지 및 연월일의 사항을 기재하고 이혼하고자 하는 부부가 공동으로서 서명 또는 기명날인하여야 한다(규칙 73조 3항)

(마) 신청서의 첨부서류

① 신청서에는 남편과 처의 가족관계증명서와 혼인관계증명서 각1통을 첨부하여야 한며, 주소지 관할 가정법원에 신청서를 제출하는 경우에는 그 관할을 증명할 수 있는 주민등록표등본 1통도 첨부하여야 한다.

② 미성년자인 자녀의 양육과 친권자결정에 관한 협의서 제출 등
미성년인 자녀(포태 중인 자를 포함하도, 이혼에 관한 안내를 받은 날부터 민법 836조의2 제2항 또는 3항에서 정한 기간 내에 성년에 도달하는 자녀는 제외한다. 이하 같다)가 있는 부부는 미성년자인 자녀의 양육과 친권자 결정에 관한 협의서(예규 341호 별지 3호 서식)1통과 그 사본 2통 또는 심판정본 및 확정증명서 3통을 제출하여야 한다. 부부가 함께 출석하여 신청하고 이혼에 관한 안내를 받은 경우 협의서는 확인기일 1개월 전까지 제출할 수 있고, 심판정본 및 확정증명서는 확인기일까지 제출할 수 있다.

③ 부부 중 일방이 재외국민이거나 수감자인 경우 첨부서류 등
부부 중 일방이 재외국민이거나 수감자로서 출석하기 어려운 경우에는 그 신청서에 재외국민 또는 수감자인 당사자에 대한 관할 재외공관 또는 교도소(구치소)의 명칭과 소재지를 기록하고, 위의 첨부서면 외에 재외국민등록부등본이나 수용증명서 등 그에 관한 소명자료 1통을 첨부하여야 하며, 송달료 2회분 상당액(촉탁서, 재외국민 또는 수감자인 당사자에 대한 확인서등본 또는 불확인 통지서 송달용)을 예납하여야 한다. 신청인이 송달료를 예납한 경우에는 법원사무관 등은 그 출납현황을 사건 기록지(예규 943-18호 별지 4호 서식)의 비고한에 기재하여야 한다.

④ 이혼의사확인 절차에 필요한 송달료에 관하여는 송달료규칙을 준용 한다(규칙 73조 6항)

(바) 이혼숙려기간 도입 및 양육사항과 친권자결정 의무화

민법(법률 제8720호 2008.6.22. 시행)은 이혼숙려기간을 도입하여 신중하지 아니한 이혼을 방지하고자 하였고, 협의이혼 시 자녀 양육사항 및 친권자 결정을 의무화하여 이혼가정 자녀의 양육환경을 향상시키고자 하였다.

① 이혼숙려기간 도입(민 836조의2 1항~3항)

㉮ 협의상 이혼을 하려는 자는 가정법원이 제공하는 이혼에 관한 안내를 받아야 하고, 가정법원은 필요한 경우 당사자에게 상담에 관하여 전문적인 지

식과 경험을 갖춘 전문상담인인의 상담을 받을 것을 권고할 수 있다.

㉯ 가정법원에 이혼의사확인을 신청한 당사자는 위 안내를 받은 날부터 다음 각 호의 기간이 지난 후에 이혼의사확인을 받을수 있다. (ⅰ) 양육 하여야 할 자(포태 중인 자를 포함)가 있는 경우에는 3월, (ⅱ) (ⅰ)호에 해당하지 아니하는 경우에는 1개월이 지난 후에 이혼의사의 확인을 받을 수 있다(민법 제836조의2 제2항). 다만, 가정법원은 폭력으로 인하여 당사자 일방에게 참을 수 없는 고통이 예상되는 등 이혼을 하여야 할 급박한 사정이 있는 경우에는 위 숙려기간을 단축 또는 면제할 수 있다(민법 제836조의2 제3항).

㉰ 가정법원은 폭력으로 인하여 당사자 일방에게 참을 수 없는 고통이 예상되는 등 이혼하여야 할 급박한 사정이 있는 경우에는 위 기간을 단축 또는 면제할 수 있다.

② 자녀 양육사항 및 친권자 결정 의무화(민 836조의2 4항)

㉮ 양육하여야 할 자가 있는 경우 당사자는 자의 양육사항(민 837조)과 친권자 결정(민 909조 4항, 대법원 2010. 5. 13. 선고 2009므1458,1465 판결)에 관한 협의서 또는 이에 관한 가정법원의 심판정본(민 837조, 909조 4항)을 이혼의사확인 시 의무적으로 제출하여야 한다(민 836조의2 4항).

㉯ 위 자(子)의 양육에 관한 협의는 , 양육자의 결정, 양육비용의 부담, 면접교섭권의 행사 여부 및 그 방법에 관한 사항을 포함하여야 하며, 위 협의가 자(子)의 복리에 반하는 경우에는 가정법원은 보정을 명하거나 직권으로 그 자(子)의 의사(意思)·연령과 부모의 재산상황 그 밖의 사정을 참작하여 양육에 필요한 사항을 정한다. 협의이혼의사확인을 신청할 때 친권자결정에 관한 협의서 또는 가정법원의 심판정본 등을 제출하여야 한다(가족관계등록규칙 제73조 제4항). 만약, 협의가 이루어지지 아니하거나 협의할 수 없는 때에는 가정법원은 직권으로 또는 당사자의 청구에 따라 양육에 관하여 결정하며, 자(子)의 복리를 위하여 필요하다고 인정되는 경우에는 부·모·자(子) 및 검사의 청구 또는 직권에 의하여 자(子)의 양육에 관한 사항을 변경하거나 다른 적당한 처분을 할수 있다(민 837조, 909조 4항, 가사소송법 2조 1항 2호 나목의 3) 및 5)).

ⅰ) 이혼한 당사자는 그 자의 양육에 관한 사항을 협의에 의하여 정한다(제837조 제1항).

ii) 자의 양육에 관한 사항의 협의에는 양육자의 결정, 양육비용의 부담, 면접교섭권의 행사 여부 및 그 방법을 포함하여야 한다(동조 2항).

iii) 자의 양육에 관한 사항의 협의가 자의 복리에 반하는 경우에는 가정법원은 보정을 명하거나 직권으로 그 자의 의사·연령과 부모의 재산상황, 그 밖의 사정을 참작하여 양육에 필요한 사항을 정한다(동조 3항).

iv) 양육에 관한 사항의 협의가 이루어지지 아니하거나 협의할 수 없는 때에는 가정법원은 직권으로 또는 당사자의 청구에 따라 이에 관하여 결정한다. 이 경우 가정법원은 제3항의 사정을 참작하여야 한다(동조 4항).

v) 가정법원은 자의 복리를 위하여 필요하다고 인정하는 경우에는 부·모·자 및 검사의 청구 또는 직권으로 자의 양육에 관한 사항을 변경하거나 다른 적당한 처분을 할 수 있다(동조 5항).

vi) 제3항부터 제5항까지의 규정은 양육에 관한 사항 외에는 부모의 권리의무에 변경을 가져오지 아니한다(동조 6항).

vii) 면접교섭권 : 자(子)를 직접 양육하지 아니하는 부모의 일방과 자(子)는 상호 면접교섭(면접·서신교환·접촉 등)할 수 있는 권리를 가진다(837조의2, 843조). 면접교섭권은 부모와 자(子)에게 주어진 고유한 권리로서 일신전속적이며, 성질상 포기할 수 없다.

가정법원은 자의 복리를 위하여 필요한 때에는 당사자의 청구 또는 직권에 의하여 면접교섭을 제한하거나 배제할 수 있다(837조의2 2항).

면접교섭권에 관한 제837조의2는 양육에 관한 제837조의 특별규정이다.

(사) 양육비부담조서제도 시행

민법(법률 제9650호 2009.8.9. 시행) 제836조의2 제5항은 가정법원은 당사자가 협의한 양육비부담에 관한 내용을 확인하는 양육비부담조서를 작성하여야 하며, 이 경우 양육비부담조서는 집행권원이 된다고 규정하고 있다. 이에 따라 협의이혼의사가 확인된 부부에게 미성년인 자녀에 관하여 양육과 친권자결정에 관한 협의가 확인되면 양육비부담조서를 작성하게 되고, 이혼 후 별도의 재판 없이 이에 기하여 강제집행을 할 수 있게 되었다.

(아) 신청의 취하

이혼확인신청은 확인을 받기 전까지 신청을 취하할수 있고, 부부 중 양쪽 또는 한쪽이 출석통지서를 받고도 2회에 걸쳐 출석하지 아니하거나 이혼의사확인신청을 한 다음날부터 3개월 안에 이혼에 관한 안내를 받지 아니한 때에는 확인신청을 취하한 것으로 본다(법77조).

(5) 협의이혼신고

시(구)·읍·면에서의 협의이혼신고사무 처리요령은 다음과 같다(예규 341호)

(가) 협의이혼의 신고

① 신고의 장소와 신고인

이혼의사화긴 신청의 관할법원이 당사자의 등록기준지로 되어 있더라도 이혼신고는 주소지 또는 현재지에서도 할 수 있으며, 당사자 일방만이 이혼신고서를 제출한 경우에도 신고서에 확인서등본이 첨부되어 있으면 수리하여야 한다. 협의이혼신고는 당사자 쌍방과 증인 2인이 연서한 서면으로 하여야 하나(민 836조 2항) 협의이혼신고서에 가정법원의 이혼의사확인서 등본을 첨부한 경우에는 민법 제836조 제2항에서 정한 증인 2인의 연서가 있는 것으로 본다(법 76조). 가정법원의 확인서가 첨부된 협의이혼신고서는 부부 중 한 쪽이 제출할 수 있다(규칙 79조). 협의이혼신고도 말로 할 수 있고(법 23조), 서면으로 신고하는 경우에는 우송하거나 타인에게 제출하게 할 수 있으나 구술신고는 타인이 대신 할 수 없다(법 31조 3항 단서). 본인이 시(구)·읍·면에 출석하지 않는 경우에는 신고사건 본인의 주민등록증·운전면허증·여권, 그 밖에 대법원규칙이 정하는 신분증명서를 제시하거나 신고서에 신고사건 본인의 인감증명서를 첨부하여야 한다. 이 경우 본인의 신분증명서를 제시하지 아니하거나 본인의 인감증명서를 첨부하지 아니한 때에는 협의이혼신고서를 수리하여서는 아니된다(법 23조 2항).

② 신고서의 접수

협의이혼신고서는 가족관계등록사건접수장에 접수하되, 접수장과 그 이혼신고서에 접수연월일과 접수시각(예컨대 2008.12.10. 14:25)을 분명히 기록하여야 한다.

③ 신고서류의 검토사항

㉮ 가정법원의 확인일로부터 3개월이 경과한 이혼의사확인서등본에의한 협의이혼신고

시(구)·읍·면의 장은 협의이혼신고 접수 시 가정법원의 확인서등본 첨부 여

부와 그 확인서의 유효기간 경과 여부를 면밀히 조사하여야 하며, 신고서가 가정법원의 확인일로부터 3개월이 경과한 후 제출된 경우에는 일단 접수 후 송달증명서를 제출하도록 통지를 하고, 추후보완된 송달증명서상의 송달일자로 보아 이혼신고가 확인서등본의 교부 또는 송달일로부터 3개월 이내이면 이를 수리하여야 하나 그 기간을 경과하였거나 추후보완 기간 내에 송달증명서를 제출하지 않는 경우에는 불수리하여야 한다.

㉯ 재교부 받은 확인서등본에 의한 협의이혼신고

법원으로부터 재교부 받은 확인서등본에 의하여 이혼신고를 할 때에는 확인서등본의 유효기간 내에 이혼신고서를 제출한 것인지 확인하여야 한다.

㉰ 미성년자에 대한 친권자지정신고

이혼하는 부부에게 미성년인 자녀(포태 중인 자 제외)가 있는 경우에는 시(구)·읍·면의 장은 친권자지정신고를 함께 수리하여야 한다. 시(구)·읍·면의 장은 이 경우 이혼신고서와 가정법원의 확인서등본과 친권자결정에 관한 협의서등본 또는 가정법원의 심판정본 및 확정증명서의 일치여부를 확인하여야 한다.

㉱ 포태 중인 자에 대한 친권자지정신고

포태 중인 자에 대한 친권자지정신고는 이혼신고할 때 수리하지 않고, 포태 중인 자의 출생신고 시 수리한다. 이 경우 친권자결정에 관한 협의서등본 또는 가정법원의 심판정보 및 확정증명서를 확인하여야 한다. 포태 중인 자의 친권자지정 신고기간은 출생 시부터 기산한다.

㉲ 이혼증서등본에 의한 협의이혼신고

한국인 부부가 일본국에서 일본방식에 의한 협의이혼신고를 하여 수리된 협의이혼에관하여는 일본국 호적관서에서 2004.9.18.까지 수리된 경우에 한하여 그 이혼증서등본을 제출한 경우 이를 수리하여야 한다(예규 341호 24조). 따라서 2004.9.20. 부터는 재외국민으로 등록도니 국민이 재외공관장에게 협의이혼의사확인신청을 하여 서울가정법원으로부터 이혼의사확인을 받은 후 쌍방이 서명 또는 날인한 이혼신고서에 그 확인서등본을 첨부하여 재외공관장 등에게 신고함으로써 이혼의 효력이 발생한다.

④ 협의이혼신고 수리 후 신고서의 반환불가

협의이혼신고서가 적법하게 심사·수리된 후에는 당사자 일방이 이혼의사가 없다고 그 신고서의 반환을 요청하여도 이를 반환해서는 안된다.

재외공관장이 「가족관계의 등록 등에 관한 법률」 제34조, 제74조, 제75조에 따라 협의이혼신고서를 적법한 것으로 심사·수리한 경우라면, 그 후 당사자 일방이 이혼의사가 없다고 그 신고서의 반환을 요청하여도 수리된 이혼신고서는 동법 제36조에 따른 송부절차를 취하여야 한다.

(나) 협의이혼의사의 철회

① 협의이혼의사철회서면의 접수

㉮ 협의이혼의사철회서의 제출

가정법원의 협의이혼의사확인으로 이혼의 효력이 발생하는 것은 아니고 이혼의사는 이혼신고 시까지 존재하므로 가정법원으로부터 협의이혼의사확인을 받은 당사자는 그 신고 전까지 철회할 수 있다. 협의이혼의사철회서면이 접수된 후 협의이혼산고가 제출된 경우에는 그 이혼신고서를 수리해서는 안된다.

법원으로부터 협의이혼의사확인을 받은 후 그에 의하여 이혼신고 전에 협의이혼의사철회의 의사표시를 하고자 할 때에는 철회서면에 협의이혼의사의 확인법원 및 확인연월일을 기재한 후 협의이혼의사확인서등본을 첨부하여, 협의이혼의사철회표시를 하려는 사람의 등록기준지, 주소지 또는 현재지 시(구)·읍·면의 장에게 제출하여야 한다.

㉯ 협의이혼의사철회서의 접수

협의이혼의사철회서는 가족관계등록문서건명부에 접수하되, 가족관계등록문서건명부와 그 철회서면에 접수연월일과 접수시간(예컨대 2008.12.19. 14:25)을 분명하게 기록하여야 한다.

㉰ 협의이혼의사철회서의 편철

접수한 협의이혼의사철회서는 협의이혼의사철회서편철장에 편철·비치한다.

② 협의이혼의사철회의 효과

협의이혼의사철회서면(예규 341호 별지 18호 서식)이 접수된 후 협의이혼신고서가 제출된 경우에는 그 이혼신고서를 수리해서는 안 된다. 가족관계등록공무원의 이러한 불수리처분에 대하여 불복이 있는 사람은 「가족관계의 등록 등에 관한 법률」 제109조에 따라 관할 가정법원에 불복신청을 할 수 있다. 협의이혼의사를 철회한 경우에는 이혼의사확인의 효력이 소멸되므로 그 철회의사를 철회하더라도 이혼신고를 수리할 수 없다.

다시 이혼의사확인을 받아야 협의이혼신고를 할 수 있다.

③ 협의이혼의사철회에 따른 업무절차

㉮ 당사자 일방은 '갑' 시(구)·읍·면의 사무소는 전산정보처리조직을 통하여 동일한 당사자에 대한 협의이혼신고서가 접수되었는지 여부를 확인하여 협의이혼신고서가 먼저 접수되어 수리된 경우에는 이혼의사철회의 의사표시를 한 당사자 일방에게 그 뜻을 통지한다. 다른 일방의 협의이혼신고서를 접수한 '을' 시(구)·읍·면의 사무소는 ts고서의 심사에 앞서 전산정보처리조직을 통하여 동일한 당사자에 대한 이혼의사철회서면이 접수되었는지 유무를 전국단위로 검색하여 그 접수사실을 발견하였을 때에는 어느 것이 먼저 접수되었는지 여부를 접수연월일과 접수시각까지 세밀히 검토한다.

㉯ '갑' 시(구)·읍·면의 사무소는 협의이혼신고서가 접수된 가족관계등록사건 접수장 비고란에 '이혼의사철회(예컨대 2008.12.10. 14:25 접수)' 라고 기록한 후 협의이혼신고서와 이혼의사철회서의 접수사실이 기록된 가족관계등록문서건명부의 해당목록을 인쇄하여 함께 불수리신고서류편철장에 편철하여 보존하고, 협의이혼신고인에게 신고불수리 통지(문서양식 예규 별지 21호 서식)를 한다.

㉰ '을' 시(구)·읍·면의 사무소에서 접수한 협의이혼신고가 먼저 접수된 것으로 판명된 경우 '을' 시(구)·읍·면의 사무소는 협의이혼신고에 의하여 가족관계등록부를 정리한 후 즉시 그 취지를 전화로 '갑' 시(구)·읍·면의 사무소의 가족등록사무담임자에게 통지하며 '갑' 시(구)·읍·면의 사무소의 가족관계등록사무담임자는 이혼의사철회의 의사표시를 한 당사자 일방에게 그 뜻을 통지한다.

㉱ 협의이혼신고서와 협의이혼의사 철회서의 접수시각이 같은 경우 협의이혼의사철회서가 먼저 접수된 것으로 처리한다(예규 341호 27조).

(다) 제척기간

1) 민법 제840조 제1호의 경우

부정행위를 원인으로 한 이혼청구권은 다른 한쪽이 사전동의나 사후용서를 한 때 또는 그 사유를 안 날부터 6월, 그 사유가 있은 날부터 2년 안에 행사하지 않으면 소멸(민법 제841조)

2) 민법 제840조 제6호의 경우

민법 제840조 제6호 사유를 원인으로 한 이혼청구권은 그 사유를 안 날부터 6월, 그 사유가 있은 날부터 2년 안에 행사하지 아니하면 소멸하지만(민법 제842조), 혼인을 계속하기 어려운 중대한 사유가 이혼소송 제기 시까지 계속되고 있는 경우 제척기간은 적용 여지 없음[6]

3) 그 밖의 이혼원인의 경우

민법 제840조 제2호~제5호의 각 사유에 대하여는 제척기간의 규정이 없으나, 이혼청구권은 행사기간을 정하지 않은 형성권이므로 특별한 존속기간의 정함이 없는 한 10년의 제척기간에 걸림

민법 제842조의 제척기간에 관한 규정은 같은법 제840조 제6호의 사유에 기한 이혼청구에만 적용될 뿐 같은법 제840조 제3호의 사유에 기한 이혼청구에 유추 적용될 수 없음.[7]

피고가 부첩관계를 계속 유지함으로써 민법 제840조 제2호에 해당하는 배우자가 악의로 다른 한쪽을 유기하는 것이 이혼청구 당시까지 존속되고 있는 경우는 기간 경과에 의하여 이혼청구권이 소멸할 여지는 없음[8]

(라) 수수료의 액

1) 가사소송절차의 수수료

사건의 종류 및 행위의 태양에 따라 다름(가사소송수수료규칙 참조)

가) 소의 제기의 수수료

① 가류 및 나류 가사소송사건의 소의 제기의 수수료는 1건당 20,000원, 다류 가사소송사건의 소 제기의 수수료는 민사소송 등 인지법 제2조에 따라 계산한

---

6) 대법원 2001. 2. 23. 선고 2000므1561 판결
7) 대법원 1993. 6. 11. 선고 92므1054,1061 판결
8) 대법원 1998. 4. 10. 선고 96므1434 판결

금액의 2분의 1(가수규 제2조)

② 법 제14조 제1항의 규정에 의하여 수개의 가사소송청구를 병합청구하는 경우는 수개의 청구 중 다액인 수수료에 의함

다만, 다류 가사소송청구와 법 제2조 제1항 제2호 나목 4)의 가사비송청구를 병합청구하는 경우는 그 소송목적의 값과 청구목적의 값을 더한 금액에 관하여 1개의 다류 가사소송청구를 한 것으로 보아 제2조 제2항에 따라 수수료를 계산(가수규 제5조 제1항)

이혼을 원인으로 한 손해배상청구와 원상회복의 청구를 병합하는 것과 같이, 여러개의 다류 가사소송상의 청구를 병합하여 소를 제기하는 경우는 각 청구의 수수료를 합산해야 함(민소법 제26조 제1항, 인지규칙 제19조).

다류 사건 중 재산분할청구권 보전을 위한 사해행위 취소 및 원상회복의 청구

㉠ 사해행위 취소청구만 제기될 경우는 취소되는 법률행위의 목적의 가액을 한도로 한 원고의 재산분할청구액을 소송목적의 값으로 계산한 수수료로 함(인지규칙 제12조 제9호 참조)

㉡ 사해행위 취소청구와 원상회복청구가 병합되어 제기된 경우는 취소되는 법률행위의 목적의 가액을 한도로 한 원고의 재산분할청구액과, 원상회복청구의 가액을 한도로 한 원고의 재산분할청구액 중 다액을 소가로 계산한 수수료로 함(인지규칙 제20조, 제12조 제9호 참조)

③ 가사소송사건과 가사비송사건 청구를 관련사건으로 병합하여 소를 제기하는 경우(법 제14조)도 각 청구에 대한 수수료 중 다액인 수수료에 의하고(가수규 제5조 제1항) 수수료를 합산하지 않음

나) 상소 제기 수수료

항소 제기는 소 제기 수수료의 1.5배, 상고는 그 2배액(가사규 제2조 제3항)

다) 반소 제기의 수수료

제1심에서 반소를 제기할 때의 수수료는 그 청구를 본소로 제기하는 경우의 수수료액과 같고, 항소심에서 반소를 제기할 때는 제1심에서 반소 제기의 수수료의 1.5배액(같은조 제4항)

가사비송절차에서는 반대청구의 경우에 본래의 청구와 그 목적이 동일한 경우는 수수료를 요하지 않으나 가사소송절차에서는 본소와 그 목적이 동일한 반소 제기 시에도 본소의 수수료를 공제하지 않음

라) 재심청구 수수료

사건종류, 심급에 따라 소, 반소, 상소 제기 수수료와 동일(가수규 제2조 제5항)

2) 가사비송절차의 수수료

가) 개설

① 라류 가사비송사건의 심판 청구의 수수료는 1건당 5,000원으로 하고, 마류 가사비송사건의 심판 청구의 수수료는 1건당 다음의 금액으로 함(가수규 제3조)
법 제2조 제1항 제2호 나목 4) 사건 → 민사소송등인지법 제2조를 준용하여 계산한 금액의 2분의 1
법 제2조 제1항 제2호 나목 10) 사건 → 해당 심판 청구를 공유물분할청구 소로 보아 민사소송등인지법 제2조를 준용하여 계산한 금액
위 두 사건 외의 경우 → 10,000원

② 항고 및 재항고 제기의 수수료는 사건의 종류에 따라 위 ① 규정액의 배액으로 하고 다만, 법 제2조 제1항 제2호 나목 4), 10) 사건에 관한 항고 제기의 수수료는 그 규정액의 1.5배액

③ 반대청구의 수수료는 사건의 종류에 따라 위 ① 규정액으로 하는바, 이 경우 반대청구가 본래의 청구와 그 목적이 같은 때는 본래의 청구의 수수료를 공제함

④ 준재심 청구의 수수료는 사건의 종류 및 심급에 따라 위 ①, ② 또는 ③ 전단의 규정액

나) 가사소송규칙 제20조의2 의 규정에 의하여 여러개의 가사비송청구를 병합청구하는 경우

여러개의 청구의 수수료를 합산한다(가수규 제5조 제2항).

다) 가사비송청구의 개수를 정하는 기준

① 법 제2조 제1항 제2호 가목, 나목 내의 각 번호를 달리하는 청구는 수개의 청구로 봄

② 라류 가사비송청구 중 법 제2조 제1항 제2호 가목 사건은 아래 기준으로 각 1개 청구로 봄

- 1)~6), 8)~9), 11)~24)의8은 사건본인마다
- 31), 33)~38)은 피상속인마다,

- 30)은 기간연장의 대상이 되는 상속인마다
- 32), 39)는 청구인마다
- 40)은 검인의 대상이 되는 구수증서마다
- 41)은 검인의 대상이 되는 유언서·녹음대마다
- 42)는 봉인된 유언서마다
- 42)~47)은 유언집행자마다
- 48)은 부담 있는 유언마다

③ 마류 가사비송청구 중 법 제2조 제1항 제2호 나목의 각 사건은 아래의 기준으로 각 1개의 청구로 보되, 7)의 청구 중 부모 쌍방에 대한 청구는 2건으로 봄

- 3), 5), 6), 7)은 사건본인마다
- 8)은 부양권리자마다
- 9)는 청구인마다

라) 반대청구는 마류 가사비송사건에서만 허용되기 때문에 수수료는 10,000원 (규칙 제92조)

반대청구 목적이 본래 청구와 동일한 경우 수수료 납부를 요하지 않음(가수규 제3조 제3항 단서)

3) 가사조정절차의 수수료(가수규 제6조)

① 가사조정신청의 수수료 → 5,000원

② 민사사건의 청구를 병합하여 조정신청하는 경우는, 그 민사상의 청구에 대하여 민사조정법 제5조 제4항에 따른 수수료와 제1항 규정액 중 다액을 수수료로 함

③ 위 ①, ②를 제외하고, 조정절차에 있어서의 기타 신청의 수수료에 관하여는 가수규 제4조를 준용

④ 법 제49조 및 법 제60조의 규정에 의하여 준용되는 민사조정법 제36조의 규정에 의하여 조정신청을 한 때에 소외 제기 또는 심판의 청구가 있는 것으로 보는 경우 조정신청인은 소를 제기하거나 심판을 청구하는 경우에 납부하여야 할 수수료액으로부터 제1항 또는 제2항의 규정에 의하여 납부한 수수료액을 공제한 액의 수수료를 추가로 납부해야 함

4) 그 밖의 신청 수수료

가) 이 규칙에 규정된 것을 제외하고 가사소송절차, 가사비송절차, 가사조정절차 및 가사신청절차에서 그 밖의 신청수수료의 범위와 액은 대법원예규로 정함

나) 그러나 위 가)의 '그 밖의 신청'에는 민사소송등인지법 제9조의 적용을 받는 신청은 불포함

가사사건에서의 가압류·가처분신청의 경우 10,000원, 양육비 직접지급명령신청 및 그 취소 신청에는 각 2,000원 인지를 붙여야 함(가사접수서류에붙일인지액및그편철방법등에관한예규 제3조 제1항)

사건처분의 신청(법 제62조), 양육비에 대한 담보제공명령신청 및 일시금 지급명령신청(법 제63조의3 제2항, 제3항, 제4항), 이행명령의 신청(법 제64조) 등에는 각각 1,000원의 인지를 붙여야 함(위 같은 예규 제3조 제1항).

[서식 1] 협의이혼의사확인신청서 (가족관계등록예규 제613호 제2호 서식)

협의이혼의사확인신청서

당 사 자 부 (주민등록번호: -)
등록기준지:
주 소:
전화번호(휴대전화/집전화):
처 (주민등록번호: -)
등록기준지:
주 소:
전화번호(휴대전화/집전화):

신청의 취지

위 당사자 사이에는 진의에 따라 서로 이혼하기로 합의하였다.
위와 같이 이혼의사가 확인되었다.
라는 확인을 구합니다.

첨 부 서 류

1. 남편의 혼인관계증명서와 가족관계증명서 각 1통.
   처의 혼인관계증명서와 가족관계증명서 각 1통.
2. 미성년자가 있는 경우 양육 및 친권자결정에 관한 협의서 1통과 사본 2통 또는 가정법원의 심판정본 및 확정증명서 각 3통 (제출___, 미제출___)[9)]
3. 주민등록표등본(주소지 관할법원에 신청하는 경우) 1통.
4. 진술요지서(재외공관에 접수한 경우) 1통. 끝.

년 월 일

신청인 부 ○ ○ ○ ㊞
처 ○ ○ ○ ㊞

○○가정법원 귀중

---

9) 해당하는 란에 ○ 표기하십시오. 협의하는 부부 양쪽이 이혼에 관한 안내를 받은 후에 협의서는 확인기일 1개월 전까지, 심판정본 및 확정증명서는 확인기일까지 제출할 수 있습니다.
※ 이혼에 관한 안내를 받지 않은 경우에는 접수한 날부터 3개월이 경과하면 취하한 것으로 봅니다.

확인기일		담당자
1회	년 월 일 시	법원주사(보)
2회	년 월 일 시	○○○ ㉐

확인서등본 및 양육비부담 조서정본 교부	교부일
부 ○○○ ㉐ 처 ○○○ ㉐	

[서식 2] 협의이혼의사확인신청서 (가족관계등록예규 제613호 제2-2호 서식) (미성년자녀가 없는 경우)

협의이혼의사확인신청서

당 사 자 부 (주민등록번호: -)
등록기준지:
주 소:
전화번호(휴대전화/집전화):
처 (주민등록번호: -)
등록기준지:
주 소:
전화번호(휴대전화/집전화):

신청의 취지

위 당사자 사이에는 진의에 따라 서로 이혼하기로 합의하였다.
위와 같이 이혼의사가 확인되었다.
라는 확인을 구합니다.

첨 부 서 류

1. 남편의 혼인관계증명서와 가족관계증명서(상세) 각 1통.
   처의 혼인관계증명서와 가족관계증명서(상세) 각 1통.
2. 주민등록표등본(주소지 관할법원에 신청하는 경우) 1통.
3. 진술요지서(재외공관에 접수한 경우) 1통. 끝.

년 월 일

확인기일		담당자
1회	년 월 일 시	법원주사(보) ○○○ ㊞
2회	년 월 일 시	

신청인 부 ○ ○ ○ ㊞
처 ○ ○ ○

확인서등본 및 양육비부담조서정본 교부	교부일
부 ○○○ ㊞ 처 ○○○ ㊞	

○○가정법원 귀중

[서식 3] 자의 양육과 친권자결정에 관한 협의서 (가족관계등록예규 제613호 제3호 서식)

자의 양육과 친권자결정에 관한 협의서

사 건 20 호협 협의이혼의사확인신청

당사자 부 성 명
주민등록번호 -
모 성 명
주민등록번호 -

협 의 내 용

1. 친권자 및 양육자의 결정 (□에 ✓표시를 하거나 해당 사항을 기재하십시오.)

자녀 이름	성별	생년월일(주민등록번호)	친권자	양육자
	□ 남 □ 여	년 월 일 (-)	□ 부 □ 모 □ 부모 공동	□ 부 □ 모 □ 부모 공동
	□ 남 □ 여	년 월 일 (-)	□ 부 □ 모 □ 부모 공동	□ 부 □ 모 □ 부모 공동
	□ 남 □ 여	년 월 일 (-)	□ 부 □ 모 □ 부모 공동	□ 부 □ 모 □ 부모 공동
	□ 남 □ 여	년 월 일 (-)	□ 부 □ 모 □ 부모 공동	□ 부 □ 모 □ 부모 공동

2. 양육비용의 부담 (□에 ✓표시를 하거나 해당 사항을 기재하십시오.)

지급인	□ 부 □ 모	**지급받는 사람**	□ 부 □ 모
지급방식	□ 정기금		□ 일시금
지급액	이혼신고 다음 날부터 자녀들이 각 성년에 이르기 전날까지 미성년자 1인당 매월 금 원 (한글 병기: 원)		이혼신고 다음 날부터 자녀들이 각 성년에 이르기 전날까지의 양육비에 관하여 금 원 (한글 병기: 원)
지급일	매월 일		년 월 일
기타			
지급받는 계좌	( ) 은행 예금주: 계좌번호:		

3. 면접교섭권의 행사 여부 및 그 방법 (□에 ✓표시를 하거나 해당 사항을 기재하십시오.)

일 자	시 간	인도 장소	면접 장소	기타 (면접교섭 시 주의 사항)
□ 매월 ______째 주 ______요일	시 분부터 시 분까지			
□ 매주 ______요일	시 분부터 시 분까지			
□ 기타				

첨 부 서 류

1. 근로소득세 원천징수영수증, 사업자등록증 및 사업자소득금액 증명원 등 소득금액을 증명하기 위한 자료 - 부, 모별로 각 1통
2. 위 1항의 소명자료를 첨부할 수 없는 경우에는 부·모 소유 부동산등기부등본 또는 부·모 명의의 임대차계약서, 재산세 납세영수증(증명)
3. 위자료나 재산분할에 관한 합의서가 있는 경우 그 합의서 사본 1통
4. 자의 양육과 친권자결정에 관한 협의서 사본 2통

협의 일자: 년 월 일

부: (서명 또는 날인) 모: (서명 또는 날인)

○ ○ 가정(지방)법원		판사 확인인
사건번호		
확인일자	. . .	

❑ 자의 양육과 친권자결정에 관한 협의서 작성요령

자의 양육과 친권자결정에 관한 협의서 작성 요령

※ 미성년인 자녀(임신 중인 자를 포함하되, 이혼에 관한 안내를 받은 날부터 3개월 또는 법원이 별도로 정한 기간 내에 성년이 되는 자는 제외)가 있는 부부가 협의이혼을 할 때는 자녀의 **양육과 친권자결정**에 관한 협의서를 확인기일 1개월 전까지 제출하여야 합니다.
※ 미성년자녀가 입양된 경우에는 친생부모의 친권이 소멸되고 양부모가 친권자가 되므로, 친생부모는 입양된 자녀에 대하여는 양육과 친권자결정에 관한 사항을 기재하여서는 안 됩니다.
※ 이혼의사확인신청 후 양육과 친권자결정에 관한 협의가 원활하게 이루어지지 않는 경우에는 신속하게 가정법원에 그 심판을 청구하여야 합니다.
※ 확인기일까지 협의서를 제출하지 않은 경우 이혼의사확인이 지연되거나 불확인 처리될 수 있고, 협의한 내용이 **자녀의 복리**에 반하는 경우 가정법원은 보정을 명할 수 있으며 보정에 응하지 않는 경우 불확인 처리됩니다.
※ 이혼신고일 다음 날부터 미성년인 자녀들이 각 성년에 이르기 전날까지의 기간에 해당하는 양육비에 관하여는 **양육비부담조서**가 작성되며, 이혼 후 양육비부담조서에 따른 양육비를 지급하지 않으면 양육비부담조서에 의하여 강제집행할 수 있습니다. 그 외 협의 사항은 **'별도의 재판절차'**를 통하여 과태료, 감치 등의 제재를 받을 수 있고, 강제집행을 할 수 있습니다.
※ 협의서 작성 전에 가정법원의 상담위원의 상담을 먼저 받아 보실 것을 권고합니다.

1. 친권자 및 양육자의 결정
친권자는 자녀의 재산관리권, 법률행위대리권 등이 있고, 양육자는 자녀와 공동생활을 하며 각종의 위험으로부터 자녀를 보호하는 역할을 합니다. 협의이혼 시 친권자 및 양육자는 자의 복리를 우선적으로 고려하여 부 또는 모 일방, 부모 공동으로 지정할 수도 있으며, 친권자와 양육자를 분리하여 지정할 수도 있습니다(공동친권, 공동양육의 경우는 이혼 후에도 부모 사이에 원만한 협의가 가능한 경우에만 바람직하며, 각자의 권리·의무, 역할, 동거기간 등을 별도로 명확히 정해 두는 것이 장래의 분쟁을 예방할 수 있습니다).
임신 중인 자의 특정은 자녀 이름난에 '모가 임신 중인 자'로 기재하고 생년월일란에 '임신 ○개월'로 기재함으로 하고, 성별란은 기재할 필요가 없습니다.
2. 양육비용의 부담
자녀에 대한 양육의무는 친권자나 양육자가 아니어도 부모로서 부담하여야 할 법률상 의무입니다. 양육비는 자녀의 연령, 자녀의 수, 부모의 재산 상황 등을 고려하여 적정한 금액을 협의하여야 합니다. 경제적 능력이 전혀 없는 경우에는 협의에 의해 양육비를 부담하지 않을 수 있습니다. 이혼신고 전 양육비 또는 성년 이후의 교육비 등은 부모가 협의하여 “기타”란에 기재할 수 있으나, 양육비부담조서에 기재되지 않으므로, 강제집행을 위하여는 별도의 재판절차가 필요합니다.

3. 면접교섭권의 행사 여부 및 그 방법

「민법」 제837조의2 규정에 따라 이혼 후 자녀를 직접 양육하지 않는 부모(비양육친)의 일방과 자녀는 서로를 만날 권리가 있고, 면접교섭은 자녀가 양쪽 부모의 사랑을 받고 올바르게 자랄 수 있기 위해 꼭 필요합니다. 면접교섭 일시는 자녀의 일정을 고려하여 정기적·규칙적으로 정하는 것이 자녀의 안정적인 생활에 도움이 되고, 자녀의 인도장소 및 시간, 면접교섭 장소, 면접교섭 시 주의 사항(기타 란에 기재) 등을 자세하게 정해야 장래의 분쟁을 방지할 수 있습니다.

4. 첨부서류

협의서가 자녀의 복리에 부합하는지 여부를 판단하기 위해 부, 모의 월 소득액과 재산에 관한 자료 등이 필요하므로 증빙서류를 제출합니다.

5. 기타 유의사항

법원은 협의서원본을 2년간 보존한 후 폐기하므로, 법원으로부터 교부받은 협의서등본을 이혼신고 전에 사본하여 보관하시기 바랍니다.

[서식 4] 협의이혼제도안내 (가족관계등록예규 제613호 제6호 서식)

협의이혼제도안내

1. 협의이혼이란
   ○ 부부가 자유로운 이혼합의에 의하여 혼인관계를 해소시키는 제도로, 먼저 관할 법원의 협의이혼의사확인을 받은 후 쌍방이 서명 또는 날인한 이혼신고서에 그 확인서등본을 첨부하여 시(구)·읍·면의 장에게 신고함으로써 이혼의 효력이 발생합니다.
   여기서 "시"라 함은 "구"가 설치되지 않은 시를 말합니다.
2. 협의이혼절차는
   가. 협의이혼의사확인의 신청
      ① 신청시 제출하여야 할 서류
         ㉮ 협의이혼의사확인신청서 1통
            - 부부가 함께 작성하며, 신청서 양식은 법원의 신청서 접수창구에 있습니다.
            - 기일의 고지는 전화 등으로 할 수 있으므로, 신청서에 전화연락처를 정확히 기재하여야 하며, 전화연락처 변경시에는 즉시 법원에 신고하여야 합니다.
         ㉯ 남편의 가족관계증명서와 혼인관계증명서 각 1통
            처의 가족관계증명서와 혼인관계증명서 각 1통
            - 시(구)·읍·면·동사무소에서 발급
         ㉰ 주민등록등본 1통
            - 주소지 관할 법원에 이혼의사확인신청을 하는 경우에만 첨부합니다.
         ㉱ 미성년인 자녀(임신 중인 자를 포함하되, 이혼에 관한 안내를 받은 날부터 3개월 또는 법원이 별도로 정한 기간 이내에 성년에 도달하는 자녀는 제외)가 있는 부부는 이혼에 관한 안내를 받은 후 그 자녀의 양육과 친권자결정에 관한 협의서 1통과 사본 2통 또는 가정법원의 심판정본 및 확정증명서 각 3통을 제출하되, 부부가 함께 출석하여 신청하고 이혼에 관한 안내를 받은 경우에는 협의서는 확인기일 1개월 전까지 제출할 수 있고 심판정본 및 확정증명서는 확인기일까지 제출할 수 있습니다. 자녀의 양육과 친권자결정에 관한 협의가 원활하게 이루어지지 않는 경우에는 신속하게 가정법원에 심판을 청구하여 심판정본 및 확정증명서를 제출하여야 합니다. 미제출 또는 제출지연 시 협의이혼확인이 지연되거나 불확인될 수 있습니다.
            - 특히 이혼신고 다음날부터 미성년인 자녀가 성년에 이르기 전날

까지의 기간에 해당하는 양육비에 관하여 협의서를 작성한 경우 양육비부담조서가 작성되어 별도의 재판없이 강제집행을 할 수 있으므로 양육비부담에 관하여 신중한 협의를 하여야 합니다.

- 미성년자녀가 입양된 경우에는 친생부모의 친권이 소멸되고 양부모가 친권자가 되므로, 친생부모는 자녀의 양육과 친권자결정에 관한 협의서에 입양된 자녀에 대하여는 양육과 친권자결정에 관한 사항을 기재하여서는 안 됩니다.
- 자녀양육안내에 관하여는 유투브에 공개된 "이혼 우리아이를 어떻게 지키고 돌볼까요?{법원 이혼 부모교육(자녀양육안내)동영상}"(https://www.youtube.com/watch?v=GMzgrxYseVw)을 참조하여 주시기 바랍니다(유투브에 "자녀양육안내"로 검색하시면 됩니다).

㉮ 이혼신고서

- 이혼신고서는 법원에 제출하는 서류가 아니고 시(구)·읍·면사무소에 이혼신고할 때 제출하는 서류입니다. 그러나, 법원에 신청할 때 미리 이혼신고서 뒷면에 기재된 작성방법에 따라 부부가 함께 작성하여 서명 또는 날인한 후 각자 1통을 보관하고 있다가 이혼신고할 때 제출하면 편리합니다.
- 신고서양식은 법원의 신청서 접수창구 및 시(구)·읍·면사무소에 있습니다.

㉯ 부부 중 일방이 외국에 있거나 교도소(구치소)에 수감중인 경우

- 재외국민등록부등본 1통(재외공관 및 외교부 발급) 또는 수용증명서(교도소 및 구치소 발급) 1통을 첨부합니다.

② 신청서를 제출할 법원

○ 이혼당사자의 등록기준지 또는 주소지를 관할하는 법원에 부부가 함께 출석하여 신청서를 제출하여야 합니다.

- 부부 중 일방이 외국에 있거나 교도소(구치소)에 수감중인 경우에만 다른 일방이 혼자 출석하여 신청서를 제출하고 안내를 받으며, 첨부서류는 신청서 제출 당시에 전부 첨부하여야 합니다.

③ 이혼에 관한 안내

○ 법원으로부터 이혼에 관한 안내를 반드시 받아야 하고, 상담위원의 상담을 받을 것을 권고 받을 수 있습니다. 특히 미성년인 자녀의 양육과 친권자결정에 관하여 상담위원의 상담을 받은 후 협의서를 작성할 것을 권고합니다.

○ 신청서 접수한 날부터 3개월이 경과하도록 이혼에 관한 안내를 받지 아니하면 협의이혼의사확인신청은 취하한 것으로 봅니다.

④ 이혼숙려기간의 단축 또는 면제

○ 안내를 받은 날부터 미성년인 자녀(임신 중인 자를 포함)가 있는 경우에는 3개월, 성년 도달 전 1개월 후 3개월 이내 사이의 미성년인 자녀가 있는 경우에는 성년이 된 날, 성년 도달 전 1개월 이내의 미성년인 자녀가 있는 경우 및 그 밖의 경우에는 1개월이 경과한 후에 이혼의사의 확인을 받을 수 있으나, 가정폭력 등 급박한 사정이 있어 위 기간의 단축 또는 면제가 필요한 사유가 있는 경우 이를 소명하여 사유서를 제출할 수 있습니다. 이 경우 특히 상담위원의 상담을 통하여 사유서를 제출할 수 있습니다.

○ 사유서 제출 후 7일 이내에 확인기일의 재지정 연락이 없으면 최초에 지정한 확인기일이 유지되며, 이에 대하여는 이의를 할 수 없습니다.

⑤ 신청서의 취하

○ 신청서 접수 후에도 이혼의사확인을 받기 전까지 부부 일방 또는 쌍방은 법원에 신청을 취하할 수 있습니다.

⑥ 협의이혼의사의 확인

○ 반드시 부부가 함께 본인의 신분증(주민등록증, 운전면허증, 공무원증 및 여권 중 하나)과 도장을 가지고 통지받은 확인기일에 법원에 출석하여야 합니다.

○ 확인기일을 2회에 걸쳐 불출석한 경우 확인신청을 취하한 것으로 보므로 협의이혼의사확인신청을 다시 하여야 합니다.

○ 부부의 이혼의사와 미성년인 자녀가 있는 경우 그 자녀의 양육과 친권자결정에 관한 협의서 또는 가정법원의 심판정본 및 확정증명서가 확인되면 법원에서 부부에게 확인서등본 1통 및 미성년인 자녀가 있는 경우 협의서등본 및 양육비부담조서정본 또는 가정법원의 심판정본 및 확정증명서 1통씩을 교부합니다.

○ 확인기일까지 협의를 할 수 없어 가정법원에 심판을 청구한 경우에는 확인기일에 출석하여 그 사유를 소명하여야 합니다.

○ 자녀의 복리를 위해서 법원은 자녀의 양육과 친권자결정에 관한 협의에 대하여 보정을 명할 수 있고, 보정에 불응하면 불확인 처리됩니다.

○ 불확인 처리를 받은 경우에는 가정법원에 별도로 재판상 이혼 또는 재판상 친권자지정 등을 청구할 수 있습니다.

나. 협의이혼의 신고

○ 이혼의사확인서등본은 교부받은 날부터 3개월이 지나면 그 효력이 상실되므로, 신고의사가 있으면 위 기간 내에 당사자 일방 또는 쌍방이 시(구)·읍·면사무소에 확인서등본이 첨부된 이혼신고서를 제출하여야 합니다.

- 이혼신고가 없으면 이혼된 것이 아니며, 위 기간을 지난 경우에는 다시 법원의 이혼의사확인을 받지 않으면 이혼신고를 할 수 없습니다.
- 미성년인 자녀가 있는 경우 이혼신고 시에 협의서등본 또는 심판정본 및 그 확정증명서를 첨부하여 친권자지정 신고를 하여야 하며, 임신 중인 자녀는 이혼신고 시가 아니라 그 자녀의 출생신고 시에 협의서등본 또는 심판정본 및 그 확정증명서를 첨부하여 친권자지정 신고를 하여야 합니다.
- 확인서등본을 분실한 경우: 확인서등본을 교부받은 날부터 3개월 이내라면 이혼의사확인신청을 한 법원에서 확인서등본을 다시 교부받을 수 있습니다.
- 법원은 협의서원본을 2년간 보존한 후 폐기하므로, 법원으로부터 교부받은 협의서등본을 이혼신고 전에 사본하여 보관하시기 바랍니다.

다. 협의이혼의 철회

○ 이혼의사확인을 받고 난 후라도 이혼할 의사가 없는 경우에는 시(구)·읍·면의 장에게 확인서등본을 첨부하여 이혼의사철회서를 제출하면 됩니다.

- 이혼신고서가 이혼의사철회서보다 먼저 접수되면 철회서를 제출하였더라도 이혼의 효력이 발생합니다.

3. 협의이혼의 효과는

○ 가정법원의 이혼의사확인을 받아 신고함으로써 혼인관계는 해소됩니다.

○ 이혼 후에도 자녀에 대한 부모의 권리와 의무는 협의이혼과 관계없이 그대로 유지되나 미성년인 자녀(임신 중인 자 포함)가 있는 경우에는 그 자녀의 양육과 친권자결정에 관한 협의서 또는 가정법원의 심판에 따릅니다.

○ 특히, 이혼신고 다음날부터 미성년인 자녀가 성년에 이르기 전날까지의 기간에 해당하는 양육비에 관하여 양육비부담조서가 작성되며, 이혼 후 양육비부담조서에 따른 양육비를 지급하지 않으면 양육비부담조서정본에 가정법원이 부여한 집행문을 첨부하여 강제집행을 할 수 있습니다.

○ 이혼하는 남편과 다른 등록기준지를 사용하기를 원하는 처는 별도의 등록기준지 변경신고를 함께 하여야 합니다.

법원명		사건 번호		담 당 재판부	전화:	확인 기일	1회: . . . 2회: . . .
						이혼안내 받은 사실을 확인함	㉠

[서식 5] 협의이혼제도안내(재외국민용) (가족관계등록예규 제613호 제7호 서식)

협의이혼제도안내(재외국민용)

1. 협의이혼이란

○ 부부가 자유로운 이혼합의에 의하여 혼인관계를 해소시키는 제도로, 재외국민으로 등록된 국민이 재외공관장에게 협의이혼의사확인신청을 하여 서울가정법원으로부터 이혼의사확인을 받은 후 쌍방이 서명 또는 날인한 이혼신고서에 그 확인서등본을 첨부하여 재외공관장 등에게 신고함으로써 이혼의 효력이 발생합니다.

2. 협의이혼절차는

가. 협의이혼의사확인의 신청

① 신청 시 제출하여야 할 서류

㉮ 협의이혼의사확인신청서 1통

- 부부가 함께 작성하며, 신청서 양식은 재외공관의 신청서 접수창구에 있습니다.
- 신청서에 항시 연락 가능한 전화연락처를 정확히 기재하여야 하며, 전화연락처 변경 시에는 즉시 재외공관에 신고하여야 합니다.

㉯ 남편의 가족관계증명서와 혼인관계증명서 각 1통
처의 가족관계증명서와 혼인관계증명서 각 1통

- 시(구)·읍·면·동사무소에서 발급

㉰ 미성년인 자녀(임신 중인 자를 포함하되, 이혼에 관한 안내를 받은 날부터 3개월 또는 법원이 별도로 정한 기간 이내에 성년에 도달하는 자녀는 제외)가 있는 부부는 이혼에 관한 서면 안내를 받은 후 그 자녀의 양육과 친권자결정에 관한 협의서 1통과 사본 2통 또는 가정법원의 심판정본 및 확정증명서 각 3통을 제출하여야 합니다. 미제출 또는 제출지연 시 협의이혼확인이 지연되거나 불확인 처리될 수 있습니다.

- 특히 이혼신고 다음 날부터 미성년인 자녀가 성년에 이르기 전날까지의 기간에 해당하는 양육비에 관하여 협의서를 작성한 경우 양육비부담조서가 작성되어 별도의 재판 없이 강제집행을 할 수 있으므로 양육비 부담에 관하여 신중한 협의를 하여야 합니다.
- 미성년자녀가 입양된 경우에는 친생부모의 친권이 소멸되고 양부모가 친권자가 되므로, 친생부모는 자녀의 양육과 친권자결정에

관한 협의서에 입양된 자녀에 대하여는 양육과 친권자결정에 관한 사항을 기재하여서는 안 됩니다.

- 자녀 양육 안내에 관하여는 유튜브에 공개된 “이혼 우리아이를 어떻게 지키고 돌볼까요?{법원 이혼 부모교육(자녀 양육 안내)동영상}”(https://www.youtube.com/watch?v=GMzgrxYseVw)을 참조하여 주시기 바랍니다(유튜브에 “자녀 양육 안내”로 검색하시면 됩니다).

㉣ 이혼신고서

- 이혼신고서는 이혼의사확인신청을 할 때 제출하는 서류가 아니고 재외공관장 등에게 이혼신고할 때 비로소 제출하는 서류입니다. 그러나 신청할 때 미리 이혼신고서 뒷면에 기재된 작성 방법에 따라 부부가 함께 작성하여 서명 또는 날인한 후 각자 1통을 보관하고 있다가 이혼신고할 때 제출하면 편리합니다.

㉤ 부부 중 일방이 다른 외국에 있거나 교도소(구치소)에 수감 중인 경우

- 재외국민등록부등본 1통(재외공관 및 외교부 발급) 또는 수용증명서(교도소 및 구치소 발급) 1통을 첨부합니다.

② 신청서를 제출할 재외공관

○ 이혼당사자의 거주지를 관할하는 재외공관에 부부가 함께 출석하여 신청서를 제출하여야 합니다.

- 부부 중 일방이 다른 외국에 있거나 교도소(구치소)에 수감 중인 경우에만 다른 일방이 혼자 출석하여 신청서를 제출하고 안내를 받아야 합니다.

③ 이혼에 관한 안내

○ 재외공관장으로부터 서면으로 안내를 받을 수 있습니다.

④ 이혼숙려기간의 단축 또는 면제

○ 안내를 받은 날부터 미성년인 자녀(임신 중인 자를 포함)가 있는 경우에는 3개월, 성년 도달 전 1개월 후 3개월 이내 사이의 미성년인 자녀가 있는 경우에는 성년이 된 날, 성년 도달 전 1개월 이내의 미성년인 자녀가 있는 경우 및 그 밖의 경우에는 1개월이 경과한 후에 이혼의사의 확인을 받을 수 있으나, 가정폭력 등 급박한 사정이 있어 위 기간의 단축 또는 면제가 필요한 사유가 있는 경우 이를 소명하여 사유서를 제출할 수 있습니다.

⑤ 협의이혼의사의 확인

○ 부부가 함께 본인의 신분증(주민등록증, 운전면허증, 여권 중 하

나)과 도장을 가지고 거주지 관할 재외공관에 출석하여야 합니다. 부부 중 일방이 타국에 거주하는 경우 신청당사자만 출석합니다.

○ 부부 중 일방이 국내에 있으나 서울가정법원 관할 외 주소지에 거주하는 경우 국내거주자는 주민등록표 등(초)본을 제출하여 주소지 관할 법원에서 이혼의사를 확인받을 수 있도록 서울가정법원에 신청할 수 있습니다.

○ 자녀의 복리를 위해서 법원은 자녀의 양육과 친권자결정에 관한 협의에 대하여 보정을 명할 수 있고, 보정에 불응하면 불확인 처리됩니다.

○ 불확인 처리를 받은 경우에는 가정법원에 별도로 재판상 이혼 또는 재판상 친권자지정 등을 청구할 수 있습니다.

나. 협의이혼의 신고

○ 이혼의사확인서등본은 교부받은 날부터 3개월이 지나면 그 효력이 상실되므로, 신고의사가 있으면 위 기간 내에 당사자 일방 또는 쌍방이 재외공관, 등록기준지 또는 현재지 시(구)·읍·면사무소에 확인서등본이 첨부된 이혼신고서를 제출하여야 합니다. 여기서 "시"라 함은 "구"가 설치되지 않은 시를 말합니다.

- 이혼신고가 없으면 이혼된 것이 아니며, 위 기간을 지난 경우에는 다시 법원의 이혼의사확인을 받지 않으면 이혼신고를 할 수 없습니다.
- 미성년인 자녀가 있는 경우 이혼신고 시에 협의서등본 또는 심판정본 및 그 확정증명서를 첨부하여 친권자지정 신고를 하여야 하며, 임신 중인 자녀는 이혼신고 시가 아니라 그 자녀의 출생신고 시에 협의서등본 또는 심판정본 및 그 확정증명서를 첨부하여 친권자지정 신고를 하여야 합니다.
- 확인서등본을 분실한 경우: 확인서등본을 교부받은 날부터 3개월 이내라면 이혼의사확인신청을 한 법원에서 확인서등본을 다시 교부받을 수 있습니다.
- 법원은 협의서원본을 2년간 보존한 후 폐기하므로, 법원으로부터 교부받은 협의서등본을 이혼신고 전에 사본하여 보관하시기 바랍니다.

다. 협의이혼의 철회

○ 이혼의사확인을 받고 난 후라도 이혼할 의사가 없는 경우에는 등록기준지 또는 현재지 시(구)·읍·면의 장에게 이혼의사철회서를 제출하면 됩니다.

- 이혼신고서가 이혼의사철회서보다 먼저 접수되면 철회서를 제출하였더라도 이혼의 효력이 발생합니다.

3. 협의이혼의 효과는

○ 가정법원의 이혼의사확인을 받아 신고함으로써 혼인관계는 해소됩니다.

○ 이혼 후에도 자녀에 대한 부모의 권리와 의무는 협의이혼과 관계없이 그대로 유지되나 미성년인 자녀(임신 중인 자 포함)가 있는 경우에는 그 자녀의 양육과 친권자결정에 관한 협의서 또는 가정법원의 심판에 따릅니다.

○ 특히, 이혼신고 다음날부터 미성년인 자녀가 성년에 이르기 전날까지의 기간에 해당하는 양육비에 관하여 양육비부담조서가 작성되며, 이혼 후 양육비부담조서에 따른 양육비를 지급하지 않으면 양육비부담조서정본에 가정법원이 부여한 집행문을 첨부하여 강제집행을 할 수 있습니다.

○ 이혼하는 남편과 다른 등록기준지를 사용하기를 원하는 처는 별도의 등록기준지 변경신고를 함께 하여야 합니다.

서울 가정법원

[서식 6] 이혼 숙려기간 면제(단축) 사유서 (가족관계등록예규 제613호 제8호 서식)

이혼 숙려기간 면제(단축) 사유서

20 호협 협의이혼의사확인신청

당사자:
주 소:

위 사건에 관하여 20 . . . : (으)로 이혼의사 확인기일이 지정되었으나 다음과 같은 사유로 이혼의사 확인까지 필요한 기간을 면제(단축)하여 주시기 바랍니다.

다 음

사유 : 1. 가정 폭력으로 인하여 당사자 일방에게 참을 수 없는 고통이 예상됨 ( )
2. 기타 이혼을 하여야 할 급박한 사정이 있는 경우(상세히 적을 것)

첨 부 서 류

1.

20 . . .
당사자 (서명 또는 날인)
(연락처:)
(상대 배우자 연락처:)

법원 귀중

◇ 유의 사항 ◇

※ 연락처란에는 언제든지 연락 가능한 전화번호나 휴대전화번호를 기재하고, 그 밖에 팩스번호, 이메일 주소 등이 있으면 함께 기재하기 바랍니다.

※ 사유서 제출 후 7일 이내에 확인기일의 재지정 연락이 없으면 최초에 지정한 확인기일이 유지되며, 이에 대하여는 이의를 제기할 수 없습니다.

[서식 7] 영수증 (가족관계등록예규 제613호 제17호 서식)

영 수 증

국 주재 대사(총영사) 귀 하
교도소(구치소)장 귀 하

사 건 명 20 호협 협의이혼의사확인신청

1. 확인서등본 (수령, 불수령)

2. 양육비부담조서 정본 (수령, 불수령)

위의 서류는 년 월 일 : 분에 틀림없이 영수하였습니다.

영 수 인: ㊞

<주의> 양육비부담조서정본을 교부한 경우 집행문부여를 위하여 송달증명이 필요하니 영수인의 서명 또는 날인을 받은 후 반드시 그 등본을 가정법원으로 회송하여 주시기 바랍니다.

[서식 8] 협의이혼의사철회서 (가족관계등록예규 제613호 제18호 서식)

<table>
<tr><th colspan="4">협의이혼의사 철회서</th></tr>
<tr><td rowspan="8">당사자</td><td rowspan="4">남편</td><td>성 명</td><td></td></tr>
<tr><td>주민등록번호</td><td></td></tr>
<tr><td>등 록 기 준 지</td><td></td></tr>
<tr><td>주 소</td><td></td></tr>
<tr><td rowspan="4">아내</td><td>성 명</td><td></td></tr>
<tr><td>주민등록번호</td><td></td></tr>
<tr><td>등 록 기 준 지</td><td></td></tr>
<tr><td>주 소</td><td></td></tr>
<tr><td colspan="3">확 인 법 원</td><td>법원</td></tr>
<tr><td colspan="3">확 인 년 월 일</td><td>20 . . .</td></tr>
<tr><td colspan="4">위와 같이 이혼의사 확인을 받았으나, 본인은 이혼할 의사가 없으므로 이혼의사를 철회합니다.

20 . . .

철회인 성 명: (서명 또는 날인)
연락처:

장 귀하</td></tr>
</table>

[서식 9] 협의이혼의사철회서

협의이혼의사철회서

당사자 부 ○ ○ ○
19○○년 ○월 ○일생
등록기준지 ○○시 ○○구 ○○길 ○○
주소 ○○시 ○○구 ○○길 ○○(우편번호○○○-○○○)
전화 ○○○ - ○○○○

처 ○ ○ ○
19○○년 ○월 ○일생
등록기준지 ○○시 ○○구 ○○길 ○○
주소 ○○시 ○○구 ○○길 ○○(우편번호○○○-○○○)
전화 ○○○ - ○○○○

위 당사자간 ○○가정법원에서 20○○. ○. ○. 20○○호 제○○○○호 협의이혼의사확인서 등본을 발급받았으나, 위 합의에 이의가 있으므로 이혼의사를 철회하고자 협의이혼의사확인서 등본을 첨부하여 가족관계 등록 등에 관한 규칙 제80조에 따라서 이혼의사철회신고를 합니다.

첨부서류

1. 협의이혼확인서등본 1통

20○○. ○. ○.

위 신청인 부(또는 처) ○ ○ ○ (인)

○ ○ 시 장 귀 하

[서식 10] 이혼(친권자 지정) 신고서 [문서양식 예규 양식 제11호]

이혼(친권자 지정)신고서 (년 월 일)	※ 뒷면의 작성방법을 읽고 기재하시되, 선택항목은 해당번호에 "○"으로 표시하여 주시기 바랍니다.

구 분			남 편(부)				아 내(처)			
①이혼당사자(신고인)	성 명	한글	* (성) / (명)			㉞ 또는 서명	* (성) / (명)			㉞ 또는 서명
		한자	(성) / (명)				(성) / (명)			
	본(한자)			전화			본(한자)		전화	
	*주민등록번호		–				–			
	출생연월일									
	*등록기준지									
	*주 소									
②부모(양부모)	부(양부)성명									
	주민등록번호		–				–			
	모(양모)성명									
	주민등록번호		–				–			
③기 타 사 항										
④재판확정일자 ( )			년 월 일			법원명	법원			
아래 친권자란은 협의이혼 시에는 법원의 협의이혼의사확인 후에 기재합니다.										
⑤친권자지정	미성년인 자의 성명									
	주민등록번호	–					–			
	친권자	1부2모 3부모	효력발생일	년 월 일			1부2모 3부모	효력발생일	년 월 일	
			원인	1 협의 2 재판				원인	1 협의 2 재판	
	미성년인 자의 성명									
	주민등록번호	–					–			
	친권자	1부2모 3부모	효력발생일	년 월 일			1부2모 3부모	효력발생일	년 월 일	
			원인	1 협의 2 재판				원인	1 협의 2 재판	
⑥신고인출석여부			1 남편(夫) 2 아내(婦)							
⑦제출인	성 명					주민등록번호	–			

※ 타인의 서명 또는 인장을 도용하여 허위의 신고서를 제출하거나, 허위신고를 하여 가족관계등록부에 실제와 다른 사실을 기록하게 하는 경우에는 **형법에 의하여 처벌**받을 수 있으며, ***표시 자료는** 인구동향조사 목적으로 통계청에서도 수집하고 있는 자료임을 알려드립니다.
※ 아래 사항은 통계청의 인구동향조사를 위한 것으로, 「통계법」 제32조 및 제33조에 의하여 성실응답 의무가 있으며 개인의 비밀사항이 철저히 보호되므로 사실대로 기입하여 주시기 바랍니다.

인구동향조사

⑧ 실제결혼(동거)생활 시작일		년 월 일부터		⑨ 실제이혼연월일	년 월 일부터
⑩ 19세 미만자녀 수		명		⑪ 이혼의 종류	1 협의이혼 2 재판에 의한 이혼
⑫이혼사유 (택일)		1 배우자 부정 2 정신적·육체적 학대 3 가족간 불화 4 경제문제 5 성격차이 6 건강문제 7 기타			
⑬국적	남편	1 대한민국(출생 시 국적취득) 2 대한민국[귀화(수반포함)·인지 국적취득, 이전국적 :] 3 외국(국적)	처	1 대한민국(출생 시 국적취득) 2 대한민국[귀화(수반포함)·인지 국적취득, 이전국적 :] 3 외국(국적)	
⑭최종 졸업학교	남편	1 무학 2 초등학교 3 중학교 4 고등학교 5 대학(교) 6 대학원 이상	처	1 무학 2 초등학교 3 중학교 4 고등학교 5 대학(교) 6 대학원 이상	
⑮직업	남편	1 관리자 2 전문가 및 관련종사자 3 사무종사자 4 서비스종사자 5 판매종사자 6 농림어업 숙련 종사자 7 기능원 및 관련 기능 종사자 8 장치·기계 조작 및 조립 종사자 9 단순노무종사자 10 학생 11 가사 12 군인 13 무직	처	1 관리자 2 전문가 및 관련종사자 3 무종사자 4 서비스종사자 5 판매종사자 6 농림어업 숙련 종사자 7 기능원 및 관련 기능 종사자 8 장치·기계 조작 및 조립 종사자 9 단순노무 종사자 10 학생 11 가사 12 군인 13 무직	

작 성 방 법

※ 등록기준지 : 각 란의 해당자가 외국인인 경우에는 그 국적을 기재합니다.
※ 주민등록번호 : 각 란의 해당자가 외국인인 경우에는 외국인등록번호(국내거소신고번호 또는 출생연월일)를 기재합니다.
①란 : 협의이혼신고의 경우 반드시 당사자 쌍방이 서명(또는 기명날인) 하여야 하나, 재판상 이혼신고의 경우에는 일방이 서명(또는 기명날인)하여 신고할 수 있습니다.
②란 : 이혼당사자의 부모가 주민등록번호가 없는 경우에는 등록기준지(본적)를 기재합니다. 이혼당사자가 양자인 경 우 양부모의 인적사항을 기재하며, 이혼당사자의 부모가 외국인인 경우에는 주민등록번호란에 외국인등록번호(또는 출생년월일) 및 국적을 기재합니다.
③란 : 아래의 사항 및 가족관계등록부에 기록을 분명하게 하는 데 특히 필요한 사항을 기재합니다.
- 신고사건으로 인하여 신분의 변경이 있게 되는 사람이 있을 경우에 그 사람의 성명, 생년월일, 등록기준지 및 신분변경의 사유
- 피성년후견인(2018. 6. 30.까지는 금치산자 포함)이 협의상 이혼을 하는 경우에는 동의자의 성명, 서명(또는 날일) 및 생년월일

④란 : 이혼판결(화해, 조정)의 경우에만 기재하고, 협의이혼의 경우에는 기재하지 않습니다.
: 조정성립, 조정에 갈음하는 결정, 화해성립이나 화해권고결정에 따른 이혼신고의 경우에는 "재판확정일자"아래 의 ( )안에 "조정성립", "조정에 갈음하는 결정확정" 또는 "화해성립", "화해권고결정"이라고 기재하고, "연월 일"란에 그 성립(확정)일을 기재합니다.
⑤란 : 협의이혼의사확인 신청시에는 기재하지 아니하며, 법원의 이혼의사확인 후에 정하여진 친권자를 기재합니다. 지 정효력발생일은 협의이혼의 경우 이혼신고일, 재판상이혼의 경우에는 재판 확정일을 기재합니다. 원인은 당사자 의 협의에 의해 지정한 때에는 "①협의"에, 직권 또는 신청에 의해 법원이 결정한 때에는 "②재판"에 "○"으로 표시하고, 그 내용을 증명하는 서면을 첨부하여야 합니다. 자녀가 3명 이상인 경우 별지 기재 후 간인하여 첨부 합니다. 임신 중인 자의 경우에는 출생신고 시 친권자 지정 신고를 합니다.
⑥란 : 출석한 신고인의 해당번호에 ○표시를 합니다.
⑦란 : 제출자(신고인 여부 불문)의 성명 및 주민등록번호 기재[접수담당공무원은 신분증과 대조]
⑧란, ⑨란 : 가족관계등록부상 신고일이나 재판확정일과는 관계없이 실제로 결혼(동거)생활을 시작한 날과 사실상 이혼(별거)생활을 시작한 날을 기재합니다.
⑭란 : 교육부장관이 인정하는 모든 정규교육기관을 기준으로 기재하되 각급 학교의 재학 또는 중퇴자는 졸업한 최종 학교의 해당번호에 ○표시를 합니다.
<예시> 대학교 3학년 재학(중퇴) → 고등학교에 ○표시
⑮란 : 이혼할 당시의 주된 직업을 기준으로 기재합니다.

1 관리자 : 정부, 기업, 단체 또는 그 내부 부서의 정책과 활동을 기획, 지휘 및 조정(공공 및 기업고위직 등)
2 전문가 및 관련종사자 : 전문지식을 활용한 기술적 업무 (과학, 의료, 교육, 종교, 법률, 금융, 예술, 스포츠 등)
3 사무종사자 : 관리자, 전문가 및 관련 종사자를 보조하여 업무 추진 (경영, 보험, 감사, 상담·안내·통계 등)
4 서비스종사자 : 공공안전, 신변보호, 의료보조, 이·미용, 혼례 및 장례, 운송, 여가, 조리와 관련된 업무
5 판매종사자 : 영업활동을 통해 상품이나 서비스판매(인터넷, 상점, 공공장소 등), 상품의 광고·홍보 등
6 농림어업 숙련 종사자 : 작물의 재배·수확, 동물의 번식·사육, 산림의 경작 및 개발, 수생 동·식물 번식 및 양식 등
7 기능원 및 관련 기능 종사자 : 광업, 제조업, 건설업에서 손과 수공구를 사용하여 기계설치 및 정비, 제품 가공
8 장치·기계 조작 및 조립 종사자 : 기계를 조작하여 제품 생산·조립, 컴퓨터에 의한 기계제어, 운송장비의 운전 등
9 단순노무 종사자 : 주로 간단한 수공구의 사용과 단순하고 일상적이며 육체적 노력이 요구되는 업무
11 가사 : 전업주부 등 12 군인 : 의무복무 중인 장교 및 사병 제외, 직업군인 해당 13 무직: 특정한 직업이 없음

첨 부 서 류

1. 협의이혼 : 협의이혼의사확인서 등본 1부
2. 재판이혼 : 판결등본 및 확정증명서 각 1부(조정·화해 성립의 경우는 조서등본 및 송달증명서).
3. 외국법원의 이혼판결에 의한 재판상 이혼
   - 이혼판결의 정본 또는 등본과 판결확정증명서 각 1부.
   - 패소한 피고가 우리나라 국민인 경우에 그 피고가 공시송달에 의하지 아니하고 소송의 개시에 필요한 소환 또는 명령의 송달을 받았거나 또는 이를 받지 아니하고도 응소한 사실을 증명하는 서면 1부(판결에 의하여 이점이 명백하지 아니한 경우에 한한다).
   - 위 각 서류의 번역문 1부.

   ※ 아래 4항은 가족관계등록관서에서 전산으로 그 내용을 확인할 수 있는 경우 첨부를 생략합니다.
4. 이혼 당사자 각각의 가족관계등록부의 가족관계증명서, 혼인관계증명서 각 1통.
5. 사건본인이 외국인인 경우
   - 한국 방식에 의한 이혼 : 사건본인 쌍방이 외국인인 경우에는 국적을 증명하는 서면(여권 또는 외국인등록증) 사본 첨부
   - 외국 방식에 의한 이혼 : 이혼증서 등본 1부 및 국적을 증명하는 서면(여권 또는 외국인등록증) 사본 1부
6. 친권자지정과 관련한 소명자료
   - 협의에 의한 경우 친권자지정 협의서등본 1부.
   - 법원이 결정한 경우 심판서 정본 및 확정 증명서 1부.
7. 신분확인[가족관계등록예규 제23호에 의함]
   ① 재판상 이혼신고(증서등본에 의한 이혼신고 포함)
      - 신고인이 출석한 경우 : 신분증명서
      - 제출인이 출석한 경우 : 제출인의 신분증명서
      - 우편제출의 경우 : 신고인의 신분증명서 사본

      ※ 신고인이 성년후견인인 경우에는 7항의 ① 서류 외에 성년후견인의 자격을 증명하는 서면도 함께 첨부해야 합니다.

   ② 협의이혼신고
      - 신고인이 출석한 경우 : 신고인 일방의 신분증명서
      - 신고인 불출석, 제출인 출석의 경우 : 제출인의 신분증명서 및 신고인 일방의 신분증명서 또는 서명공증 또는 인감 증명서(신고인의 신분증명서 없이 신고서에 신고인이 서명한 경우 서명공증, 신고서에 인감 날인한 경우 인감증명)
      - 우편제출의 경우 : 신고인 일방의 서명공증 또는 인감증명서(신고서에 서명한 경우 서명공증, 인감을 날인한 경우는 인감증명서)

[서식 11] 이혼 및 재산분할 등

<table>
<tr><td>사 건</td><td colspan="6">20○○드합○○ 이혼 및 재산분할 등
(반소 : 20○○드합□□)</td></tr>
<tr><td rowspan="2">당 사 자
성 명</td><td colspan="3">원고(반소피고, 이하 '원고')</td><td colspan="3">피고(반소원고, 이하 '피고')</td></tr>
<tr><td colspan="3">○ ○ ○</td><td colspan="3">○ ○ ○</td></tr>
<tr><td>수명 연월일</td><td colspan="6">20○○. ○. ○.</td></tr>
<tr><td>조사 사항</td><td colspan="6">1. 기본조사 및 자료수집
2. 당사자의 화해 의사 및 화해 가능성 여부 등</td></tr>
<tr><td colspan="7">1. 조사요건</td></tr>
<tr><td>조사 일시</td><td colspan="3">조사 대상자</td><td colspan="3">조사 장소 및 방법</td></tr>
<tr><td>20○○. 5. 1. 09:30
20○○. 5. 5. 09:30
20○○. 5. 10. 14:00
20○○. 6. 21. 09:30
20○○. 6. 28. 13:00</td><td colspan="3">원고, 피고
원고, 피고
원고
피고
원고, 피고, 사건본인 등</td><td colspan="3">가사조사실 소환 면접조사
원고의 요청으로 조사 연기
원고 일방소환 및 일방조사
피고 일방소환 및 일방조사
원고, 피고 거주지 출장조사</td></tr>
<tr><td colspan="7">2. 당사자 인적사항 등</td></tr>
<tr><td>당사자 / 구분</td><td colspan="3">원 고</td><td colspan="3">피 고</td></tr>
<tr><td>성별/연령/국적</td><td>여</td><td>37세</td><td>대한민국</td><td>남</td><td>40세</td><td>대한민국</td></tr>
<tr><td>직 업</td><td colspan="3">무직, 아르바이트</td><td colspan="3">○○회사 ○○팀 차장</td></tr>
<tr><td>교육 정도</td><td colspan="3">○○소재 ○○대학교
동대학원 ○○과 1년 중퇴</td><td colspan="3">○○소재 ○○대학교 ○○과
졸업</td></tr>
<tr><td>혼 수 별</td><td colspan="3">재혼</td><td colspan="3">초혼</td></tr>
<tr><td>결 연 별</td><td colspan="3">중매</td><td colspan="3">왼쪽과 같음</td></tr>
<tr><td>동거기간</td><td colspan="3">2001. 12. ~ 2006. 4. 29.
(2003년 12월 혼인신고)</td><td colspan="3">2005년 7월 말까지</td></tr>
<tr><td>별거기간</td><td colspan="3">2006. 4. 30. ~ 현재</td><td colspan="3">2005년 8월 초 ~ 현재</td></tr>
<tr><td>사건발생 원인</td><td colspan="3">피고의 부정행위와
폭력행동</td><td colspan="2">반대원인</td><td>원고의 가출</td></tr>
<tr><td>발단의 먼 원인</td><td colspan="3">피고의 경제적 무능력</td><td colspan="2">반대원인</td><td>원고의
폭력행동</td></tr>
<tr><td>재산 정도</td><td colspan="3">경제상황 란과 같음</td><td colspan="3">경제상황 란과 같음</td></tr>
<tr><td>재산 청구액</td><td colspan="3">위자료 ○○원</td><td colspan="3">위자료 ○○원</td></tr>
</table>

	재산분할 ○○원 양육비 매월 ○○원		재산분할 ○○원 양육비 매월 ○○원	
직계존속	부(67세) 모(67세)		부(80세) 모(사망)	
직계비속	남 1명	여 1명	남 1명	여 0명
부양가족 수	1명(사건본인)		0명	
기타 특기사항				

가. 원고가 사건본인을 양육하고 있다. 원고는 전남편인 ○○○사이에서 1녀를 출산하고 19○○년 협의이혼 하였으며, 1녀는 전남편이 양육하고 있다.

나. 조사 중 쌍방 고성이 심하여 대면조사를 하기 어려워, 1차 조사 이후 각각 일방소환하여 일방조사를 하였다.

다. 관련사건 : 서울가정법원 20○○즈단○○○ 채권가압류

3. 당사자의 주장, 소명자료

(원고)

원고는 본소 청구취지에서 위자료 ○○원, 재산분할 ○○원, 사건본인의 친권자 및 양육자로 원고를 지정함을, 양육비로 매월 ○○원을 청구하였다. 원고는 현재 자신이 사건본인을 양육하고 있으므로 향후에도 계속 자신이 양육해야 한다고 강하게 주장하였는데, 조사를 종결할 무렵, 위자료는 최소한 ○○원을 받고 싶고 양육비는 금액을 조정할 수 있다고 주장하였다.

(피고)

피고는 반소 청구취지에서 위자료 ○○원, 재산분할 ○○원, 사건본인의 친권자 및 양육자로 피고를 지정함을, 양육비로 매월 ○○원을 청구하였다. 특히, 피고는 자신이 사건본인을 양육하고 싶다고 강력하게 주장하였고, 면접조사 시 양육계획서를 조사관에게 직접 제출하여, 이를 조사보고서 뒤에 첨부하였다.

4. 결혼 전의 생활내력 및 결혼의 사정

(원고)

가. ○○도 ○○군에서 교사인 부와 주부인 모 사이에서 ○남 ○녀 중 ○째로 출생하여 학교 졸업 때까지 같은 곳에서 생화하였다.

나. ○○소재 ○○대학교 동 대학원 ○○과를 1년 중퇴하고 연애로 ○○○와 초혼하여 1녀를 출산하였다. 19○○년에 협의이혼 하였고 1녀는 전남편이 양육하고 있다.

다. ○○회사에서 2년간 ○○일을 하다가 결혼 중매업체 소개로 피고를 만나 2013년 12월경에 동거하였고 2014년 12월에 결혼식을 하였으며 2015년 12월에 혼인신고를 하였다.

(피고)

가. ○○도 ○○군에서 회사원인 부와 식당을 운영하던 모 사이에서 ○남 ○녀 중 ○째로 출생하였다. 중학교 2학년 때부터 ○○에서 자취하여 생활하였고, ○○소재 ○대학교 ○○과를 졸업하였다.

나. 졸업 후 ○○부터 ○○까지 ○○회사에서 ○○일을 하다가 대리로 퇴직하였고, ○○까지 무직으로 있다가 ○○회사에서 2년간 비정규직으로 일을 하였다.

다. 결혼 중매업체 소개로 원고를 만나 동거하다가 결혼식을 하였다. 이후 1남을 출산하면서 혼인신고를 하였다.

5. 결혼 후의 생활내력 및 분쟁의 과정과 현상

가. 결혼 후의 생활내력

(원고)

(1) 서울 ○○구 ○○아파트에서 동거를 시작하였는데, 원고는 부로부터 2,000만원을 지원받아 집을 임차하였다. 피고와 ○○구에서 한식당을 1년간 운영하다가 수입이 좋지 않아 처분하였다. 그 후 원고는 임시직으로 있으면서 주 1~2일 정도 식당에서 아르바이트를 하였다.

(2) 결혼 초, 피고가 술을 마시고 때린 적이 있어 심하게 싸운 적은 있으나 그 외에는 특별한 갈등 없이 지냈다. 단, 피고가 자주 직장을 옮겨 다니고 수입이 좋지 않아 경제적으로 어려움이 있었다.

(피고)

(1) 원고와 한식당을 운영하다가 처분하고 ○○공장에서 1개월간 일을 하다가 6개월간 영업용 택시 운전을 하였으며, 음주운전으로 면허가 취소되어 6개월간 무직으로 있었다. 그 후 과일 노점상을 2개월간 하다가 ○○소재 ○○회사에 취업하여 영업직에 근무하다가 3개월 후 구조조정 되었다. 2016년 7월부터 현재까지 ○○소재 ○○회사에서 마케팅 업무를 담당하고 있으며 현재 직급은 차장이다.

(2) 결혼 초, 피고는 단란하지는 않았으나 그렇다고 원고와 심하게 싸운 적도 없는, 평범한 결혼 생활을 했다. 단, 원고가 이혼 경력이 있었기 때문에, 피고는 원고가 이혼을 쉽게 생각할지 모른다는 생각에 가끔 불안하기는 했다.

나. 분쟁의 과정과 현상

(원고)

(1) 동거한 지 1~2년 후, 피고는 술을 마시고 직장 사람들과 싸우고 결근하는 일이 빈번하였으며, 직장을 자주 옮겨 다녔다.

(2) 피고는 생활비를 주지 않고 낚시, 경마 등을 하느라 수입을 탕진하여, 원고는 경제적으로 매우 어려운 생활을 하였으며, 주말에 사건본인을 맡기고 식당에서 아르바

이트를 할 수 밖에 없었다.

(※ 피고 : 경마장에 몇 번 구경을 하러 갔을 뿐, 탕진할 정도로 도박을 하지는 않았다.)

(3) 친정 부모의 경제적 도움을 받으며 어렵게 생활하며, 이혼을 결심하기도 했으나 사건본인을 생각하고 부모의 만류로 계속 살아보기로 하였다.

(피고)

(1) 피고는 회사 사정으로 직장을 오래 다니지 못했는데, 사건본인 출산 후 원고는 계속해서 피고에게 '무능력하다.'라면서 모욕적인 말을 하여 기분이 좋지 않았고 '무능력한 시댁'이라면서 부모를 욕하는 말을 하여 자주 싸움을 하였다.

(2) 원고는 부업을 한다고 하면서 사건본인을 친정에 맡기고 양육에 등한시하였고, 수입은 전남편에게 양육비를 보내어 생활이 매우 어려웠다.

(※ 원고 : 부업을 하지 않았으면 생활을 유지하기 어려웠다.)

(3) 원고는 부업을 하고 나서는 피곤하다면서 집안일을 하지 않으려고 했고, 특히 성관계를 거부하여 피고는 불만이 많았다.

다. 별거에 이르게 된 경위 및 별거 후 생활

(원고)

(1) 피고가 2016년 7월부터 회사에 취업하여 원고는 경제적으로 안정될 것을 기대했으나, 계속해서 생활비를 주지 않았고 회사 여사원과 여행을 가서 모텔에 투숙한 것을 신용카드 영수증을 통해 알게 되었다.

(2) 원고는 회사에 찾아가 여사원을 만났는데, 피고는 회사 사람들 앞에서 원고를 때리고 계단 밖으로 밀어서 원고는 전치 3주의 진단을 받았다.

(※ 피고 : 원고를 밀지 않았으며, 원고가 흥분하며 계단을 내려가다가 스스로 굴러 떨어진 것이다.)

(3) 이에 원고는 피고와 잠시 떨어져 부부관계에 대해 생각을 하고자 2017년 여름에 친정에 기거하면서 자주 집에 가서 잠을 잤는데, 피고가 반성하는 모습이 없어 결국 본소송을 제기하게 되었다.

(피고)

(1) 직장 여사원이 어려운 일이 있어 함께 바람 쐬러 갔다가 자동차가 고장이 나는 바람에, 차량을 고치는 동안 모텔에서 기다리고 있다가 집에 돌아왔는데, 원고는 이를 오해하고 바람을 피운다면서 회사에 찾아와 여사원을 폭행하였다.

(2) 그 후 원고는 이혼을 통보하고 2017년 8월, 사건본인을 데리고 친정에서 생활하다가 주말에만 집에 오는 식으로 별거생활을 하였는데, 날짜는 정확하지 않으나 2018년부터는 아예 집에 오지 않았다.

(3) 원고는 친정에서 지내면서 사건본인을 만나지 못하게 하였다. 피고는 소장 부본을 받은 후 '집 나간 사람이 소송을 제기하다니 부당하다.'라고 생각하여 결국 반소를 제기하였다.

(※ 원고 : 사건본인을 만나지 못하게 한 적은 없다. 피고는 보고 싶다는 전화를 한 번도 한 적이 없다.)

(※ 피고 : 사건본인이 보고 싶어 수차례 전화 연락하였으나, 원고가 전화를 받지 않았다. 딱 한번 원고와 전화 연결이 되었는데 사건본인에 관하여 물을 틈도 주지 않고 바쁘다며 일방적으로 전화를 끊어 버렸다.)

6. 경제상황

가. 재산상태

(원고 명의)

(1) 적극재산

(가) ○○은행 예금 50만원 : 생활비 통장

(나) ○○은행 정기예금 3,000만원

(다) ○○생명 변액보험 2,000만원

(라) 20○○년식 ○○승용차

(2) 소극재산 : ○○○(동생)에게 빌린 900만원

(※ 피고 : 이 채무는 원고가 집을 나간 후에 발생한 것이다. 모르는 채무다.)

(3) 월수입 : 230~130만원(식당 아르바이트)

(피고 명의)

(1) 적극재산

(가) ○○시 ○○구 ○○동 ○○아파트 ○동 ○호 임대차보증금 7,000만원(거주지 보증금)

(나) 경기 ○○시 ○○구 ○○동 ○○지구 ○○아파트 ○동 ○호(분양권) : 총 납입금액 1억 5,000만원

(다) ○○은행 ○동 지점 2,000만원 : 장기주택마련저축으로 2001년부터 납입

(라) 20○○년식 ○○승용차

(2) 소극재산 : ○○은행 ○○지점 1억원(아파트 중도금 대출)

(3) 월수입 : 250~300만원(회사 월급)

나. 재산형성의 과정

(원고)

(1) 원고의 부 도움으로 보증금 2,000만원 하는 집을 임차하여 생활하다가, 원고 부가 추가로 5,000만원을 보태주어 별거 전 임차보증금 7,000만원 하는 집에서 생활하였

다가, 피고가 바람을 피우는 것 같아 안정을 찾게 하기 위하여 처음에는 원고 이름으로 임차하였으나, 20○○년 ○월에 피고 이름으로 임대차계약을 다시 하였다.

(2) ○○은행 적금은 식당 아르바이트를 하면서 계를 부어 20○○년에 받은 곗돈을 정기예금으로 예치한 것이다.

(피고)

(1) 원고가 자발적으로, 살고 있는 집 임대차계약을 피고 이름으로 재계약을 해 준 것은 사실인데, 피고는 "내가 이 집을 보존하기 위해 회사 상사의 모욕을 참아가면서 열심히 일을 하였다. 그러니 내 노력이 있었기 때문에 이 집을 유지할 수 있었다." 라고 주장하였다.

(2) 경기 ○○시 ○○구 ○○동 ○○지구 ○○아파트 ○동 ○호 분양권에 당첨이 되었는데 20○○년 8월 계약금 5,000만원을 내고, 20○○년 1월과 20○○년 7월에 각 중도금 5,000만원 씩을 대출받아 납입을 했다. 20○○년 1월분은 공기가 지체되어 아직 납입하지 않고 있다.

(3) ○○은행 ○동 지점에 납입한 장기주택마련저축 2,000만원은 피고가 회사 월급으로 납입한 것이다. 피고는 원고가 이혼 경력이 있어 자신과 또 이혼을 할 가능성이 있다고 생각하고, 이를 원고에게 알리지 않았다고 한다.

7. 가족사항

(원고)

	성명	연령	직업	학력	동거여부	비고
부	○ ○ ○	67세	무직	중졸	동거	-
모	○ ○ ○	67세	무직	초졸	동거	-
오빠	○ ○ ○	○○세	회사원	고졸	비동거	처와 별거중
남동생	○ ○ ○	○○세	무직	고졸	비동거	기혼
여동생	○ ○ ○	○○세	회사원	고졸	비동거	미혼

(피고)

	성명	연령	직업	학력	동거여부	비고
부	○ ○ ○	80세	무직	중졸	비동거	-
모	○ ○ ○	사망 (당시 70세)	-	초졸	비동거	-
형	○ ○ ○	47세	회사원	고졸	비동거	기혼
여동생	○ ○ ○	○○세	자영업	고졸	비동거	미혼

8. 양육환경

가. 사건본인 인적사항

(1) 2015년 4월생인 남아로서, 키는 ○○㎝이고, 몸무게는 ○○kg이며 약간 마르고 왜소한 편이다. 조사관에게 큰 목소리로 인사를 하는 등 비교적 활발한 모습을 보였고, 조사관의 질문에 적극적으로 대답하였다.

(2) 사건본인은 ○○학교 ○학년 ○반에 재학 중이다. 방과 후 ○시부터 ○시까지 ○○학원에 다니고 있다. 학원 수강료는 월 20만원이며, 주로 원고의 부가 지원을 해주고 있다.

(3) 사건본인은 원고와 함께 살고 싶다고 하였고, 그 이유로 "엄마가 불쌍해서 그렇다."라고 진술하였다.

나. 양육태도

(1) 원고는 사건본인의 학년, 반, 담임교사의 이름 등 기본 정보에 대해 잘 알고 있었으며, 담임교사와도 주기적으로 상담을 하는 등 사건본인의 교육에 대해 많은 관심이 있었다.

(2) 원고는 사건본인과 눈 맞춤을 잘하였고, 사건본인도 원고와의 친밀한 스킨십(skin-ship)을 보였다.

(3) 피고는 사건본인을 만나고 싶어 했으나, 사건본인의 생일 등에 전화를 하거나 선물을 보낸 시도를 한 적은 없었다.

(4) 피고는 사건본인이 초등학교에 다니는 사실을 알고 있었으나, 학교 이름은 모르고 있었고, 그 이유를 원고가 알려주지 않았기 때문이라고 하였다.
(※ 원고 : 원고는 피고가 전화로 물어보았으면 학교를 알려주었을 것이나, 피고로부터 전화를 받은 적이 없다.)

다. 주거환경

(1) 원고는 친정부모의 소유인 ○○구 ○○아파트에 거주하고 있는데 114㎡ 면적에 방이 3개 있다. 사건본인이 혼자 사용하는 방이 따로 있으며, 나머지 방은 원고 및 원고 부모가 각각 사용하고 있다. 사건본인의 방에는 책상과 침대가 마련되어 있고 비교적 잘 정돈되어 있는 상태이다.

(2) 피고는 피고 이름으로 임차한 ○○구 ○○아파트에 혼자 거주하고 있다. 피고가 사건본인을 양육할 것을 확신하여 별거 전 사건본인의 방 비품을 그대로 유지하고 있다. 원고가 책 등을 요구하였으나 보내주지 않고 있다고 하였다. 혼자 살고 있으나 청결하고 비교적 잘 정돈되 있는 상태이다.

라. 양육 보조자

(1) 원고 부모가 무직으로 집에 있으면서 임대수익으로 생활하고 있기 때문에, 사건본

인 양육에 부모가 도움을 줄 수 있다고 하였다. 부모 모두 67세로 비교적 건강한 상태이다.

(2) 피고는 집 근처에 형 내외가 살고 있어, 출근 시 사건본인을 전업주부인 형수에게 맡길 수 있다고 하였다. 출장조사 하여 피고 형수를 면접한바, 형수는 44세이고 과거 어린이집 교사였다고 한다. 형은 47세이고 현재 회사원이다.

마. 별거 후 면접교섭 상황

(1) 별거 후 면접교섭은 이루어지지 않았는데, 그 이유로 원고는 피고가 만나자는 연락을 하지 않았고 양육비를 주지 않기 때문이라고 진술하였고, 피고는 전화를 해도 원고가 받지 않는다고 진술하였다.

(2) 사건본인은 피고가 강제로 자신을 데리고 가지만 않는다면 피고를 만나고 싶다고 하였다.

9. 당사자 심신상태

신체조건	키(㎝)	몸무게(㎏)	주량	흡연	종교
원고	○○	○○	소주 반병	비흡연	○○교
피고	○○	○○	소주 한병	하루 한 갑	○○교

가. 원고는 피고와의 별거 및 이 사건 이혼소송 등으로 인한 스트레스로 20○○년 위궤양 진단을 받고 현재 ○○병원에서 치료를 받고 있다. 1차 조사기일에서 원고는 초혼에 실패하였는데 다시 이혼소송을 하게 된 것에 대하여 자신을 한탄하고 피고를 원망하였다. 특히, 원고는 피고가 안정적인 직장생활을 시작하게 되자마자 다른 여성과 모텔에 투숙하는 등 바람을 피운 것에 대하여 심한 분노와 배신감을 표출하였다. 이러한 원고의 모습에서, 아직도 피고에 대한 분노감정이 정리된 것으로는 보이지 않았다.

나. 피고는 20○○년 ○○병원에서 우울증 진단을 받고 월 1회 진찰을 받고 있다. 약물치료 및 상담치료를 병행하고 있고 약물은 일 1회 오전에 투약하고 상담치료는 월 1회 진찰시 받고 있다. 피고는 조사 중 매우 심한 감정의 기복을 보였으며, 특히 원고에게 폭력적인 언행을 하기도 하였다. 피고는 원고의 가출로 인해 혼인이 파탄이 됐다고 주장하며, 사건본인을 만나지 못하고 있는 현실에 대해 강한 분노감을 표출하였다.

1. 조사관 의견

가. 원고와 피고 모두 이혼에는 동의하고 있으나, 위자료 및 재산분할의 지급여부와 액수에서 차이가 있다. 특히, 사건본인의 양육에서 서로 자신이 키우겠다고 강하게 주장하고 있어 원만한 화해 가능성은 희박하다고 생각한다.

나. 사건본인은 외모는 왜소해 보이지만 적극적이고 밝은 모습을 보였고, 모와 함께 살고 싶다고 진술하였다. 양육환경은 비슷한 상황이나, 원고는 부모와 함께 거주하면서 안정적인 양육지원을 받고 있었다. 특히 원고는 사건본인에 대해 관심이 많았고 자세한 정보를 알고 있었으며, 사건본인과 친밀하게 상호작용하는 것을 관찰할 수 있었다. 이에 비해 피고는 사건본인에 대해서 많은 정보를 가지고 있지는 않았으나 사건본인을 양육하고자 하는 의지가 강했고 안정적인 경제활동을 하고 있었다.

다. 당사자 간 분노감정이 심하여 조사 절차 중 고성과 싸움을 하여 각각 일방 조사를 할 수 바에 없었으며, 이러한 당사자의 감정 상태를 고려할 때 이혼 후 면접교섭 등에 있어서 갈등이 계속될 것이 우려되므로 조정조치를 통해 당사자들이 상담을 받으면서 분노감정을 없애고 부모교육을 받을 필요가 있으며, 시범적으로 면접교섭을 하도록 하는 절차가 필요하다고 생각한다.

※별지 : 1. 출장조사 시 촬영한 사진들

2. 피고가 제출한 양육 계획서

(별지생략) 끝.

C1910

[각 란의 기재요령]

Ⅰ. 보고서 표지의 기재

① 연월일 : 보고서 작성 연, 월, 일을 기재한다.

② 재판장·조정장·판사 : 조정명령을 한 사람의 이름을 기재하고 필요없는 부분은 줄을 그어 삭제한다.

③ 조사관 : 담당가사조사관의 성명을 기재하고 사인을 날인한다.

④ 사건표시 : 사건번호와 사건명을 기재한다.

⑤ 당사자표시 : 당사자의 성명을 한글로 기재한다.

일방 당사자가 2인 이상일 때에는 한 사람의 이름만 쓰고 "외 ○인"이라고 표기한다.

필요없는 사항을 줄을 그어 삭제한다.

⑥ 수명연월일 : 조사명령을 받은 일자를 기재한다.

⑦ 조사사항 : 조사명령상의 조사사항을 기재한다.

Ⅱ. 조사요건의 기재

① 조사일시 : 가사조사관이 조사한 일시를 기재한다.

② 조사대상자 : 가사조사관이 면접한 당사자, 참고인의 성명, 사실 조회한 기관의 명칭 등을 기재한다.

③ 조사장소 및 방법 : 조사장소와 출석사항, 기타 조사방법을 기재한다.

<예>

조사일시	조사대상자	조사장소 및 방법
20○○. 2. 10. 10:00	원고	가사조사관실 소환 단독면접
20○○. 2. 10. 14:00	피고	가사조사관실 소환 단독면접
20○○. 2. 14. 15:00	참고인 이○○	가사조사관실 임의출석 단독면접
20○○. 2. 15.	서울대학교부속병원장	피청구인의 병력조회 (20○○. 2. 25. 회보)

Ⅲ. 인적사항 등의 기재

① 성별, 연령, 국적 : 당사자의 성별(남녀), 연령(만으로 계산한 연령), 국적(국적법에 의한 국적을 기재한다) 당사자 수가 많을 때에는 "별지와 같음"이라고 쓰고 별지를 붙인다. 당사자의 호적상의 연령과 실제연령이 다를 때에는 특기사항란에 "원고의 실제연령은 28세라고 함"등으로 표시한다.

② 직업 : 당사자의 직업을 직종, 직위 등 구체적으로 밝혀 기재한다.
(예) 무역회사원(과장), 노동(미장공), 공무원(건설부 주사)

③ 교육정도 : 최종학교의 소재지, 학교명을 밝혀 기재한다.
(예) 서울 신라대학 체육학과 2년 중퇴용인읍 태성초등학교 3년 중퇴, 무학(한글 해독)

④ 혼수별 : 당사자의 법률상 혼인횟수를 기재한다.
사실상 혼인의 경력이 있으면 과거란에도 ○표 하고, 동일인과 초혼 및 재혼하였으면 초혼란과 재혼란의 두 곳에 모두 ○표 한 다음 특기사항란에 기재한다.

⑤ 결연별 : 당사자간의 현재의 혼인이 어떤 인연으로 이루어진 것인가를 기재한다.
절충은 소위 "연애반, 중매반"의 경우를 말하고 강제는 본인의 의사에 따른 혼인이 아닌 경우를, 비혼은 당사자가 혼인으로 인정하지 않는 경우를 말한다.

⑥ 동거기간 및 별거기간 : 각각 그 기간을 월단위로 표시하되, 그 기간이 1개월 미만이면 "우러" 다음 그 일수를 기재한다.
별거기간은 부부간의 불화를 원인으로 한 별거기간을 표시하고 군복무, 직

장으로 인한 별거, 요양기간 등 정당한 이유 있는 별거는 동거기간으로 계산한다.

⑦ 사건발생원인, 발단의 먼 원인 : 신청인·원고가 주장하는 청구원인 중 사건발달의 직접적 원인과 먼 원인을 각각 기재 피신청인·피고가 이를 인정하는지 여부와 피신청인·피고가 주장하는 분쟁의 원인을 기재한다.

<예>

사건발생원인	피고의 폭행	반대원인	부인, 원고의 부정
발단의 먼 원인	피고의 음주벽	반대원인	부인, 원고의 낭비벽

⑧ 재산정도 : 당사자의 재산을 표시하고 재산이 없으면 "무자력"이라고 기입한다.

⑨ 재산청구액 : 신청인·원고가 요구하는 위자료, 부양료, 양육비를 기입한다. 지급인정란에는 피신청인·피고가 지급할 의사가 있는 금액을 표시하되 지급을 거절하면 "거부"라고 기입한다. 조정신청이나 소 제기시에는 금전청구가 없었는데 조사과정에서 지급청구할 뜻을 보이면 그 금액을 기재하고 당사자로 하여금 청구취지변경 등의 절차를 밟도록 권유한다. 피신청인·피고가 오히려 금전지급을 요구할 때에는 "지급인정"을 지우고 "반대청구"라고 기재한 다음 그 금액을 기입한다.

<예>

재 산 청 구 액	1,500만원	지 급 인 정	500만원

재 산 청 구 액	1,500만원	지 급 인 정	거부

재 산 청 구 액	1,500만원	반 대 청 구	1,000만원

⑩ 직계존속, 직계비속 : 당사자 본인의 직계존·비속을 표시한다.

부모 중 양부, 계모 등이 있을 때에는 "부·모"앞에 "양" 또는 "계"를 삽입하여 표시한다.

직계비속은 당사자 사이에서 출산한 자녀 외에 다른 사람과의 사이에서 낳은 자녀까지를 포함하여 기재하고, 특기사항란에 다른 사람과의 사이에서 난 자녀의 숫자를 기재한다.

<예>

직 계 존 속	부		부	계모
직 계 비 속	남 2명	여 1명	남 3명	여 1명

* 특기사항 : 피청구인의 직계비속 중 남 1명은 초혼시에 출산

⑪ 부양가족수 : 당사자 자신의 부양가족수를 기재한다.
⑫ 기타 특기사항 : 위 각 항에 대하여 부연설명이 필요할 때에는 이 난에 기재한다.
위 각 항에서 설명한 것 외에 당사자가 부부가 아닌 경우(시부모 등이 당사자로 포함된 경우)에는 그 관계, 자녀의 양육실태 등을 기재한다.

Ⅳ. 당사자의 주장, 소명자료의 기재
① 당사자의 청구취지, 청구원인에 대한 주장과 이를 뒷받침하는 소명자료를 서술식으로 기재한다. 신청인· 원고의 진정한 청구목적(청구서상으로는 이혼을 구하면서 실제로는 어떤 조건하에서 동거의 계속을 구한다는 등)을 명확히 기재하여야 하며, 청구원인 사실에 대한 소명자료가 제출되었을 때에는 그 제목의 표시 뒤 괄호속에 별첨이라고 표시하고 이를 보고서에 첨부한다.
② 비고란에는 관련인, 형사사건이 있을 경우 그 사건의 개요, 조사관이 당사자의 주장사실에 대하여 그들의 진술을 듣는 외의 방법으로 입증자료를 수집하였을 때에는 그 자료, 당사자 외 진술이 전혀 이췡 맞지 않을 때에는 그에 대한 조사관의 의견 등 당사자의 청구취지와 원인에 대한 주장과 관련한 모든 참고사항을 기재한다.

<예>

- 원고의 20○○. . .자 간통고소로 피고와 상간자 소외 ○○○는 20○○. . . 구속되어 영등포구치소에 수감중.
- 원고의 상간자 소외 ○○○에 대한 부권침해로 인한 손해배상청구사건은 서울가정법원 20○○드단 ○○호로 계속중.
- 참고인 ○○○의 진술에 의하면 자녀 등은 피고와 동거하고 싶다고 ㅎㅁ.
- 원고가 주장하는 피고의 병력은 당 조사관의 사실조회결과(별첨)에 의하면 교통삭로 인한 부상으로 입원한 것으로 밝혀짐.

Ⅴ. 결혼 전의 생활내력, 결혼사정의 기재
결혼에 이르기까지의 당사자의 생활사를 그 성장과정, 교육관계, 직장, 이성과의 혼전관계, 당사자의 결혼과정, 양가의 결혼에 대한 태도, 결혼식의 일시, 장소 등을 명백히 기재하되, 일시와 당시의 당사자의 나이를 명기하여 읽는 사람에게 편의를 주도록 한다.

Ⅵ. 결혼 후의 생활내력, 분쟁의 과정과 현상
① 결혼 후의 생활내력 : 결혼초부터 분쟁발단에 이르기까지의 생활시를 간단

히 기술하되, 동거장소, 직장의 변동, 자녀의 출산상황, 성생활의 변화, 결혼생활에 대한 만족도 등을 기재한다.

② 분쟁의 과정과 현상 : 분쟁 발단의 먼 원인부터 직접적인 계기, 그 후의 부부관계의 변화, 현재 당사자의 태도, 가족 등 주위의 태도 등을 기재한다.

Ⅶ. 가정환경의 기재

당사자 각자의 가족환경(부모 기타)을 연령, 직업, 교육정도, 동거여부, 사망당시 당사자의 나이 등을 명백히 기재한다.

Ⅷ. 경제상태의 기재

재산의 정도, 중요한 부동산, 수입, 생계비 및 생계유지의 방법 등을 기재하되 각각의 주장 외에 상대방이 그 주장에 대하여 어떻게 답변하고 있는지도 기재한다.

Ⅸ. 심신상태

조사관이 외견으로 파악한 체격, 신체적 결함의 유무, 외모의 미추외에 당사자의 병력, 건강상태, 성격 등을 기재한다. 조사관이 직접조사・확인할 수 없는 것은 당사자의 진술에 의한 것임을 명기하여야 한다.

<예> 외모에 대하여 자신을 가지고 있는 듯함. 원고의 주장에 의하면 심히 히스테리 증세를 보인다고 하나 면접시에는 특별한 이상성격이 있음을 발견하지 못함. 건강상태는 양호하다고 함.

Ⅹ. 조사관의 의견

조사관이 보는 바에 의한 분쟁의 실태와 쟁점, 사건해결을 위해서 조성되어야 할 여건 등을 기재하고 당사자의 사건에 대한 태도(화해가능성 등)를 약술한 다음, 조정위원회 또는 재판부에 대하여 사건을 해결하기 위하여 어떤 방안이 필요한지(화해권고, 심판에 의한 해결 등)를 그 이유와 함께 기재한다.

그러나 당사자 일방만의 출석 등으로 의견제시가 곤란한 경우에는 그 이유를 쓰고 의견제시할 수 없다고 기재한다.

Ⅺ. 첨부서류

당사자가 제출한 소명자료와 조사관이 수집한 사실조회 회답서, 송부된 문서 등 모든 서면자료를 첨부하며, 참고인을 면접하였을 때는 그 조사상황을 간략하게 기재하여 첨부한다.

[서식 12] 이혼조정안

조 정 안

사 건 20 너 이혼 등
신 청 인
피신청인
사건본인

위 사건의 격지조정을 위한 조정조항은 다음과 같이 정한다.
당사자 쌍방이 이 조정조항에 동의하면 조정이 성립된 것으로 보며 재판상 화해와 동일한 효과가 발생한다.

조정조항

1. 신청인과 피신청인은 이혼한다.
2. 피신청인은 신청인에게 위자료로 금 5,000만원을 지급한다.
3. 사건본인 ○○○의 친권행사자 및 양육자로 신청인을 지정한다.
4. 신청인은 나머지 청구를 포기한다.
5. 조정비용은 각자 부담한다.

위 조정안에 동의함.

20 . . . 신청인 ○○○ (인)

위 조정안에 동의함.

20 . . . 피신청인 ○○○ (인)

[서식 13] 마류 가사비송사건 사전처분 (신청에 의한 경우)

○○법원
제○부
결 정

사 건 20 즈합 사전처분(20 느합 재산분할)
신청인(청구인)
피신청인(상대방)

주 문

이 사건의 심판이 효력을 발생할 때까지 피신청인은 별지목록기재 부동산에 관하여 양도, 저당권 설정, 임차권 설정 기타 일체의 처분 행위를 하여서는 아니된다.

이 유

이 사건 해결을 위하여 필요하다고 인정되므로 가사소송법 제62조 제1항에 의하여 주문과 같이 결정한다.

20 . . .

재판장 판사 (인)
판사 (인)
판사 (인)

주의 : 이 결정에 대하여는 고지받은 날부터 1주일 이내에 즉시항고를 할 수 있고, 이 결정이 확정되어 효력이 생긴 후에 이 결정에서 정한 처분에 위반한 때에는 결정으로 1천만원 이하의 과태료에 처할 수 있다.

<예시>

양육비채권자가 2017. 12. 1. 양육비 직접지급명령을 신청하여, 같은 달 10. 소득세원천징수의무자에게 송달되었는데, 양육비직접지급명령에서 소득세원천징수의무자에게 양육비채무자의 급여일인 매월 20일에 양육비상당액을 지급할 것을 명하고, 양육비 직접지급명령을 신청한 집행권원상에는 채무자에게 매월 말일에 양육비를 지급하도록 되어 있는 경우

⇒ 소득세원천징수의무자는 양육비 직접지급명령이 송달된 후 도래하는 첫번째 급여지급일인 2017. 12. 20.에는 아직 양육비 직접지급명령이 송달 다음날(2017. 12. 11.) 이후 지급기가 도래한 양육비채권이 없어 소득세원천징수의무자는 양육비채권자에게 양육비 상당액을 직접 지급할 필요가 없고, 그 다음 급여지급일인 2018. 1. 20.에 양육비 직접지급명령 송달 다음날 이후 지급기가 도래한 양육비채권(2017. 12. 31.에 지급하여야 할 양육비)이 있으므로 이를 지급하여야 한다.

⇒ 집행권원이 미성년자가 성년에 달하는 날의 전날까지의 양육비를 지급하도록 하고 있다면, 집행권원상의 마지막 달의 양육비는 일할 계산하여 지급하면 된다.

소득세원천징수의무자는 양육비채무자의 직장변경 등 주된 소득원의 변경사유가 발생한 경우에는 그 사유가 발생한 날로부터 1주 이내에 가정법원에 변경사실을 통지하여야 한다(법 제63조의2 제6항).

[서식 14] 소득세원천징수의무자에 대한 진술최고신청서

소득세원천징수의무자에 대한 진술최고신청서

신청인(채권자) 이름 주민등록번호 -
주소
연락처
피신청인(채무자) 이름 주민등록번호 -
주소
소득세원천징수의무자 이름 주민등록번호 -
주소

위 당사자간 ○○법원 즈기 호 신청사건에 관하여 소득세원천징수의무자에게 가사소송법 제63조의2 제2항, 민사집행법 제237조에 따라 다음 사항을 진술하도록 명하여 주시기 바랍니다.

다 음

1. 채권을 인정하는지 여부 및 인정한다면 그 한도
2. 채권에 대하여 지급할 의사가 있는지 여부 및 의사가 있다면 그 한도
3. 채권에 대하여 다른 사람으로부터 청구가 있는지의 여부 및 청구가 있다면 그 종류
4. 다른 채권자에게 채권을 압류당한 사실이 있는지 여부 및 그 사실이 있다면 그 청구의 종류

20 . . .

위 신청인 (날인 또는 서명)

○○법원 귀중

C2442

[서식 15] 양육비 심판청구서

양육비 심판청구서

인지 10,000원
× 사건본인 수

청 구 인 성 명: (연락 가능한 전화번호:)
주민등록번호:
주 소:
송 달 장 소:

상 대 방 성 명 :
주민등록번호 :
주 소 :

사건본인(자녀) 성 명:
주민등록번호:
주 소:

청 구 취 지

(뒷장의 청구취지 예시를 참조하십시오.)

청 구 원 인

(청구사유를 구체적으로 기재하십시오.)

첨 부 서 류

1. 청구인의 혼인관계증명서, 가족관계증명서(상세), 주민등록표등(초)본 각 1통
2. 상대방의 가족관계증명서(상세), 주민등록표등(초)본 각 1통
3. 사건본인의 기본증명서(상세), 가족관계증명서(상세), 주민등록표등(초)본 각 1통
4. 양육비 지출 및 소득자료 등 1부
5. 청구서 부본 1부

20 . . .

청구인 (서명 또는 날인)

법원 귀중

※ 청구취지 작성 예시

▸장래 양육비 청구

상대방은 청구인에게 20 . . .부터 사건본인이 성년이 될 때까지 사건본인의 양육비로 월 ○○만 원씩을 매월 말일에 지급하라.

▸과거 양육비+장래 양육비 청구

상대방은 청구인에게,

1. 사건본인의 과거 양육비로 ○○만 원 및 이에 대한 이 사건 심판확정일 다음날부터 다 갚는 날까지 연 5%의 비율로 계산한 돈을 지급하고,
2. 사건본인의 장래 양육비로 20 . . .(심판청구서 부본 송달 다음날 또는 심판 다음날부터 사건본인이 성년이 될 때까지 월 ○○만 원씩을 매월 말일에 지급하라.

◇ 유의 사항 ◇

1. 관할법원은 상대방 주소지 가정법원입니다.
2. 청구서에는 사건본인 1인을 기준으로 수입인지 10,000원 상당의 금액을 현금이나 신용카드·직불카드 등으로 납부한 내역을 기재한 영수필확인서를 첨부하여야 합니다.
3. 송달료는 송달료 취급 은행에 납부하고 납부서를 첨부하여야 합니다.

[서식 16] 양육비 변경 심판청구서

양육비 변경 심판청구서

인지 10,000원
× 사건본인 수

청구인 성 명:
주민등록번호:
주 소:
등록 기준지:
연락 가능한 전화번호:

상대방 성 명:
주민등록번호:
주 소:
등록 기준지:

사건본인 성 명:
주민등록번호:
주 소:
등록 기준지:

청 구 취 지

1. 상대방은 청구인에게 사건본인 의 양육비로 년 월 일부터 성년에 이르기 전날까지 금 원의 돈을 매월 말일에 지급하라.
2. 심판비용은 상대방의 부담으로 한다.
3. 제1항은 가집행 할 수 있다.

라는 심판을 구합니다.

청 구 이 유

(※ 양육비를 청구하는 사유를 기재하십시오.)

첨 부 서 류

1. 청구인의 가족관계증명서(상세), 주민등록등본 각 1통
2. 청구인의 혼인관계증명서(혼인일 기재가 없으면 제적등본 제출) 1통

3. 상대방의 가족관계증명서(상세), 주민등록등본 각 1통
4. 자녀(사건본인)의 기본증명서(상세), 가족관계증명서(상세), 주민등록등본 각 1통

20 . . .

청구인 (서명 또는 날인)

법원 귀중

◇ 유의 사항 ◇

1. 관할법원은 상대방의 주소지 가정(지방, 지원)법원입니다.
2. 청구서에는 수입인지 10,000원을 붙여야 합니다.
3. 송달료는 당사자 수 × 우편료 × 12회분을 송달료 취급 은행에 납부하고 납부서를 첨부하여야 합니다.

[서식 17] 양육비채무자 소득원 변경사유 통지

양육비채무자 소득원 변경사유 통지

사 건 20 즈기 양육비 직접지급
채 권 자
채 무 자
소득세원천징수의무자

위 사건의 채무자의 주된 소득원에 아래와 같이 변경사유가 있어 이를 알려드립니다.

변 경 사 유

※ 해당란에 √ 표시하십시오.

□ 20 . . . 위 사건의 채무자의 이직
□ 기타( )

20 . . .

소득세원천징수의무자 (서명 또는 날인)

[서식 18] 양육자 지정(변경) 및 양육비 심판청구서

양육자 지정(변경) 및 양육비 심판청구서

인지 10,000원 × 사건본인 수

청 구 인 성 명: (연락 가능한 전화번호:)
주민등록번호:
주 소:
송 달 장 소:

상 대 방 성 명 :
주민등록번호:
주 소:

사건본인(자녀) 성 명 :
주민등록번호:
주 소:

청 구 취 지

(뒷장의 청구취지 예시를 참조하십시오.)

청 구 원 인

(청구 사유를 구체적으로 기재하십시오.)

첨 부 서 류

1. 청구인의 혼인관계증명서, 가족관계증명서(상세), 주민등록표등(초)본 각 1통
2. 상대방의 가족관계증명서(상세), 주민등록표등(초)본 각 1통
3. 사건본인의 기본증명서(상세), 가족관계증명서(상세), 주민등록표등(초)본 각 1통
4. 양육자로 지정되어야 할 소명자료 1부
5. 양육비 지출 및 소득자료 등 1부
6. 청구서 부본 1부

20 . . .

청구인 (서명 또는 날인)

법원 귀중

※ 청구취지 작성 예시

▸양육자 지정

사건본인의 양육자로 청구인을 지정한다.

▸양육자 변경

사건본인의 양육자를 상대방에서 청구인으로 변경한다.

▸장래 양육비 청구

상대방은 청구인에게 20 . . .부터 사건본인이 성년이 될 때까지 사건본인의 양육비로 월 ○○만 원씩을 매월 말일에 지급하라.

▸과거 양육비+장래 양육비 청구

상대방은 청구인에게,

1. 사건본인의 과거 양육비로 ○○만 원 및 이에 대한 이 사건 심판확정일 다음 날부터 다 갚는 날까지 연 5%의 비율로 계산한 돈을 지급하고,
2. 사건본인의 장래 양육비로 20 . . .(심판청구서 부본 송달 다음날 또는 심판 다음날부터 사건본인이 성년이 될 때까지 월 ○○만 원씩을 매월 말일에 지급하라.

◇ 유의 사항 ◇

1. 관할법원은 상대방 주소지 가정법원입니다.
2. 청구서에는 사건본인 1인을 기준으로 수입인지 10,000원 상당의 금액을 현금이나 신 용카드·직불카드 등으로 납부한 내역을 기재한 영수필확인서를 첨부하여야 합니다.
3. 송달료는 송달료 취급 은행에 납부하고 납부서를 첨부하여야 합니다.

[서식 19] 양육비 직접지급명령 신청서

양육비 직접지급명령 신청서

수입인지
2,000원

채권자 이름 주민등록번호 -
주소
연락처
채무자 이름 주민등록번호 -
주소
소득세원천징수의무자 이름 주민등록번호 -
주소

신청취지

채무자의 소득세원천징수의무자에 대한 별지 압류채권목록 기재의 채권을 압류한다.
소득세원천징수의무자는 채무자에게 위 채권에 관한 지급을 하여서는 아니된다.
채무자는 위 채권의 처분과 영수를 하여서는 아니된다.
소득세원천징수의무자는 매월 일에 위 채권에서 별지 청구채권목록 기재의 양육비 상당액을 채권자에게 지급하라.
라는 결정을 구함.

청구채권 및 그 금액 : 별지 청구채권목록 기재와 같음

신청이유

첨부서류

1. 집행력 있는 정본 1통
2. 송달증명서 1통

20 . . .

채권자 (인) (서명)
(연락처 :)

○○법원 귀중

◇ 유의사항 ◇

1. 채권자는 연락처란에 언제든지 연락 가능한 전화번호나 휴대전화번호(팩스번호, 이메

일 주소 등도 포함)를 기재하기 바랍니다.
2. 채권자는 2회 이상 양육비가 지급되지 않은 구체적인 내역과 직접지급을 구하고 있는 기한이 도래하지 아니한 정기금 양육비 채권의 구체적인 내용을 기재하여야 합니다.
3. 집행력 있는 집행권원은 "확정된 종국판결(심판), 가집행선고 있는 종국판결(심판), 조정조서, 양육비부담조서" 등이 있습니다.
4. 채무자의 이름과 주소 외에도 소속부서, 직위, 주민등록번호, 군번/순번(군인/군무원의 경우) 등 채무자를 특정할 수 있는 사항을 기재하시기 바랍니다.
5. 이 신청서를 접수할 때에는 당사자 1인당 2회분의 송달료를 송달료수납은행에 예납하여야 합니다.

C2440

[별지] 청구채권목록

집행권원 : ○○법원 호 사건의 조정조서정본)에 표시된 정기금 양육비채권 중 아래 금원 및 집행비용

1. 정기금 양육비채권
(1) 미성년자 (. . .생)에 대한 양육비 : 20 . . .부터 20 . . .까지
월 원씩 매월 일에 지급하여야 할 양육비 중 이 사건 양육비 직접지급명령 송달 다음날 이후 지급기가 도래하는 양육비
(2) 미성년자 (. . .생)에 대한 양육비 : 20 . . .부터 20 . . .까지
월 원씩 매월 일에 지급하여야 할 양육비 중 이 사건 양육비 직접지급명령 송달 다음날 이후 지급기가 도래하는 양육비

2. 집행비용
금 원
신청수수료 2,000원
신청서 작성 및 제출비용 원
송달비용 원
자격증명서교부수수료 원
송달증명서신청수수료 하

C2440

[별지] 압류채권목록

양육비채무자(○○지점 근무)가 소득세원천징수의무자로부터 지급받는 다음의 채권으로서 별지청구채권목록 기재 금액에 이르기까지의 금액, 다만, 별지 청구채권목록 기재 1의 (1) 및 (2)의 금액에 대하여는 그 정기금 양육비의 지급기가 도래한 후에 지급기(급여지급일)가 도래하는 다음의 채권에 한함

다 음

1. 매월 수령하는 급료(본봉 및 제수당) 중 제세공과금을 뺀 잔액의 1/2씩
2. 기밀수당(상여금) 중 제세공과금을 뺀 잔액의 1/2씩

※ 다만, 국민기처생활보장법에 의한 최저생계비를 감안하여 민사집행법 시행령이 정한 금액에 해당하는 경우에는 이를 제외한 나머지 금액, 표준적인 가구의 생계비를 감안하여 민사집행법 시행령이 정한 금액에 해당하는 경우에는 이를 제외한 나머지 금액.

C2440

[서식 20] 양육비 직접지급

○ ○ 법 원
결 정

사 건 20 즈기○○○ 양육비 직접지급
채 권 자
채 무 자
소득세원천징수의무자

주 문

채무자의 소득세원천징수의무자에 대한 별지 압류채권목록 기재의 채권을 압류한다.
소득세원천징수의무자는 채무자에게 위 채권에 관한 지급을 하여서는 아니된다.
채무자는 위 채권의 처분과 영수를 하여서는 아니 된다.
소득세원천징수의무자는 매월 ○○일에 위 채권에서 별지 청구채권목록 기재의 양육비 상당액을 채권자에게 지급하라.

청구금액

별지 청구채권목록 기재와 같음

이 유

채권자가 위 청구금액을 변제받기 위하여(집행권원)에 기초하여 한 이 사건 양육비 직접지급명령 신청은 이유 있으므로 주문과 같이 결정한다.

20 . . .

판 사 ○ ○ ○ ㊞

◇ 유의사항 ◇

1. 이 결정에 대하여는 고지받은 날부터 1주일 이내에 즉시항고를 할 수 있습니다.
2. 이 결정이 확정되면 소득세원천징수의무자에게 이 결정이 송달된 때로 소급하여 별지 압류채권목록 기재 채권 중 별지 청구채권목록 기재 양육비 상당액이 채무자로부터 채권자에게 이전됩니다.
3. 소득세원천징수의무자는 양육비채무자의 직장변경 등 주된 소득원의 변경사유가 발생한 경우에 그 사유가 발생한 날부터 1주 이내에 가정법원에 변경사실을 통지하여야 합니다.
4. 소득세원천징수의무자가 정당한 사유 없이 가사소송법 제63조의2 제1항의 명령을 위반한 때에는 1천만 원 이하의 과태료를 부과할 수 있습니다.

[서식 21] 양육비 직접지급명령 취소신청서

수입인지
2,000원

양육비 직접지급명령 취소신청서

신청인(채권자)	이름	주민등록번호	-
	주소		
	연락처		
피신청인(채무자)	이름	주민등록번호	-
	주소		
소득세원천징수의무자	이름	주민등록번호	-
	주소		

신청취지

위 당사자간 ○○법원 즈기호 신청사건에 관하여 20 . . . 귀원에서 한 양육비 직접지급명령을 취소한다.
라는 결정을 구함.

신청이유

별지와 같음

소명방법

1.
2.

20 . . .

위 신청인 (날인 또는 서명)

○○법원 귀중

◇ 유의사항 ◇

1. 신청인은 연락처란에 언제든지 연락 가능한 전화번호나 휴대전화번호(팩스번호, 이메일 주소 등도 포함)를 기재하기 바랍니다.
2. 이 신청서를 접수할 대에는 당사자 1인당 3회분의 송달료를 송달료 수납은행에 납부하여야 합니다.

C2441

[서식 22] 담보제공명령 신청서

수입인지
1,000원

담보제공명령 신청서

신 청 인 이름 주민등록번호 -
주소
연락처
피신청인 이름 주민등록번호 -
주소

신청취지

피신청인에 대하여 ○○법원 20 . . . 선고. 사건의 확정판결(심판, 조정조서)에 기한 정기금 양육비채무 중 이 사건 결정일 다음날 이후 지급기가 도래하는 정기금 양육비채무를 담보하기 위하여 상당한 담보를 제공할 것을 명한다.
라는 결정을 구함

신청이유

첨부서류

1. 집행권원 등본 또는 사본 1통
2. 혼인관계증명서(집행권원이 양육비부담조서인 경우) 1통
3. 확정증명서(집행권원이 판결 또는 심판인 경우) 1통

20 . . .

신청인 (인) (서명)
(연락처 :)

법원 귀중

◇ 유의사항 ◇

1. 신청인은 연락처란에 언제든지 연락 가능한 전화번호나 휴대전화번호(팩스번호, 이메일 주소 등도 포함)를 기재하기 바랍니다.
2. 집행권원은 "확정된 종국판결(심판), 가집행선고 있는 종국판결(심판), 조정조서, 양육비부담조서" 등이 있습니다.
3. 신청인은 피신청인이 이행하지 아니하는 금전채무액 및 그 기간을 기재하여야 합니다.
4. 이 신청서를 접수할 때에는 당사자 1인당 3회분의 송달료를 송달료수납은행에 예납하여야 합니다.

C2460

[서식 23] 담보취소(담보물변경) 신청서

수입인지 1,000원

담보취소(담보물변경) 신청서

신 청 인 이름 주민등록번호 -
주소
연락처
피신청인 이름 주민등록번호 -
주소

신청취지

(담보취소의 경우)
이 법원 20 즈기○○○ 담보제공명령신청사건에 관하여 신청인이 20 . . . ○○법원 공탁관에게 20 년 금제○○○호로 공탁한 금 원의 담보를 취소한다.
라는 결정을 구함.

(담보물변경의 경우)
이 법원 20 . . .자 20 즈기○○○ 결정 중 담보물 "별지 제1목록 기재 유가증권"을 "별지제2목록 기재 유가증권"으로 변경할 것을 명한다.
라는 결정을 구함.

신청이유

첨부서류

1. 공탁서 사본 1통
2.

20 . . .

신청인 (인) (서명)
(연락처 :)

법원 귀중

◇ 유의사항 ◇
1. 신청인은 연락처란에 언제든지 연락 가능한 전화번호나 휴대전화번호(팩스번호, 이메

일 주소 등도 포함)를 기재하기 바랍니다.

2. 이 신청서를 접수할 때에는 당사자 1인당 3회분의 송달료를 송달료수납은행에 예납하여야 합니다.

3. 신청방법

가. 신청인

정기금 양육비채권에 대한 집행권원을 가진 채권자(다만, 양육비채무자가 담보제공명령에 응하지 않을 경우에 한함)가 신청할 수 있다.

나. 관할 법원

양육비채무자의 보통재판적이 있는 곳의 가정법원, 양육비채무자가 국내에 주소나 거소 등이 없고, 마지막 주소도 판명되지 않을 때와 같이 보통재판적이 없을 경우에는, 대법원 소재지의 가정법원이다.

다. 비용

인지 : 1,000원

송달료 : 당사자수 x 5,200원(우편료) x 3회분(송달료취급은행에 납부하고 영수증을 첨부하여야 한다)

[서식 24] 일시금지급명령 신청서

수입인지
1,000원

일시금지급명령 신청서

신 청 인 이름 주민등록번호 -
주소
연락처
피신청인 이름 주민등록번호 -
주소

신청취지

피신청인은 신청인에게 ○○법원 20 . . . 선고. 사건의 확정판결에 기한 정기금 양육비채무 중 이 사건 결정일 다음날 이후부터 20 . . .까지 사이에 지급기가 도래하는 정기금양육비채무의 지급을 위하여 일시금으로 금 원을 지급하라.
라는 결정을 구함.

신청이유

첨부서류

1. 집행권원 등본 또는 사본 1통
2. 혼인관계증명서(집행권원이 양육비부담조서인 경우) 1통
3. 확정증명서(집행권원이 판결 또는 심판이 경우) 1통
4. 담보제공명령 등본 또는 사본 1통

20 . . .

신청인 (인) (서명)
(연락처 :)

법원 귀중

◇ 유의사항 ◇

1. 신청인은 연락처란에 언제든지 연락 가능한 전화번호나 휴대전화번호(팩스번호, 이메일 주소 등도 포함)를 기재하기 바랍니다.
2. 이 신청서를 접수할 때에는 당사자 1인당 3회분의 송달료를 송달료수납은행에 예납하여야 합니다.

C2462

[서식 25] 이혼 및 친권행사자지정 청구의 소

소 장

원 고 ○○○(주민등록번호 : ○○○○○○- ○○○○○○○)
등록기준지 : ○○시 ○○구 ○○길 ○○
주소 : ○○시 ○○구 ○○길 ○○(우편번호 : ○○○ - ○○○)
피 고 ○○○(주민등록번호 : ○○○○○○- ○○○○○○○)
등록기준지 : 원고와 같음
최후주소 : ○○시 ○○구 ○○길 ○○(우편번호 : ○○○ - ○○○)

사건본인 □□ (주민등록번호 : ○○○○○○- ○○○○○○○)
등록기준지 및 주소 : 원고와 같음

이혼등 청구의 소

청구취지

1. 원고와 피고는 이혼한다.
2. 사건본인의 친권행사자로 원고를 지정한다.
3. 소송비용은 피고의 부담으로 한다.

라는 판결을 구합니다.

청구원인

1. 혼인 및 자녀관계

원고와 피고는 19○○. ○월경 결혼식을 올리고 19○○. ○. ○. 혼인신고를 마친 법률상 부부로서 그 사이에 사건본인을 포함하여 ○남 ○녀를 두었습니다.

2. 재판상 이혼 청구

가. 피고는 원고와 혼인할 당시 ○○시에서 지방공무원으로 근무하고 있었으나, 여기저기서 돈을 빌려 일을 벌리는 통에 급여를 제대로 가져오지 않는 일이 허다하였습니다. 그러다가 피고가 19○○. ○월경 갑자기 재직하던 시청에 사표를 내고 사라져 수소문 끝에 찾아내니 ○○시 ○○○시장에서 초등학교 동창과 운동화 장사를 하고 있어 원고도 서울로 이사를 하여 피고와 합쳤습니다.

나. 서울로 이사온 후에도 피고는 가족에 대한 책임감이 없어 제대로 부양을 하지 않고 수시로 가출을 일삼았고, 19○○. ○.월경 위 ○○○시장에서 하던 원단 가게가 부도로 망하자 집을 나가 소식이 없었습니다.

다. 이에 원고는 돈 한 푼 없이 세 자녀를 데리고 월세방을 얻어 혼자 힘으로 힘들게 살고 있었는데, 피고는 19○○. ○월경 한번 집에 찾아 온 것을 마지막으로 연락이 두절되었으며 19○○. ○월경 피고와 함께 살고 있다는 어떤 여자로부터 전화가 걸려온 적이 있은 뒤로는 지금까지 원고는 피고의 소식조차 듣지 못하고 있습니다.

라. 최근 원고가 피고의 주민등록초본을 발급 받아 본 결과, 피고는 ○○시 ○○구 ○○길 ○○을 마지막 주소로 하여 19○○. ○. ○.자로 무단전출 직권말소가 되어 있었습니다. {증거: 갑 제5호증(피고의 주민등록 말소자 초본)}

마. 원고는 그동안 세 자녀를 생각해서라도 피고가 다시 돌아와 열심히 사는 모습을 보여만 준다면 모든 것을 이해하고 피고를 받아들이겠다는 생각도 하였으나, 세 자녀를 원고에게 맡겨두고 오랫동안 아무런 연락도 없는 피고의 무책임한 행동을 더 이상 참을 수가 없어 이혼을 결심하게 되었습니다.

따라서 원 · 피고간 혼인관계는 원고와 자녀들에 대한 부양의무를 저버린 피고의 귀책사유로 회복될 수 없을 만큼 파탄되었다 할 것이므로 원고는 민법 제840조 제2호 소정의 악의의 유기를 사유로 재판상 이혼 청구를 하고자 합니다.

3. 친권행사자지정 청구

사건본인은 현재 원고가 양육하고 있고, 피고는 소재불명이므로 원고를 친권행사자로 지정함이 타당합니다.

4. 결론

이에 원고는 재판상 이혼 및 친권행사자지정청구를 위하여 이 건 소제기에 이르렀습니다.

입증방법

1. 갑 제1호증 가족관계증명서
1. 갑 제2호증 혼인관계증명서
1. 갑 제3호증 기본증명서
1. 갑 제4호증 원고 주민등록등본
1. 갑 제5호증 피고 주민등록 말소자 초본
1. 갑 제6호증 큰딸의 진술서
1. 갑 제7호증 사건본인의 진술서
1. 갑 제8호증 원고 여동생의 진술서

첨부서류

1. 소장부본 1통
1. 위 입증방법 각 1통
1. 납부서 1통

20○○년 ○월 ○일

위 원고 ○○○ (인)

[주] 가사소송법 22조, 민법 840조, 항소(가사소송법 19조1항), 판결정본이 송달된 날로부터 14일이내(가사소송법 19조1항)

[서식 26] 이혼청구의 소(생사 3년이상 불분명)

소 장

원 고 ○○○(○○○)
19○○년 ○월 ○일생
등록기준지 : ○○도 ○○군 ○○면 ○○길 ○○
주소 : ○○시 ○○구 ○○길 ○○
피 고 ○○○(○○○)
19○○년 ○월 ○일생
등록기준지 : ○○시 ○구 ○○길 ○○
주소 : 원고와 같음

사건본인 ○○○(주민등록번호 : ○○○○○○- ○○○○○○○)
등록기준지 및 주소 : 원고와 같음

이혼청구의 소

청구취지

1. 원고와 피고는 이혼한다.
2. 사건본인의 양육자를 원고로 지정한다.
3. 소송비용은 피고의 부담으로 한다.

라는 판결을 구합니다.

청구원인

1. 원고와 피고는 19○○. ○. ○. 혼인신고를 마친 법률상 부부로서 슬하에 사건본인을 두었습니다.
2. 피고는 원고와 결혼전 자영업으로 생활하다 원고를 만나 가정을 이루어 생활하면서도 자영업을 그만두고 변변한 직업 없이 인근 다방을 전전하면서 그곳에서 만나 알게된 '미스 ○'이라는 여자와 빈번히 외유를 하며 생활하다가 이를 걱정하며 안타까운 마음에"이제 제발 그만하고 가정을 돌보라"는 원고의 애원에도 불구하고 도리어 화를 내며 "니가 내게 뭘 해주었냐"면서 원고에게 윽박지르며 "돈을 내 놓으라"면서 노점을 하며 근근히 벌어온 생활비마저 강취해가 이를 유흥비에 탕진하며 지내 오던 중 19○○. ○. ○. 급기야는 전재산이라고 할 수 있는 피고명의로 되어있던 연금보험을 해약하고 이에 따른 금액 ○○○여만원의 금원을 가지고 위 '미스 ○'이라는 여자와 함께 행방을 감추고야 말았습니다.
3. 이에 원고는 선천적인 착함 탓에 돌아오리라는 기대만을 가지고 집나간 피고를 기다

렸지만 피고는 근 5년이 지난 지금까지도 연락을 해오지 않고 그동안 백방으로 피고의 소재를 수소문 해 온 원고로서도 어린 자녀를 위해서라도 끝 까지 기다려 보기로 하였지만 자녀의 장래 및 자신의 처지를 그냥 보고만 있을 수 없기에 부득이 청구취지와 같은 판결을 구하기 위해 본 소에 이르렀습니다.

입증방법

1. 갑 제1호증 가족관계증명서
1. 갑 제2호증 혼인관계증명서
1. 갑 제3호증 주민등록(말소자)등본
1. 갑 제4호증 불거주확인서
1. 갑 제5호증 사실확인서

첨부서류

1. 위 입증방법 각 1통
1. 소장부본 1통
1. 납부서 1통

20○○. ○. ○.

원 고 ○○○ (인)

[주] 가사소송법 22조, 민법 840조, ·항소(가사소송법 19조1항), ·판결정본이 송달된 날로부터 14일 이내(가사소송법 19조1항)

[서식 27] 이혼청구의 소(부정행위)

소 장

원　고 ○○○(○○○)
생년월일 : 19○○년 ○월 ○일생
등록기준지 : ○○도 ○○시 ○○구 ○○길 ○○번지
주소 : ○○시 ○○구 ○○길 ○○번지(○○동, ○○아파트)
피　고 ○○○(○○○)
생년월일 : 19○○년 ○월 ○일생
등록기준지 : ○○도 ○○시 ○○구 ○○길 ○○번지
주소 : ○○도 ○○시 ○○구 ○○길 ○○번지(○○동, ○○아파트)

이혼청구의 소

청구취지

1. 원고와 피고는 이혼한다.
2. 소송비용은 피고의 부담으로 한다.

라는 판결을 구합니다.

청구원인

1. 원고는 피고와 중매로 만나 알게 된 후 19○○년 ○월 ○일 결혼식을 거행하고, 19○○년 ○월 ○일 혼인신고를 하여 법률상 부부로서 혼인생활을 시작하였습니다.
2. 그런데 피고는 회사업무로 지방출장을 자주 다니면서 외박을 간혹 하더니, 20○○년 ○월 초순경부터 회사의 업무가 바쁘다는 이유로 외박이 더욱 잦아졌습니다.
3. 원고는 피고의 행동이 수상하여 탐지하여 보았더니 피고는 소외 김□□(당○○세)라는 여자와 ○○시 ○○구 ○○동 ○○번지의 소외 이□□의 오피스텔을 월세로 임차하여 정을 통하면서 동거생활을 하고 있는 것을 20○○년 ○월 ○일 알게 되었습니다.
4. 원고는 피고에게 소외 김□□와의 관계를 청산하고 가정으로 돌아와 줄 것을 수차례 간청하였으나, 피고는 소외 김□□와의 관계를 청산할 수 없다고 하면서 이제는 거의 집에 들리지도 않고 소외 김□□와의 동거생활을 계속하고 있습니다.
5. 그러므로 원고는 피고의 위와 같은 부정행위를 보고 더 이상 견딜 수 없으며, 피고와의 혼인생활을 계속할 수 없으므로 청구취지와 같은 판결을 구하기 위하여 이 사건 청구에 이르게 되었습니다.

입증방법

1. 갑 제 1호증　　　　자술서사본(피고작성)

첨부서류

1. 위 입증방법 1통
1. 혼인관계증명서 1통
1. 주민등록표등본(원고 및 피고의 분) 각 1통
1. 소장부본 1통
1. 납부서 1통

20○○년 ○월 ○일

원 고 ○○○ (인)

[주] 가사소송법 22조, 민법 840조, ·항소(가사소송법 19조1항), ·판결정본이 송달된 날로부터 14일 이내(가사소송법 19조1항)

[서식 28] 이혼 및 위자료 조정신청서

이혼 및 위자료 조정신청

신 청 인 ○○○
19○○년 ○월 ○일생
등록기준지 ○○시 ○○구 ○○길 ○○
주소 ○○시 ○○구 ○○길 ○○(우편번호○○○-○○○)
전화 ○○○ - ○○○○

피신청인 ○○○
19○○년 ○월 ○일생
등록기준지 ○○시 ○○구 ○○길 ○○
주소 ○○시 ○○구 ○○길 ○○(우편번호○○○-○○○)
전화 ○○○ - ○○○○

이혼 및 위자료 조정신청

신청취지

1. 신청인과 피신청인은 이혼한다.
2. 피신청인은 신청인에게 위자료 금 ○○○원 및 이에 대하여 이 조정성립일로부터 다 갚는 날까지 연 15%의 비율에 의한 금원을 지급하라.

라는 조정을 구합니다.

신청원인

1. 당사자의 지위
   신청인과 피신청인은 199○. ○. ○. 혼인하여 슬하에 1남을 둔 법률상 부부입니다.
2. 혼인의 파탄
   가. 신청인은 198○. 초경 ○○에 있는 화장품가게를 운영하면서 손님으로 온 피신청인과 만나 교제하던 중 신청외 자 □□□을 가지게 되었고 할 수 없이 19○○. ○. ○. 혼인신고를 하고 가정을 이루게 되었습니다.
   나. 피신청인은 결혼 후 ○○의 제품공장에서 미싱사로 근무를 하다가 혼인신고 후 약 6개월이 지나 ◎◎으로 내려와 같은 일을 하면서 어렵게 생활을 하였는데 술을 너무 좋아하여 다른 사람들과 싸움을 다반사로 하였습니다.
   다. 그러던 중 199○.경부터는 미싱일을 그만 두고 청과물시장 등을 전전하며 청과물도매를 하기 시작한 이후부터는 자주 외박을 하였고 가끔 집에 들어오는 날이면 술에 취해 들어와 신청인과 신청외 자 □□□에 대한 갖은 폭행과 횡포를 일삼아 신청인과 자 □□□은 공포에 떨면서 살아왔습니다.

라. 피신청인은 20○○. ○월경부터 가출까지 하였는데 도박을 좋아하여 피고가 사채업자로부터 돈을 빌렸는지 신청인으로서 전혀 모르는 젊은 남자 2명이 찾아와 전세금을 빼가겠다며 협박을 하다가 피신청인을 잡겠다며 집 근처에서 배회를 하는 등, 20○○. ○. ○.경에는 ◎◎경찰서로부터 사기혐의로 고소가 되어 출석요구가 발송되었으나 도망다니는 관계로 현재 기소중지 된 상태입니다.

마. 신청인은 피신청인만을 의지하며 살수 없어 식당일, 파출부 등으로 생활을 해왔으며 현재 일용직 노동을 하며 어렵게 생활을 유지해 가고 있기에 피신청인과 더 이상 혼인을 유지하고 싶지 않습니다.

3. 이런 피신청인의 외박 및 도박, 신청인에 대한 악의의 유기, 상습적인 폭행은 재판상 이혼사유에 해당된다 할 것입니다. 이는 피신청인의 책임 있는 사유에 해당할 수 있어 신청인은 피신청인에 대하여 이혼 및 혼인 파탄에 대한 위자료의 지급을 구하고자 이 신청에 이르게 된 것입니다.

입증방법

1. 갑 제1호증 진단서
1. 갑 제2호증 혼인관계증명서
1. 갑 제3호증 가족관계증명서
1. 갑 제4호증 주민등록등본
1. 갑 제5호증 출석요구서

첨부서류

1. 위 입증방법 각 1통
1. 신청서 부본 1통
1. 납부서 1통

20○○년 ○월 ○일

위 신청인 ○○○ (인)

[주] 1. 가사소송법 49조, 민법 840조, ·이의신청(가사소송법 60조, 민사조정법 36조), ·조정정본이 송달된 날로부터 2주일내(가사소송법 60조, 민사조정법 34조)

2. 인지액 산정방법

가. 이혼조정신청서에 첨부하는 인지액은 5,000원임(가사소송수수료규칙 6조1항)

나. 위자료조정신청서에 첨부하는 인지액은 소송물가액에 일정비율을 곱하여 산출되는 가액을 첨부하도록 규정되어 있음 (민사소송등인지법 2조1항, 민사조정규칙 3조1항), 즉 사안에서 위자료로 3,000만원을 청구하는 경우 이에 대한 인지액은
(30,000,000×45÷10,000+5,000)÷5 = 28,000원임.

다. 한편 민사소송등인지법 2조5항은 "1개의 소로서 비재산권을 목적으로 하는 소송과 그 소송의 원인된 사실로부터 발생하는 재산권상의 소송을 병합한 때에는 다액인 소가에 의하여 인지를 붙인다" 라고 규정하고 있는 바, 위 사안에서는 28,000원의 인지를 첨부하면 됨.

[서식 29] 이혼무효확인 청구의 소

소 장

원 고 ○○○(○○○)
19○○년 ○월 ○일생
등록기준지 ○○시 ○○구 ○○길 ○○
주소 ○○시 ○○구 ○○길 ○○ (우편번호 ○○○ - ○○○)
전화 ○○○ - ○○○○

피 고 ○○○(○○○)
19○○년 ○월 ○일생
등록기준지 ○○시 ○○구 ○○길 ○○
주소 ○○시 ○○구 ○○길 ○○ (우편번호 ○○○ - ○○○)
전화 ○○○ - ○○○○

이혼무효확인청구의 소

청구취지

1. 원고와 피고 사이에 20○○. ○. ○○. ○○시 ○○구청장에게 신고하여 한 이혼은 무효임을 확인한다.
2. 소송비용은 피고가 부담한다.

라는 판결을 구합니다.

청구원인

1. 원고와 피고는 20○○. ○. ○○. 혼인 신고한 법률상 부부로서 이후 혼인생활을 유지해 오던 중 20○○. ○월부터 피고가 한달에 7~8일은 외박을 하더니 아예 20○○. ○월에는 연락도 없이 집을 나가버렸습니다.
2. 원고는 이미 임신 3개월째라 피고가 돌아오기만을 기다리며 지내던 중 20○○. ○.경 피고로부터 전화가 걸려왔고 다른 여자와 동거하고 있으니 이혼해 달라고 요구하였는바, 원고는 임신사실을 이야기하며 이혼은 할 수 없다고 하였고, 이후에도 몇차례 이혼을 종용하는 전화가 걸려왔으나 같은 이유로 거절하였으며 이후 피고가 임의로 협의이혼신청서를 가정법원에 접수시켜 법원에서 통보한 날짜인 20○○. ○. ○. 출두하여 이혼의사가 없음을 밝히기도 하였습니다.
3. 20○○. ○. 원고는 피고의 아이를 출산하였고 아이의 출생신고를 위해 20○○. ○.구청에 갔다가 원고와 피고간에 협의이혼 신고(20○○. ○. ○. ○○시 ○○구청장 접수)가 되어있음을 알게 되었습니다.
4. 원고는 전혀 모르는 사실이었으므로 협의이혼신고시 제출된 서류들을 열람한 결과,

협의이혼의사확인서 등본이 교묘히 위조되었음을 확인하였고, 이에 피고를 공정증서 원본부실기재죄로 고소해 둔 상태입니다.

5. 이와 같이 원고와 피고의 협의이혼은 원고가 전혀 모르는 사실이고 원고는 피고와 이혼할 의사가 없기 때문에 ○○구청장에게 신고한 원고와 피고의 협의이혼은 무효이므로 청구취지와 같이 본 건 청구에 이른 것입니다.

입증방법

1. 갑 제1호증	혼인관계증명서(원고)
1. 갑 제2호증	혼인관계증명서(피고)
1. 갑 제3호증	협의이혼의사확인서 사본
1. 갑 제4호증	고소장

첨부서류

1. 위 입증방법	각 1통
1. 소장부본	1통
1. 납 부 서	1통

20○○년 ○월 ○○일

원 고 ○○○ (인)

[주] 가사소송법 23조, 24조

[서식 30] 이혼, 위자료, 재산분할, 친권행사자, 양육권자지정 및 양육비 청구의 소

소 장

원 고 ○○○(○○○) (○○○○○○- ○○○○○○○)
주소 : ○○시 ○○구 ○○길 ○○번지(○○동, ○○아파트)
등록기준지 ○○시 ○○구 ○○길 ○○

피 고 ○○○(○○○) (○○○○○○- ○○○○○○○)
주소 : 원고와 같음
등록기준지 ○○시 ○○구 ○○길 ○○

사건본인 □□□(□□□) (○○○○○○- ○○○○○○○)
등록기준지 및 주소 : ○○시 ○○구 ○○길 ○번지

이혼등 청구의 소

청구취지

1. 원고와 피고는 이혼한다.
2. 피고는 원고에게,
   가. 위자료로 금 ○○○원을 지급하라.
   나. 별지목록 기재 부동산에 관하여 재산분할을 원인으로 한 소유권이전등기 절차를 이행하고 이를 인도하라.
3. 사건본인에 대한 친권행사자 및 양육권자를 원고로 지정한다.
4. 피고는 사건본인에 대한 양육비로 이 사건 소장 부본 송달일 다음날부터 20○○. ○. ○.까지 매월 ○○만원을 매월 말일에 지급하라.
5. 소송비용은 피고의 부담으로 한다.
6. 제2의 가.항 및 제4항은 가집행 할 수 있다.

라는 판결을 구합니다.

청구원인

1. 원고와 피고는 19○○. ○. ○. 혼인신고를 마친 법률상 부부이며, 그 사이에 사건본인 □□□를 출산하였습니다.
2. 이혼사유
   가. 피고는 약학대를 졸업하고 원고와 혼인한 후 원고의 뒷바라지로 약사 자격을 획득하여 19○○년부터 약국에서 일하였으며 원고는 피고의 취직과 함께 다니던 건설회사를 그만두고 가정 주부로서 생활해 왔습니다.
   나. 그런데 피고는 직장을 갖고 난 후 2년정도 지나면서 그전에는 잘 마시지도 않던 술을 마시기 시작했고 '더러워서 남 밑에서 일을 못하겠으니 약국을 차려야겠다'며

원고에게 "넌 시집올 때 아무것도 해온 것이 없으니 친정 부모에게 말해 사무실 개업할 자금을 대라"며 금원을 요구해 원고는 당시 사업에 어려움을 겪고 있던 친정부모에게 그런 말은 꺼내지도 못하고 "고생스럽더라도 조금만 더 참고 돈을 모아 추후에 약국 개업문제를 도모해 보자"고 하였더니 "내가 돈버는 기계냐"라고 큰소리로 화를 내며 옆에 있던 잡지책을 원고에게 던져 원고를 폭행하였습니다.

다. 그런 일이 있은 후로 피고는 사소한 일로 화가 나거나 술만 마시면 원고를 심하게 구타하였고 심지어는 19○○. ○.○. 둘째 아이를 임신하고 있던 원고를 술을 먹고 들어와 한밤중에 머리채를 잡고 방바닥에 쓰러뜨려 발로 짓이기는 바람에 놀랍고 무서워 맨발로 집을 뛰쳐나가 결국 아이를 유산하고 말았습니다.

라. 그 후 원고는 우울증의 증세로 병원을 오가는 신세가 되었으며 자라는 아이에게도 악영향을 끼칠 것 같아 20○○. ○.○. 이혼을 결심하고 아이를 데리고 친정으로 와 현재에 이르렀습니다. 이상과 같이 심히 부당한 대우에 견디다 못한 원고는 피고의 행위가 민법 제840조 제6호의 혼인을 계속하기 어려운 중대한 사유에 해당하므로 이혼을 청구하는 바입니다.

3. 위자료 및 재산분할

이상과 같은 피고의 행위가 혼인파탄의 직접적인 원인이 되었기에 원고는 피고의 연봉과 혼인파탄사유를 고려해 위자료로 청구취지와 같은 금액을 청구하는 바이며, 결혼전 원고명의의 25평 아파트를 매매하고 원고의 부모로부터 금전적도움을 받아 현재 주소지의 32평 아파트로 이사하여 살았으므로 피고는 현재의 아파트에 기여한 부분이 전혀 없는바, 청구취지와 같은 방법으로 재산분할을 청구합니다.

4. 친권행사자 및 양육권자 지정

피고의 행동으로 어린 아이의 성격이 늘 소심해 있고 다른 아이와도 어울리지 못하며 술만 마시면 광폭해지는 피고의 성격에 아이도 피고를 따르지 않는 점을 고려해 아이에 대한 친권행사자와 양육권자로 원고를 지정하는 것이 마땅하기에 아이의 장래를 위해 사건본인에 대한 친권행사자와 양육권자를 원고로 지정해 주실 것을 신청합니다.

5. 양육비 지급 청구

다만, 원고는 현재 가정주부로서 원고의 힘만으로 사건본인을 양육하기에는 부족함이 있습니다. 이에 원고는 피고에게 사건본인에 대한 양육비로 이 사건 소장 부본 송달일 다음날부터 사건본인이 성년이 되기 전날인 20○○. ○. ○.까지 매월 ○○만원을 매월 말일에 지급할 것을 청구합니다.

입증방법

1. 갑 제1호증	가족관계증명서
1. 갑 제2호증	혼인관계증명서
1. 갑 제3호증	주민등록등본
1. 갑 제4호증	진단서
1. 갑 제5호증	사실확인서
1. 갑 제6호증	부동산등기사항전부증명서

첨부서류

1. 소장부본 1통
1. 위 입증방법 각 1통
1. 소송위임장 1통
1. 납부서 1통

20○○. ○. ○.

원 고 ○○○ (인)

○ ○ 가 정 법 원 귀 중

[주] 1. 가사소송법 22조, 민법 840조, ·항소(가사소송법 19조1항), ·판결정본이 송달된 날로부터 14일이내(가사소송법 19조1항)

2. 인지액 산정방법

가. 이혼소장에 첨부하는 인지액은 20,000원(가사소송수수료규칙 2조1항)

나. 재산분할청구소장에 첨부하는 인지액은 10,000원(가사소송수수료규칙 3조1항)

다. 위자료청구소장에 첨부하는 인지액은 소송물가액에 일정비율을 곱하여 산출되는 가액을 첨부하도록 규정되어 있다(민사소송등인지법 2조1항). 즉 사안에서 위자료로 3,000만원을 청구할 경우 이에 대한 인지액은 30,000,000×45÷10,000+5,000 = 140,000원이다.

라. 한편 민사소송등인지법 2조5항은 "1개의 소로서 비재산권을 목적으로 하는 소송과 그 소송의 원인된 사실로부터 발생하는 재산권상의 소송을 병합한 때에는 다액인 소가에 의하여 인지를 붙인다" 라고 규정하고 있는 바, 위 사안에서는 140,000원의 인지를 첨부하면 된다.

[서식 31] 답변서 (이혼, 위자료, 재산분할)

답변서
(이혼, 위자료, 재산분할)

사건번호	20 드단(드합)		
원 고			
피 고		전화번호	

청구취지에 대한 답변

해당되는 부분 □안에 V표시를 하시고, ________ 부분은 필요한 경우 직접 기재하시기 바랍니다.

1. 이혼 청구 → □ 인정함 □ 인정할 수 없음
2. 위자료 청구 → □ 인정함 □ 인정할 수 없음 □ 일부 (원) 인정함
3. 재산분할 청구 → □ 인정함 □ 인정할 수 없음 □ 일부 인정함
   일부 인정할 경우, 인정하는 부분을 기재하시기 바랍니다.

____

청구원인에 대한 답변

유의사항

1. 이혼소송은 가사소송법 제50조제2항에 따라 재판을 받기 전에 조정절차를 거치는 것이 원칙이고, 많은 사건이 조정절차에서 원만하게 합의되어 조기에 종결됩니다.
2. 서로의 감정을 상하게 하거나 갈등을 고조시켜 원만한 조정에 방해가 되지 않도록 조정기일 전에는 이 소장 외에 준비서면 등을 더 제출하는 것을 삼가 주시기 바랍니다.
3. 구체적인 사정은 조정기일에 출석하여 진술할 수 있고, 만일 조정이 성립되지 않아 소송절차로 이행할 경우 준비서면을 제출하여 이 답변서에 기재하지 못한 구체적인 것을 주장하거나 추가로 증거를 제출할 수 있습니다.

해당되는 부분 □안에 V표시를 하시고, ________ 부분은 필요한 경우 직접 기재하시기 바랍니다.

1. 동거 여부 → □ 인정함 □ 인정할 수 없음 □ 일부 인정함
   인정할 수 없거나, 일부 인정할 경우, 피고의 주장을 기재하시기 바랍니다.
   ____

☞ 원고의 이혼 청구를 인정하는 경우 이 항에 답을 할 필요가 없습니다.

2. 이혼 청구
   □ 피고에게 책임 있는 사유를 인정할 수 없음
   □ 피고에게 책임 있는 사유를 일부 인정하지만, 그래도 혼인관계는 계속 유지될 수 있음 (인정하는 부분: ________________)
   □ 오히려 원고에게 책임 있는 사유가 더 크므로 원고의 이혼 청구는 기각되어야 함
   □ 기타: ________________________________

☞ 원고의 위자료 청구를 인정하는 경우 이 항에 답을 할 필요가 없습니다.

3. 위자료 청구
   가. 원고의 위자료 청구를 인정하지 않는 이유 (위자료 청구를 인정할 수 없음에 표시한 경우)
      □ 피고에게 책임 있는 사유를 인정할 수 없음
      □ 이혼에 대한 원고의 책임이 피고의 책임과 대등하거나 더 무거움
   나. 원고의 위자료 청구를 일부만 인정하는 이유 (위자료 청구를 일부 인정함에 체크한 경우)
      □ 피고에게 책임 있는 사유가 과장되어 있음
      ____
      □ 원고에게 책임 있는 사유도 있음
      ____
      □ 피고의 경제적 사정 등에 비추어 금액이 과다함
      ____
      □ 기타: ________________________

☞ 원고의 재산분할청구를 인정하는 경우 이 항에 답을 할 필요가 없습니다.

4. 재산분할청구
   가. 분할하고자 하는 현재 보유 중인 재산은 별지 “재산내역표”에 기재된

것과 같다.

나. 다음과 같은 사정(중복 표시 가능)을 고려하여 볼 때, 위 재산에 대한 피고의 기여도는 %이다.

☐ 피고의 소득 활동/특별한 수익

☐ 피고의 재산관리(가사담당 및 자녀양육 포함)

☐ 피고의 혼전 재산/부모의 지원/상속

☐ 원고의 혼전 채무 변제

☐ 원고의 재산 감소 행위

☐ 기타: ______________________________

20 . . .

피 고 (서명 또는 날인)

법원 귀중

[서식 32] 답변서 (이혼, 위자료, 재산분할, 미성년 자녀)

답변서
(이혼, 위자료, 재산분할, 미성년 자녀)

사건번호	20 드단(드합)		
원 고			
피 고		전화번호	

청구취지에 대한 답변

해당되는 부분 □안에 V표시를 하시고, ________ 부분은 필요한 경우 직접 기재하시기 바랍니다.

1. 이혼 청구 → □ 인정함 □ 인정할 수 없음
2. 위자료 청구 → □ 인정함 □ 인정할 수 없음 □ 일부 (원) 인정함
3. 재산분할 청구 → □ 인정함 □ 인정할 수 없음 □ 일부 인정함
   일부 인정할 경우, 인정하는 부분을 기재하시기 바랍니다.
   ____
4. 친권자 및 양육자 지정 청구 → □ 인정함 □ 인정할 수 없음[사건본인(들)에 대한 친권자 및 양육자로 □ 원고/ □ 피고를 지정한다.]
   (기타:____)
5. 양육비 청구 → □ 인정함 □ 인정할 수 없음 □ 일부 (월 원) 인정함
   (기타: _ ____)
6. 면접교섭 청구 → □ 인정함 □ 다른 의견이 있음
   면접교섭에 관하여 원고와 다른 의견이 있는 경우 기재하시기 바랍니다.

	일 자	시 간
□	매월 ______째 주	_____요일 ____시부터 _____요일 ____시까지
□	매주	_____요일 ____시부터 _____요일 ____시까지
□	기타 :	

청구원인에 대한 답변

◇ 유의사항 ◇

1. 이혼소송은 가사소송법 제50조제2항에 따라 재판을 받기 전에 조정절차를 거치는 것이 원칙이고, 많은 사건이 조정절차에서 원만하게 합의되어 조기에 종결됩니다.
2. 서로의 감정을 상하게 하거나 갈등을 고조시켜 원만한 조정에 방해가 되지 않도록 조정기일 전에는 이 소장 외에 준비서면 등을 더 제출하는 것을 삼가 주시기 바랍니다.
3. 구체적인 사정은 조정기일에 출석하여 진술할 수 있고, 만일 조정이 성립되지 않아 소송절차로 이행할 경우 준비서면을 제출하여 이 소장에 기재하지 못한 구체적인 청구원인을 주장하거나 추가로 증거를 제출할 수 있습니다.

해당되는 부분 □안에 V표시를 하시고, ________ 부분은 필요한 경우 직접 기재하시기 바랍니다.

1. 동거 여부 → □ 인정함 □ 인정할 수 없음 □ 일부 인정함
   인정할 수 없거나, 일부 인정할 경우, 피고의 주장을 기재하시기 바랍니다.
   ____

☞ 원고의 이혼 청구를 인정하는 경우 이 항에 답을 할 필요가 없습니다.

2. 이혼 청구
   □ 피고에게 책임 있는 사유를 인정할 수 없음
   □ 피고에게 책임 있는 사유를 일부 인정하지만, 그래도 혼인관계는 계속 유지될 수 있음 (인정하는 부분: ________________________)
   □ 오히려 원고에게 책임 있는 사유가 더 크므로 원고의 이혼 청구는 기각되어야 함
   □ 기타: ______________________________________

☞ 원고의 위자료 청구를 인정하는 경우 이 항에 답을 할 필요가 없습니다.

3. 위자료 청구
   가. 원고의 위자료 청구를 인정하지 않는 이유 (위자료 청구를 인정할 수 없음에 표시한 경우)
      □ 피고에게 책임 있는 사유를 인정할 수 없음
      □ 이혼에 대한 원고의 책임이 피고의 책임과 대등하거나 더 무거움
   나. 원고의 위자료 청구를 일부만 인정하는 이유 (위자료 청구를 일부 인정

함에 표시한 경우)

□ 피고에게 책임 있는 사유가 과장되어 있음

____

□ 원고에게 책임 있는 사유도 있음

____

□ 피고의 경제적 사정 등에 비추어 금액이 과다함

____

□ 기타: ______________________________________

☞ 원고의 재산분할청구를 인정하는 경우 이 항에 답을 할 필요가 없습니다.

4. 재산분할청구

가. 분할하고자 하는 현재 보유 중인 재산은 별지 "재산내역표"에 기재된 것과 같다.

나. 다음과 같은 사정(중복 표시 가능)을 고려하여 볼 때, 위 재산에 대한 피고의 기여도는 %이다.

□ 피고의 소득 활동/특별한 수익

□ 피고의 재산관리(가사담당 및 자녀양육 포함)

□ 피고의 혼전 재산/부모의 지원/상속

□ 원고의 혼전 채무 변제

□ 원고의 재산 감소 행위

□ 기타: ______________________________________

☞ 원고의 친권자 및 양육자 지정 청구를 인정하는 경우 이 항에 답을 할 필요가 없습니다.

5. 친권자 및 양육자 지정에 관한 의견

사건본인(들)에 대하여 청구취지에 대한 답변에 기재된 것과 같은 친권자 및 양육자 지정이 필요한 이유는 다음과 같다(중복 표시 가능).

□ 과거부터 현재까지 계속하여 양육하여 왔다.

□ (현재는 양육하고 있지 않으나) 과거에 주된 양육자였다.

□ 별거 이후 혼자 양육하고 있다.

□ 사건본인(들)이 함께 살기를 희망한다.

□ 양육환경(주거 환경, 보조 양육자, 경제적 안정성 등)이 보다 양호하다.

□ 사건본인(들)과 보다 친밀한 관계이다.

□ 기타: ______________________________________

☞ 원고의 양육비 청구를 인정하는 경우 이 항에 답을 할 필요가 없습니다.

6. 양육비 산정에 관한 의견

가. 직업 및 수입에 관한 의견 (현재 파악되지 않은 상대방의 직업, 수입 등은 기재하지 않아도 됩니다.)

원고의 직업은 , 수입은 월 원(□ 세금 공제 전 / □ 세금 공제 후)이고, 피고의 직업은 , 수입은 월 원(□ 세금 공제 전 / □ 세금 공제 후)이다.

나. 기타 양육비 산정에 고려할 사항: ________________________________
____

☞ 원고의 면접교섭 청구를 인정하는 경우 이 항에 답을 할 필요가 없습니다.

7. 면접교섭 청구에 관한 의견

가. 면접교섭 일시에 관하여 원고의 주장과 다르게 희망한 이유 :
____

나. 희망 인도 장소: 사건본인을 ____________에서 인도하고 인도받기를 희망한다.

다. 면접교섭 시 참고사항 : ________________________________
____
____

20 . . .

피 고 (서명 또는 날인)

법원 귀중

[서식 33] 답변서 (이혼, 미성년 자녀)

답변서
(이혼, 미성년 자녀)

사건번호	20 드단(드합)		
원 고			
피 고		전화번호	

청구취지에 대한 답변

해당되는 부분 □안에 V표시를 하시고, ________ 부분은 필요한 경우 직접 기재하시기 바랍니다.

1. 이혼 청구 → □ 인정함 □ 인정할 수 없음
2. 친권자 및 양육자 지정 청구 → □ 인정함 □ 인정할 수 없음[사건본인(들)에 대한 친권자 및 양육자로 □ 원고/ □ 피고를 지정한다.]
   (기타: ____)
3. 양육비 청구 → □ 인정함 □ 인정할 수 없음 □ 일부 (월 원) 인정함 (기타 : ____)
4. 면접교섭 청구 → □ 인정함 □ 다른 의견이 있음
   면접교섭에 관하여 원고와 다른 의견이 있는 경우 기재하시기 바랍니다.

	일 자	시 간
□	매월 ______째 주	_____요일 ____시부터 _____요일 ____시까지
□	매주	_____요일 ____시부터 _____요일 ____시까지
□	기타:	

청구원인에 대한 답변

◇ 유의 사항 ◇

1. 이혼소송은 가사소송법 제50조제2항에 따라 재판을 받기 전에 조정절차를 거치는 것이 원칙이고, 많은 사건이 조정절차에서 원만하게 합의되어 조기에 종결됩니다.
2. 서로의 감정을 상하게 하거나 갈등을 고조시켜 원만한 조정에 방해가 되지 않도록 조정기일 전에는 이 소장 외에 준비서면 등을 더 제출하는 것을 삼가 주시기 바랍니다.
3. 구체적인 사정은 조정기일에 출석하여 진술할 수 있고, 만일 조정이 성립되지 않아 소송절차로 이행할 경우 준비서면을 제출하여 이 소장에 기재하지 못한 구체적인 청구원인을 주장하거나 추가로 증거를 제출할 수 있습니다.

해당되는 부분 □안에 V표시를 하시고, ________ 부분은 필요한 경우 직접 기재하시기 바랍니다.

1. 동거 여부 → □ 인정함 □ 인정할 수 없음 □ 일부 인정함
   인정할 수 없거나, 일부 인정할 경우, 피고의 주장을 기재하시기 바랍니다.
   ____

☞ 원고의 이혼 청구를 인정하는 경우 이 항에 답을 할 필요가 없습니다.

2. 이혼 청구
   □ 피고에게 책임 있는 사유를 인정할 수 없음
   □ 피고에게 책임 있는 사유를 일부 인정하지만, 그래도 혼인관계는 계속 유지될 수 있음 (인정하는 부분 : ____________________)
   □ 오히려 원고에게 책임 있는 사유가 더 크므로 원고의 이혼 청구는 기각되어야 함
   □ 기타 : ____________________________________

☞ 원고의 친권자 및 양육자 지정 청구를 인정하는 경우 이 항에 답을 할 필요가 없습니다.

3. 친권자 및 양육자 지정에 관한 의견
   사건본인(들)에 대하여 청구취지에 대한 답변에 기재된 것과 같은 친권자 및 양육자 지정이 필요한 이유는 다음과 같다(중복 선택 가능).
   □ 과거부터 현재까지 계속하여 양육하여 왔다.
   □ (현재는 양육하고 있지 않으나) 과거에 주된 양육자였다.

□ 별거 이후 혼자 양육하고 있다.
□ 사건본인(들)이 함께 살기를 희망한다.
□ 양육환경(주거 환경, 보조 양육자, 경제적 안정성 등)이 보다 양호하다.
□ 사건본인(들)과 보다 친밀한 관계이다.
□ 기타: ______________________________

☞ 원고의 양육비 청구를 인정하는 경우 이 항에 답을 할 필요가 없습니다.
4. 양육비 산정에 관한 의견
가. 직업 및 수입에 관한 의견 (현재 파악되지 않은 상대방의 직업, 수입 등은 기재하지 않아도 됩니다.)
원고의 직업은 , 수입은 월 원(□ 세금 공제 전 / □ 세금 공제 후)이고, 피고의 직업은 , 수입은 월 원(□ 세금 공제 전 / □ 세금 공제 후)이다.
나. 기타 양육비 산정에 고려할 사항: ______________________________
____

☞ 원고의 면접교섭 청구를 인정하는 경우 이 항에 답을 할 필요가 없습니다.
5. 면접교섭 청구에 관한 의견
가. 면접교섭 일시에 관하여 원고의 주장과 다르게 희망한 이유 :
____
나. 희망 인도 장소: 사건본인을 __________에서 인도하고 인도받기를 희망한다.
다. 면접교섭 시 참고사항 : ______________________________
____
____

20 . . .

피 고 (서명 또는 날인)

법원 귀중

재산내역표

※ 원고와 피고의 현재 재산내역에 대해서 알고 있는 내용만 기재하시기 바랍니다. 다만, 자신의 주거래은행, 보험회사 등은 반드시 밝히시기 바랍니다. 상대방의 재산내역 중 알지 못하는 부분에 대하여는 별도의 증거신청을 통하여 재산내역을 확인하고 보완하시기 바랍니다.

			재산의 표시	시가 또는 잔액(원)
원고	재산	1		
		2		
		3		
		4		
		5		
	소 계			
	채무	1		
		2		
		3		
		4		
		5		
	소 계			
원고의 순재산 (재산에서 채무를 공제: A)				
피고	재산	1		
		2		
		3		
		4		
		5		
	소 계			
	채무	1		
		2		
		3		
		4		
		5		
	소 계			
피고의 순재산 (재산에서 채무를 공제: B)				
원, 피고의 순재산 합계 (A+B)				

재산내역표 기재 방법

현재 보유하고 있는 재산 및 부담하고 있는 채무만 기재하시기 바랍니다.

1. 재 산

가. 부동산: '재산의 표시'란에 소재지번 등을 기재하고, '시가 또는 잔액'란에 원고가 알고 있는 현재 시가를 기재한 후, 부동산등기부 등본 및 시가 입증 자료(가급적 감정서, 인터넷 KB 부동산 시세, 공시지가 등 객관적 자료를 제출하고, 이러한 자료가 없을 경우 공인중개사의 확인서 등을 제출)를 첨부하시기 바랍니다.

나. 예금 채권: '재산의 표시'란에 금융기관의 명칭, 계좌번호를 기재하고, '시가 또는 잔액'란에 현재 예금 잔액을 기재한 후, 예금통장사본, 계좌내역, 잔액조회서 등의 자료를 첨부하시기 바랍니다.

다. 임대차보증금반환 채권: '재산의 표시'란에 부동산의 소재지번을 기재하고, '시가 또는 잔액'란에 임대차보증금 금액을 기재한 후, 임대차계약서 사본을 첨부하시기 바랍니다.

라. 주식: '재산의 표시'란에 회사의 명칭, 주식의 수 등을 기재하고, '시가 또는 잔액'란에 현재 시가를 기재한 후 주식예탁통장 사본 및 시가 입증 자료를 첨부하시기 바랍니다.

마. 특허권 등의 지적재산권: '재산의 표시'란에 다른 특허권 등과 구분이 가능한 정도로 권리를 표시하고, '시가 또는 잔액'란에 원고가 알고 있는 시가를 기재하시기 바랍니다.

바. 동산: '재산의 표시'란에 동산의 종류 및 수량, 현재 있는 장소 등을 기재하고, '시가 또는 잔액'란에 원고가 알고 있는 시가를 기재하시기 바랍니다.

사. 자동차: '재산의 표시'란에 차량번호와 모델명, 출고된 연도 등을 기재하고, '시가 또는 잔액'란에 원고가 알고 있는 현재 시가를 기재한 후, 자동차등록증 사본, 중고차 시세를 알 수 있는 자료를 첨부하시기 바랍니다.

아. 보험: '재산의 표시'란에 보험회사, 보험의 종류 및 명칭 등을 기재하시고, '시가 또는 잔액'란에 현재 예상해약환급금을 기재한 후, 예상해약환급금확인서 등의 자료를 첨부하시기 바랍니다.

2. 채 무

가. 사인 간 채무: '재산의 표시'란에 채권자 성명, 차용 일시 등을 기재하

고, '시가 및 잔액'란에 현재 채무액을 기재한 후 차용증 사본 등을 첨부하시기 바랍니다.

나. 금융기관 채무: '재산의 표시'란에 대출 금융기관의 명칭, 대출일 등을 기재하고, '시가 및 잔액'란에 현재 남아 있는 대출액을 기재한 후, 대출확인서 등의 자료를 첨부하시기 바랍니다.

다. 임대차보증금반환 채무: '재산의 표시'란에 부동산의 소재지번을 기재하고, '시가 또는 잔액'란에 임대차보증금 금액을 기재한 후, 임대차계약서 사본을 첨부하시기 바랍니다.

[서식 34] 이혼청구의 소(기타 중대한 사유)

소 장

원 고 ○○○(○○○)
19○○년 ○월 ○일생
주소 : ○○남도 ○○군 ○○읍 ○○길 ○○
등록기준지 : ○○군 ○○면 ○○길 ○○

피 고 ○○○(○○○)
19○○년 ○월 ○일생
주소 : 원고와 같음
등록기준지 : ○○시 ○○길 ○○

이혼청구의 소

청구취지

1. 원고와 피고는 이혼한다.
2. 소송비용은 피고의 부담으로 한다.

라는 판결을 구합니다.

청구원인

1. 원고와 피고는 19○○년 ○월 ○일 혼인신고를 마친 법률상 부부로서 슬하에 자녀는 없습니다.
2. 원고는 피고와 혼인전 당시 수도권에서 비닐하우스에 묘목 및 각종 꽃류를 경작하여 어느 정도 경제력을 가지고 있는 40세의 미혼남이었으며 결혼소개소에서 만난 피고는 뚜렷한 직업이 없는 30세의 여성이었습니다.
3. 원고는 신혼초부터 피고와의 나이차이(10세)와 피고의 작업경험이 없는 점 등 때문에 듣기 싫은 소리도 다 참아가며 피고를 위해 살아갔으나 피고는 혼인 후 얼마 있지 않아 묘목일이 싫다며 직장을 얻는다하여 외출이 잦았고 생필품이 아닌 본인 개인적 물품을 시내 백화점에서만 구입하는 등 사치가 심했습니다.
4. 신혼초부터 원고의 요구에도 부부관계를 자주 거절해오던 피고에게 손자를 기대하시는 원고의 홀어머니께 미안하고 또한 본인도 자식을 두고 싶어 "혹시 당신 피임하느냐?"라고 조심스레 물으니 피고는 "당연하지 않느냐. 당신처지에 무슨 아이를 낳느냐, 나는 내 자식을 세상에서 가장 호화스럽게 키우려하는데 그럴 능력이나 되느냐?"며 오히려 당연한 듯 말해 원고를 황당하게 만들기도 하였습니다.
5. 이러한 생활을 근 7년 동안 하면서 원고와 피고사이에는 자녀를 두지 못했으며, 피고는 원고에 대한 애정이라고는 전혀 찾아볼 수 없었고 아내로서의 도리, 며느리로서의

도리를 전혀 행하지 않고 근래에 피고는 시내 사진관에서 사진현상 보조업무를 하며 시내 자신의 친정집에서 잠을 자고 다음날 곧바로 사진관으로 출근하는 일이 잦았으며, 믿고 싶지 않지만 사진관 주인인 소외 □□□와 업무외적인 만남을 목격한 주변인도 상당하여, 홀어머니를 실망시켜드리고 싶지 않은 마음에 끝까지 참고 생활하려 하였으나 도저히 혼인을 계속하기 어려운 상황에 이르러 본 소를 제기하기 이르렀습니다.

입증방법

1. 갑 제1호증 혼인관계증명서
1. 갑 제2호증 주민등록등본

첨부서류

1. 위 입증방법 각 1통
1. 소장부본 1통
1. 납부서 1통

20○○. ○. ○.

위 원고 ○○○ (인)

[주] 가사소송법 22조, 민법 840조, ·항소(가사소송법 19조1항), ·판결정본이 송달된 날로부터 14일 이내(가사소송법 19조1항)

[서식 35] 조정신청서 (친권자 · 양육자 지정 또는 변경)

인지액 5,000원
송달료 52,000원 (5회분×당사자수)

조정신청서

(친권자 · 양육자 지정 또는 변경)

신 청 인 성명: ☎
주민등록번호
주 소
송 달 장 소
등록 기준지

피신청인 성명: ☎
주민등록번호
주 소
송 달 장 소
등록 기준지

사건본인 성명 : ☎
주민등록번호 :
주소 :
등록기준지 :

신 청 취 지

『사건본인의 (친권자, 양육자)를 (신청인, 피신청인)으로 (지정, 변경)한다.』 라는 조정을 구합니다.

신 청 원 인

(신청사유를 간략히 기재, 별지 기재 가능)

첨 부 서 류

1. 자녀의 기본증명서(상세), 가족관계증명서(상세), 주민등록표등(초)본
1. 신청인의 가족관계증명서(상세), 혼인관계증명서, 주민등록표등(초)본
1. 피신청인의 가족관계증명서(상세), 주민등록표등(초)본

[주민등록표등(초)본의 경우 주소가 같으면 1부만 제출]

20 . . .

신 청 인 (날인 또는 서명)
피신청인 (날인 또는 서명)

서울가정법원 귀중

◇ 유의사항 ◇

1. 청구서에는 5,000원의 인지액을 붙여야 합니다.
2. 송달료는 52,000원(5회분×당사자 수)을 송달료취급은행에 납부하고 납부서를 첨부하여야 합니다.
3. 지정된 조정기일에 쌍방은 신분증을 지참하여 서울가정법원 305호 조정실로 출석하여야 합니다.
4. ☎ 란에는 연락 가능한 (휴대)전화번호를 기재하시기 바랍니다.

[서식 36] 이혼(매주조정) 신청서 - (쌍방 외국인)

이혼(매주조정) 신청서 - (쌍방 외국인)

인지액 5,000원
송달료 31,200원 (3회분×당사자 수)

신 청 인 : (한글) (영문이름)
외국인등록번호(또는 생년월일)
외국인등록상의 주소 :
국 적 :
한국송달장소 :
전화번호 :

피신청인 : (한글) (영문이름)
외국인등록번호(또는 생년월일)
외국인등록증상의 주소 :
국 적 :
한국송달장소 :
전화번호 :

신 청 취 지

1. 신청인과 피신청인은 이혼한다.
2. 기타 : (당사자 사이에는 현재 미성년자가 없음)

신 청 원 인

(신청사유를 간략히 기재, 별지 기재 가능)

첨 부 서 류

1. 여권 또는 외국인등록증 사본(쌍방 외국인)
1. 결혼증명서 사본 및 번역문

20 . . .

신 청 인 (날인 또는 서명)
피신청인 (날인 또는 서명)

서울가정법원 귀중

◇ 유의사항 ◇

1. 청구서에는 5,000원의 인지액을 붙여야 합니다.
2. 송달료는 31,200원(3회분×당사자 수)을 송달료취급은행에 납부하고 납부서를 첨부하여야 합니다.
3. 쌍방 외국인 간의 이혼조정 시에만 인정되며 의사확인 시간은 다음주 월요일 16:00입니다(월요일 오전 09:00 접수 - 금요일 오후 18:00 접수완료 시에는 다음주 월요일 16:00입니다.)
4. 지정된 조정기일에 쌍방은 신분증을 지참하여 서울가정법원 305호 조정실로 출석하여야 합니다.
5. 송달장소는 한국에서 우편물 받을 주소를 말합니다(국외 송달은 하지 않음)

[서식 37] 이혼소송 (외국인과 이혼)

인지액 20,000원
송달료 156,000원 (15회분×당사자 수)

소 장
(외국인과 이혼)

원 고 : (☎)
주민등록번호 :
주소 :
송달장소 :
등록기준지 :

피 고 : (☎)
생년월일 :
주소 :
국적 :

사건본인(미성년자녀) :
주민등록번호 :
주소 :
등록기준지 :

청 구 취 지

1. 원고와 피고는 이혼한다.
2. 사건본인의 친권자 및 양육자로 (원고, 피고)를 지정한다.
3. 피고는 원고에게 위자료로 금 만 원 및 이에 대한 이 사건 소장부본 송달 다음날부터 다 갚는 날까지 연 12%의 비율로 계산한 돈을 지급하라.
4. 피고는 원고에게 재산분할로 금 만 원 및 이에 대한 이 판결 확정일 다음날부터 다 갚는 날까지 연 5%의 비율로 계산한 돈을 지급하라.
5. 피고는 원고에게 양육비로 이 사건 소장부본 송달 다음날부터 사건본인이 성년이 되기 전날까지 금 만 원을 매월 일 지급하라.
6. 기타 ( )

라는 판결을 구합니다.

청 구 원 인

(청구사유를 구체적으로 기재, 별지 기재 가능)

- 피고의 부정행위, 생사불명, 무단가출, 부당한 대우, 미입국 등 이혼에 이르게 된 사유, 친권자 및 양육자지정에 관하여 구체적인 쌍방의 가정환경 등 -

첨 부 서 류

1. 기본증명서(상세)(원고, 사건본인) 1통
1. 혼인관계증명서(원고) 각 1통
1. 가족관계증명서(상세)(원고, 사건본인) 1통
1. 주민등록표등(초)본(원고) 1통
1. 혼인신고서(국적공증서, 미혼공증서 포함) 사본 1부
1. 소장을 번역・공증한 원본 및 사본(법원의 보정명령 후 제출) 각 1부

20 . . .

원고 (날인 또는 서명)

서울가정법원 귀중

◇ 유의사항 ◇

1. 혼인신고서는 2007. 12. 31.까지 혼인신고한 경우 본적지(등록기준지) 관할법원 2008. 1. 1. 이후 혼인신고한 경우 신고지(처리관서) 관할법원에서 복사할 수 있습니다.
2. 소장에는 인지액 20,000원(위자료, 재산분할청구 시 민사소송등 인지법에 계산한 금액의 1/2) 상당의 금액을 현금이나 신용카드・직불카드 등으로 납부한 내역을 기재한 영수필 확인서를 첨부하여야 합니다.
3. 송달료는 156,000원(15회분×당사자 수)을 송달료취급은행에 납부하고 납부서를 첨부하여야 합니다.
4. ☎란에는 연락 가능한 (휴대)전화번호를 기재하시기 바랍니다.

[서식 38] 협의이혼의사철회서

협의이혼의사철회서

당 사 자 부 ○ ○ ○

19○○년 ○월 ○일생

등록기준지 ○○시 ○○구 ○○길 ○○

주소 ○○시 ○○구 ○○길 ○○(우편번호○○○-○○○)

전화 ○○○ - ○○○○

처 ○ ○ ○

19○○년 ○월 ○일생

등록기준지 ○○시 ○○구 ○○길 ○○

주소 ○○시 ○○구 ○○길 ○○(우편번호○○○-○○○)

전화 ○○○ - ○○○○

위 당사자간 ○○가정법원에서 20○○. ○. ○. 20○○호 제○○○○○호 협의이혼의사확인서 등본을 발급받았으나, 위 합의에 이의가 있으므로 이혼의사를 철회하고자 협의이혼의사확인서 등본을 첨부하여 가족관계 등록 등에 관한 규칙 제80조에 따라서 이혼의사철회신고를 합니다.

첨부서류

1. 협의이혼확인서등본 1통

20○○. ○. ○○.

위 신청인 부(또는 처) ○ ○ ○ (인)

○○시장 귀하

[주] ·이의신청(가사소송법 60조, 민사조정법 36조), ·조정정본이 송달된 날로부터 2주일내(가사소송법 60조, 민사조정법 34조)

[서식 39] 이혼무효확인 청구의 소

소 장

원 고 ○○○
19○○년 ○월 ○일생
등록기준지 ○○시 ○○구 ○○길 ○○
주소 ○○시 ○○구 ○○길 ○○ (우편번호 ○○○ - ○○○)
전화 ○○○ - ○○○○

피 고 ○○○
19○○년 ○월 ○일생
등록기준지 ○○시 ○○구 ○○길 ○○
주소 ○○시 ○○구 ○○길 ○○ (우편번호 ○○○ - ○○○)
전화 ○○○ - ○○○○

이혼무효확인청구의 소

청구취지

1. 원고와 피고 사이에 20○○. ○. ○○. ○○시 ○○구청장에게 신고하여 한 이혼은 무효임을 확인한다.
2. 소송비용은 피고가 부담한다.

라는 판결을 구합니다.

청구원인

1. 원고와 피고는 20○○. ○. ○. 결혼식을 거행하고 20○○. ○. ○.에 혼인 신고를 필한 법률상 부부로서 그 후 피고와 계속하여 동거생활을 하여 왔는데, 피고가 평소 알고 지내던 □□□와 불륜관계를 맺어 오면서 20○○. ○. ○. 원고의 주소지를 ○○시 ○○구 ○○길 ○○로 전출시켜 놓고 위 □□□를 원고로 가장하여 원고도 모르게 20○○. ○. ○. ○○구청장에게 원고와 피고의 협의이혼신고를 하였습니다.
2. 그러므로 원고와 피고의 협의이혼은 원고가 전혀 모르는 사실이며 원고는 피고와 이혼할 의사가 없기 때문에 ○○구청장에게 신고한 원고와 피고의 협의이혼은 무효이므로 청구취지와 같이 본 소 청구에 이르렀습니다.

입증방법

1. 갑 제1호증 혼인관계증명서
1. 갑 제2호증 주민등록등본

첨부서류

1. 위 입증방법 1통
1. 소장부본 1통
1. 납 부 서 1통

20○○년 ○월 ○일

원 고 ○○○ (인)

○○지방법원 ○○지원 귀중

[주] 가사소송법 22, 23조, 24조

[서식 40] 이혼, 위자료, 친권행사자, 양육비청구의 소

소 장

원 고 ○○○ (○○○○○○- ○○○○○○○)
등록기준지 : ○○시 ○○구 ○○길 ○(우편번호 : ○○ - ○○○)
주소 : 등록기준지와 같음
피 고 1. 정○○(○○○) (○○○○○○- ○○○○○○○)
등록기준지 : 원고와 같음
주소 : ○○시 ○○구 ○○길 ○○(우편번호 : ○○○ - ○○○)
2. 이○○(○○○) (○○○○○○- ○○○○○○○)
주소 : ○○시 ○○구 ○○길 ○○(우편번호 : ○○○ - ○○○)
사건본인 □□□(○○○○○○- ○○○○○○○)
등록기준지 및 주소 : 원고와 같음

이혼 및 위자료 등 청구의 소

청구취지

1. 원고와 피고 정○○은 이혼한다.
2. 피고들은 연대하여 원고에게 위자료로 금 ○○○원 및 이에 대한 이 사건 소장 부본 송달 다음날부터 다 갚는 날까지 연 15%의 비율에 의한 금원을 지급하라.
3. 사건본인의 친권행사자로 원고를 지정한다.
4. 피고 정○○은 원고에게 사건본인의 양육비로 이 사건 소장 부본 송달 다음날부터 사건본인이 만 19세에 이를 때까지 매월 말일에 금 ○○○원씩을 지급하라.
5. 소송비용은 피고들의 부담으로 한다.
6. 위 제2항, 제4항은 가집행 할 수 있다.

라는 판결을 구합니다.

청구원인

1. 재판상 이혼청구 관련

가. 혼인경위

원고와 피고 정○○는 19○○. ○. ○. 혼인신고를 마친 법률상 부부로서 슬하에 사건본인을 두고 있습니다. 원고와 피고는 「사랑웨딩샵」 직원 선·후배간으로 만나 사귀다가 결혼에 이르게 되었으며 전세자금융자를 위해 우선 혼인신고부터 하고 19○○. ○. ○. 결혼식을 올렸습니다.

나. 혼인파탄 경위

(1) 피고 정○○는 원고와 혼인한 이후 원고에게 생활비도 제대로 주지 않고 무분별

한 소비를 일삼거나 원고 모르게 과도한 채무를 부담하는 등의 사유로 가정불화를 야기하였고 결국 직장을「사랑웨딩샵」에서「믿음웨딩홀」로 이전하며 종전 직장의 퇴직금으로 카드대금 등의 빚을 청산할 수밖에 없었습니다.

(2) 그런데 피고 정○○는「믿음웨딩홀」로 이직한 이후 귀가시간이 점차 늦어졌고 특별한 이유 없이 외박을 하는 횟수도 늘어갔으며 한밤중에 위 피고의 핸드폰 벨이 울리는 경우도 많았습니다.

그러다가 20○○. ○. ○.경 피고 정○○는 원고에게 아무 말도 없이 집을 나가 회사에도 출근하지 않고 완전 연락이 두절되어 원고가 20○○. ○. ○. 가출인 신고를 한 사실이 있습니다{갑 제4호증의 1(가출인신고 접수증)}.

(3) 피고 정○○는 가출한 후 같은 달 ○부터 같은 달 ○까지 2박 3일간 ○○도「◇◇호텔」에서 피고 이○○과 함께 투숙하여 성관계를 맺은 사실이 있으며 이 사실은 같은 달 ○일밤 피고들이 원고를 찾아와 시인하여 알게 되었으며 당시 피고 이○○으로부터 사실확인서를 받아둔 사실도 있습니다{갑 제5호증 (사실확인서), 갑 제6호증 (◇◇호텔 계산서)}.

피고 정○○과 피고 이○○은 ○○시「사랑웨딩샵」에서 웨이터와 웨이트리스로 함께 근무한 사실이 있어{갑 제7호증(비상연락망)} 간통사실이 발각되기 훨씬 전부터 원고 모르게 서로 사귀어왔던 것입니다{갑 제8호증(피고 이○○의 핸드폰에 피고 정○○이 남긴 음성 메시지를 원고가 기록해 둔 것임), 갑 제9호증의 1 내지 4 (피고들이 19○○. ○. ○.부터 19○○. ○. ○.까지 핸드폰을 패밀리로 같이 사용하며 긴밀한 관계를 유지해 온 증거임)}.

(4) 피고 정○○은 20○○. ○. ○. 밤에 잠깐 원고에게 왔다가 다음날 다시 나간 후 ○경 다시 돌아와 원고의 협의 이혼에 응하여 협의이혼 신고서 등을 작성하고 집을 나가 지금까지 소식이 없습니다.{갑 제10호증의 1(협의이혼확인신청서), 같은 호증의 2(이혼신고서)}. 피고 정○○의 주민등록은 말소된 상태입니다{갑 제3호증 (주민등록말소자등본)}.

다. 소 결

위와 같은 사실을 종합하면 원고와 피고 정○○의 혼인관계는 피고 정○○의 부정행위 및 악의의 유기 등으로 인하여 회복할 수 없을 정도로 파탄되었다고 할 것이므로 원고는 민법 제840조 제1호, 제2호, 제6호의 재판상 이혼사유로 이유로 이 건 이혼 청구를 합니다.

2. 위자료 청구관련

가. 원고와 피고 정○○의 혼인관계는 피고 정○○이 원고 몰래 피고 이○○과 사귀면서 가정을 등한시하고 급기야 가출하여 간통까지 함으로써 파탄에 이르렀고 피고 이○○은 피고 정○○과 한 직장에 근무한 사실이 있어 그가 유부남인 사실을 잘 알고 있으면서도 장기간의 교제와 간통 등 불륜관계를 맺으면서 원고와 피고 정○○의 이혼에 결정적인 역할을 하였으므로 피고들은 연대하여 원고가 이혼으로 인하여 입은 정신적 고통에 대한 위자료를 지급할 책임이 있다고 할 것입니다.

나. 피고 정○○은 현재 그 명의로 된 재산으로 ○○시 ○○구 ○○길 ○○소재 ○○아파트를 분양 받고 기지급한 계약금 8,000,000원이 있고「믿음웨딩홀」 외식사업

부에서는 20○○. ○. ○. 퇴사한 상태이나 그 이전에는 월 평균 금 ○○○원의 급여를 받고 있었으므로{갑 제11호증(갑종근로소득세원천징수 영수증)} 앞으로 동일 업종에 취업하여 그 정도의 수입은 얻을 가능성이 높습니다.

그리고 피고 이○○은 (주)○○웨딩코리아에 근무하며 연봉 ○○○원 정도의 급여 소득이 있습니다.

다. 따라서 혼인의 파탄 경위 및 책임관계, 위 피고들의 소득 및 재산상태, 신분 등 여러 사정을 고려할 때 피고들은 원고에게 적어도 위자료로 금 ○○○원을 지급할 의무가 있다고 할 것입니다.

3. 친권행사자지정 청구 및 양육비 청구

원고는 피고 정○○의 가출 이후 지금까지 혼자 사건본인을 양육하고 있고, 피고 정○○은 사건본인에 대해 애정이나 책임의식이 없으므로 사건본인의 친권행사자로 원고를 지정함이 타당하다 할 것입니다.

다만, 원고는 현재 특별한 직업이 없어 사건본인을 양육하기에 경제적으로 어려움이 많으므로 피고 정○○에게 그 양육비로 사건본인이 19세가 되는 20○○. ○. ○.까지 매월 말일에 금 ○○○원씩을 지급해 줄 것을 청구합니다.

4. 결론

이상의 이유로 원고는 청구취지와 같은 판결을 구하기 위하여 이 건 소제기에 이르렀습니다.

입증방법

1. 갑 제1호증	혼인관계증명서
1. 갑 제2호증	가족관계증명서
1. 갑 제3호증	주민등록말소자등본
1. 갑 제4호증의 1, 2	각 가출인신고접수증
1. 갑 제5호증	사실확인서
1. 갑 제6호증	◇◇호텔 계산서
1. 갑 제7호증	비상연락망
1. 갑 제8호증	핸드폰 음성메시지 기록
1. 갑 제9호증의 1-4	각 핸드폰 고객정보
1. 갑 제10호증의 1, 2	협의이혼의사확인신청서 및 이혼신고서
1. 갑 제11호증	갑종근로소득세원천징수영수증

첨부서류

1. 소장 부본	2통
1. 위 각 입증방법	각 1통
1. 납부서	1통

20○○년 ○월 ○일

위 원고 ○○○ (인)

○○가정법원 귀중

[주] 1. 가사소송법 22조, 민법 840조, ·항소(가사소송법 19조1항), ·판결정본이 송달된 날로부터 14일이내(가사소송법 19조1항)

2. 인지액 산정방법

가. 이혼소장에 첨부하는 인지액은 20,000원(가사소송수수료규칙 2조1항)

나. 재산분할청구소장에 첨부하는 인지액은 10,000원(가사소송수수료규칙 3조1항)

다. 위자료청구소장에 첨부하는 인지액은 소송물가액에 일정비율을 곱하여 산출되는 가액을 첨부하도록 규정되어 있다(민사소송등인지법 2조1항). 즉 사안에서 위자료로 2,000만원을 청구한다면 이에 대한 인지액은 20,000,000×45÷10,000+5,000 = 95,000원이다.

라. 한편 민사소송등인지법 2조5항은 "1개의 소로서 비재산권을 목적으로 하는 소송과 그 소송의 원인된 사실로부터 발생하는 재산권상의 소송을 병합한 때에는 다액인 소가에 의하여 인지를 붙인다" 라고 규정하고 있는 바, 위 사안에서는 95,000원의 인지를 첨부하면 된다.

[서식 41] 이혼청구의 소(부정행위)

소 장

원 고 ○○○ (주민등록번호 : ○○○○○○- ○○○○○○○)
등록기준지 및 주소 : ○○시 ○○구 ○○길 ○○(우편번호 :)
○○시 ○○구 ○○길 ○○(우편번호 : ○○○ - ○○○)

피 고 ○○○ (여, 19○○. ○. ○.생)
등록기준지 : 원고와 같음
주소 : 중화인민공화국 ○○성 ○○시 ○구 ○○진 ○○촌

이혼청구의 소

청구취지

1. 원고와 피고는 이혼한다.
2. 소송비용은 피고의 부담으로 한다.

라는 판결을 구합니다.

청구원인

1. 원고는 인천 ○○공장에 근무하던 조선족 소외 □□□을 통해 중화인민공화국 국적의 피고를 소개받고 중화인민공화국을 방문하여 피고를 만나 그 곳에서 혼인식을 거행한 후, 20○○. ○. ○. 중화인민공화국법에 의하여 혼인증서를 작성한 다음 혼자 귀국하여 20○○. ○. ○. 그 증서 등본을 등록기준지지 호적관청에 제출하여 혼인신고를 함으로써 원·피고는 법률상 부부가 되었습니다.
2. 혼인신고 후 원고는 피고를 국내로 데려오기 위하여 서류를 구비하고 다시 중국을 방문하여 피고를 찾아갔으나, 피고가 다른 남자와 동거하고 있는 현장을 목격하게 되었고 아울러 그들이 원·피고의 혼인이전부터 사실상 부부관계에 있었음을 알게 되어 피고에게 혼인파기를 선언하고 원고 혼자 귀국하였습니다.
   그 후로 원고와 피고는 완전히 연락이 단절되어 한번도 만난 사실이 없는데, 원고가 최근 이 건 소송을 준비하며 피고의 출입국에 관한 사실증명을 발급 받아 보니, 피고는 20○○. ○. ○. 한국에 입국하여 현재도 한국에 체류하고 있는 것으로 기재되어 있었습니다.
3. 따라서 위와 같은 사유에 비추어 볼 때 원·피고의 혼인관계는 피고의 귀책사유로 인하여 완전히 파탄되어 회복불가능의 상태라고 할 것이므로 원고는 민법 제840조 제1호, 제6호에 의하여 재판상 이혼 청구를 하고자 이 건 소송에 이르렀습니다.

입증방법

1. 갑 제 1호증 혼인관계증명서
1. 갑 제 2호증 거민 신분증
1. 갑 제 3호증 상주인구등기표
1. 갑 제 4호증 국적 공증서
1. 갑 제 5호증 친족관계 공증서
1. 갑 제 6호증 출입국에 관한 사실증명

첨부서류

1. 소장 부본 1통
1. 위 각 입증방법 각 1통
1. 위임장 1통
1. 납부서 1통

20○○년 ○월 ○일

위 원고 ○○○ (인)

○○가정법원 귀중

[주] 가사소송법 22조, 민법 840조, ·항소(가사소송법 19조1항), ·판결정본이 송달된 날로부터 14일 이내(가사소송법 19조1항)

[서식 42] 이혼, 위자료, 재산분할, 친권행사자지정, 양육비청구의 소

소 장

원 고 ○ ○ ○(○ ○ ○) (주민등록번호 : ○○○○○○- ○○○○○○○)
등록기준지 : ○○시 ○○구 ○○길 ○○
주소 : ○○시 ○○구 ○○길 ○○(우편번호 : ○○○ - ○○○)

피 고 1. 김○○(○○○)(주민등록번호 : ○○○○○○- ○○○○○○○)
등록기준지 : 원고와 같음
2. 이○○(○○○)(주민등록번호 : ○○○○○○- ○○○○○○○)
피고들 주소 : ○○시 ○○구 ○○길 ○○(우편번호 : ○○○ - ○○○)

사건본인 1. □□□ (주민등록번호 : ○○○○○○- ○○○○○○○)
2. □□□ (주민등록번호 : ○○○○○○- ○○○○○○○)
사건본인들 등록기준지 및 주소 : 원고와 같음

이혼 및 위자료등 청구의 소

청구취지

1. 원고와 피고 김○○은 이혼한다.
2. 피고들은 연대하여 원고에게 위자료로 금 ○○○원 및 이에 대하여 이 사건 소장부본 송달일 다음날부터 다 갚는 날까지 연 15% 비율에 의한 금원을 지급하라.
3. 피고 김○○은 원고에게 재산분할로 금 ○○○원 및 이에 대한 이 판결 확정일 다음날부터 다 갚는 날까지 연 5%의 비율에 의한 금원을 지급하라.
4. 사건본인들의 친권행사자 및 양육자를 원고로 지정한다.
5. 피고 김○○은 원고에게 사건본인들의 양육비로 이 사건 소장부본 송달일 다음날부터 20○○. ○. ○.까지는 매월 금 ○○○원씩, 그 다음날부터 20○○. ○. ○. 까지는 매월 금 ○○○원씩을 매월 말일에 지급하라.
6. 소송비용은 피고들의 부담으로 한다.
7. 위 제2항, 제5항은 가집행 할 수 있다.

라는 판결을 구합니다.

청구원인

1. 재판상 이혼 청구

가. 원고와 피고 김○○은 19○○. ○. ○. 혼인신고를 마친 법률상 부부로서 그 사이에 사건본인들을 두고 있습니다.

원고는 후천성 청각 장애인(20세에 청력을 잃어 언어 능력은 있음)으로서 위 피고와의 혼인이 초혼이나 위 피고는 재판상 이혼 경력이 있습니다.

나. 원고는 혼인 후 위 피고가 참을성이 부족하여 한 직장에서 한달 이상 근무하지를 못하고 지나치게 술을 좋아하는 탓에 경제적 어려움은 겪었지만 부부사이에 별다른 문제는 없었습니다.

그런데 19○○. 여름부터 위 피고가 원고 몰래 피고 이○○을 사귀면서 외박이 잦아지고 공장 임대보증금이나 적금을 원고 몰래 찾아 위 이○○과의 유흥비로 탕진하면서 가정불화가 생겼습니다. 피고 김○○은 원고가 위 이○○과의 관계를 문제삼으면 아이들 앞에서도 폭행과 욕설을 하곤 하였습니다.

다. 그러다가 20○○. ○. ○. 피고 김○○은 원고에게는 아무런 말도 하지 않고 가출하였습니다.

이에 원고가 위 피고의 행적을 수소문한 결과 이웃 주민을 통해 위 피고가 위 이○○ 및 그녀의 딸과 함께 현 주소지에서 동거하고 있음을 알아내고 20○○. ○. ○. 원고의 동생들 및 올케와 함께 위 집을 찾아가 피고들의 동거 사실을 확인한 다음 파출소에 간통죄로 신고하였으나 증거 불충분으로 입건되지 않은 사실이 있습니다.

그러나 피고들은 현재도 한 집에서 거주하고 있고 위 이○○의 딸은 피고 김○○을 "아빠" 라고 부르고 있습니다.

라. 위와 같은 사실을 종합하여 볼 때 원고와 피고 김○○의 혼인관계는 피고 김○○의 부정행위 및 악의의 유기를 이유로 회복할 수 없을 정도로 파탄되었다 할 것이므로 원고는 민법 제840조 제1호, 제2호, 제6호를 사유로 이혼청구를 합니다.

2. 위자료 청구

위와 같이 원고와 피고 김○○의 혼인은 피고들의 간통 또는 기타 부도덕한 관계를 주된 사유로 하여 파탄되었다 할 것이므로 피고들은 연대하여 원고에게 이혼으로 인하여 원고가 받은 고통에 대한 위자료를 지급할 의무가 있다고 할 것인 바, 위자료의 금액은 ○○○원이 상당합니다.

3. 재산분할 청구

피고 김○○은 그 명의 재산으로 현 위 피고 주소지의 임대차보증금반환채권 금 ○○○이 있는바, 원고는 한 직장에 1달 이상 근무하지를 못하는 위 피고의 습성으로 인하여 혼인 초부터 집 근처에 가게를 얻어 위 피고와 함께 의류마감 다림질 임가공업을 해왔으므로 위 재산 형성에 대한 원고의 기여도는 50%로 봄이 상당합니다.

이에 원고는 재산분할로 금 ○○○원을 청구합니다.

4. 친권행사자 지정 및 양육비 청구

피고 김○○의 가출 이후 원고 혼자 사건본인들을 양육하고 있고, 위 피고는 사건본인들에 대해 관심이 없으므로 사건본인들의 친권행사자 및 양육자로 원고를 지정함이 타당합니다.

그런데 원고는 청각장애자로서 경제적 능력이 부족하므로 피고 김○○은 원고에게 사건본인들의 양육비로 사건본인들이 각 성년에 이를 때까지 사건본인 1인당 월 ○○○원씩을 지급함이 마땅합니다.

5. 결론

위와 같은 사유로 원고는 청구취지 기재와 같은 판결을 구하고자 이 건 소제기에 이르렀습니다.

입증방법

1. 갑 제1호증 가족관계증명서
1. 갑 제2호증 혼인관계증명서
1. 갑 제3호증 주민등록등본
1. 갑 제4호증 가출인신고접수증
1. 갑 제5호증 장애인 등록증

첨부서류

1. 소장부본 2통
1. 위 입증방법 각 1통
1. 위임장 1통
1. 납부서 1통

20○○. ○. ○.

위 원고 ○○○ (인)

○○가정법원 귀중

[주] 1. 가사소송법 22조, 민법 840조, ·항소(가사소송법 19조1항), ·판결정본이 송달된 날로부터 14일이내(가사소송법 19조1항)

2. 인지액 산정방법

가. 이혼소장에 첨부하는 인지액은 20,000원임(가사소송수수료규칙 2조1항)

나. 재산분할청구소장에 첨부하는 인지액은 10,000원임(가사소송수수료규칙 3조1항)

다. 위자료청구소장에 첨부하는 인지액은 소송물가액에 일정비율을 곱하여 산출되는 가액을 첨부하도록 규정되어 있음 (민사소송등인지법 2조1항), 즉 사안에서 위자료로 3,000만원을 청구할 경우 이에 대한 인지액은 30,000,000×45÷10,000+5,000 = 140,000원임.

라. 한편 민사소송등인지법 2조5항은 "1개의 소로서 비재산권을 목적으로 하는 소송과 그 소송의 원인된 사실로부터 발생하는 재산권상의 소송을 병합한 때에는 다액인 소가에 의하여 인지를 붙인다" 라고 규정하고 있는 바, 위 사안에서는 140,000원의 인지를 첨부하면 됨.

[서식 43] 이혼 및 양육자 지정, 양육비청구의 소

소 장

원 고 ○○○(○○○)
생년월일 : 19○○년 ○월 ○일생
등록기준지 : ○○시 ○○구 ○○길 ○○
주소 : ○○시 ○○구 ○○길 ○○(우편번호 : ○○○ - ○○○)

피 고 ○○○(○○○)
생년월일 : 19○○년 ○월 ○일생
등록기준지 및 주소 : 원고와 같음

사건본인 □□□(□□□)
생년월일 : 19○○년 ○월 ○일생
등록기준지 및 주소 : 원고와 같음

이혼 등 청구의 소

청구취지

1. 원고와 피고는 이혼한다.
2. 사건본인의 친권행사자 및 양육자를 원고로 지정한다.
3. 피고는 원고에게 20○○. ○. ○.부터 20○○. ○. ○.까지 사건본인 □□□에 대한 양육비로 매월 말일 금 ○○○원의 비율에 의한 금원을 지급하라.
4. 소송비용은 피고의 부담으로 한다.
5. 제3항은 가집행할 수 있다.

라는 판결을 구합니다.

청구원인

1. 원고와 피고는 19○○. ○. ○. 혼인신고를 마친 법률상의 부부이며, 원고와 피고 사이에는 딸인 소외 □□□을 두고 있습니다.
2. 재판상 이혼청구사유에 관하여
   가. 원고는 유복한 가정의 5남매중 차녀로 태어나 고등학교를 졸업하고 조그만 중소기업에 근무하고 있었으며, 피고는 대학을 졸업 후 2년여동안 직업을 구하지 못하고 있다가 원고가 근무하는 직장에 어렵게 취직이 되었습니다.
   나. 원고는 피고와 직장에서 같이 근무하며 자연스럽게 교제를 시작하면서 피고의 가정형편이 어려운 점등을 이해하며 결혼을 반대하는 원고의 부모들을 설득하여 19○○년도에 피고와 결혼을 하였으며, 살림집은 원고가 직장생활을 하며 모아둔 적금과 친정부모의 도움을 받아 마련하였고 원고와 피고는 어려운 환경속에서도 밝은 미래를 꿈꾸며 신혼살림을 시작하였습니다.

다. 그러나 피고는 결혼후 사업을 하겠다며 직장을 그만두었으며, 원고는 직장을 계속 다니면서 피고의 뒷바라지와 가정생활을 힘들게 꾸려나가며 19○○. ○. 딸을 출산하였고, 피고는 사업자금을 마련해 오라며 계속 돈을 요구하여 다툼이 일어나기 시작했고 피고는 사업을 하는 것이 아니라 경마, 도박과 주색에 빠져 있었습니다.

라. 원고는 피고를 계속 설득하며 참았지만 피고는 돈을 주지 않는다며 딸이 보는 앞에서 원고에게 폭행을 가하기 시작했고, 의처증 증세를 보이며 원고의 친정집에 와서도 행패를 부리기 시작했고, 보다못한 친정부모가 이혼을 요구하자 칼을 휘두르며 "다 죽여버리겠다"며 난동을 피워 경찰에 신고까지 하는 일이 있었습니다.

마. 원고는 피고의 행동을 이해하기 힘들어졌으나 딸을 생각하며 참아 보기로 하였으나 피고의 위와 같은 행패와 만행은 더욱 더 심해지기만 하였고, 이제 원고와 피고 사이의 결혼관계는 피고의 폭행과 학대, 의처증 및 경제적 무능력으로 인하여 파탄에 이르게 되었기에 이건 이혼청구의 소를 제기하게 된 것입니다.

3. 양육자, 친권행사자의 지정 및 양육비 청구

현재 10살인 소외 □□□은 폭행을 일삼고 욕설을 퍼붓는 아버지를 미워하고 무서워하며 원고와 생활하기를 원하고 있기에, 이 사건 이혼청구가 인용되는 경우 위 자녀에 대한 양육자 및 친권행사자는 원고로 정함이 상당하고, 피고는 양육비로 20○○. ○. ○○.부터 20○○. ○. ○.까지 매월 말일 금 ○○○원의 비율에 의한 금원을 지급해야 할 것입니다.

4. 결어

그러므로 원고는 피고에게 청구취지 기재의 이혼, 양육자 및 친권행사자의 지정과 양육비 청구 등을 구하고자 이 건 청구에 이른 것입니다.

입증방법

1. 갑 제1호증 가족관계증명서
1. 갑 제2호증 혼인관계증명서
1. 갑 제3호증의 1 내지 3 각 상해진단서

첨부서류

1. 위 입증방법 각 1통
1. 소장부본 1통
1. 납 부 서 1통

20○○년 ○월 ○일

원 고 ○○○ (인)

○○가정법원 귀중

[주] 가사소송법 22조, 민법 840조, ·항소(가사소송법 19조1항), ·판결정본이 송달된 날로부터 14일 이내(가사소송법 19조1항)

[서식 44] 이혼, 위자료 및 재산분할청구의 소

소 장

원 고 ○○○(○○○)
19○○. ○. ○.생
등록기준지: ○○남도 ○○군 ○○면 ○○길 ○○
주소 : ○○시 ○○구 ○○길 ○○

피 고 ○○○(○○○)
19○○. ○. ○○생
등록기준지 : ○○남도 ○○군 ○○면 ○○길 ○○
주민등록상 주소 : ○○시 ○○구 ○○길 ○○
현 거소 : ○○시 ○○구 ○○길 ○○

이혼 등 청구의 소

청구취지

1. 원고와 피고는 이혼한다.
2. 피고는 원고에게 재산분할로서 금 ○○○원을 지급하라.
3. 피고는 원고에게 위자료로 금 ○○○원 및 이에 대한 소장부본 송달 다음날부터 다 갚는 날까지 연 15%의 비율에 의한 금원을 지급하라.
4. 소송비용은 피고의 부담으로 한다.
5. 제 2, 3항은 가집행할 수 있다.

라는 판결을 구합니다.

청구원인

1. 원고와 피고는 19○○. ○.에 결혼식을 올리고 살다가 19○○. ○. ○. 혼인신고를 한 법률상 부부로서 아들 □□□를 두고 있습니다.
2. 재판상 이혼청구사유에 관하여
   가. 원고와 피고는 결혼 후 서로 믿고, 서로 도우며 행복하게 살며 어떠한 고난도 이겨 나갈 수 있는 신뢰하는 부부로 신혼의 꿈을 안고 살기 시작하였습니다. 그러나 피고는 결혼 후 얼마동안 지나면서부터 19○○년 여름부터 아무 이유없이 원고에게 시비를 걸어 사이다 상자로 원고의 얼굴을 때려 현재까지도 그 상처가 남아있습니다. 피고는 그 후로부터는 아무 이유없이 원고를 폭행하여 왔으며 때로는 식칼을 들고 원고를 죽여버리겠다고 하며 한달이 넘어라 하고 상습적으로 원고를 구타하여 왔습니다. 그 뿐만 아니라 피고는 뭇 여성들을 사귀고 그 여자들에게 돈을 쓰며 바람이 나서 다녔고, 원고가 가정에 충실할 것을 만날 적마다 애원하였으나 피고는

원고의 위와 같은 애원도 아랑곳하지 않고, 시간만 있으면 집을 나가서 여자를 만나고, 노름을 하고, 집에 들어와서는 원고를 구타하였습니다.

그리고 애를 못 낳는다고 구박을 하여 같이 병원에 갔으나 남자에게 이상이 있다고 하여 시부모와 의논 끝에 19○○. ○.에 □□□를 데려다가 길러 출생신고를 하였습니다.

나. 그후 원고는 □□□를 위해 모든 노력을 하였으나 피고는 아랑곳하지 않고 계속하여 노름을 하고, 여자들과 어울려 다니고, 원고를 폭행할 뿐만 아니라 아들 □□□가 5살이 되자 아들에게도 상습적으로 폭행을 하고 잘못하면 어린애를 연탄방에 몇시간씩 가두어 놓고 있습니다. 그리고 19○○년에는 원고에게 돈놀이하게 돈 ○○○원만 대출해 달라고 하여 원고가 농협에서 원고의 명의로 ○○○원을 대출 받아 주었으나 돈놀이를 하다가 다 떼었다고 하면서 한푼도 갚지 않아 농협으로부터 원고 앞으로 원금과 연체료를 갚으라는 통고가 왔습니다. 그리고 원고가 가진 고생을 하여 19○○년에 집을 사고 ○월달에 입주하여 살고 있었으나 피고는 19○○년에 이 집이 재수 없다고 하며 집을 팔아야 된다고 우겨 집을 팔아 탕진해 버렸습니다.

다. 그 후 19○○년 여름에 이번에는 틀림없으니 돈 ○○○원만 얻어달라고 하여 없다고 하자 피고는 아들의 교육보험에 가입한 사실을 알고 교육보험에서 대출해 달라고 하여 아들 교육보험에서 금 ○○○원을 대출하여 주었으나 이를 바람 피우는데 다 써버리고 갚지 않고 있습니다.

원고 명의인 ○○사랑 연금보험에서 ○○○만원을 대출받아 주었는데 이것도 갚지 않고 있습니다. 이와 같이 위 돈을 피고가 꼭 갚아야 할 원고 명의의 채무입니다.

라. 원고는 피고가 날이 가면 가정에 충실하겠지 하고 오로지 □□□와 가정을 위해 참았으나 피고는 포악한 성격, 헤아릴 수 없는 구타, 도벽, 욕설 등을 계속하여 하였으며 모든 것을 용서하는 심정으로 참고 견디며 가정생활과 부부관계를 유지하려는 원고의 노력을 외면한 채 피고는 계속하여 방탕생활을 하고 조금도 뉘우치거나 가정에 충실치 않고 상습적으로 19○○. ○.까지 원고의 아들 □□□를 계속하여 구타하여 원고는 매를 이길 수가 없어서, 20○○. ○. ○. 아들을 집에 둔 채 집을 나왔습니다. 원고가 집을 나온 후 생계를 위하여 남에 집의 식모도 하고 모든 궂은 일을 다하여 생계를 이어오고 있습니다.

그래서 원고가 피고에게 이혼을 해 달라고 하자 피고는 가만히 있어도 자동이혼이 될텐데 열심히 돈이나 벌어라 하며 거절하였고, 피고는 원고의 배우자로서 한 가정의 가장으로서 한 가정을 이끌어 나가는데 주어진 의무를 다할 책임이 있다 하거늘 이를 무시하고 오히려 인간의 도리를 저버린 채 원고를 상습적으로 폭행하고 멸시하고 욕설하여 가정을 버렸습니다.

마. 더욱이 피고는 원고의 남편으로서 한 가정을 거느릴 의무를 저버린 채 이러한 비인간적 행동과 심히 도의에 어긋나는 상식밖의 행위를 계속함으로 부부 생활을 더 이상 계속할 수 없이 파탄에 이르게 하는 점에 대하여 인간사회에 모든 사람으로부터 비난을 면할 수 없을 것이라 생각되며 이러한 부도덕한 피고와의 부부관계를 유지하려는 노력을 계속하는 원고의 성의와는 달리 심히 부당한 대우를 하는 이상

과 같은 피고의 행위는 원고로서는 인내에 한계점에 이르렀다 생각되어 차라리 이혼하고 홀로 일평생을 열심히 살아가는 것이 인간답게 사는 길이라 사료되어 이러한 결심을 하게 되었으나 피고는 현재도 어린 □□□를 상습적으로 계속하여 폭행하고 있습니다.

따라서 피고의 위에 본바와 같은 각 소위는 민법 제840조 제2,3,6호 소정의 배우자가 악의로 다른 일방을 유기 한때, 배우자로부터 심히 부당한 대우를 받았을 때, 기타 혼인을 계속하기 어려운 중대한 사유가 있을 때에 각 해당한다 할 것입니다.

3. 재산분할청구에 대하여

가. 민법 제839조의2에 의하여 이혼당사자인 원고는 피고에게 다음과 같이 재산분할청구권을 가집니다. 재산분할청구권의 성질에 대하여는 우리나라 다수설인 청산 및 부양설에서는 혼인생활 중 취득한 재산은 부부의 공유이고 이것을 혼인해소시 청산하는 것이 재산분할청구권이며 이때 이혼 후 부양청구권의 의미도 함께 내포된다고 하고 있습니다. 그러므로 공동재산의 분할기준은 부부의 기여도 및 이혼후의 이혼당사자의 재산취득유무, 재혼의 가능성, 혼인중의 생활정도, 자녀의 양육권 등이 고려되어야 할 것입니다.

나. 기여도의 측면에서 볼 때, 원고는 19○○년 결혼할 당시 ○○구 ○○동에 있는 부엌도 없는 단칸방 월세에서 출발하여 현재의 자산수준에 도달하는데 있어서 부동산 투자를 통한 재산증식으로 부부공동재산을 형성하는데 기여하였습니다. 한편 피고는 별지목록 기재의 부동산을 소유하고 있으며(갑제 3호증) 위 부동산의 현재 시가는 금 ○○○원 상당입니다. 피고는 그밖에도 ○○○○ 콘도회원권과 승용차가 1대를 가지고 있으나 원고는 이 사건 재산분할의 대상을 피고 소유의 위 부동산으로 한정하겠습니다.

다. 그런데 위 부동산의 분할방법에 관하여 당사자 사이에 협의가 되지 아니하고 또한 협의가 불가능한 것이 현실이므로 원고는 현물분할이 아닌 금액분할을 구하는 것입니다. 나아가 분할금액은 앞서 밝힌 제반사정에 비추어 볼 때 부동산 가액의 50%인 금 ○○○원 상당이 적절한 것이나 위 부동산에 관한 시가감정을 기다려 그 금액을 확정하기로 하고 우선 일부로서 금 ○○○원의 지급을 구합니다.

4. 위자료에 대하여

피고는 결혼생활 ○○년 동안 원고에게 폭행을 가하고, 바람이 나서 돈을 헤프게 쓰는 등 피고의 귀책사유로 인하여 원, 피고가 이혼하게 되었으므로 이혼으로 인한 원고의 정신적, 육체적, 고통에 대하여도 위자하여야 할 것인바, 금액은 최소한 ○○○원 이상은 되어야 할 것입니다.

5. 위와 같은 사유로 청구취지 기재와 같은 판결을 받고자 본 청구에 이른 것입니다.

입증방법

1. 갑 제1호증	혼인관계증명서
1. 갑 제2호증	가족관계증명서
1. 갑 제3호증의 1내지 2	각 주민등록등본

1. 갑 제4호증 등기사항전부증명서

첨부서류

1. 위 입증방법 각 1통
1. 소장부본 1통
1. 소송위임장 1통
1. 납부서 1통

20○○. ○. ○.

위 원고 ○○○ (인)

[주] 1. 가사소송법 22조, 민법 840조, ·항소(가사소송법 19조1항), ·판결정본이 송달된 날로부터 14일이내(가사소송법 19조1항)

2. 인지액 산정방법

가. 이혼소장에 첨부하는 인지액은 20,000원임(가사소송수수료규칙 2조1항)

나. 재산분할청구소장에 첨부하는 인지액은 10,000원임(가사소송수수료규칙 3조1항)

다. 위자료청구소장에 첨부하는 인지액은 소송물가액에 일정비율을 곱하여 산출되는 가액을 첨부하도록 규정되어 있음 (민사소송등인지법 2조1항), 즉 사안에서 위자료로 5,000만원을 청구한다면 인지액은 50,000,000×45÷10,000+5,000 = 230,000원임.

라. 한편 민사소송등인지법 2조5항은 "1개의 소로서 비재산권을 목적으로 하는 소송과 그 소송의 원인된 사실로부터 발생하는 재산권상의 소송을 병합한 때에는 다액인 소가에 의하여 인지를 붙인다"라고 규정하고 있는 바, 위 사안에서는 230,000원의 인지를 첨부하면 됨.

[서식 45] 이혼 및 재산분할청구의 소

소 장

원 고 ○○○(○○○)
19○○년 ○월 ○일생
등록기준지 : ○○시 ○○구 ○○길 ○○
주소 : ○○시 ○○구 ○○○길 ○○(우편번호 : ○○○ - ○○○)
피 고 ○○○(○○○)
19○○년 ○월 ○일생
등록기준지 : 원고와 같음
주소 : 불명
최후주소 : ○○시 ○○구 ○○길 ○○(우편번호 : ○○○ - ○○○)

이혼 및 재산분할청구의 소

청구취지

1. 원고와 피고는 이혼한다.
2. 피고는 원고에게 재산분할로서 금 ○○○원을 지급하라.
3. 소송비용은 피고의 부담으로 한다.

라는 판결을 구합니다.

청구원인

1. 원고와 피고간의 혼인
원고는 서울에서 직장생활을 하다가 같은 직장동료인 피고를 만나 결혼을 하고 19○○. ○. ○. 혼인신고를 마쳤습니다. 그 후 원고는 피고와의 사이에 □□□과 □□□을 낳고 비교적 평범하게 살아왔습니다.
2. 원고와 피고간의 혼인생활의 파탄경위
가. 피고는 평소 술을 자주 마시고 원고에게 부당한 행동을 하였으며 술에서 깨어난 후에 사과하곤 하였습니다. 피고는 두 자녀가 자라는데도 생활비를 거의 주지 아니하고 가정을 돌보지 않아 하는 수 없이 원고는 생활에 보탬을 주려고 19○○년경부터 친구의 도움으로 대형마트의 납품일을 하게 되었습니다.
그런데 피고는 평소 술을 자주 마셨으며, 조그마한 사업을 하면서도 싫증을 빨리 느껴 자주 사업을 바꾸었으며, 자주 술을 마시고 아무런 이유도 없이 원고의 트집을 잡고 원고에게 화풀이를 하였습니다. 그럼에도 원고는 자녀들을 생각하여 수없이 참으면서 생활을 해왔습니다.
나. 그러나 피고는 19○○년 이후에는 생활비를 전혀 주지 아니하고 술을 마시고 집에서 소리를 크게 지르고 원고가 잠을 못 자게 방해를 하여 원고가 직장생활을 하는데 막대한 지장을 주었으나 원고는 한 가정의 파탄을 막기위해 혼자서 괴로움을 당하면서도 참고 생활을 유지해 왔습니다.

그런데 19○○. ○.경부터 피고는 원고를 주먹이나 발로 자주 폭행하면서 괴롭혀 원고는 하는 수 없이 위 자녀들을 데리고 직장 가까운 곳에 월세방을 얻어 생활을 하기 시작하였습니다.

피고는 원고가 직장을 한번도 바꾸지 않아 원고의 직장 전화번호를 잘 알면서도 한번도 원고에게 전화한 적이 없었으며, 지금까지도 피고가 원고나 위 자녀들에게 한번도 찾아오지 않으며, 처와 자식들이 어떻게 살아가는지 조차 신경을 쓴 적도 없었습니다.

다. 위에서 본 바와 같이 원고와 피고와의 혼인생활은 피고가 일방적으로 가정을 돌보지 않은 것에 의한 악의의 유기 및 폭행 등으로 인하여 파탄에 이르게 된 것이므로 제840조 제2호 소정의 배우자가 악의로 다른 일방을 유기한 때, 같은 조 제3호 소정의 배우자로부터 심히 부당한 대우를 받았을 때, 같은 조 제6호 소정의 혼인을 계속하기 어려운 중대한 사유가 있는 때에 해당한다 할 것입니다.

3. 재산분할청구에 대하여

가. 원고는 아무런 재산도 없고 경제적인 능력도 없는 반면 피고는 시가 ○억원 상당의 별지1. 기재 아파트를 소유하고 있고, 또한 시가 ○억원 이상인 별지2. 기재 증권들을 소유하고 있습니다.

나. 피고는 19○○. ○. ○.부터 ○○에 근무하면서 일본에서 연수받게 되어, 일본에 체류하게 되자 원고는 피고와 함께 일본에 살면서, 19○○. ○부터 19○○. ○까지 사이에 계속 파출부, 애 돌보기, 식당종업원 등으로 일하면서 돈을 벌어 가계에 보태었습니다. 뿐만 아니라 원고는 가사노동에 충실하며 피고의 재산형성에 많은 기여를 하였습니다.

다. 피고의 위 재산은 원고와의 결혼생활 중에 형성된 것이고 원고는 위 재산형성에 많은 기여를 하였기 때문에, 원고는 재산분할로서 위 재산가액 중 2분의 1에 해당하는 금○○○원을 청구합니다

4. 위와 같은 사유로 청구취지 기재와 같은 판결을 받고자 본 청구에 이른 것입니다.

입증방법

1. 갑 제1호증 혼인관계증명서
1. 갑 제2호증 주민등록등본

첨부서류

1. 위 입증방법 각 1통
1. 소장부본 1통
1. 납부서 1통

20○○. ○. ○.

위 원고 ○○○ (인)

○○가정법원 귀중

[주] 가사소송법 22조, 민법 840조, ·항소(가사소송법 19조1항), ·판결정본이 송달된 날로부터 14일 이내(가사소송법 19조1항)

[서식 46] 이혼 및 친권행사자지정 청구의 소

소 장

원 고 ○○○ (○○○○○○ - ○○○○○○○)
등록기준지 : ○○시 ○○구 ○○길 ○○
주소 : ○○시 ○○구 ○○길 ○○(우편번호 : ○○○ - ○○○)
피 고 ○○○ (○○○○○○ - ○○○○○○○)
등록기준지 : 원고와 같음
최후주소 : ○○시 ○○구 ○○길 ○○(우편번호 : ○○○ - ○○○)
사건본인 □□□ (○○○○○○ - ○○○○○○○)
등록기준지 및 주소 : 원고와 같음

이혼 및 친권행사자지정 청구의 소

청구취지

1. 원고와 피고는 이혼한다.
2. 사건본인의 친권행사자 및 양육자로 원고를 지정한다.
3. 소송비용은 피고의 부담으로 한다.

라는 판결을 구합니다.

청구원인

1. 재판상 이혼 청구
   가. 원고와 피고는 19○○. ○. 경 피고가 군대에서 제대를 한 후 원고의 자취방에서 동거를 시작하여 19○○. ○. ○. 혼인신고를 마친 법률상 부부로서 그 사이에 사건본인 ○녀를 두고 있습니다.
   나. 피고는 원고와의 동거 초기에 직장 여직원을 집에까지 데리고 와서 원고를 자신의 여동생이라고 소개하고는 그 여자와 한 방에서 잠을 잘 정도로 원고의 인격을 무시하였을 뿐만 아니라 거의 매일 술을 마시고 귀가하여 이유 없이 원고를 폭행하곤 하였습니다. 그러다가 19○○년경 돈을 빌려 어렵게 개업한 아울렛 매장이 부도가 나면서 피고의 폭력의 정도가 더욱 심해져서 술에 취해 목을 조르거나 뜨거운 밥을 원고의 얼굴에 대고 문지르며 억지로 입안에 밥을 쑤셔 넣기도 하고 심지어 사건본인 보는 앞에서 원고의 목에 칼을 들이대고 죽여버리겠다고 위협을 하기도 하였습니다.
   위와 같은 피고의 상습적인 폭력 행사에 더하여 피고와 술집 여사장과의 불륜 관계가 드러나고 위 아울렛 부도로 인하여 진 ○억원 상당의 채무로 가정이 거의 파탄직전에 이르자 19○○년경 피고는 아무런 말 없이 집을 나가 1년에 1회 정도 전화가 오는 것 외에는 지금까지 소재파악이 안되고 있습니다. {(증거 : 갑 제5호증의 1, 2 (소재불명확인서 및 인감증명), 갑 제6호증 (가출인신고 접수증)}

다. 따라서 원고는 민법 제840조 제2호, 제3호 소정의 재판상 이혼사유를 사유로 이혼청구를 하고자 합니다.

2. 친권행사자 및 양육자 지정 청구

피고는 가출하여 장기간 원고 및 사건 본인을 유기하고 있으므로 사건본인의 친권행사자 및 양육자로 원고를 지정함이 타당합니다.

3. 결론

위와 같은 사유로 원고는 청구취지 기재와 같은 판결을 바라와 이 건 소제기에 이르렀습니다.

입증방법

1. 갑 제1호증	가족관계증명서
1. 갑 제2호증	혼인관계증명서
1. 갑 제3, 4호증	각 주민등록등본
1. 갑 제 5호증의 1, 2	소재불명확인서 및 인감증명
1. 갑 제 6호증	가출인신고 접수증

첨부서류

1. 소장부본	1통
1. 위 입증방법	각 1통
1. 공시송달신청서	1통
1. 납부서	1통

20○○년 ○월 ○일

위 원고 ○○○ (인)

[주] 가사소송법 22조, 민법 840조, ·항소(가사소송법 19조1항), ·판결정본이 송달된 날로부터 14일 이내(가사소송법 19조1항)

[서식 47] 이혼 및 친권행사자지정 청구의 소

소 장

원 고 ○○○ (주민등록번호 : ○○○○○○ - ○○○○○○○)
등록기준지 : ○○시 ○○구 ○○길 ○○
주소 : ○○시 ○○구 ○○길 ○○(우편번호 : ○○○ - ○○○)
피 고 ○○○ (주민등록번호 : ○○○○○○ - ○○○○○○○)
등록기준지 : 원고와 같음
최후주소 : ○○시 ○○구 ○○길 ○○
사건본인 □□□ (주민등록번호: ○○○○○○ - ○○○○○○○)
등록기준지 및 주소 : 원고와 같음

이혼 및 친권행사자지정 청구의 소

청구취지

1. 원고와 피고는 이혼한다.
2. 사건본인의 친권행사자로 원고를 지정한다.
3. 소송비용은 피고의 부담으로 한다.

라는 판결을 구합니다.

청구원인

1. 재판상 이혼청구 관련

가. 혼인 경위

원고와 피고는 19○○. ○. ○. 혼인신고를 마친 법률상 부부로서 그 사이에 ○남 ○녀를 두고 있습니다. 원고는 친구의 소개로 피고를 만나 교제 끝에 19○○. ○. ○경 결혼식을 하고 동거에 들어갔고 19○○. ○. ○. 딸 이◎◎를 출산하였는 바, 원고는 혼인 당시 피고가 초혼인 것으로 알고 있었으나 나중에 알고 보니 피고는 19○○. ○. ○. 소외 민□□와 혼인하였다가 19○○. ○. ○. 협의 이혼한 사실이 있었습니다.

나. 혼인 파탄 경위 (부정행위 및 악의의 유기)

(1) 피고는 원고와 결혼식을 하고 동거한 지 약 1년 정도 지난 19○○년경 원고 몰래 ○○역에 근무하는 성명 미상의 여자에게 미혼이라고 속이고 사귀다 약혼식까지 거행하였다가 기혼인 사실이 발각된 사실이 있습니다.

(2) 그 후에도 피고는 가정을 돌보지 않고 음주와 외박을 일삼았고 이로 인해 자주 다툼이 생겼으며 그 때마다 피고는 원고에게 폭력을 사용하곤 하였습니다. 그러다가 19○○년 초 피고는 같은 사무실에 근무하는 소외 김□□을 사귀게 되면서

외박이 더 잦아졌고 한번 나가면 5일 내지 1주일씩 들어오지 않았는데, 결국 같은 해 6월경 그 일로 원고와 다툰 후 가출하였습니다.

(3) 피고가 가출 한 후 원고가 피고의 행방을 탐문해 보니 피고는 위 김□□과 ○○시 ○○구 ○○길 ○○에서 동거하고 있었고, 원고에게 발각되자 행방을 감춘 후 소재파악이 되지 않다가 19○○. ○.월경 피고의 모친상을 당했을 때 위 김□□과 5개월 정도 된 아이를 데리고 시댁을 찾아 온 일이 한번 있을 뿐 지금까지 연락이 단절된 상태입니다.

다. 위와 같이 원 · 피고의 혼인관계는 피고의 부정행위 및 악의의 유기로 인하여 파탄되었다 할 것이므로 원고는 민법 제840조 제1호, 제2호, 제6호 소정의 재판상 이혼사유를 이유로 이혼 청구를 합니다.

2. 친권행사자 청구 관련

사건본인은 현재 원고가 양육하고 있을 뿐만 아니라 피고는 10년전 가출하여 지금까지 소재파악도 되지 않는 상태이므로 원고를 사건 본인의 양육자 및 친권행사자로 지정함이 타당합니다.

3. 이상의 이유로 청구취지와 같은 판결을 구하고자 이 건 소제기에 이르렀습니다.

입증방법

1. 갑제 1호증 가족관계증명서
1. 갑제 2호증 혼인관계증명서
1. 갑제 3호증 기본증명서
1. 갑제 4호증 주민등록등본
1. 갑제 5호증 주민등록말소자 초본
1. 갑제 6호증 사실확인서

첨부서류

1. 소장 부본 1통
1. 위 입증방법 각 1통
1. 납부서 1통

20○○년 ○월 ○일

위 원 고 ○○○ (인)

○○가정법원 귀중

[주] 가사소송법 22조, 민법 840조 ,·항소(가사소송법 19조1항), ·판결정본이 송달된 날로부터 14일 이내(가사소송법 19조1항)

[서식 48] 이혼청구의 소(직계존속에 대한 부당한 대우)

소 장

원 고 ○○○ (○○○)
(19○○년 ○월 ○일생)
등록기준지 : ○○시 ○○구 ○○길 ○○번지
주소 : ○○시 ○○구 ○○길 ○○번지
피 고 ○○○ (○○○)
(19○○년 ○월 ○일생)
등록기준지 : ○○시 ○○구 ○○길 ○○번지
주소 : ○○시 ○○구 ○○길 ○○번지

이혼등 청구의 소

청구취지

1. 원고와 피고는 이혼한다.
2. 원고에게 피고는 위자료 금 ○○○원 및 이에 대한 이 사건 판결선고일부터 완제일까지 연 15%의 비율에 의한 금원을 지급하라.
3. 소송비용은 피고의 부담으로 한다.

라는 판결을 구합니다.

청구원인

1. 원고와 피고는 19○○. ○. ○. 혼인하여 19○○. ○. ○. 혼인신고를 한 법률상 부부입니다.
2. 피고는 결혼초부터 전문직업을 가진 피고와 결혼을 하면서 원고가 결혼 지참금을 충분히 가지고 오지 아니하였다는 이유로 불만을 품고 원고를 구타 폭행하여 상처를 입힌 사실이 있을 뿐만 아니라 원고의 친가 아버지를 모욕하고 행패를 부리는 등 부부관계가 돌이킬 수 없을 정도에 이르게 하였습니다.
3. 따라서 피고의 원고 및 원고의 직계존속에 대한 심히 부당한 대우로 인해 부부로서의 동거생활을 계속하는 것이 고통스러울 정도가 되어 부부관계가 돌이킬 수 없는 파탄상태에 이른 실정이며, 이는 민법 제840조 제3호의 '배우자로부터의 부당한 대우를 받았을 때' 및 같은 조 제4호의 '직계존속이 배우자로부터 심히 부당한 대우를 받았을 때'에 해당하므로, 원고는 피고와 이혼 및 원고의 정신적 고통에 대한 손해배상으로서 금 ○○○원을 구하기 위하여 이 사건 청구에 이르게 되었습니다.

입증방법

1. 갑 제1호증 혼인관계증명서
1. 갑 제2호증 주민등록등본
1. 갑 제3호증 상해진단서

첨부서류

1. 위 입증방법 각 1통
1. 소장부본 1통
1. 납부서 1통

20○○년 ○월 ○일

위 원고 ○○○ (인)

○○가정법원 귀중

[주] 가사소송법 22조, 민법 840조, ·항소(가사소송법 19조1항), ·판결정본이 송달된 날로부터 14일 이내(가사소송법 19조1항)

[서식 49] 이혼청구의 소(배우자 등의 부당한 대우)

소 장

원 고 ○○○(○○○)
(19○○년 ○월 ○일생)
등록기준지 : ○○시 ○○구 ○○길 ○○번지
주소 : ○○시 ○○구 ○○길 ○○번지
송달장소 : ○○시 ○○구 ○○길 ○○번지

피 고 ○○○(△△△)
(19○○년 ○월 ○일생)
등록기준지 : ○○시 ○○구 ○○길 ○○번지
주소 : ○○시 ○○구 ○○길 ○○번지

이혼청구의 소

청구취지

1. 원고와 피고는 이혼한다.
2. 소송비용은 피고의 부담으로 한다.

라는 판결을 구합니다.

청구원인

1. 원고와 피고는 20○○년 ○○월 ○○일에 혼인신고를 필한 법률상 부부로서 슬하에 ○남 ○녀를 두고 지내왔습니다.
2. 원고는 혼인 후 피고 등과 함께 지내던 중 피고가 혼수를 적게 해왔다는 이유로 원고 및 원고의 친정부친에 대해 모욕적인 언행을 서슴치 않더니 급기야는 사소한 문제를 들어 원고를 마구 구타하기 시작하였습니다. 이로 인해 원고는 심한 모욕감에 시달렸으나 자녀들을 생각하여 참고 지내왔습니다.
3. 그러나 피고의 구타 및 모욕적인 언행은 그칠 줄을 모르고 더욱 심해져 20○○년 ○월 ○일 술을 먹고 들어와서는 아무런 이유 없이 원고를 마구 구타하여 원고에게 전치 ○주의 상해를 입히고 또한 이를 말리던 원고의 친정 부친을 폭행하였습니다.
4. 이후에도 피고는 사소한 문제를 가지고 원고를 폭행하여 마침내 피고의 모욕적인 언행 및 심한 폭행을 견디지 못한 원고는 친정으로 피신을 하게 되었습니다.
5. 위에서 본 바와 같이 피고의 이러한 일련의 행위들은 민법 제840조 제3호의 '배우자로부터 심히 부당한 대우를 받았을 때' 및 같은 조 제6호의 '기타 혼인을 지속할 수 없는 중대한 사유가 있는 때'에 해당하여 재판상 이혼사유가 된다 할 것이며, 아울러

원 · 피고간의 혼인의 파탄책임은 전적으로 원고 및 원고의 가족들에게 부당한 대우를 한 피고에게 있다 할 것입니다.

6. 따라서 원고는 더 이상 피고와의 혼인생활을 지속할 수가 없어 부득이 원고의 이혼청구에 불응하고 있는 피고에게 이혼을 구하고자 이건 청구에 이르게 되었습니다.

입증방법

1. 갑 제1호증 혼인관계증명서
1. 갑 제2호증 상해진단서
1. 갑 제3호증 인우보증서

첨부서류

1. 위 입증방법 각 1통
1. 소장부본 1통
1. 납부서 1통

20○○년 ○월 ○일

위 원 고 ○○○ (인)

[주] 가사소송법 22조, 민법 840조, ·항소(가사소송법 19조1항), ·판결정본이 송달된 날로부터 14일 이내(가사소송법 19조1항)

[서식 50] 이혼청구의 소(유기)

소 장

원 고 ○○○ (주민등록번호 : ○○○○○○ - ○○○○○○○)
등록기준지 : ○○시 ○○구 ○○길 ○○
주소 : ○○시 ○○구 ○○길 ○○(우편번호 : ○○○ - ○○○)
피 고 ○○○ (주민등록번호: ○○○○○○ - ○○○○○○○)
등록기준지 : 원고와 같음
주소 : ○○시 ○○구 ○○길 ○○(우편번호 : ○○○ - ○○○)

이혼청구의 소

청구취지

1. 원고와 피고는 이혼한다.
2. 소송비용은 피고의 부담으로 한다.

라는 판결을 구합니다.

청구원인

1. 법률상 부부
원고와 피고는 19○○. ○. ○. 혼인신고를 마친 법률상 부부로서 그 사이에 ○녀를 두고 있습니다. {증거 : 갑 제1호증(혼인관계증명서),갑 제2호증(가족관계증명서)}
2. 재판상 이혼 사유 (악의의 유기)
가. 피고는 원고와 혼인한 후 취업을 할 수 없는 특별한 문제가 있는 것도 아닌데 처음부터 일정한 직업없이 지내면서 가족을 부양하지 않는 바람에 원고가 혼자 힘으로 자녀를 양육하고 가족의 생계를 해결해 왔습니다.
나. 원고는 세월이 흐르면 피고의 태도가 달라질 것으로 기대하였으나 나아지기는커녕 무질서한 생활로 다른 사람들로부터 사기, 횡령죄 등으로 고소당하여 피해 다니기 일쑤였고, 19○○. ○월경 또 다시 사기죄로 고소당하여 수사기관으로부터 출석요구서가 집으로 송달되자 갑자기 집을 나가서는 연락도 없이 지금까지 돌아오지 않고 있으며 최근에 그 주소지를 확인하여 주민등록등본을 발급 받아 보니 무단전출 직권말소가 되어 있었습니다.
다. 피고는 위와 같이 원고와는 소식을 끊고 있지만 광주에 있는 자신의 부모님과는 연락을 하고 있는바, 원고는 광주 시부모님으로부터 피고가 원고와의 이혼을 원하고 있지만 기소중지 상태라 협의이혼 수속을 꺼리고 있을 뿐이라는 말을 들은 사실이 있어 피고와의 무의미한 별거 생활을 청산하고 이혼하기로 마음을 굳혔습니다.

라. 위와 같은 사유에 비추어 볼 때 원고와 피고의 혼인생활은 배우자와 자녀에 대한 부양의무를 저버린 피고의 귀책사유로 인하여 회복할 수 없을 정도로 파탄되었다 할 것이고, 이는 민법 제840조 제2호 소정의 재판상 이혼 사유인 "배우자가 악의로 다른 일방을 유기한 때"에 해당한다고 할 것입니다.

3. 자녀에 대한 친권행사자 문제

원고는 현재 국민기초생활보장수급자로 지정 받아 고○, 중○인 딸 ○명을 양육하고 있으나, 더 이상 딸들의 양육을 감당하기에는 역부족입니다.

반면 시부모님이 원고보다는 경제적 형편이 나은 편이라 이혼시 위 손녀들을 맡아 양육하기로 원고와 합의하였으며, 원고의 딸들도 엄마의 입장을 이해하고 있습니다. 피고도 자신의 본가에는 왕래가 있으므로 피고가 친권을 행사하는데 문제가 없을 것이므로 원고는 딸들에 대한 친권행사자 및 양육권 주장을 하지 않겠습니다.

4. 결론

이상의 이유로 원고는 이 건 이혼 청구에 이르렀습니다.

입증방법

1. 갑 제1호증	혼인관계증명서
1. 갑 제2호증	가족관계증명서
1. 갑 제3호증	주민등록등본(말소자 등본)

첨부서류

1. 소장 부본	1통
1. 위 입증 방법	각 1통
1. 납부서	1통

20○○년 ○월 ○일

위 원고 ○○○ (인)

○○가정법원 귀중

[주] 가사소송법 22조, 민법 840조, ·항소(가사소송법 19조1항), ·판결정본이 송달된 날로부터 14일 이내(가사소송법 19조1항)

[서식 51] 이혼청구의 소(유기)

소 장

원 고 ○○○ (주민등록번호 : ○○○○○○ - ○○○○○○○)
등록기준지 및 주소 : ○○시 ○○구 ○○길 ○○(우편번호 :)
피 고 리차드 ○○○
최후 국내 주소 : 불 명
미국상 주소 : 미합중국 오하이오주 ○○시 ○로
(○st. ○○○, Ohio , U.S.A)

이혼청구의 소

청구취지

1. 원고와 피고는 이혼한다.
2. 소송비용은 피고의 부담으로 한다.

라는 판결을 구합니다.

청구원인

1. 혼인 경위

원고는 식당 종업원으로 일하던 중 주한 미군인 미합중국 국적의 피고를 만나 결혼식은 올리지 않고 19○○. ○. ○. 혼인신고를 함으로써 법률상 부부가 되었고 그 사이에 자녀는 없습니다.

2. 재판상 이혼 사유

가. 피고는 원고와 혼인한 후 집에도 잘 들어오지 않고 다른 여자들과 부정한 관계를 일삼다가 혼인한 지 약 1개월 정도 지난 19○○. ○월경 원고에게 아무런 말도 없이 미국으로 떠난 후, 지금까지 연락조차 없습니다.

나. 원고는 피고와 이혼하고 싶어도 소송을 제기할 여력이 없어 약 ○○년간 그대로 지냈으나, 이제라도 호적정리를 하고자 민법 제 840조 제2호 소정의 재판상이혼사유인 "악의의 유기"를 이유로 이 건 이혼청구를 합니다.

3. 재판관할권 및 준거법

가. 이 건 이혼청구는 피고가 미합중국 국적을 가지고 있어 섭외적 사법관계에 속한다고 할 것인바, 원고의 본국 및 주소지국이 대한민국이고 위에서 기재한 바와 같이 피고가 원고를 유기하고 있으므로 이 사건에 대한 재판관할권은 대한민국에 있다고 할 것입니다. (첨부한 하급심 판결 ○○가정법원 ○○ 드 ○○○○○호 참조) 그리고 피고의 보통재판적이 국내에 없으므로 대법원 소재지의 가정법원인 귀원에 그 관할권이 있다 할 것입니다.

나. 또한 위 하급심판결에 의하면 미합중국의 경우 판례와 학설에 의하여 인정된 이혼에 관한 섭외사법의 일반원칙에 따르면 부부 일방의 주소지에 재판관할권이 인정됨과 동시에 그 법정지법이 준거법으로 인정되고 있다는 것이므로, 이 건 소송은 원고가 출생이래 지금까지 계속 영주의 의사로 대한민국에 주소를 가지고 있으므로 대한민국 민법이 준거법이 된다 할 것입니다.

4. 공시송달신청

피고는 19○○년경 본국인 미합중국으로 귀국한 것으로 보이나 (약 ○○년전 일이고, 원고는 피고의 인적사항을 정확히 알고 있지 않아 출입국 증명원은 발급을 받을 수 없음) 원고는 피고의 미국 주소를 불명확하여 그 주소로 송달해도 송달이 불가능한 상태이므로 민법 제179조에 의해 공시송달하여 주실 것을 신청합니다.

입증방법

1. 갑 제 1호증 혼인관계증명서
1. 갑 제 2호증 주민등록초본
1. 갑 제 3호증 사실확인서

첨부서류

1. 소장 부본 1통
1. 위 각 입증방법 각 1통
1. 참고자료 (하급심 판결) 1통
1. 위임장 1통
1. 납부서 1통

20○○년 ○월 ○일.

위 원고 ○○○ (인)

○○가정법원 귀중

[주] 가사소송법 22조, 민법 840조, ·항소(가사소송법 19조1항), ·판결정본이 송달된 날로부터 14일 이내(가사소송법 19조1항)

[서식 52] 이혼청구의 소(유기)

소 장

원 고 ○○○(○○○) (20○○년 ○월 ○일생)
등록기준지 : ○○시 ○○구 ○○길 ○○번지
주소 : ○○시 ○○구 ○○길 ○○번지
송달장소 : ○○시 ○○구 ○○길 ○○번지
피 고 ○○○(○○○) (20○○년 ○월 ○일생)
등록기준지 : ○○시 ○○구 ○○길 ○○번지
주소 : ○○시 ○○구 ○○길 ○○번지

이혼청구의 소

청구취지

1. 원고와 피고는 이혼한다.
2. 소송비용은 피고의 부담으로 한다.

라는 판결을 구합니다.

청구원인

1. 원고와 피고는 20○○년 ○월 ○일에 혼인신고를 필한 법률상 부부로서 슬하에 ○녀를 두고있습니다.
2. 20○○년 ○월 ○일 원고가 저녁에 퇴근을 해서보니 피고가 자녀만 남겨놓은 채 단신으로 무단가출을 하였습니다.
3. 이후 원고는 아이들을 생각하여 백방으로 피고의 소식을 탐문해 봤으나 피고는 친정에도 소식을 남기지 않았고 또한 한 통의 편지 및 전화연락조차도 없어 수년의 시간이 흐른 현재까지도 원고는 피고의 소식을 모르고 있습니다.
4. 피고의 이러한 행위는 민법 제 840조 제2호 소정의 악의의 유기 및 같은 조 제6호 기타 혼인을 계속하기 어려운 중대한 사유가 있는 때에 해당하여 재판상 이혼사유가 된다할 것이며, 아울러 원·피고간의 혼인의 파탄책임은 전적으로 무단가출하여 원고 및 원고가족들을 악의로 유기한 피고에게 있다할 것입니다.
5. 따라서 원고는 그동안 피고가 돌아오기만을 기다리고 있었으나 더 이상은 피고와의 혼인생활을 지속할 수가 없어 부득이 이혼을 구하고자 이건 청구에 이르게 되었습니다.

입증방법

1. 갑 제 1호증 혼인관계증명서

1. 갑 제 2호증　　　　가족관계증명서
1. 갑 제 3호증　　　　상해진단서
1. 갑 제 4호증　　　　인우보증서

첨부서류

1. 위 입증방법　　　　각 1통
1. 소장부본　　　　1통
1. 납부서　　　　1통

20○○년　○월　○일.

위 원 고　○○○ (인)

○○가정법원　귀중

[주] 가사소송법 22조, 민법 840조, ·항소(가사소송법 19조1항), ·판결정본이 송달된 날로부터 14일 이내(가사소송법 19조1항)

[서식 53] 이혼무효확인

이혼무효확인

원　　고 홍○○ (전화　　　　　　)
　　　　주민등록번호　　　-
　　　　주소
　　　　등록기준지
피　　고 김○○
　　　　주민등록번호　　　-
　　　　주소
　　　　등록기준지

청구취지

원고와 피고의 이혼신고(19 ○○년 ○월 ○일 ○○시 ○○구청장 접수)는 무효임을 확인한다.
라는 판결을 구합니다.

청구원인

1. 원고와 피고는 19 ○○년 ○월 ○일 혼인하여 그후 계속하여 오늘에 이르기까지 동거하고 있습니다.
2. 원고는 피고와 협의이혼에 관한 협의를 한 바 없고, 협의이혼을 위하여 법원에 다녀온 적도 없습니다.
3. 그런데 원고도 모르는 사이에 피고는 19 ○○년 ○월 ○일 ○○시에 ○○구청장에게 원고와 피고의 협의이혼신고를 하였습니다.
4. 원고와 피고의 협의이혼은 원고가 전혀 모르는 사실이고 또한 원고는 이혼할 의사가 없기 때문에 위 협의이혼은 무효이므로 이건 청구에 이른 것입니다.

첨부서류

1. 혼인관계증명서(부의 것, 처의 것)　　　　각 1통
2. 주민등록등본(부의 것, 처의 것)　　　　각 1통

20　.　.　.

위 원고　홍 ○ ○ (인)

○○가정법원 귀중

○○지방법원(지원) 귀중

◇ 유의사항 ◇

소장에는 수입인지 20,000원을 붙여야 합니다.

송달료는 당사자수 ×5,200원(우편료) ×12회분을 송달료취급은행에 납부하고 영수증을 첨부하여야 합니다.

[서식 54] 이혼소송청구

이혼소송청구

원　　고 홍○○ (전화　　　　　　　)
주민등록번호　　　　-
주민등록지
실제 사는 곳
등록기준지
피　　고 김○○
주민등록번호　　　　-
주민등록지
실제 사는 곳
등록기준지
사건본인 홍◇◇
주민등록번호　　　　-
주소
등록기준지

청구취지

1. 원고와 피고는 이혼한다.
2. 사건본인의 친권자로 원고(피고)를 지정한다.
3. 소송비용은 피고의 부담으로 한다.

라는 판결을 구합니다.

청구원인

원고와 피고가 이혼을 해야 하는 사유를 구체적으로 기재하십시오.

첨부서류

1. 가족관계증명서　　　　1통
2. 혼인관계증명서　　　　1통
3. 주민등록등본　　　　1통

20○○ . ○. ○.

위 원고 홍 ○ ○ (인)

ㅇㅇ가정법원 귀중
ㅇㅇ지방법원(지원) 귀중

◇ 유의사항 ◇

소장에는 수입인지 20,000원을 붙여야 합니다.

송달료는 당사자수 ×우편료 ×15회분을 송달료취급은행에 납부하고 영수증을 첨부하여야 합니다.

재판상이혼을 하려면 민법 제840조에 규정된 다음과 같은 이혼사유가 있을 때에 소를 제기할 수 있습니다.

- 배우자에게 부정한 행위가 있었을 때
- 배우자가 악의로 다른 일방을 유기한 때
- 배우자 또는 그 직계존속으로부터 심히 부당한 대우를 받았을 때
- 자기의 직계존속이 배우자로부터 심히 부당한 대우를 받았을 때
- 배우자의 생사가 3년 이상 분명하지 아니한 때
- 기타 혼인을 계속하기 어려운 중대한 사유가 있을 때

[서식 55] 이혼 숙려기간 면제(단축) 사유서 (가족관계등록예규 제613호 제8호 서식)

이혼 숙려기간 면제(단축) 사유서

20 호협 협의이혼의사확인신청

당사자 :
주 소 :

위 사건에 관하여 20 . . . : 로 이혼의사 확인기일이 지정되었으나 다음과 같은 사유로 이혼의사 확인까지 필요한 기간을 면제(단축)하여 주시기 바랍니다.

다 음

사유 : 1. 가정 폭력으로 인하여 당사자 일방에게 참을 수 없는 고통이 예상됨( )
2. 기타 이혼을 하여야 할 급박한 사정이 있는 경우(상세히 적을 것)

첨 부 서 류

1.

20 . . .

위 당사자 (날인 또는 서명)
(연락처 :)
(상대 배우자 연락처 :)

○○지방법원 귀중

◇ 유의사항 ◇

※ 연락처란에는 언제든지 연락 가능한 전화번호나 휴대전화번호를 기재하고, 그 밖에 팩스번호, 이메일 주소 등이 있으면 함께 기재하기 바랍니다.

※ 사유서 제출 후 7일 이내에 확인기일의 재지정 연락이 없으면 최초에 지정한 확인기일이 유지되며, 이에 대하여는 이의를 제기할 수 없습니다.

[서식 56] 이혼조정신청

이혼조정신청

신 청 인 홍○○ (전화)
주민등록번호 -
주소
등록기준지
피신청인 김○○
주민등록번호 -
주 소
등록기준지

신청취지

신청인과 피신청인은 이혼한다.
라는 조정을 구합니다.

신청원인

조정신청을 하게 된 구체적 사항을 기재하십시오.

첨부서류

1. 혼인관계증명서 1통
2. 주민등록등본 1통

20 . . .

청구인 홍○○ (인)

○○가정법원(○○ 지방법원) 귀중

◇ 유의사항 ◇

청구서에는 수입인지 5,000원을 붙여야 합니다.
송달료는 당사자수 ×5,200원(우편료) ×5회분을 송달료취급은행에 납부하고 영수증 첨부하여야 합니다.
관할법원은 당사자가 합의로 특정한 가정법원을 정하여 조정신청을 할 수 있습니다.

[서식 57] 조정신청서 (이혼, 위자료, 재산분할, 미성년자녀)

조정신청서 (이혼, 위자료, 재산분할, 미성년자녀)

신 청 인 성명: 연락 가능한 전화번호:
주민등록번호
주 소[10]
송 달 장 소[11]
등록 기준지[12]

피신청인 성명: 연락 가능한 전화번호:
주민등록번호
주 소
송 달 장 소
등록 기준지

□ 별지 당사자표시서에 기재 있음[13]

사건본인(미성년자녀)[14]
1. 성명: 주민등록번호:
주 소
등록기준지
2. 성명: 주민등록번호:
주 소
등록기준지

□ 별지 당사자표시서에 기재 있음

---

10) 주민등록상 주소를 기재하시기 바랍니다.
11) 우편물 받는 곳이 주소와 다를 경우 기재하시기 바랍니다.
12) 등록기준지는 가족관계증명서 및 혼인관계증명서 맨 앞장 위에 기재되어 있으므로 이를 참고하여 기재하시 고, 외국인일 경우에는 국적을 기재하면 됩니다.
13) 피신청인이나 사건본인의 수가 많은 경우 별지로 당사자표시서를 작성한 후 첨부하시면 됩니다.
14) 신청인과 피신청인 사이에 미성년 자녀(만 19세가 되지 않은 자)가 있는 경우에 기재하시기 바랍니다.

신 청 취 지

신청하고자 하는 부분의 □안에 V표시를 하시고, 부분은 필요한 경우 직접 기재하시기 바랍니다.
피신청인이 여러 명인 경우, 배우자 이외의 피신청인에 대한 청구취지는 별지로 작성한 후 첨부하시면 됩니다.

1. □ 원만한 혼인관계조정을 희망하나, 협의되지 않을 경우 이혼을 원함.
   □ 이혼을 원함.
2. □ 피신청인은 신청인에게 위자료[15]로 ________원 및 이에 대하여 이 사건 신청서 부본 송달일 다음날부터 다 갚는 날까지 연 12%의 비율로 계산한 돈을 지급하라.
3. □ 피신청인은 신청인에게 재산분할[16]로 다음과 같이 이행하라.
   가. □ ________원 및 이에 대하여 이 조정 성립일 다음 날부터 다 갚는 날까지 연 5%의 비율로 계산한 돈을 지급하라.
   나. □ 아래 기재 부동산(□전부 / □지분 _______)에 관하여 이 조정 성립일 재산분할을 원인으로 한 소유권이전등기절차를 이행하라.
   부동산의 표시[17]: ________________________________
   다. □ 기타: ________________________________
4. □ 사건본인(들)에 대한 친권자 및 양육자로 (□신청인 / □피신청인)을 지정한다.
   (기타: ________________________________)
5. □ (□신청인 / □피신청인)은 (□신청인 / □피신청인)에게 사건본인(들)에 대한 양육비로 다음과 같이 지급하라.
   가. □ ____________부터 사건본인(들)이 각 성년에 이르기 전날까지 매월 ____일에 사건본인 1인당 매월 _______원의 비율로 계산한 돈
   나. □ 기타: ________________________________
6. □ (□신청인 / □피신청인)은 다음과 같이 사건본인(들)을 면접교섭한다.

---

15) 위자료를 청구할 경우, 뒤에 있는 '위자료 금액에 따른 수입인지금액표'를 참고하여 위자료 금액에 따른 인지를 매입하여 신청서에 붙여 주시기 바랍니다.

16) 재산분할로 현금의 지급을 청구하는 경우에는 위 3의 가항에, 부동산 소유권의 이전을 청구하는 경우에는 나항에, 그 외의 재산, 예를 들어 지분, 주식, 특허권 등의 지적재산권, 동산 등의 명의이전 또는 인도를 청구하는 경우에는 다항에 각각 기재하시고, 기재할 칸이 부족한 경우에는 별지(부동산목록 등)를 사용하시기 바랍니다. 다만, 부동산목록을 작성하실 경우에는 부동산등기부 등본의 부동산표시를 기재하셔야 합니다.

17) 부동산의 소재 지번 등

	일 자	시 간
□	매월 ______째 주	_____요일 ____시부터 _____요일 ____시까지
□	매주	_____요일 ____시부터 _____요일 ____시까지
□	기타:	

7. 조정비용은 피신청인이 부담한다.

신 청 원 인

◇ 유의 사항 ◇

1. 피신청인과 이미 합의가 이루어진 부분은 기재하실 필요가 없습니다.
2. 서로의 감정을 상하게 하거나 갈등을 고조시켜 원만한 조정에 방해가 되지 않도록 조정기일 전에는 이 신청서 외에 준비서면 등을 더 제출하는 것을 삼가 주시기 바랍니다.
3. 구체적인 사정은 조정기일에 출석하여 진술할 수 있고, 만일 조정이 성립되지 않아 소송절차로 이행할 경우 준비서면을 제출하여 이 신청서에 기재하지 못한 구체적인 청구원인을 주장하거나 추가로 증거를 제출할 수 있습니다.

1. 신청인과 피신청인은 ________년 ___월 ___일 혼인신고를 마쳤다.[18]
   신청인과 피신청인은 (□ 동거 중/□ _____년 __월 __일부터 별거 중 / □ 기타: __________)이다.
2. 이혼 및 위자료
   신청인은 아래와 같은 재판상 이혼원인이 있어 이 사건 신청을 하였다(중복표시 가능, 민법 제840조 참조).
   □ 피신청인이 부정한 행위를 하였음(제1호)
   □ 피신청인이 악의로 신청인을 유기하였음(제2호)
   □ 신청인이 피신청인 또는 그 부모로부터 부당한 대우를 받았음(제3호)
   □ 신청인의 부모가 피신청인으로부터 부당한 대우를 받았음(제4호)
   □ 피신청인의 생사가 3년 이상 불분명함(제5호)
   □ 기타 혼인을 계속하기 어려운 중대한 사유가 있음(제6호)

18) 혼인관계증명서에 기재된 혼인신고일 또는 혼인증서제출일을 기재하시면 됩니다.

☞ 아래 3.항은 재산분할청구를 하는 경우에만 기재하시기 바랍니다.

3. 재산분할청구
   분할하고자 하는 현재 보유 중인 재산은 별지 "재산내역표"에 기재된 것과 같다.
   다음과 같은 사정(중복 표시 가능)을 고려하여 볼 때, 위 재산에 대한 신청인의 기여도는 %이다.
   □ 신청인의 소득활동/특별한 수익
   □ 신청인의 재산관리(가사담당 및 자녀양육 포함)
   □ 신청인의 혼전 재산/부모의 지원/상속
   □ 피신청인의 혼전 채무 변제
   □ 피신청인의 재산 감소 행위
   □ 기타: ________________

☞ 아래 4.~6.항은 미성년 자녀가 있는 경우에 기재하시기 바랍니다.

4. 친권자 및 양육자 지정에 관한 의견
   사건본인(들)에 대하여 신청취지에 기재된 것과 같은 친권자 및 양육자 지정이 필요한 이유는 다음과 같다(중복 표시 가능).
   □ 과거부터 현재까지 계속하여 양육하여 왔다.
   □ (현재는 양육하고 있지 않으나) 과거에 주된 양육자였다.
   □ 별거 이후 혼자 양육하고 있다.
   □ 사건본인(들)이 함께 살기를 희망한다.
   □ 양육환경(주거 환경, 보조 양육자, 경제적 안정성 등)이 보다 양호하다.
   □ 사건본인(들)과 보다 친밀한 관계이다.
   □ 기타: ________________

5. 양육비 산정에 관한 의견
   (현재 파악되지 않은 상대방의 직업, 수입 등은 기재하지 않아도 됩니다)
   가. 신청인의 직업은 , 수입은 월 원(□ 세금 공제 전 / □ 세금 공제 후)이고, 피신청인의 직업은 , 수입은 월 원(□ 세금 공제 전 / □ 세금 공제 후)이다.
   나. (과거 양육비를 청구하는 경우) 과거 양육비 산정 기간은 ________부터 ________까지 ___년 ___개월이다.
   다. 기타 양육비 산정에 고려할 사항:________________
   ____

6. 면접교섭에 관한 의견
   희망 인도 장소: 사건본인(들)을 ___________에서 인도하고 인도받기를 희망한다.
   면접교섭 시 참고사항: ____
   ____
   ____

첨 부 서 류

1. 신청인의 기본증명서, 혼인관계증명서, 가족관계증명서,
   주민등록등본 각 1통
2. 피신청인의 기본증명서, 혼인관계증명서, 가족관계증명서,
   주민등록등본 각 1통
3. 신청인 및 피신청인의 각 주소변동 사항이 모두 나타나
   있는 주민등록초본 각 1통
   (신청인, 피신청인 중 일방의 주소가 서울이 아닌 경우에만 제출하시면 됩니다.)
4. 사건본인(들)에 대한 (각) 기본증명서, 가족관계증명서,
   주민등록등본 각 1통
5. 소명자료 (소갑 제____호증 ~ 소갑 제____호증)
   (입증자료는 "소갑 제1호증", "소갑 제2호증"과 같이 순서대로 번호를 기재하여 제출하시면 됩니다.)
   ※ 신청서에는 판결문, 진단서 등 객관적이고 명백한 증거만 첨부하여 제출하시고, 특히 증인진술서는 증거 제출을 삼가 주시기 바랍니다. 기타 필요한 나머지 증거는 이후 소송절차에서 제출하시기 바랍니다.
   ※ 상대방의 재산내역 파악 등을 위해 필요한 경우, 별도로 금융거래정보 제출명령 등을 신청하시기 바랍니다.

20 . . .

신청인 (서명 또는 날인)

법원 귀중

재산내역표

※ 신청인과 피신청인의 현재 재산내역에 대해서 알고 있는 내용만 기재하시기 바랍니다. 다만, 자신의 주거래은행, 보험회사 등은 반드시 밝히시기 바랍니다. 상대방의 재산내역 중 알지 못하는 부분에 대하여는 별도의 증거신청을 통하여 재산내역을 확인하고 보완하시기 바랍니다.

소유자			재산의 표시	가액 또는 잔액(원)
신청인	재산	1		
		2		
		3		
		4		
		5		
	소 계			
	채무	1		
		2		
		3		
		4		
		5		
	소 계			
신청인의 순재산 (재산에서 채무를 공제: A)				
피신청인	재산	1		
		2		
		3		
		4		
		5		
	소 계			
	채무	1		
		2		
		3		
		4		
		5		
	소 계			
피신청인의 순재산 (재산에서 채무를 공제: B)				
신청인, 피신청인 순재산의 합계 (A+B)				

재산내역표 기재 방법

현재 보유하고 있는 재산 및 부담하고 있는 채무만 기재하시기 바랍니다.

1. 재 산

가. 부동산: '재산의 표시'란에 소재지번 등을 기재하고, '시가 또는 잔액'란에 원고가 알고 있는 현재 시가를 기재한 후, 부동산등기부 등본 및 시가 입증 자료(가급적 감정서, 인터넷 KB 부동산 시세, 공시지가 등 객관적 자료를 제출하고, 이러한 자료가 없을 경우 공인중개사의 확인서 등을 제출)를 첨부하시기 바랍니다.

나. 예금 채권: '재산의 표시'란에 금융기관의 명칭, 계좌번호를 기재하고, '시가 또는 잔액'란에 현재 예금 잔액을 기재한 후, 예금통장사본, 계좌내역, 잔액조회서 등의 자료를 첨부하시기 바랍니다.

다. 임대차보증금반환 채권: '재산의 표시'란에 부동산의 소재지번을 기재하고, '시가 또는 잔액'란에 임대차보증금 금액을 기재한 후, 임대차계약서 사본을 첨부하시기 바랍니다.

라. 주식: '재산의 표시'란에 회사의 명칭, 주식의 수 등을 기재하고, '시가 또는 잔액'란에 현재 시가를 기재한 후 주식예탁통장 사본 및 시가 입증 자료를 첨부하시기 바랍니다.

마. 특허권 등의 지적재산권: '재산의 표시'란에 다른 특허권 등과 구분이 가능한 정도로 권리를 표시하고, '시가 또는 잔액'란에 원고가 알고 있는 시가를 기재하시기 바랍니다.

바. 동산: '재산의 표시'란에 동산의 종류 및 수량, 현재 있는 장소 등을 기재하고, '시가 또는 잔액'란에 원고가 알고 있는 시가를 기재하시기 바랍니다.

사. 자동차: '재산의 표시'란에 차량번호와 모델명, 출고된 연도 등을 기재하고, '시가 또는 잔액'란에 원고가 알고 있는 현재 시가를 기재한 후, 자동차등록증 사본, 중고차 시세를 알 수 있는 자료를 첨부하시기 바랍니다.

아. 보험: '재산의 표시'란에 보험회사, 보험의 종류 및 명칭 등을 기재하시고, '시가 또는 잔액'란에 현재 예상해약환급금을 기재한 후, 예상해약환급금확인서 등의 자료를 첨부하시기 바랍니다.

2. 채 무

가. 사인 간 채무: '재산의 표시'란에 채권자 성명, 차용 일시 등을 기재하

고, '시가 및 잔액'란에 현재 채무액을 기재한 후 차용증 사본 등을 첨부하시기 바랍니다.

나. 금융기관 채무: '재산의 표시'란에 대출 금융기관의 명칭, 대출일 등을 기재하고, '시가 및 잔액'란에 현재 남아 있는 대출액을 기재한 후, 대출확인서 등의 자료를 첨부하시기 바랍니다.

다. 임대차보증금반환 채무: '재산의 표시'란에 부동산의 소재지번을 기재하고, '시가 또는 잔액'란에 임대차보증금 금액을 기재한 후, 임대차계약서 사본을 첨부하시기 바랍니다.

[서식 58] 협의이혼의사철회서 (가족관계등록예규 제613호 제18호 서식)

<table>
<tr><td colspan="4" align="center">협의이혼의사철회서</td></tr>
<tr><td rowspan="8">당
사
자</td><td rowspan="4">남편</td><td>성 명</td><td></td></tr>
<tr><td>주민등록번호</td><td></td></tr>
<tr><td>등록기준지</td><td></td></tr>
<tr><td>주 소</td><td></td></tr>
<tr><td rowspan="4">아내</td><td>성 명</td><td></td></tr>
<tr><td>주민등록번호</td><td></td></tr>
<tr><td>등록기준지</td><td></td></tr>
<tr><td>주 소</td><td></td></tr>
<tr><td colspan="3">확 인 법 원</td><td>법원</td></tr>
<tr><td colspan="3">확인년월일</td><td>20 년 월 일</td></tr>
<tr><td colspan="4">위와 같이 이혼의사 확인을 받았으나, 본인은 이혼할 의사가 없으므로 이혼 의사를 철회합니다.

20 년 월 일

위 철회인 성 명 : (서명 또는 날인)
연락처 :

장 귀하</td></tr>
</table>

[서식 59] 협의이혼의사확인신청서 (가족관계등록예규 제613호 제2호 서식)

협의이혼의사확인신청서

당사자 부 ○○○ (주민등록번호: -)
등록기준지:
주 소:
전화번호(핸드폰/집전화):
처 ○○○ (주민등록번호: -)
등록기준지:
주 소:
전화번호(핸드폰/집전화):

신청의 취지

위 당사자 사이에는 진의에 따라 서로 이혼하기로 합의하였다.
위와 같이 이혼의사가 확인되었다.
라는 확인을 구함.

첨부서류

1. 남편의 혼인관계증명서와 가족관계증명서 각 1통.
   처의 혼인관계증명서와 가족관계증명서 각 1통.
2. 미성년자가 있는 경우 양육 및 친권자결정에 관한 협의서 1통과 사본 2통 또는 가정법원의 심판정본 및 확정증명서 각 3통 (제출___, 미제출___)[19]
3. 주민등록표등본(주소지 관할법원에 신청하는 경우) 1통.
4. 진술요지서(재외공관에 접수한 경우) 1통. 끝.

년 월 일

신청인 부 ○ ○ ○ ㉞
처 ○ ○ ○ ㉞

○○가정법원 귀중

---

19) 해당하는 란에 ○ 표기할 것. 협의하는 부부 양쪽이 이혼에 관한 안내를 받은 후에 협의서는 확인기일 1개월 전까지, 심판정본 및 확정증명서는 확인기일까지 제출할 수 있습니다.
※ 이혼에 관한 안내를 받지 아니한 경우에는 접수한 날부터 3개월이 경과하면 취하한 것으로 봅니다.

확인기일		담당자
1회	년 월 일 시	법원주사(보) ○○○ ㉿
2회	년 월 일 시	

확인서등본 및 양육비부담 조서정본 교부	교부일
부 ○○○ ㉿ 처 ○○○ ㉿	

[서식 60] 협의이혼제도안내(재외국민용) (가족관계등록예규 제613호 제7호 서식)

협의이혼제도안내(재외국민용)

1. 협의이혼이란
   ○ 부부가 자유로운 이혼합의에 의하여 혼인관계를 해소시키는 제도로, 재외국민으로 등록된 국민이 재외공관장에게 협의이혼의사확인신청을 하여 서울가정법원으로부터 이혼의사확인을 받은 후 쌍방이 서명 또는 날인한 이혼신고서에 그 확인서등본을 첨부하여 재외공관장 등에게 신고함으로써 이혼의 효력이 발생합니다.
2. 협의이혼절차는
   가. 협의이혼의사확인의 신청
      ① 신청시 제출하여야 할 서류
         ㉮ 협의이혼의사확인신청서 1통
            - 부부가 함께 작성하며, 신청서 양식은 재외공관의 신청서 접수창구에 있습니다.
            - 신청서에 항시 연락가능한 전화연락처를 정확히 기재하여야 하며, 전화연락처 변경시에는 즉시 재외공관에 신고하여야 합니다.
         ㉯ 남편의 가족관계증명서와 혼인관계증명서 각 1통
            처의 가족관계증명서와 혼인관계증명서 각 1통
            - 시(구)·읍·면·동사무소에서 발급
         ㉰ 미성년인 자녀(임신 중인 자를 포함하되, 이혼에 관한 안내를 받은 날부터 3개월 또는 법원이 별도로 정한 기간 이내에 성년에 도달하는 자녀는 제외)가 있는 부부는 이혼에 관한 서면 안내를 받은 후 그 자녀의 양육과 친권자결정에 관한 협의서 1통과 사본 2통 또는 가정법원의 심판정본 및 확정증명서 각 3통을 제출하여야 합니다. 미제출 또는 제출지연 시 협의이혼확인이 지연되거나 불확인될 수 있습니다.
            - 특히 이혼신고 다음날부터 미성년인 자녀가 성년에 이르기 전날까지의 기간에 해당하는 양육비에 관하여 협의서를 작성한 경우 양육비부담조서가 작성되어 별도의 재판없이 강제집행을 할 수 있으므로 양육비부담에 관하여 신중한 협의를 하여야 합니다.
            - 미성년자녀가 입양된 경우에는 친생부모의 친권이 소멸되고 양부모가 친권자가 되므로, 친생부모는 자녀의 양육과 친권자결정에 관한 협의서에 입양된 자녀에 대하여는 양육과 친권자결정에 관한 사항을 기재하여서는 안 됩니다.
            - 자녀양육안내에 관하여는 유투브에 공개된 "이혼 우리아이를 어떻게 지키고 돌볼까요?{법원 이혼 부모교육(자녀양육안내)동영상} "(https://www.youtube.com/watch?v=GMzgrxYseVw)을 참조하여 주시기 바랍니다(유투브에 "자녀양육안내"로 검색하시면 됩니다).

㉣ 이혼신고서

- 이혼신고서는 이혼의사확인신청할 때 제출하는 서류가 아니고 재외공관장 등에게 이혼신고할 때 비로소 제출하는 서류입니다. 그러나, 신청할 때 미리 이혼신고서 뒷면에 기재된 작성방법에 따라 부부가 함께 작성하여 서명 또는 날인한 후 각자 1통을 보관하고 있다가 이혼신고할 때 제출하면 편리합니다.

㉤ 부부 중 일방이 다른 외국에 있거나 교도소(구치소)에 수감중인 경우

- 재외국민등록부등본 1통(재외공관 및 외교부 발급) 또는 수용증명서(교도소 및 구치소 발급) 1통을 첨부합니다.

② 신청서를 제출할 재외공관

○ 이혼당사자의 거주지를 관할하는 재외공관에 부부가 함께 출석하여 신청서를 제출하여야 합니다.

- 부부 중 일방이 다른 외국에 있거나 교도소(구치소)에 수감중인 경우에만 다른 일방이 혼자 출석하여 신청서를 제출하고 안내를 받아야 합니다.

③ 이혼에 관한 안내

○ 재외공관장으로부터 서면으로 안내를 받을 수 있습니다.

④ 이혼숙려기간의 단축 또는 면제

○ 안내를 받은 날부터 미성년인 자녀(임신 중인 자를 포함)가 있는 경우에는 3개월, 성년 도달 전 1개월 후 3개월 이내 사이의 미성년인 자녀가 있는 경우에는 성년이 된 날, 성년 도달 전 1개월 이내의 미성년인 자녀가 있는 경우 및 그 밖의 경우에는 1개월이 경과한 후에 이혼의사의 확인을 받을 수 있으나, 가정폭력 등 급박한 사정이 있어 위 기간의 단축 또는 면제가 필요한 사유가 있는 경우 이를 소명하여 사유서를 제출할 수 있습니다.

⑤ 협의이혼의사의 확인

○ 부부가 함께 본인의 신분증(주민등록증, 운전면허증, 공무원증 및 여권 중 하나)과 도장을 가지고 거주지 관할 재외공관에 출석하여야 합니다. 부부 중 일방이 타국에 거주하는 경우 신청당사자만 출석합니다.

○ 부부 중 일방이 국내에 있으나 서울가정법원 관할 외 주소지에 거주하는 경우 국내거주자는 주민등록표 등(초)본을 제출하여 주소지 관할 법원에서 이혼의사를 확인받을 수 있도록 서울가정법원에 신청할 수 있습니다.

○ 자녀의 복리를 위해서 법원은 자녀의 양육과 친권자결정에 관한 협의에 대하여 보정을 명할 수 있고, 보정에 불응하면 불확인 처리됩니다.

○ 불확인 처리를 받은 경우에는 가정법원에 별도로 재판상 이혼 또는 재판상 친권자지정 등을 청구할 수 있습니다.

나. 협의이혼의 신고

○ 이혼의사확인서등본은 교부받은 날부터 3개월이 지나면 그 효력이 상실되므로, 신고의사가 있으면 위 기간 내에 당사자 일방 또는 쌍방이 재외공관, 등록기준지 또는 현재지 시(구)·읍·면사무소에 확인서등본이 첨부된 이혼신고서를 제출하여야 합니다. 여기서 "시"라 함은 "구"가 설치되지 않은 시를 말합니다.

- 이혼신고가 없으면 이혼된 것이 아니며, 위 기간을 지난 경우에는 다시 법원의 이혼의사확인을 받지 않으면 이혼신고를 할 수 없습니다.
- 미성년인 자녀가 있는 경우 이혼신고 시에 협의서등본 또는 심판정본 및 그 확정증명서를 첨부하여 친권자지정 신고를 하여야 하며, 임신 중인 자녀는 이혼신고 시가 아니라 그 자녀의 출생신고 시에 협의서등본 또는 심판정본 및 그 확정증명서를 첨부하여 친권자지정 신고를 하여야 합니다.
- 확인서등본을 분실한 경우: 확인서등본을 교부받은 날부터 3개월 이내라면 이혼의사확인신청을 한 법원에서 확인서등본을 다시 교부받을 수 있습니다.
- 법원은 협의서원본을 2년간 보존한 후 폐기하므로, 법원으로부터 교부받은 협의서등본을 이혼신고 전에 사본하여 보관하시기 바랍니다.

다. 협의이혼의 철회

○ 이혼의사확인을 받고 난 후라도 이혼할 의사가 없는 경우에는 등록기준지 또는 현재지 시(구)·읍·면의 장에게 이혼의사철회서를 제출하면 됩니다.

- 이혼신고서가 이혼의사철회서보다 먼저 접수되면 철회서를 제출하였더라도 이혼의 효력이 발생합니다.

3. 협의이혼의 효과는

○ 가정법원의 이혼의사확인을 받아 신고함으로써 혼인관계는 해소됩니다.

○ 이혼 후에도 자녀에 대한 부모의 권리와 의무는 협의이혼과 관계없이 그대로 유지되나 미성년인 자녀(임신 중인 자 포함)가 있는 경우에는 그 자녀의 양육과 친권자결정에 관한 협의서 또는 가정법원의 심판에 따릅니다.

○ 특히, 이혼신고 다음날부터 미성년인 자녀가 성년에 이르기 전날까지의 기간에 해당하는 양육비에 관하여 양육비부담조서가 작성되며, 이혼 후 양육비부담조서에 따른 양육비를 지급하지 않으면 양육비부담조서정본에 가정법원이 부여한 집행문을 첨부하여 강제집행을 할 수 있습니다.

○ 이혼하는 남편과 다른 등록기준지를 사용하기를 원하는 처는 별도의 등록기준지 변경신고를 함께 하여야 합니다.

서울 가정법원

[서식 60-1] 위자료등

소 장

원 고, 항소인　○○○(소송대리인 변호사 ○○○)
피 고, 피항소인 ○○○ 1외 1인

청구취지 및 항소취지

피고들은 연대하여 원고에게 금 20,000,000원 및 이에 대한 이 사건 소장부본 송달 다음날부터 완제일까지 연 30%의 비율에 의한 돈을 지급하라.

이 유

1. 피고 1에 대한 청구에 관한

가. 인정 사실

(1) 원고는 그 아버지가 경영하던 목욕탕의 보일러공으로 일하던 원심 공동피고 1을 만나 사귀어 오던 중 1997. 10. 21.경 결혼식을 올리고, 그와 사이에 1남 1녀를 출생한 다음 2001. 11. 10. 혼인신고를 마쳤는데, 피고 1은 시어머니이고, 피고 2는 시숙이다.

피고 1을 비롯한 시댁 가족들은 결혼 당시부터 위 원심 공동피고 1이 5년 이상 연상인 원고와 결혼하는 것을 달갑지 않게 여겼고, 원고도 그와 같은 사실에 불만을 품고 시댁에 들르는 것을 꺼려하여 원고와 피고 1 등 시댁 가족들은 그다지 왕래가 없었다.

(2) (가) 위 원심 공동피고 1은 혼인 후 일정한 직업 없이 지내다가 2006. 11.경 원고가 친정에 부탁하여 마련해 준 돈으로 건축업을 시작하였으나 실패하자, 여기저기 떠돌아다니면서 원고와 그 자녀들을 돌보는 데 소홀히 하고 생활비를 지급하지 아니하여, 원고가 경영하면서 생활을 꾸려나갔는데, 위 원심 공동피고 1은 2013. 3.경 알게 된 원심 공동피고 2와 사귀어 오던 중, 같은 해 6.경 위 원심 공동피고 2를 어머니인 피고 1의 주소지로 데리고 가 그 곳에서 동거하기 시작하였다.

(나) 그 무렵 위 원심 공동피고 2는 원김 공동피고 1의 주소지에서 고령인 위 피고를 대신하여 위암으로 투병 중인 원심 공동피고 1의 아버지에 대한 병간호와 식사 준비, 옷세탁 등 일상 가사일을 다하였다.

(다) 피고 1은 같은 해 7.경 그의 남편이 사망하자 원심 공동피고 2로 하여금 상복을 입혀 장례에 참석하게 하고 같은 해 추석날 피고 2의 집에서 지내는 차례에 위 원심 공동피고 2를 참석하게 하는 등 위 원심 공동피고 2를 사실

상 며느리로서 대우하였으나, 정작 며느리인 원고에게는 시아버지의 사망사실조차 알리지 아니하여 원고는 그 장례에도 참석하지 못하였다.

(3) (가) 위 원심 공동피고 1이 계속 위 장소에서 위 원심 공동피고 2와 동거해 오던 중, 2014. 1. 18. 새벽 같이 잠을 자다가 그 사실을 눈치 채고 시댁으로 찾아온 원고에게 그 현장이 발각되었고, 이에 원고가 흥분하여 위 원심 공동피고 2에게 화풀이를 하려하자, 위 원심 공동피고 1이 이를 제지하는 과정에서 원고를 폭행하였고, 피고 1도 이에 가담하여 위 원심 공동피고 2에게는 죄가 없다고 하면서 원고를 폭행하였다.

(나) 그 후 위 원심 공동피고 1은 위 원심 공동피고 2를 대구 달서구 용산동 1동 20-1소재 자기의 누나인 소외 1의 집으로 데려가 그 곳에서 계속 동거하였다.

(4) 이에 원고는 위 원심 공동피고 1을 상대로 대구지방법원 95드○○○호로 이혼 및 친권행사자지정 청구의 소를 제기하여, 2015. 2. 27. 위 원심 공동피고 1에게 부정행위가 있었다는 이유 등으로 원고 청구인용의 판결을 선고받았고, 그 판결은 2015. 4. 13. 확정되었다.

나. 원고의 주장

원고와 위 원심 공동피고 1 사이의 혼인관계는 위 원심 공동피고 1의 부정행위로 인하여 파탄에 이르렀다고 할 것이고, 한편 어머니인 피고 1로서도 위 원심 공동피고 1이 사업에 실패하고 여기저기 전전하면서 가정을 돌보지 아니하여 며느리인 원고가 식당을 경영하는 등으로 자녀들을 양육하면서 생계를 유지하여 왔고, 더욱이 아들 부부 사이에 출생한 손자와 손녀가 성장해 가고 있는 상황하에서 아들이 그 처자를 내버려둔 채 다른 여자와 동거하기 위해 그 여자를 집으로 데리고 왔다면, 이를 적극적으로 제지하거나 설득하여 아들로 하여금 원만한 부부관계와 가정생활을 이루도록 하여야 할 것임에도 불구하고, 이러한 노력을 기울이지 아니함에 나아가, 원고가 위 원심 공동피고 1보다 연상이라는 점에 대해 원고를 못마땅하게 여기고, 원심 공동피고 2로 하여금 자기가 거주하는 집에서 원심 공동피고 1과의 동거를 허용함으로써 동거장소를 제공하였을 뿐만 아니라, 식사와 빨래 등 일상 가사일을 맡겨 원심 공동피고 2로부터 봉양받는 한편, 원고에게는 시아버지의 사망사실조차 알리지 아니하고, 원고 대신에 원심 공동피고 2로 하여금 상복을 입혀 장례에 참석하게 하였으며, 또 장남인 피고 2의 집에서 지내는 추석 차례에까지 참석하게 하는 등 원심 공동피고 2에게 사실상 며느리로서의 역할을 다하게 하였다면, 이는 원고와 원심 공동피고 1 사이의 혼인파탄의 원인된 행위에 가담한 것이라고 보아야 할 것이다.

따라서 피고 1의 위와 같은 책임 있는 사유로 위 혼인이 파탄됨으로써 원고가 심한 정신적 고통을 입었음은 경험칙상 분명하므로, 위 피고는 금전으로나마 이를 위자할 의무가 있다 할 것인데, 앞서 본 원고와 위 원심 공동피고 1의 혼인기간 및 혼인생활의 내용, 혼인이 파탄에 이르게 된 경위, 위 피고가 혼인파탄에 가담한 정도, 당사자의 연령 및 경제적 생활능력 및 이 사건 변론에 나타난 모든 사정을 참작하면, 그 위자료의 액수는 금 20,000,000원으로 정함이 상당하다.

2. 결 론

그렇다면 피고 1은 원고에게 금 20,000,000원 및 이에 대하여 소장부본 송달 다음날인 2016. 9. 28.부터 이 판결 선고일인 2018. 7. 30.까지는 위 피고가 그 이행의무의 존부 및 범위에 관하여 항쟁함이 상당하다고 인정되므로 민법 소정의 연 5%, 그 다음날부터 완제일까지는 소송촉진등에관한특례법 소정의 연 15%의 각 비율에 의한 지연손해금을 지급할 의무가 있다고 할 것이다.

[서식 60-2] 답변서 (위자료등)

답 변 서

원 고, 항소인　○○○(소송대리인 변호사 ○○○)
피 고, 피항소인 ○○○ 1외 1인

1. 피고 2에 대한 청구에 관한

원고는, 원고가 2006. 11.경 위 원심 공동피고 1의 건축자금을 마련하기 위하여 친정으로부터 빌려온 돈 6,000,000원을 피고 2에게 대여해 주었으나 이를 변제하지 아니하여 위 피고에게 그 변제독촉을 하였는데, 위 피고는 그 과정에서 원고에게 앙심을 품고 그 후부터 사사건건 원고에게 트집을 잡으며 원고로 하여금 시댁에 오지 못하게 하면서 원심 공동피고 1로 하여금 위 원심 공동피고 2와 사귀도록 하는 한편, 원심 공동피고 1에게 원고와 헤어질 것을 종용하기도 하였고, 심지어 원심 공동피고 1과 원고를 헤어지게 하기 위하여 그들을 피고 1이 살던 집으로 불러들여 동거하도록 하였으며, 나중에 이를 알게 된 원고가 2014. 1. 17. 원심 공동피고 2를 찾아가 화풀이를 하려 하자 이를 제지하면서 오히려 원고에게 폭력을 행사하는 등 원심 공동피고 1, 2의 불륜행위를 권유, 강요하여 원고와 원심 공동피고 1 사이의 혼인관계를 파탄에 이르게 하였다고 주장하면서, 피고 2에 대하여 원고가 입은 정신적 고통에 대한 위자료의 지급을 청구하고 있으나, 원고의 위 주장사실에 부합하는 증인 3의 일부 증언은 믿을 수 없고, 달리 이를 인정할 만한 아무런 증거가 없으므로, 원고의 피고 2에 대한 청구는 이유 없다.

[서식 61] 이혼등

소 장

원 고(반소피고) ○○○(소송대리인 변호사 ○○○)
피 고(반소원고) ○○○(소송대리인 변호사 ○○○)

청구취지

본소 : 원고(반소피고, 이하 원고라고만 한다)와 피고(반소원고, 이하 피고라고만 한다)는 이혼한다.

반소 : 주문 제1항 및 원고는 피고에게 위자료로 금 30,000,000원 및 이에 대한 이 사건 판결 선고일부터 완제일까지 연 15%의 비율에 의한 금원을 지급하고, 재산분할로서 별지 목록 2, 3 기재 각 부동산은 피고의 소유로 하고, 원고는 피고에게 금 300,000,000원 및 이에 대한 이 사건 판결 선고일부터 완제일까지 연 5%의 비율에 의한 금원을 지급하라는 판결

이 유

1. 본소 및 반소의 이혼 및 위자료 청구에 대한

가. 인정사실

(1) 원고는 1980. 7. 3. 소외 1과 혼인하여 그 사이에 소외 2내지 5를 출산하였음에도 1988.경 피고에게 자신을 총각이라고 속이고 교제를 시작하다가 이를 알게 된 위 소외 1이 소외 5를 업고 피고의 집으로 찾아가 이에 충격을 받은 피고가 자살을 시도하는 등 소동이 있었으나 그후에도 원, 피고는 교제를 계속하여 그 사이에 1990. 12. 20. 소외 6을 출산한 후 원고는 1992. 4. 17. 소외 1과 협의이혼하였으며, 그 뒤 1994. 4. 8. 피고와 혼인신고를 마치고 법률상 부부가 되었다.

(2) 원고는 1995. 5.경 선박회사에 취직되어 이란으로 출국하여 일하다가 그 뒤 리비아로 가서 일을 하였으나 피고에게 생활비를 제대로 송금해주지 못하여 피고가 원고의 전처 소생 자식들 및 소외 6을 양육하느라 힘든 생활을 했다.

원고는 한국 건설회사의 리비아 공사현장 등에서 일을 하다가 2004.경부터 위 공사현장 부근에서 동아건설산업주식회사(이하 동아건설이라 한다) 등에 부식을 납품하는 야채농장을 경영하였고, 피고는 2006.경부터 원고가 있는 리비아로 1년에 1-2회 정도 출국하여 몇 개월씩 원고의 일을 도왔는데, 2012.경에는 원고의 리비아 농장에서 있었던 파티에서 피고가 다른 남자와 따로 만났다는 이유로 피고의 남자관계를 의심하여 골프채로 피고의 온 몸을 때린 일이 있었고, 한편 같은 해 피고의 이종사촌인 소외 7이 리비아의 원고 방을 치우다가 원고의 침대 밑에서

여자의 브래지어를 발견하기도 하였으며, 또한 원고가 필리핀 여자와 찍은 사진을 발견하기도 하였다.

최근 수년간 원고는 6개월에 1번 정도씩 귀국하여 한달 보름정도 있다가 리비아로 돌아가곤 하였다.

(3) 2017. 8. 초순경 원고와 그 전처 사이의 딸인 소외 3은 소외 8로부터 전화를 받았는데, 소외 8은 "자신은 피고와 동거생활을 하는 남자인데, 속고있는 원고가 불쌍해서 전화를 해준다"고 말하여 이에 놀란 소외 3은 그 무렵 원고에게 전화로 이 사실을 말하였고, 원고는 같은 해 8. 7. 리비아에서 귀국하여 소외 3의 남편인 소외 9와 함께 같은 달 9. 피고가 거주하고 있던 아파트로 갔으나 소외 8을 발견하지는 못하였고, 피고의 부정행위를 추궁하면서 피고를 때려 피고에게 전치 3주간의 치료를 요하는 경부, 흉배부 등 염좌, 다발성좌상 등의 상해를 가하였다.

소외 8을 피고가 고용했다가 해고한 운전기사였는데, 원고는 피고가 거주하던 위 아파트에서 피고가 소외 8과 함께 같은 해 1. 2. 스키장에 놀러가서 찍은 사진, 소외 8이 같은 달 4. 위 아파트의 거실에 앉아서 찍은 사진, 소외 10의 상반신 사진과 소외 8이 같은 해 2. 18. 중고 벤츠승용차를 20,000,000원에 구입한 차량 매매계약서와 술을 먹었다는 내용 등이 기재된 피고의 메모 등을 발견하였다.

피고는 같은 해 8. 12. 아들인 소외 6이 유학가 있는 미국으로 출국하였는데, 원고는 같은 달 14. 이 사건 소송을 제기하면서, 서울 동부경찰서에 피고와 소외 8, 10을 간통으로 고소하였다가 같은 해 10. 2. 고소취소하여 같은 해 11. 9. 피고에게 공소권없음 처분이 내려졌고, 피고는 같은 해 10. 13. 귀국하였다.

(4) 한편 원고는 이 사건 소송이 진행중인 2017. 9. 4. 치과 치료를 위하여 일본에 거주하는 원고와 그 전처 사이의 둘째 딸 집으로 갔고, 원고의 전처인 소외 1 역시 같은 달 8. 일본으로 출국하여 위 둘째 딸의 집으로 가서 원고와 같이 지내다가 같은 달 18. 함께 귀국하였으며, 원고는 같은 해 10. 1. 피고의 옷가지 및 살림살이 등을 대한통운의 수원 창고에 모두 맡겨버렸다.

피고는 원고가 2018. 3.경 리비아에서 귀국하여 소외 1의 집에 동거하고 있다고 생각하여 같은 해 4.경 경찰관과 함께 소외 1의 집으로 갔으나 원고를 목격하지는 못하였고, 같은 달 16. 이 사건 반소를 제기하면서 고양경찰서에 원고와 소외 1을 간통으로 고소하였으나 원고가 리비아에 있다는 이유로 같은 해 6. 23. 기소중지되었다.

나. 본소청구에 대한

원고는 본소로서, 원고는 리비아에서 야채농장을 경영하면서 모은 돈을 모두 피고에게 송금해주는 등 열심히 노력하였으나, 피고는 그 돈으로 소외 8 등의 외간남자와 동거생활을 하는 등 부정한 행위를 하였으므로 원고와 피고의 혼인관계 파탄의 원인은 피고에게 있다고 주장한다.

다. 반소청구에 대한

(1) 원고와 피고 사이의 혼인관계는 회복되기 어려울 정도로 파탄에 이르렀다 할 것인바, 이는 피고도 원고 모르게 소외 8을 운전기사로 고용하여 스키장에 함께 가서 사진을 찍고, 승용차 구입자금을 빌려 주는 등 친밀하게 지내다가 소외 8과 불화가 생겨 소외 8이 원고의 전처 소생의 딸인 소외 3에게 피고와 동거하였는데 속고 있는 원고가 불쌍하다는 내용의 전화를 할 정도에 이르게 하였다는 점에서 그 잘못이 있다고 할 것이지만, 그 근본적이고도 주된 책임은 원고가 자신이 중동에 머물며 생활비를 제대로 송금해주지 못한 기간동안 피고가 혼자서 생활비를 조달해가며 원고의 전처 소생의 자식들까지 양육하면서 힘든 생활을 해왔던 점을 배려하지 못하고 원고 자신은 리비아에서 다른 여자와 함께 사진을 찍는 등 놀면서도 피고의 남자관계를 의심해 골프채로 피고를 구타하기도 하였고, 6개월에 1회 정도만 귀국하는 등 부부간의 동거의무를 제대로 이행하지 못하였으며, 소외 8의 전화를 받은 후에도 자세한 경위를 알아보지 않고 피고가 부정행위를 하였다고 단정하여 피고를 추궁하며 상해를 가한 후 곧바로 간통으로 피고를 고소하는 등의 행위를 한 잘못에 있다고 할 것이고, 이러한 원고의 행위는 민법 제840조 제3호, 제6호에 정하여진 재판상 이혼사유에 해당한다고 할 것이다.

(2) 원고의 위와 같은 부당한 대우 등으로 인하여 혼인생활이 파탄에 이르게 됨으로써 피고가 심한 정신적 고통을 받았을 것임은 경험칙상 명백하므로 원고는 이를 금전으로나마 위자할 의무가 있다고 할 것인바, 원고와 피고의 나이, 직업, 재산정도, 신분관계, 혼인생활의 과정과 파탄경위, 혼인생활의 계속기간 등 이 사건 변론에 나타난 여러 사정을 참작하면 그 위자료 액수는 금 20,000,000원으로 정함이 상당하다 할 것이다.

따라서 원고는 피고에게 위자료로 금 20,000,000원 및 원, 피고의 혼인관계가 파탄된 이후로서 피고가 구하는 바에 따라 이 사건 판결 선고일임이 기록상 명백한 2018. 11. 11.은 원고가 위 금전채무의 존부나 범위에 관하여 항쟁함이 상당하다고 인정되므로 민법 소정의 연 5%, 그 다음날부터 완제일까지는 소송촉진등에 관한특례법 소정의 연 15%의 각 비율에 의한 지연손해금을 지급할 의무가 있다.

2. 재산분할청구에 대한

가. 인정사실

(1) 원고는 1995. 5.경부터 중동으로 출국하여 일하였으나 피고에게 생활비를 제대로 송금해주지 않아 피고가 원고의 전처 소생 자식들 및 위 윤승현을 양육하기 위하여 야간업소 종업원으로 일하기도 하였고, 2000. 1. 8.부터 2004. 10. 20.까지 레스토랑을 운영하였으며, 2006.경부터는 원고가 있는 리비아로 1년에 1-2회 정도 출국하여 몇 개월씩 머물면서 김치를 담그고 근로자들의 식사를 마련하는 등 원고가 경영하는 야채농장의 일을 도왔다.

(2) 원고가 리비아에서 동업자인 소외 11과 함께 야채농장을 경영하기 시작하면서부

터 돈을 모으기 시작하여 원, 피고는 ① 2013. 3. 23. 별지 목록 1 기재 부동산(이하 이 사건 묘향롯데아파트라 한다)을 원고 명의로, ② 2015. 11. 21. 별지 목록 2 기재 부동산(이하 이 사건 금능현대아파트라 한다)을 피고 명의로, ③ 2017. 7. 22. 별지 목록 3 기재 부동산(이하 이 사건 경성큰마을아파트라 한다)을 피고 명의로 각 매수하였는데, 위 각 부동산의 현재 가액은 이 사건 묘향롯데아파트가 180,000,000원 정도, 이 사건 금능현대아파트가 40,000,000원 정도, 이 사건 경성큰마을아파트가 135,000,000원 정도이다.

(3) 원, 피고는 이 사건 묘향롯데아파트를 담보로 한국외환은행 화양동지점으로부터 2018. 6.경 원고 명의로 50,000,000원을 대출받았는데, 2018. 8. 26. 현재 그 원금 및 이자가 50,221,917원이고, 이 사건 묘향롯데아파트를 임차보증금 50,000,000원에 소외 12에게 임대하고 있으며, 또한 이 사건 금능현대아파트를 담보로 주택은행 충주지점으로부터 2015. 11.경 피고 명의로 대출받은 돈의 잔액이 2018. 7. 6. 현재 15,934,890원이고, 이 사건 금능현대아파트를 임차보증금 20,000,000원에 소외 13에게 임대하고 있다.

한편, 이 사건 경성큰마을아파트에 부과된 관리비 미납액이 2018. 9.경까지 1,482,900원이다.

(4) 원고는 2016.경부터 피고가 관리하는 원고 명의의 통장으로 많은 액수의 돈을 송금해 왔는데, 2017. 8. 9. 원고가 피고의 부정행위를 추궁한 후 피고가 관리하던 원고 명의의 예금통장을 모두 가져갔는바, 원고 명의의 한국외환은행 화양동지점의 예금계좌 중 ① 계좌번호 101-JSD-22222 구좌에는 원고가 동아건설 리비아지사로부터 채소납품대금 등으로 지급받은 돈을 송금하여 이 사건 소제기 전인 2017. 6. 29. 현재의 예금잔액이 167,182.92달러였는데, 이 사건 소제기 이후 원고가 이를 인출하였고, ② 계좌번호 101-18-21214-5 구좌에는 이 사건 소제기 전인 2017. 6. 29. 현재 3,118,874원이 입금되어 있었고(같은 해 12. 28.의 예금잔액은 위 금액 이상이다), ③ 계좌번호 150-19-19747-9 구좌에는 이 사건 소제기 전인 같은 해 8. 10. 현재 9,695,452원이 입금되어 있었으나 그 뒤 원고가 인출, 소비하여 같은 해 12. 28.의 예금잔액은 0원이 되었으며, 이 사건 변론종결일인 2018. 10. 28.의 현찰매입율은 미국달러를 기준으로 1달러에 1,176원이다.

(5) 한편 동아건설 리비아지사에서는 2017. 3.부터 2018. 5.까지의 채소납품대금으로 2017. 5.경부터 2018. 8.경까지 원고 명의의 튀니지아 중앙은행 예금구좌(계좌번호 200-9095397-840)로 합계 609,734.50달러(이 사건 변론종결일인 2018. 10. 28.의 1달러당 현찰매입율인 1,176원을 기준으로 환산해보면, 한화로 약 717,047,772원이다)를 지급하였고, 현재도 원고는 리비아의 야채농장을 경영하고 있다.

(6) 원고는 이 사건 소송이 진행중이던 2017. 10.경 서울지방법원 동부지원에 피고를 상대로 2017가합○○○호로 이 사건 금능현대아파트와 경성큰마을아파트에 관하여 명의신탁해지에 의한 소유권이전등기 소송을 제기하여 2018. 7. 1. 이 사건 금

능현대아파트 부분에 대해서는 원고의 청구가 기각되었으나, 이 사건 경성큰마을아파트에 대해서는 피고는 원고에게 2017. 11. 25. 명의신탁해지를 원인으로 한 소유권이전등기절차를 이행하라는 원고 승소판결이 선고되어 이에 대하여 원, 피고가 항소하여 현재 서울고등법원에 소송이 계류중이다.

나. 분할의 대상인 재산의 범위

(1) 적극재산

① 원고 명의의 이 사건 묘향롯데아파트 (가액 : 180,000,000원)

② 피고 명의의 이 사건 금능현대아파트 (가액 : 40,000,000원)

③ 피고 명의의 이 사건 경성큰마을아파트 (가액 : 135,000,000원)

[혼인중에 쌍방의 협력에 의하여 이룩한 부부의 실질적인 공동재산은 그 명의가 누구에게 있는지를 불문하고 재산분할의 대상이 되는 것이므로 원고가 이 사건 경성큰마을아파트에 관하여 피고를 상대로 명의신탁해지에 의한 소유권이전등기소송을 제기하여 제1심에서 승소하였더라도 그 소송결과에 상관없이 이 사건 경성큰마을아파트는 여전히 이 사건 이혼에 따른 재산분할의 대상이 된다고 할 것이다.]

④ 원고가 원고 명의의 한국외환은행화양동지점 계좌번호 101-JSD-22222 구좌에서 인출한 167,182.92달러(이 사건 변론종결일인 1999. 10. 28.의 1달러당 현찰매입율인 1,176원으로 환산한 금액은 대략 196,607,113원이다.)

[이 법원의 한국외환은행 화양동지점장, 동아건설산업주식회사 대표이사에 대한 각 사실조회결과 및 변론의 전취지에 의하면, 원고 명의의 위 구좌에 2017. 7. 13. 45,838.56달러, 같은 달 30. 44,410.35달러가 더 송금되어 같은 날의 잔액은 222,735.14달러에 달하는 사실, 이 사건 소제기 이후에도 원고가 동아건설 리비아지사로부터 매달 상당한 액수의 채소납품대금을 수령한 사실을 인정할 수 있으나, 한편 갑 제11호증의 기재, 증인 2, 소외 3의 각 증언 및 변론의 전취지에 의하면 원고가 동아건설 리비아지사로부터 송금받는 돈의 3분의 1 정도는 리비아의 야채농장의 인건비, 재료비 등으로 다시 지출되는 사실, 원고는 나머지 수익금을 동업자인 소외 11과 분배한 후 미국에서 유학중인 원, 피고의 아들 소외 6에게 매월 3,000달러 정도를 보내주고, 2017. 9.경부터는 암으로 투병 중인 원고의 전처 소생의 딸 소외 3에게 치료비로 매월 3,000,000원 정도를 지급해주고 있는 사실을 인정할 수 있는 바, 위 인정사실에 의하면 원고 명의의 위 구좌에 2017. 7. 이후 입금된 돈은 이 사건 소제기 이후 원고가 인출하여 위와 같은 용도로 소비하였다고 할 것이나, 다만 원고가 현재도 리비아의 야채농장을 경영하면서 수입을 얻고 있는 사정을 고려하면 피고가 이 사건 재산분할대상으로 주장하는 2017. 6. 29. 당시의 위 구좌의 예금잔액인 167,182.92달러에 대해서는 원고가 이를 정당하게 사용하였다고 인정할 만한 자료가 없으므로 현재도 위 금액 상당을 보유하고 있는 것으로 본다.]

⑤ 이 사건 소제기 당시 원고 명의의 한국외환은행화양동지점 계좌번호 010-18-21214-5 구좌에 입금되어 있던 예금채권 3,118,874원(적극재산 합계 : 금 554,725,987원)

[피고는, 2017. 7.경 이후 2018. 7.경까지 원고의 리비아 야채농장 수입금의 추정액이 대략 432,000,000원에 달하는 바 원고가 위 수입금을 예금 등의 형태로 보유하고 있을 것으로 추정되므로 이를 이 사건 재산분할 대상에 포함시켜야 한다고 주장한다.]

(2) 소극재산

(가) 원고 명의의 한국외환은행 화양동지점에 대한 대출원리금 50,221,917원

(나) 원고 명의의 소외 12(이 사건 묘향롯데아파트 임차인)에 대한 임차보증금반환채무 50,000,000원

(다) 피고 명의의 주택은행 충주지점에 대한 대출금 잔액 15,934,890원

(라) 피고 명의의 소외 13(이 사건 금능현대아파트 임차인)에 대한 임차보증금반환채무 20,000,000원

(마) 이 사건 경성큰마을아파트에 부과된 관리비 미납액 1,482,900원

(소극재산 합계 : 금 137,639,707원)

[피고는, 피고 명의의 대한통운 수원지점에 대한 창고임치료 6,000,000원 상당의 채무도 이 사건 재산분할 대상에 포함시켜야 한다고 주장한다.

[서식 62] 이혼

소 장

원 고 ○○○
피 고 ○○○

청구취지

원고와 피고는 이혼한다.

이 유

1. 원고의 주장

원고는 다음과 같은 피고의 잘못으로 인하여 원고와 피고 사이의 혼인관계가 파탄되었다고 주장하면서 피고와의 이혼을 구한다.

가. 원고는 2008. 3.경 피고가 밤이 늦었는데도 잠을 자지 않고 옷을 전부 꺼내 온 방안에 흩어 놓고 뒤적거리더니 그 중 빨간 옷을 골라 입고 방안을 서성대며 흥얼대는 등 이상한 행동을 보여 피고를 강릉시 소재 동인종합병원 정신과로 데리고 갔다. 그런데 위 병원으로부터 피고의 정신분열증이 심하여 입원을 해야 한다는 말을 듣고 피고를 1개월 반 정도 입원시켰으나 그 증세가 조금 나아졌을 뿐 완치되지는 않았다.

나. 그 후 원고가 속초로 발령받아 근무하였는데, 어느날 집에 돌아왔더니 피고의 정신분열증이 재발하여 어머니의 속옷을 갈기갈기 찢어놓았다.

다. 이에 원고는 피고가 교회에 다니고 있는 점을 감안하여 교회근처로 이사를 하였지만 피고가 딸과 자주 싸우고, 아무런 말도 없이 언니 집에 10일정도 다녀온 적도 있다.

라. 그 이후 원고와 피고가 서울로 이사를 하였는데 피고는 원고에게 "개 같은 놈" 등의 욕설을 하고 그릇을 씻다가도 갑자기 그릇을 내던지며 찬송가를 불러대며, 피고의 부모님을 부르며 울기도 할 뿐만 아니라 옷을 전부 흩어 놓고 뒤적거리는 등 정신질환증세를 보여 원고는 2016. 5.경 피고를 시흥시 소재 벽산정신과병원에 한달 정도 입원시켰고, 그 이후에도 정신분열증세가 재발하여 2018. 1.경 다시 피고를 위 병원에 한달 동안 입원시키기도 하였다.

마. 한편, 피고는 국이나 반찬을 한꺼번에 많이 만들어 며칠 씩 먹게 하는 등 음식을 제대로 만들어 주지도 아니하고, 아파트의 베란다나 화장실 등 집안 청소를 제대로 하지 않아 도저히 사람이 사는 집이라고 할 수 없을 정도로 집 안 도처에 먼지가 수북이 쌓여있다.

바. 이에 원고가 피고에게 수없이 경고도 하고 1개월 동안 집을 나갔다가 들어가기도 하였지만 변화가 없어 2018. 3.경 집을 나와 피고와 따로 지내고 있다.

[서식 63] 이혼 및 재산분할 등

서울가정법원
제 ○ 부
판 결

사 건 2014드합8751(본소) 이혼 및 재산분할 등
2015드합7359(반소) 이혼 및 재산분할 등

원고(반소피고) 김○○ (○○○○○○ - ○○○○○○○)
주소 서울 구로구
등록기준지 서울 마포구
소송대리인 변호사
피고(반소원고) 유○○ (○○○○○○ - ○○○○○○○)
주소 서울시 서초구
등록기준지 서울 마포구
소송대리인 법무법인 태한 담당변호사

사건본인 1. 김○○ (○○○○○○ - ○○○○○○○)
2. 김○○ (○○○○○○ - ○○○○○○○)
사건본인들 주소 및 등록기준지 피고(반소원고)와 같음

변론종결 2016. 6. 9.
판결선고 2016. 7. 21.

주 문

1. 원고(반소피고)와 피고(반소원고)는 이혼한다.
2. 원고(반소피고)는 피고(반소원고)에게 위자료로 30,000,000원 및 이에 대하여 2015. 7. 18.부터 2016. 7. 21.까지는 연 5%, 그 다음날부터 다 갚는 날까지는 연 15%의 각 비율로 계산한 돈을 지급하라.
3. 피고(반소원고)의 나머지 반소 위자료 청구를 기각한다.
4. 원고(반소피고)는 피고(반소원고)에게 재산분할로 1,350,000,000원 및 이에 대하여 이 사건 판결 확정일 다음날부터 다 갚는 날까지 연 5%의 비율로 계산한 돈을 지급하라.
5. 원고(반소피고)의 본소 재산분할 청구를 기각한다.
6. 사건본인의 친권자 및 양육자로 피고(반소원고)를 지정한다.

7. 원고(반소피고)는 피고(반소원고)에게,
   가. 사건본인들의 과거 양육비로 40,000,000원을 지급하고,
   나. 사건본인들의 장래 양육비로 2016. 6. 10.부터 2017. 11. 24.까지는 월 4,000,000원, 2017. 11. 25.부터 2021. 12. 20.까지는 월 2,000,000원을 매월 27일에 지급하라.
8. 가. 원고(반소피고)는 매월 둘째, 넷째 토요일 10:00부터 그 다음날 20:00까지 사건본인들의 면접교섭할 수 있고, 여름 및 겨울방학 동안 각 7일을 사건 본인들과 지낼 수 있다.
   나. 원고(반소피고)의 면접교섭은 사건본인들의 정서적 안정과 복지를 최우선적인 목적으로 하여 실시되어야 한다.
   다. 피고(반소원고)는 원고(반소피고)의 사건본인들에 대한 면접교섭권 행사에 적극 협조하여야 하고, 이를 방해하여서는 아니된다.
9. 소송비용은 본소와 반소를 합하여 그 3/5은 원고(반소피고)가, 나머지는 피고(반소원고)가 각 부담한다.
10. 제2, 7항은 가집행할 수 있다.

청구취지

생 략

이 유

1. 본소 및 반소 각 이혼 청구와 반소 위자료 청구에 대한 판단
   가. 인정사실
      (1) 혼인 및 자녀 : 1997. 2. 22. 혼인신고. 슬하에 사건본인들.
      (2) 혼인생활 및 파탄경위
         (가) 원 · 피고는 1991년경 처음 만나 교제하다가 1992년경 함께 건국대학교 충주캠퍼스로 진학하면서 피고의 대학생활을 위하여 피고 부모가 마련해준 아파트에서 동거생활을 시작하였다.
         (나) 원 · 피고는 1994년경 함께 일본으로 유학을 갔다가 1997년 귀국하여 결혼식을 올린 후 피고 부모의 집에서 혼인생활을 시작하였고, 1998년경 피고 부모로부터 임차보증금 3,000,000원을 지급받아 분가하였다.
         (다) 원고는 혼인 초 피고 모친으로부터 30,000,000원을 지원받아 소음방지용 귀마개 수입사업을 시작하였으나 1년 만에 실패하는 등 여러 차례 피고 부모로부터 자금을 지급받아 사업을 운영하였으나 사업이 잘되지 않았다.
         (라) 원 · 피고는 2001년경 일본인 '사와'로부터 가방 무역업을 배우기 시작하여 2002년경 중국 상해에 가방공장을 세우고 상해로 이주하여 사업을 운영하였다. 피고는 2004년경부터 중국 상해 빠백반 백화점 등에서 의류매

장을 운영하다가 2006. 8.경 한국으로부터 의류를 수입·판매하는 '쎄시' 라는 회사를 설립하여 운영하기도 하였다.

(마) 원·피고는 2010년경부터 중국 상해에서 부동산 투자를 시작하였고, 중국 부동산 가격의 폭등으로 많은 수익을 올렸다.

(바) 피고는 2012년경 사건본인들의 교육 문제로 사건본인들과 함께 미국 로스앤젤리스로 이주하였다.

(사) 원고는 피고가 운영하던 백화점 매장의 직원인 정순방, 유흥업소 종사원인 주연 등과 부정한 관계를 맺어왔는데, 2013. 4.경 위와 같이 부정한 관계를 맺어온 사실이 피고에게 발각되었다. 이후 원고의 여자문제를 둘러싸고 원·피고 사이에 분쟁이 계속되었고, 결국 원·피고는 2013. 6. 22. 이혼에 합의하고, 협의이혼 공정증서를 작성하였다.

(아) 이후 원·피고 사이에 재산분할에 대한 이견이 발생하여 협의이혼이 실제로 이루어지지 못했고, 원고는 2013. 8.경부터 피고에게 생활비, 자녀양육비 등을 지급하지 않고 있다.

(3) 별거기간 : 피고가 사건본인들과 함께 미국으로 떠난 2012년부터 현재까지 약 4년 동안

나. 본소 및 반소 각 이혼 청구에 대한 판단

민법 제840조 제6호의 사유로 원고의 본소 및 피고의 반소 각 이혼 청구 인용

다. 반소 위자료 청구에 대한 판단

(1) 파탄의 근본적이고 주된 책임은 원고에게 있음

(2) 위자료 액수 : 30,000,000원 및 이에 대한 지연손해금

(3) 따라서, 원고는 피고에게 위자료로 30,000,000원 및 이에 대하여 피고가 구하는 바에 따라 이 사건 반소장 부본 송달 다음날인 2015. 7. 18.부터 원고가 이 사건 이행의무의 존부나 범위에 관하여 항쟁함이 상당하다고 인정되는 이 사건 판결선고일인 2016. 7. 21.까지는 민법이 정한 연 5%, 그 다음날부터 다 갚는 날까지는 소송촉진 등에 관한 특례법이 정한 연 15%의 각 비율로 계산한 지연손해금을 지급할 의무가 있다.

2. 본소 및 반소 각 재산분할 청구에 대한 판단

가. 재산형성 경위

(1) 원·피고는 1992년경 함께 건국대학교 충주캠퍼스로 진학하면서 피고 부모가 마련해준 아파트에서 동거생활을 시작하였고, 학비, 생활비, 등도 피고 모친으로부터 여러 차례 도움받았다. 원·피고는 1994년부터 1997년까지 일본에서 유학생활을 하였는데, 학비·생활비 등 유학경비 중 많은 부분을 피고 모친으로부터 지원받았다.

(2) 원·피고는 1997년 귀국하여 결혼식을 올린 후 피고 부모의 집에서 혼인생활

을 시작하였고, 1998년경 피고 부모로부터 임차보증금 3,000,000원을 지원받아 분가하였다.

(3) 원고는 혼인 초 피고 모친으로부터 30,000,000원을 지원받아 소음방지용 귀마개 수입사업을 시작하였으나 1년 만에 실패하는 등 여러 차례 피고 부모로부터 자금을 지급받아 사업을 운영하였으나 사업이 잘되지 않았다.

(4) 원·피고는 2002년경 중국 상해에 가방공장을 세우고 상해로 이주하여 사업을 운영하였다. 피고는 2004년경부터 중국 상해 빠백반 백화점 등에서 의류매장을 운영하다가 2006. 8.경 한국으로부터 의류를 수입·판매하는 '쎄시'라는 회사를 설립하여 운영하기도 하였다. 피고는 일주일마다 한국에 들어와 동대문시장, 남대분시장 등지에서 의류를 구입한 다음 이를 중국 의류매장에 가져가 판매하는 방식으로 회사를 운영하였다.

(5) 원고의 사업은 2009년경부터 어려워졌고, 원·피고는 2010년경부터 그동안 사업을 통해 모은 자금을 기초로 부동산 투자를 시작하였다. 원·피고는 중국 상해에서 신축아파트를 여러 채를 싼 가격에 일괄 분양받아 인테리어 공사를 한 다음 이를 실수요자에게 판매하면서 시세차익을 남기는 방식으로 부동산 투자업을 운영하였고, 피고는 직접 인테리어 공사를 관장하기도 하였다. 원·피고는 중국 부동산 가격 급등의 영향으로 부동산 투자를 통해 상당히 많은 수익을 올렸고, 이로써 별지분할재산명세표 기재 각 재산을 형성하게 되었다.

나. 분할대상 재산 및 가액(원 미만 버림)

(1) 분할대상 재산 : 별지 분할재산명세표 기재 각 재산

(2) 분할대상 재산의 가액

① 원고의 순재산 : 4,170,301,042원

② 피고의 순재산 : 1,455,851,600원

③ 원·피고의 순재산 합계 : 5,626,152,642원

다. 당사자들의 주장 및 판단

(1) 원고의 재산에 대한 주장 및 판단 - 이하 생략

(2) 피고의 재산에 대한 주장 및 판단 - 이하 생략

라. 재산분할의 비율과 방법

(1) 재산분할 비율 : 원고 50%, 피고 50%

(2) 재산분할의 방법 : 현금으로 지급

(3) 원고가 피고에게 지급하여야 하는 재산분할금 : 1,350,000,000원

[계산식]

① 원·피고의 순재산 중 재산분할비율에 따른 원고의 몫

원·피고의 순재산 합계 5,626,152,642원 × 50% = 2,813,076,321원

② 위 ①항의 금액에서 피고의 순재산을 공제한 금액

2,813,076,321원 - 1,455,851,600원 = 1,357,224,721원

③ 원고가 피고에게 지급할 재산분할금
위 ②항의 금액을 약간 하회하는 1,350,000,000원

마. 따라서, 원고는 피고에게 재산분할로 1,350,000,000원 및 이에 대하여 이 사건 판결 확정일 다음날부터 다 갚는 날까지 민법이 정한 연 5%의 비율로 계산한 지연손해금을 지급할 의무가 있고, 이와 달리 피고가 원고에게 재산분할금을 지급할 의무가 있음을 전제로 하는 원고의 본소 재산분할 청구는 이유 없다.

3. 반소 친권자·양육자 지정 청구 및 양육비 청구, 본소 면접교섭 청구에 대한 판단

가. 친권자 및 양육자 : 피고

나. 양육비

(1) 과거 양육비 : 피고가 구하는 바에 따라 이 사건 반소장 부본 송달 다음날인 2015. 7. 18.부터 이 사건 변론 종결일인 2016. 6. 9.까지 약 11개월간의 양육비로 40,000,000원을 지급

(2) 장래 양육비 : 이 사건 변론 종결 다음날인 2016. 6. 10.부터 사건본인들이 성년이 되기 전날까지 각 사건본인별로 월 2,000,000원을 매월 27일에 지급

다. 면접교섭

사건본인들의 친권자 및 양육자로 피고가 지정된 이상 비양육자인 원고는 사건본인들을 면접교섭할 권리가 있다고 할 것인바, 앞서 본 인정사실과 이 사건에 나타난 사건본인들의 나이, 성별, 생활환경, 현재 상황 등을 종합하여 보면, 주문 제 8항 기재와 같이 면접교섭의 횟수, 시간, 방법을 정하는 것이 사건본인들의 정서적 안정과 복지를 최우선적인 목적으로 하여 이루어져야 할 것이며, 피고는 원고의 면접교섭권 행사에 적극 협조하여야 하고, 이를 방해하여서는 아니된다.

4. 결론

그렇다면, 본소 및 반소 각 이혼 청구와 위 인정범위 내의 반소 위자료 청구는 이유 있어 각 인용하고, 반소 나머지 위자료 청구는 이유 없어 기각하며, 반소 재산분할 청구, 친권자·양육자 지정 청구, 양육비 청구, 본소 면접교섭 청구에 대하여는 각 위와 같이 정하고, 본소 재산분할 청구는 이유 없어 기각한다.

재판장 판사 김○○
판사 김○○
판사 김○○

[서식 64] 분할재산명세표

소유자 등		순번	재산의 표시	재산의 가액 (단위 : 원)	증거	당사자 주장 등 참조
원고	적극재산	1	중국 상해시 금수강남 35-402	660,492,000	갑7-4, 19-3, 을1-1	3,600,000위안 × 183.47원
		2	중국 상해시 천역화원 58-1002	1,600,000,000	변론 전체의 취지	2.다.(1)(가) 참조
		3	중국 상해시 명도성 2기 1-1901 중 1/2 지분	778,594,391	갑12, 을1-2	2.다.(1)(나) 참조 8,487,430위안× 183.47원 ÷ 2
		4	중국 상해시 명도성 15-1901 중 1/2 지분	529,426,536	갑12, 을1-3	2.다.(1)(나) 참조 5,771,260위안× 183.47 ÷ 2
		5	중국 상해시 금수강남 35-302 중 1/2 지분	386,548,356	갑12, 을1-4	2.다.(1)(나) 참조 4,213,750위안 × 18.47원 ÷
		6	중국 상해시 런양년화 11-2403	698,700,000	갑7-5, 22-2 변론 전체의 취지	
		7	에쿠스 리무진 승용차	22,000,000	을23, 변론 전체의 취지	
		8	상해 한융상포유한공사	250,600,000	을2, 15, 17	2.다.(1)(다)참조 200,000달러 × 1,253원
		9	상해사산골프회원권 처분대금	279,608,280	갑4, 32	2.다.(1)(라) 참조 1,524,000위안× 183.47원
		10	상해탕신골프회원권	220,164,000	갑12, 을21-1,2	2.다.(1)(마) 참조 1,200,000위안 × 183.47원
		11	서울 송파구 신천동 7-18 롯데캐슬골드 101동 3008호 임차보증금	50,000,000	을9, 사실조회결과	2.다.(1)(바) 참조
		소계		5,476,133,563		

<table>
<tr><th colspan="2">소유자 등</th><th>순번</th><th>재산의 표시</th><th>재산의 가액
(단위 : 원)</th><th>증거</th><th>당사자 주장 등
참조</th></tr>
<tr><td rowspan="6">원고</td><td rowspan="6">소극
재산</td><td>1</td><td>원고의 적극재산 순번 1
기재 부동산 담보대출금</td><td>113,226,092</td><td>을1-1</td><td>90,364달러 ×
1,253원</td></tr>
<tr><td>2</td><td>원고의 적극재산 순번 2
기재 부동산 담보대출금</td><td>910,000,000</td><td>변론 전체의 취지</td><td></td></tr>
<tr><td>3</td><td>원고의 적극재산 순번 5
기재 부동산 담보대출금</td><td>71,161,629</td><td>을 1-4</td><td>113,586달러 ×
1,253 ÷ 2</td></tr>
<tr><td>4</td><td>원고의 적극재산 순번 6
기재 부동산 담보대출금</td><td>211,444,800</td><td>변론 전체의 취지</td><td></td></tr>
<tr><td colspan="2">소계</td><td>1,305,832,521</td><td></td><td></td></tr>
<tr><td colspan="2">원고의 순재산
(적극재산 - 소극재산)</td><td>4,170,301,042</td><td></td><td></td></tr>
</table>

<table>
<tr><th colspan="2">소유자 등</th><th>순번</th><th>재산의 표시</th><th>재산의 가액
(단위 : 원)</th><th>증거</th><th>당사자 주장 등
참조</th></tr>
<tr><td rowspan="5">피고</td><td rowspan="3">적극
재산</td><td>1</td><td>중국 상해시 명도성
1-1601 처분대금</td><td>843,962,000</td><td>갑7-1, 19-1, 27,
을16</td><td>6,950,000위안
2,350,000위안) ×
183.47원</td></tr>
<tr><td>2</td><td>중국 상해시 명도성
15-1902</td><td>858,639,600</td><td>갑4, 7-3, 22-1,
갑28, 31-1~3,
을10, 18</td><td>2.다.(2)(가)참조
4,680,000위안 ×
183.47원</td></tr>
<tr><td colspan="2">소계</td><td>1,702,601,600</td><td></td><td></td></tr>
<tr><td>소극
재산</td><td colspan="2">피고의 적극재산 순번 2
기재 부동산 담보대출금</td><td>246,750,000</td><td>변론 전체의 취지</td><td></td></tr>
<tr><td colspan="3">피고의 순재산
(적극재산 - 소극재산)</td><td>1,455,851,600</td><td></td><td></td></tr>
<tr><td colspan="4">원·피고의 순재산 합계</td><td>5,626,152,642</td><td></td><td></td></tr>
</table>

* 이 사건 변론 종결일 현재 미화 1달러=1,253원, 중국화 1위안=183.47원 기준

● 이 혼 ●

대법원 2009.12.24. 선고 2009므2413 판결

【판시사항】

[1] 민법 제840조 제6호에 정한 '혼인을 계속하기 어려운 중대한 사유가 있을 때'의 의미와 판단 기준

[2] 성적 불능 기타 부부 상호간의 성적 요구의 정상적인 충족을 저해하는 사실이 존재하는 경우 '혼인을 계속하기 어려운 중대한 사유'에 해당하는지 여부

[3] 혼인 후 약 2년간 성관계를 맺지 않은 사실만으로는 '혼인을 계속하기 어려운 중대한 사유'가 있다고 하기 어렵다고 한 사례

【판결요지】

[1] 민법 제840조 제6호 소정의 이혼사유인 '혼인을 계속하기 어려운 중대한 사유가 있을 때'라 함은 부부간의 애정과 신뢰가 바탕이 되어야 할 혼인의 본질에 상응하는 부부공동생활관계가 회복할 수 없을 정도로 파탄되고 그 혼인생활의 계속을 강제하는 것이 일방 배우자에게 참을 수 없는 고통이 되는 경우를 말하며, 이를 판단함에 있어서는 혼인계속의사의 유무, 파탄의 원인에 관한 당사자의 책임 유무, 혼인생활의 기간, 자녀의 유무, 당사자의 연령, 이혼 후의 생활보장, 기타 혼인관계의 제반사정을 두루 고려하여야 한다.

[2] 부부간의 성관계는 혼인의 본질적 요소이므로 성적 불능 기타 부부 상호간의 성적 요구의 정상적인 충족을 저해하는 사실이 존재하는 경우, 이는 '혼인을 계속하기 어려운 중대한 사유'가 될 수 있으므로, 정당한 이유 없이 성교를 거부하거나 성적 기능의 불완전으로 정상적인 성생활이 불가능한 경우에는 혼인을 계속하기 어려운 중대한 사유가 있다고 할 것이나, 전문적인 치료와 조력을 받으면 정상적인 성생활로 돌아갈 가능성이 있는 경우에는 일시적인 성기능의 장애가 있거나 부부간의 성적인 접촉이 단기간 부존재하더라도 그 정도의 성적 결함만으로는 '혼인을 계속하기 어려운 중대한 사유'가 될 수 없다.

[3] 혼인 후 약 2년간 성관계를 맺지 않은 사실만으로는 '혼인을 계속하기 어려운 중대한 사유'가 있다고 하기 어렵다고 한 사례.

【참조조문】

[1] 민법 제840조 제6호 / [2] 민법 제840조 제6호 / [3] 민법 제840조 제6호

【참조판례】

[1] 대법원 1991. 7. 9. 선고 90므1067 판결(공1991, 2158), 대법원 2007. 12. 14. 선고 2007므1690 판결

【전 문】

【원고, 상고인】 원고 (소송대리인 법무법인 정인외 1인)
【피고, 피상고인】 피고 (소송대리인 법무법인 국제 담당변호사 김진수)
【원심판결】 부산지법 2009. 7. 10. 선고 2009르216 판결

【주 문】

상고를 기각한다. 상고비용은 원고가 부담한다.

【이 유】

상고이유(상고이유서 제출기간이 경과한 후에 제출된 상고이유보충서의 기재는 상고이유를 보충하는 범위 내에서)를 본다.

1. 민법 제840조 제2호, 제3호 소정의 이혼사유 주장에 대하여
민법 제840조 제2호 소정의 이혼사유인 '배우자가 악의로 다른 일방을 유기한 때'라 함은 배우자가 정당한 이유 없이 서로 동거, 부양, 협조하여야 할 부부로서의 의무를 포기하고 다른 일방을 버린 경우를 뜻한다(대법원 1998. 4. 10. 선고 96므1434 판결 참조). 또한, 민법 제840조 제3호 소정의 이혼사유인 '배우자로부터 심히 부당한 대우를 받았을 때'라 함은 혼인 당사자의 일방이 배우자로부터 혼인관계의 지속을 강요하는 것이 가혹하다고 여겨질 정도의 폭행이나 학대 또는 중대한 모욕을 받았을 경우를 말한다(대법원 1999. 2. 12. 선고 97므612 판결 참조).

원심판결 이유에 의하면, 원심은 피고가 뚜렷한 이유 없이 원고와의 신체적 접촉이나 성관계를 거부하고 있다는 원고 주장을 인정할 증거가 부족하다고 판단하였다.

앞에서 본 법리와 기록에 비추어 살펴보면, 원심판결 이유에 다소 부적절한 점이 있으나 원심의 위와 같은 판단은 결국 피고가 정당한 이유 없이 서로 동거, 부양, 협조하여야 할 부부로서의 의무를 포기하고 다른 일방을 버리거나 원고가 피고로부터 심히 부당한 대우를 받았다고 인정할 증거가 부족하다는 취지라고 할 것이므로 그 결론은 정당한 것으로 수긍할 수 있고, 거기에 상고이유에서 주장하는 바와 같은 법리오해 등으로 인하여 판결에 영향을 미친 위법이 없다.

2. 민법 제840조 제6호 소정의 이혼사유 주장에 대하여

민법 제840조 제6호 소정의 이혼사유인 '혼인을 계속하기 어려운 중대한 사유가 있을 때'라 함은 부부간의 애정과 신뢰가 바탕이 되어야 할 혼인의 본질에 상응하는 부부공동생활관계가 회복할 수 없을 정도로 파탄되고 그 혼인생활의 계속을 강제하는 것이 일방 배우자에게 참을 수 없는 고통이 되는 경우를 말하며, 이를 판단함에 있어서는 혼인계속의사의 유무, 파탄의 원인에 관한 당사자의 책임 유무, 혼인생활의 기간, 자녀의 유무, 당사자의 연령, 이혼 후의 생활보장, 기타 혼인관계의 제반사정을 두루 고려하여야 한다 (대법원 1991. 7. 9. 선고 90므1067 판결 참조). 또한, 부부간의 성관계는 혼인의 본질적 요소이므로 성적 불능 기타 부부 상호 간의 성적 요구의 정상적인 충족을 저해하는 사실이 존재하는 경우 이는 '혼인을 계속하기 어려운 중대한 사유'가 될 수 있으므로, 정당한 이유 없이 성교를 거부하거나 성적 기능의 불완전으로 정상적인 성생활이 불가능한 경우에는 혼인을 계속하기 어려운 중대한 사유가 있다고 할 것이나, 전문적인 치료와 조력을 받으면 정상적인 성생활로 돌아갈 가능성이 있는 경우에는 일시적인 성기능의 장애가 있거나 부부간의 성적인 접촉이 단기간 부존재 하더라도 그 정도의 성적 결함만으로는 '혼인을 계속하기 어려운 중대한 사유'가 될 수 없다.

원심판결 이유에 의하면, 원심은 채택 증거를 종합하여, ① 원고와 피고는 2005. 9. 30. 미리 혼인신고를 하고 같은 해 12. 17. 결혼식을 올린 법률상 부부인 사실, ② 원고와 피고는 위와 같이 결혼식을 올리고 신혼여행을 다녀온 후 2006. 1. 17. 당시 원고가 유학 중이던 미국으로 함께 출국하였다가 원고가 경영학 전문 학위 과정(MBA)을 마친 2007. 8. 18. 귀국하여 원고의 본가에서

원고의 부모와 함께 생활한 사실, ③ 원고와 피고는 신혼여행 기간은 물론 미국에서 함께 생활하는 동안 부부관계를 하지 않았고, 이로 인하여 둘 사이의 관계도 좋지 않게 되었는데, 이를 알게 된 원고의 부모가 2007. 8. 31.경 원·피고에게 부부관계를 갖도록 노력해 보라고 하였으나 그 후 현재까지도 원고와 피고는 부부관계를 맺지 않은 사실, ④ 그 후 원고는 2007. 11. 30. 이 사건 이혼 소송을 제기한 사실, ⑤ 원고는 이 사건 제1심 재판 계속 중 진행된 조정이나 화해절차에서 피고와의 관계 개선을 위해 아무런 노력이나 시도를 하지 않았으며, 제1심법원의 권유에 의한 심리상담 절차에서도 원·피고 사이의 혼인관계를 유지하게 하거나 개선하기 위한 별다른 노력이나 의지를 보이지 않은 사실, ⑥ 원고는 이 사건 이혼 소송을 제기한 후 피고에게 원고의 부모 집에서 나가 줄 것을 강력하게 요구하였으나 피고는 이에 응하지 않고 현재까지 원고의 부모 집에서 함께 생활하면서 각방을 사용하고 있는 사실, ⑦ 원고는 이 사건 소 제기 이후 현재까지 강력하게 이혼의사를 밝히고 있는 반면 피고는 절대로 이혼에 응할 수 없다고 하고 있는 사실을 인정한 다음, 위와 같은 인정 사실만으로는 원고와 피고의 혼인관계가 더 이상 회복할 수 없을 정도로 파탄되었다고 인정하기 어려우며, 달리 이를 인정할 만한 증거가 없다고 판단하였다.

앞에서 본 법리와 기록에 비추어 살펴보면, 원심의 위와 같은 사실인정과 판단은 정당한 것으로 수긍할 수 있고, 거기에 상고이유에서 주장하는 바와 같은 법리오해 등의 위법이 없다.

3. 결론

그러므로 상고를 기각하고, 상고비용은 패소자가 부담하기로 하여 관여 대법관의 일치된 의견으로 주문과 같이 판결한다.

대법관　전수안(재판장) 양승태(주심) 김지형 양창수

● 이 혼 ●

대법원 2009.12.24. 선고 2009므2130 판결

【판시사항】

[1] 민법 제840조 제6호에 정한 '혼인을 계속하기 어려운 중대한 사유가 있을 때'의 의미와 그 판단 기준
[2] 혼인의 실체가 완전히 해소된 상태에서 이혼청구를 하고 있는 '유책배우자'의 유책성이 혼인제도가 추구하는 목적과 민법의 지도이념인 신의성실의 원칙에 비추어 이혼청구를 배척할 정도로 중하지 아니하여, 민법 제840조 제6호의 이혼원인이 존재한다고 한 사례

【판결요지】

[1] 민법 제840조 제6호 소정의 이혼원인인 '혼인을 계속하기 어려운 중대한 사유가 있을 때'라 함은 혼인의 본질에 상응하는 부부공동생활 관계가 회복할 수 없을 정도로 파탄되고, 그 혼인생활의 계속을 강제하는 것이 일방 배우자에게 참을 수 없는 고통이 되는 경우를 말하고, 이를 판단함에 있어서는 혼인계속의사의 유무, 파탄의 원인에 관한 당사자의 책임 유무, 혼인생활의 기간, 자녀의 유무, 당사자의 연령, 이혼 후의 생활보장, 기타 혼인관계의 제반 사정을 두루 고려하여야 한다.
[2] 갑과 을 사이의 11년이 넘는 장기간의 별거, 갑과 병 사이의 사실혼관계 형성 및 자의 출산 등 제반사정을 고려하여 갑과 을의 혼인은 혼인의 본질에 상응하는 부부공동생활 관계가 회복할 수 없을 정도로 파탄되었고, 그 혼인생활의 계속을 강제하는 것이 일방 배우자에게 참을 수 없는 고통이 된다고 하여, 비록 '유책배우자'의 이혼청구라 하더라도 갑과 을의 혼인에는 민법 제840조 제6호의 '혼인을 계속하기 어려운 중대한 사유가 있을 때'라는 이혼원인이 존재한다고 한 사례.

【참조조문】

[1] 민법 제840조 제6호 / [2] 민법 제840조 제6호

【참조판례】

[1] 대법원 1991. 7. 9. 선고 90므1067 판결(공1991, 2158), 대법원 2007. 12. 14.

선고 2007므1690 판결

【전 문】

【원고, 피상고인】 원고 (소송대리인 법무법인 케이파트너스 담당변호사 김지학외 3인)

【피고, 상고인】 피고

【사건본인】 사건본인 1외 1인

【원심판결】 광주고법 2009. 6. 5. 선고 2008르242 판결

【주 문】

상고를 기각한다. 상고비용은 피고가 부담한다.

【이 유】

상고이유를 판단한다.

1. 상고이유 제1점에 대하여

가. 민법 제840조 제6호 소정의 이혼원인인 '혼인을 계속하기 어려운 중대한 사유가 있을 때'라 함은 혼인의 본질에 상응하는 부부공동생활 관계가 회복할 수 없을 정도로 파탄되고, 그 혼인생활의 계속을 강제하는 것이 일방 배우자에게 참을 수 없는 고통이 되는 경우를 말하고 (대법원 1991. 7. 9. 선고 90므1067 판결, 대법원 2007. 12. 14. 선고 2007므1690 판결 등 참조), 이를 판단함에 있어서는 혼인계속의사의 유무, 파탄의 원인에 관한 당사자의 책임 유무, 혼인생활의 기간, 자녀의 유무, 당사자의 연령, 이혼 후의 생활보장, 기타 혼인관계의 제반사정을 두루 고려하여야 한다.

나. 원심판결 이유에 의하면, 원고(1967. 1. 16.생)와 피고(1963. 7. 26.생)는 1990. 12. 12. 혼인신고를 마친 법률상 부부로서 그 사이에 미성년 자녀인 사건본인 1(1993. 4. 4.생), 사건본인 2(1994. 10. 22.생)를 두고 있는 사실, 원고는 피고의 잦은 음주와 외박으로 인하여 원만하지 않은 혼인생활을 하던 중 1997. 11. 30. 가출하여 따로 생활하다가 2003. 9. 30. 피고의 설득에 의해 다시 집으로 들어왔으나 한 달 만인 2003. 10. 30. 다시 가출한 사실, 원고와 피고는 원고가 최초 가출한 이후 잠시 가정으로 복귀한 기간을 제외하고 11년이 넘게 서로 떨어져 각자의 주거지에서 별개로 생활을 영위하여 온 사실, 원고는 2007년 초 소외인을 만나 현재까지 동거하면서 소외인과 사이에서 2008. 2. 12. 몸무게 2.4㎏으로 다리가 기형인 딸을 출산

한 사실, 사건본인들은 원고와 피고의 별거기간 동안 피고가 피고 어머니의 도움을 받아 양육하여 왔는데, 원심 변론종결일에 이르러서는 고등학교 1년생, 중학교 3년생으로 성장한 사실, 원고는 이 사건 조정기일에서 기형인 딸이 치료를 받아야 하는데 이혼이 되지 않아 자신의 자로 가족관계등록을 할 수 없어 어려움을 겪고 있고, 이미 혼인관계가 파탄이 되었으며 새로이 태어난 아이의 치료와 양육을 위해서는 피고와의 혼인관계를 해소하여야 한다는 의사를 표시하였고, 반면 피고는 사건본인들이 원고의 출산사실을 알지 못한 채 원고의 가정 복귀를 원하고 있으므로, 원고는 기형인 딸을 소외인에게 맡기는 조건으로 피고의 가정에 복귀하여야 한다는 의사를 표시하여 조정이 성립되지 아니한 사실 등을 알 수 있다.

다. 이를 앞에서 본 법리와 기록에 비추어 살펴보면, 원고와 피고의 혼인관계는 11년이 넘는 장기간의 별거와 원고와 소외인 사이의 사실혼관계 형성 등으로 인하여 혼인의 실체가 완전히 해소되고 원고와 피고 각자 독립적인 생활관계를 갖기에 이르렀으며, 이에 더하여 원고가 사실혼관계에서 기형아인 딸까지 출산하여 그 딸의 치료와 양육이 절실히 필요한 상황에 처하게 된 점, 원고와 피고의 혼인관계가 위와 같이 파탄에 이르게 된 데에는, 혼인기간 중 피고와의 갈등을 극복하기 위하여 최선의 노력을 다하지 아니한 채 미성년 자녀를 두고 일시 가정에 복귀한 기간을 제외하고 11년이 넘도록 장기간 가출하여 최근에 이르러 다른 남자와 사실혼관계를 맺은 원고의 책임과 혼인기간 중 잦은 음주와 외박으로 부부간의 갈등을 야기함으로써 원고를 가출에 이르게 하고, 원고가 혼인에 가정에 복귀할 수 있도록 갈등원인을 제거하고 정상적인 가정환경을 조성하며 지속적으로 원고의 행방을 찾는데 최선의 노력을 다하지 아니함으로써 결국 원고로 하여금 현 상황에까지 이르게 한 피고의 책임이 경합하였다고 할 것인 점, 원고와 피고 사이의 부부공동생활 관계의 해소 상태가 장기화 되면서, 원고의 유책성도 세월의 경과에 따라 상당 정도 약화되고, 원고가 처한 상황에 비추어 그에 대한 사회적 인식이나 법적 평가도 달라질 수밖에 없으므로, 현 상황에 이르러 원고와 피고의 이혼 여부를 판단하는 기준으로 파탄에 이르게 된 데 대한 책임의 경중을 엄밀히 따지는 것의 법적·사회적 의의(의의)는 현저히 감쇄(감살)되고, 쌍방의 책임의 경중에 관하여 단정적인 판단을 내리는 것 역시 곤란한 상황에 이르렀다고 보이는 점, 원고와의 이혼을 거절하는 피고의 혼인계속의사는 일반적으로 이혼 여부를 판단함에 있어서 반드시 참작하여야 하는 요소이기는 하지만, 원고와 피고가 처한 현 상황에 비추어 이는 혼인의 실체를 상실한 외형상의 법률혼관계만을 계속 유지하려는 것에 다름 아니라고 보이고, 피고의 혼인계속의사에 따라 현재와 같은 파탄 상황을 유지하게 되면, 특히 원고에게 참을 수 없는 고통을 계속 주는 결과를 가져올 것으로 보이는 점, 그 밖에 원심이 설시한 여러 사정 등을 종합·참작하여 보면, 원고와 피고의 혼인은 혼인의 본질에 상응하는 부부공동생활 관계가 회복할 수 없을 정도로 파탄되고, 그 혼인생활의 계속을 강제하는 것이 일방 배우자에게 참을 수 없는 고통이 된다고 할 것이며, 혼인제도가 추구하는 목적과 민법의 지도이념인 신의성실의 원칙에 비추어 보더라도 혼인관계의 파탄에 대한 원고의 유책성이 반드시 원고의 이혼청구를 배척하지 않으면 아니 될 정도로 중한 것이라고 단정할 수 없으므로, 원고와 피고의 혼인에는 민법 제840조 제6호 소정의 '혼인을 계속하기 어려운 중대한 사유가 있을 때'라는 이혼원인이 존재한다고 할 것이다.

원심의 이유설시는 이와 다르지만, 그 판시와 같은 여러 사정을 참작하여 원고와 피고의 혼인에는 민법 제840조 제6호 소정의 이혼원인이 존재한다는 취지로 판단한 결론은 정당한 것으로 수긍할 수 있고, 거기에 상고이유에서 주장하는 바와 같이 민법 제840조 제6호가 규정하는 이혼원인에 관한 법리를 오해하여 판결에 영향을 미친 위법이 없다.

2. 상고이유 제2점에 대하여

가. 민법 제843조에 의하여 준용되는 민법 제837조 제4항, 제2항 각 호에 의하면, 재판상 이혼의 경우 양육에 관한 사항의 협의가 이루어지지 아니하거나 협의할 수 없는 때에는 가정법원은 직권으로 양육자, 양육비용의 부담, 면접교섭권의 행사 여부 및 그 방법에 관하여 정할 수 있고, 민법 제909조 제5항에 의하면 재판상 이혼의 경우 가정법원은 직권으로 친권자를 정할 수 있으므로, 법원이 위와 같은 사항들을 정함에 있어서 반드시 이혼 당사자의 청구가 있어야 하는 것은 아니라고 할 것이다.

나. 원심이 같은 취지에서 직권으로 사건본인들에 관한 양육자, 양육비용의 부담, 면접교섭권의 행사 여부 및 그 방법, 친권자에 관하여 정한 것은 정당하고, 거기에 상고이유에서 주장하는 바와 같이 민법 제843조, 제837조 제3항, 제2항, 제909조 제5항의 해석·적용에 관한 법리오해 등의 위법이 없다.

3. 결론

그러므로 상고를 기각하고 상고비용은 패소자가 부담하도록 하여 관여 대법관의 일치된 의견으로 주문과 같이 판결한다.

대법관 안대희(재판장) 박시환 차한성 신영철(주심)

● 이 혼 ●

대법원 2010. 6. 24. 선고 2010므1256 판결

【사실관계】

원고(1936. 2. 10.생)와 피고(1934. 9. 25.생)는 1958. 2.경 결혼식을 올리고 동거하다가 1959. 4. 9. 혼인신고를 마친 법률상 부부인데, 두 사람 사이에 자녀가 출생하지 않은 사실, 원고는 1964년 고향인 경북 예천군 ○○면 △△리에 있는 원고 집에 피고를 남겨 두고 혼자 서울로 올라가 일을 하였는데, 그 무렵부터 피고와 별거하면서 소외인과 동거하기 시작하여 그 사이에 2남 1녀를 두었다.

【원심법원】

피고는 원고와의 사이에 자녀가 생기지 않았기 때문에 소외인과의 사이에 출생한 자녀가 집안의 대를 잇는 것도 괜찮겠다는 생각에 원고와 소외인의 관계를 묵인해 온 사실, 피고는 소외인이 낳은 자녀들이 피고를 큰어머니라고 부르고 피고는 이들을 친자식으로 여겨왔기 때문에 이 사건 이혼 청구에 응할 수 없다는 입장에 있었다.

【대법원】

원심의 판단에는 민법 840조 6호가 규정하는 이혼원인에 관한 법리를 오해하여 판결에 영향을 미친 위법이 있다는 이유로 원심 판결 파기환송.

원고와 피고의 혼인관계는 약 46년간 장기간의 별거와 원고와 소외인 사이의 사실혼관계 형성 등으로 인하여 혼인의 실체가 완전히 해소되고 원고와 피고 각자 독립적인 생활관계가 고착화되기에 이른 점, 원고와 피고가 별거할 무렵 원고의 아버지가 사망하고 그 후 피고가 시댁에서 나와 따로 집을 얻어 생활하면서 피고와 시댁과의 유대관계도 단절된 것으로 보이는 점, 원고와 소외인 사이에 출생한 자녀도 원고와 피고의 독립적인 생활관계를 자연스럽게 받아들이고 오히려 원고와 소외인을 진정한 부부로 받아들일 것으로 보이는 점, 원고와 피고의 혼인관계가 위와 같이 파탄에 이르게 된 것은 원고에게 책임이 있다고 할 것이나 별거 상태가 46년간 계속된 데에는 피고의 책임도 전혀 없다고 볼 수 없는 점, 원고와 피고 사이의 부부공동생활 관계의 해소 상태가 장기

화되면서 원고의 유책성도 세월의 경과에 따라 상당 정도 약화되고 원고가 처한 상황에 비추어 그에 대한 사회적 인식이나 법적 평가도 달라질 수밖에 없으므로, 현 상황에 이르러 원고와 피고의 이혼 여부를 판단하는 기준으로 파탄에 이르게 된 데 대한 책임의 경중을 엄밀히 따지는 것의 법적·사회적 의의(의의)는 현저히 감쇄(감살)되었다고 보이는 점, 원고와의 이혼을 거절하는 피고의 혼인계속의사는 일반적으로 이혼 여부를 판단함에 있어서 반드시 참작하여야 하는 요소이기는 하지만, 원고와 피고가 처한 현 상황에 비추어 이는 혼인의 실체를 상실한 외형상의 법률혼관계만을 계속 유지하려는 것에 다름 아니라고 보이고, 피고의 혼인계속의사에 따라 현재와 같은 파탄 상황을 유지하게 되면, 특히 원고에게 참을 수 없는 고통을 계속 주는 결과를 가져올 것으로 보이는 점 등을 종합·참작하여 보면, 원고와 피고의 혼인은 혼인의 본질에 상응하는 부부공동생활 관계가 회복할 수 없을 정도로 파탄되고, 그 혼인생활의 계속을 강제하는 것이 일방 배우자에게 참을 수 없는 고통이 된다고 할 것이며, 혼인제도가 추구하는 목적과 민법의 지도이념인 신의성실의 원칙에 비추어 보더라도 혼인관계의 파탄에 대한 원고의 유책성이 반드시 원고의 이혼청구를 배척하지 않으면 아니 될 정도로 여전히 남아 있다고 단정할 수 없으므로, 원고와 피고의 혼인에는 민법 제840조 제6호 소정의 '혼인을 계속하기 어려운 중대한 사유가 있을 때'라는 이혼원인이 존재한다고 할 것이다.

● 이혼및위자료청구 ●

대법원 1993.5.27. 선고 92므143 판결

【판결요지】

가. 재판상 이혼청구권은 부부의 일신전속적 권리이므로 이혼소송 계속중 배우자 일방이 사망한 때에는 상속인이 수계할 수 없음은 물론 검사가 수계할 수 있는 특별한 규정도 없으므로 이혼소송은 종료된다.

나. 이혼위자료청구권은 상대방 배우자의 유책불법한 행위에 의하여 혼인관계가 파탄상태에 이르러 이혼하게 된 경우 그로 인하여 입게 된 정신적 고통을 위자하기 위한 손해배상청구권으로서 이혼시점에서 확정, 평가되고 이혼에 의하여 비로소 창설되는 것이 아니며, 이혼위자료청구권의 양도 내지 승계의 가능 여부에 관하여 민법 제806조 제3항은 약혼해제로 인한 손해배상청구권에 관하여 정신상 고통에 대한 손해배상청구권은 양도 또는 승계하지 못하지만 당사자간에 배상에 관한 계약이 성립되거나 소를 제기한 후에는 그러하지 아니하다고 규정하고 같은 법 제843조가 위 규정을 재판상 이혼의 경우에 준용하고 있으므로 이혼위자료청구권은 원칙적으로 일신전속적 권리로서 양도나 상속 등 승계가 되지 아니하나 이는 행사상 일신전속권이고 귀속상 일신전속권은 아니라 할 것인바, 그 청구권자가 위자료의 지급을 구하는 소송을 제기함으로써 청구권을 행사할 의사가 외부적 객관적으로 명백하게 된 이상 양도나 상속 등 승계가 가능하다.

[서식 65] 판결서 (인지)

서울가정법원

판　　결

사　　건　2017드단67480 인지
원　　고　윤○○ (○○○○○○ - ○○○○○○○)
주소 서울 성북구 정릉동 16-171
본적 서울 성북구 정릉동 16-57
소송대리인 변호사 김기섭
피　　고　최○○ (○○○○○○ - ○○○○○○○)
주소 서울 강동구 상일동 178 대림빌라 7-101
본적 서울 성북구 동선동3가 259-4
변론종결　2017. 10. 10.
판결선고　2017. 10. 24.

주　　문

1. 원고는 피고의 친생자임을 인지한다
2. 소송비용은 각자 부담한다.

청구취지

주문과 같다.

이　　유

갑 제1 내지 4호증(가지 번호 포함)의 각 기재에 변론 전체의 취지를 종합하면, 소외 윤○○은 피고와 성관계를 가져 그 사이에서 원고를 출산한 사실을 인정할 수 있다(피고는 원고가 피고를 상대로 2016드단49492호로 제기한 인지 청구 및 과거 양육비 청구소송에서 원고와 피고 사이에 소취하의 합의가 있었다는 이유에서 원고의 소가 각하되었으므로 원고의 이 사건 인지 청구는 부당하다는 취지로 주장하나, 원고의 피고 사이에 소취하 합의는 2016드단49492호로 제기한 소에 관한 것일뿐이고 인지청구권은 포기할 수 없는 것이므로 이 사건 소제기에까지 미친다고는 볼 수 없으므로 피고의 주장은 이유 없다).

위 인정사실에 의하면, 원고는 피고의 친생자임을 인정할 수 있는바, 따라서 원고의 이 사건 청구는 이유 있어 이를 인용하기로 하여 주문과 같이 판결한다.

판사　최○○

● 인지 ●

대법원 1999. 10. 8. 선고 98므1698 판결

【판시사항】

[1] 생부의 인지 없이 생모에 의해 임의로 생부의 친생자로 출생신고되었다는 것을 이유로 한 인지무효확인심판의 기판력이 재판상 인지 청구에 미치는지 여부(소극)

[2] 가사소송법상의 가류 가사소송사건에 대한 재판상 화해나 조정의 가부(소극)

[3] 인지청구권 포기의 가부(소극)

【판결요지】

[1] 생부의 인지 없이 생모에 의해 임의로 생부의 친생자로 출생신고되었다는 것을 이유로 한 인지무효확인의 확정심판은 생부 스스로 자(자)를 그의 친생자로 인정하여 출생신고를 한 바 없는데도 생모에 의해 그러한 행위를 한 것처럼 호적상 기재가 되어 있으니 그 출생신고에 의한 임의 인지가 무효임을 확인한다는 것이 심판대상임이 명백하고, 따라서 그 기판력 역시 생부의 출생신고에 의한 임의 인지가 무효라는 점에 한하여 발생할 뿐이며, 나아가 생부와 자(자) 사이에 친생자관계가 존재하는지의 여부에 대해서까지 그 확정심판의 효력이 미치는 것은 아니므로, 그 확정심판의 효력은 자(자)와 생부 사이에 친생자관계가 존재함을 전제로 하여 재판상 인지를 구하는 청구에는 미치지 아니한다.

[2] 친생자관계의 존부확인과 같이 현행 가사소송법상의 가류 가사소송사건에 해당하는 청구는 성질상 당사자가 임의로 처분할 수 없는 사항을 대상으로 하는 것으로서 이에 관하여 조정이나 재판상 화해가 성립되더라도 효력이 있을 수 없다.

[3] 인지청구권은 포기할 수 없고, 포기하였다 하더라도 효력이 발생할 수 없다.

【참조조문】

[1] 민사소송법 제202조 제1항 , 가사소송법 제2조 제1항 / [2] 민사소송법 제206조 , 가사소송법 제2조 제1항 , 제59조 제2항 / [3] 민사소송법 제206조 , 가

사소송법 제2조 제1항 , 제59조 제2항

【참조판례】

[1] 대법원 1987. 6. 9. 선고 86다카2756 판결(공1987, 1141), 대법원 1996. 9. 6. 선고 96다25562 판결 /[2] 대법원 1968. 2. 27. 선고 67므34 판결(집16-1, 민120), 대법원 1968. 4. 6. 선고 65다139, 140 판결(집13-1, 민93) /[3] 대법원 1987. 1. 20. 선고 85므70 판결(공1987, 308)

【전 문】

【원고,피상고인】 원고 1 외 1인 (원고들 소송대리인 법무법인 광장 담당변호사 박우동 외 3인)

【피고】 서울지방검찰청 검사

【보조참가인,상고인】 피고 보조참가인 1 외 2인 (피고 보조참가인들 소송대리인 변호사 이균부 외 2인)

【원심판결】 서울고법 1998. 11. 6. 선고 97르89 판결

【주문】

상고를 모두 기각한다. 상고비용은 피고 보조참가인들의 부담으로 한다.

【이유】

상고이유(기간 경과 후에 제출된 상고이유보충서는 상고이유를 보충하는 범위 안에서)를 본다.

1. 원심판결 이유를 기록에 비추어 살펴보면, 원심은 그 채용 증거를 종합하여 다음과 같은 사실을 적법하게 인정하였다.
   (1) 소외 1은 경희대에 재학 중이던 1958. 5.경 호텔 등을 경영하던 소외 2와 만나 사귀다가 가족 몰래 혼인을 전제로 한 간소한 예식을 치르고 정교관계를 계속하던 중 1959. 6. 10. 원고 원고 1을, 1962. 4. 2. 원고 원고 2를 각 출산하였다.
   (2) 그런데 소외 2의 부모 등이 소외 1의 품행이 방정하지 못한 점을 들어 혼인에 극력 반대하여 소외 2는 혼인신고를 미루어 오다가 1963.경 증권투자로 큰 손해를 보고는 1963. 4.경 집을 나가 수개월 간 행방을 감추었던바,

그 사이에 소외 1은 1963. 9. 3. 소외 2의 도장을 임의로 사용하여 소외 2와의 혼인신고를 하고, 아울러 원고들을 그들 사이의 친생자로 출생신고를 하여, 소외 1과 원고들은 소외 2의 호적에 그의 처와 자(자)로 각 등재되었다.

(3) 이에 소외 2의 어머니 소외 3은 서울가정법원에 소외 1과 소외 2를 상대로 그들 사이의 혼인이 무효임을 확인하라는 심판청구를 하고, 한편 소외 1은 서울가정법원 65너911호로 소외 2와 소외 3을 상대로 원고들의 양육자로 소외 1을 지정하고 그들로 말미암아 소외 2와 동거할 수 없게 되었으니 연대하여 위자료 2,500,000원을 지급하라는 내용의 조정신청을 하였다.
그 후 소외 2와 소외 1의 혼인이 무효임을 확인한다는 판결이 선고되자, 이에 소외 1이 항소하였다가 항소기각의 판결을 선고받고 다시 상고하였는데, 혼인무효확인 청구사건이 대법원에 계속중이던 1966. 1. 17. 위의 조정사건에서 " 소외 1과 소외 2 사이의 남녀관계를 해소하고, 원고들과 소외 2 사이에 친생자관계가 없음을 확인하며, 원고들에 대한 양육 기타 모든 책임을 소외 1이 부담하고, 소외 1은 앞으로 원고들과 관계되는 일체의 재판상 청구를 하지 못하되, 소외 2와 소외 3은 소외 1에게 서울 중구 장충동 소재 대지와 건물을 양도하여 주고, 소외 1은 혼인무효확인 청구사건에 대한 상고를 취하하기로 한다."는 등의 내용으로 조정이 성립되었다. 이에 따라 소외 1이 혼인무효확인 청구사건에 대한 상고를 취하하여 혼인무효판결이 확정되고, 원고들은 혼인외의 자로 되었다.

(4) 소외 2는 혼인무효판결이 확정된 후인 1967. 6. 1. 피고 보조참가인 1과 혼인하여 그 사이에서 1968. 3. 18. 피고 보조참가인 2를, 1970. 6. 26. 피고 보조참가인 3을 각 출산하는 한편 원고들을 상대로 서울가정법원 67드877호로 인지무효확인청구를 하고, 이에 대하여 소외 1은 원고들의 특별대리인의 지위에서 소외 2를 상대로 서울가정법원 68드236호로 원고들의 외조모인 소외 4를 원고들의 양육자로 지정하고 그 양육비를 지급하라는 내용의 심판청구를 하였다.
그리하여 1968. 9. 6. " 소외 2가 1963. 9. 3.자로 서울특별시 종로구청장에게 한 원고들을 자(자)로 한 인지(출생신고)는 무효임을 확인한다."는 심판이 선고되고, 소외 1이 원고들을 대리하여 청구한 양육자지정 등 청구사건에서 같은 해 9. 19. "원고들이 소외 2의 친생자가 아님을 확인하고, 소외 2는 원고들에게 3,500,000원을 지급하되, 원고들은 더 이상의 금원청구를 하지 아니한다."는 내용의 재판상 화해가 성립되었다. 그리고 인지무효 확인심판이 확정됨에 따라 원고들은 소외 2의 호적에서 제적되고 일가창립에 의하여 각각 호주로 되어 부(부)란은 공란으로, 모(모)는 소외 1로 한 호적이 각 편제되었다.

(5) 위와 같이 재판상 화해가 성립된 다음 소외 1은 다른 남자와 혼인하고 원고들에게서 손을 떼었고, 한편 소외 2는 원고들에게 학비를 주어 유학을 보내기도 하고 그들의 결혼식에도 참석하기도 하는 등 실질적으로 원고들의 아버지 역할을 수행하여 오다가 1994. 11. 30. 사망하였고, 원고들은 1995. 1. 4. 이 사건 인지청구의 소를 제기하였다.

2. 본안전 항변 부분에 관한 상고이유에 대하여

원심은, 이 사건 인지청구는 이미 확정된 인지무효 확인심판 및 원고들과 소외 2 사이에 친생자관계가 없음을 확인하는 내용이 포함되어 있는 조정과 재판상 화해의 기판력들에 저촉되고, 그 조정과 재판상 화해의 내용에 비추어 금반언의 원칙에 반하며, 또한 사실상 인지청구권의 포기 내지 실효 이후에 소멸된 소권을 행사하는 것으로서 소권의 남용에 해당한다는 참가인들의 주장에 대하여, 인지무효확인의 확정심판은 소외 2 스스로 원고들을 그의 친생자로 인정하여 출생신고를 한 바 없는데도 소외 1에 의해 그러한 행위를 한 것처럼 호적상 기재가 되어 있으니 그 출생신고에 의한 임의 인지가 무효임을 확인한다는 것이 심판대상임이 명백하고, 따라서 그 기판력 역시 소외 2의 출생신고에 의한 임의 인지가 무효라는 점에 한하여 발생할 뿐이며, 나아가 소외 2와 원고들 사이에 친생자관계가 존재하는지의 여부에 대해서까지 그 확정심판의 효력이 미치는 것은 아니므로, 그 확정심판의 효력은 원고들이 소외 2와의 사이에 친생자관계가 존재함을 전제로 하여 재판상 인지를 구하는 이 사건 청구에는 미치지 아니하고, 친생자관계의 존부확인과 같이 현행 가사소송법상의 가류 가사소송사건에 해당하는 청구는 성질상 당사자가 임의로 처분할 수 없는 사항을 대상으로 하는 것으로서 이에 관하여 조정이나 재판상 화해가 성립되더라도 효력이 있을 수 없으므로 (대법원 1968. 4. 6. 선고 65다139, 140 판결 참조), 위의 조정이나 재판상 화해는 원고들과 소외 2 사이에 친생자관계가 없음을 확인한다는 점에 관한 한 그 효력이 없어 기판력이 생길 여지가 없고, 또 인지청구권은 포기할 수 없고, 포기하였다 하더라도 효력이 발생할 수 없는 것이므로 (대법원 1987. 1. 20. 선고 85므70 판결 참조), 조정이나 재판상 화해로 인하여 원고들이 인지청구권을 포기하였다거나 실권하였다고 할 수 없으며, 따라서 이 사건 청구가 금반언의 원칙에 반한다거나 권리남용에 해당한다고도 할 수 없다고 판단하여, 참가인들의 주장을 모두 배척하였다.

기록에 비추어 살펴보면, 원심의 위와 같은 판단은 옳고, 거기에 기판력이나 쟁점효, 권리실효, 권리포기 또는 금반언의 원칙 등에 관한 법리를 오해한 위법이 있다고 할 수 없다. 이 점에 관한 상고이유는 받아들일 수 없다.

3. 본안에 관한 상고이유에 대하여

원심판결 이유에 의하면, 원심은, 그 채택 증거인 유전자감정촉탁결과와 사실조회결과에 의하여 망 소외 2가 원고들의 친부일 가능성을 배제할 수 없고, 부권확률(부권확률)이 원고 조○식의 경우 낮게는 88.029%, 높게는 99.9999999998%, 원고 조○식의 경우 낮게는 91.891%, 높게는 99.99999999995%인 점을 인정한 다음, 여기에 위에서 본 사실관계를 종합하여, 원고들은 소외 1과 망 소외 2 사이에서 출생한 망 소외 2의 친생자임을 인정하고, 원고들의 이 사건 인지청구를 모두 인용하였다.

관련 증거들을 기록에 대조하여 살펴보면, 이러한 원심의 사실인정은 수긍이 가고, 거기에 채증법칙 위반이나 심리미진으로 인한 사실오인, 판단유탈 또는 입증책임에 관한 법리오해 등의 위법이 있다고 할 수 없다. 이 점에 관한 상고이유 또한 받아들이지 아니한다.

4. 그러므로 상고를 모두 기각하고, 상고비용은 패소자들의 부담으로 하기로 하여 관여 법관의 일치된 의견으로 주문과 같이 판결한다.

대법관 이돈희(재판장) 지창권 송진훈(주심) 변재승

● 유아인도등사전처분에대한재항고 ●

대법원 2008.11.24. 자 2008스104 결정

【판시사항】

가사소송법 제62조 제1항에 따라 자의 양육에 관한 현상을 변경하는 사전처분을 함에 있어서 고려할 사항

【결정요지】

가사소송법 제62조 제1항에 따른 자의 양육에 관한 현상을 변경하는 사전처분은 자의 복리를 우선적으로 고려하고, 자의 연령, 부모의 재산상황 기타 사정을 참작하여 사건의 해결을 위하여 특히 필요하다고 인정되는 경우에 한하여야 한다.

【참조조문】

가사소송법 제62조 제1항, 민법 제837조 제2항, 제912조

【전 문】

【재항고인】 재항고인 (소송대리인 법무법인 원율 담당변호사 최상관외 2인)
【상 대 방】 상대방
【사건본인】 사건본인
【원심결정】 울산지법 2008. 9. 22.자 2008브4 결정

【주 문】

원심결정을 파기하고, 사건을 울산지방법원 합의부에 환송한다.

【이 유】

재항고이유를 판단한다.

친권을 행사함에 있어서는 자의 복리를 우선적으로 고려하여야 하고(민법 제912조), 이혼 당사자 사이에 양육에 관한 사항의 협의가 되지 아니하거나 협의할 수 없어서 가정법원이 양육에 필요한 사항을 정하여야 하는 경우 자의 연령, 부

모의 재산상황 기타 사정을 참작하여야 한다(민법 제837조 제2항). 이러한 원칙은 가사소송법 제62조 제1항에 따른 자의 양육에 관한 사전처분에 관한 결정을 함에 있어서도 타당하므로, 양육에 관한 현상을 변경하는 사전처분은 자의 복리를 우선적으로 고려하고, 자의 연령, 부모의 재산상황 기타 사정을 참작하여 사건의 해결을 위하여 특히 필요하다고 인정되는 경우에 한하여야 한다.

기록에 의하면, 상대방이 재항고인을 상대로 이혼 및 양육자지정 청구를 하면서 그 판결확정시까지 재항고인의 사건본인(3세)에 대한 친권 및 양육권행사를 정지하고 상대방을 사건본인에 대한 친권자 및 양육자로 지정해 줄 것 등을 구하는 이 사건 사전처분신청을 한 사실, 한편 재항고인은 사건본인의 생모로서 사건본인을 출산한 후 계속하여 양육하고 있고, 현재 상대방과 별거중인데 상대방이 미리 연락할 경우 사건본인을 면접교섭하는 것을 방해하지 않고 있으며, 이미 우리나라 국적을 취득하여 사건본인을 데리고 출국할 위험도 없는 사실을 알 수 있는바, 사정이 이와 같다면 자의 복리와 자의 연령, 부모의 재산상황 기타 사정을 참작하더라도 미성년자인 사건본인의 양육에 관한 현상을 변경하는 사전처분이 사건의 해결을 위하여 특히 필요하다고 인정되는 경우라고 보기 어렵다.

그럼에도 불구하고, 원심은 이와 달리 사전처분의 필요성이 있다고 판단하여, 재항고인의 사건본인에 대한 친권 및 양육권행사를 정지하고 상대방을 사건본인에 대한 친권자 및 양육자로 지정하는 제1심결정을 유지하고 말았으니, 이러한 원심의 조치에는 자의 양육에 관한 사전처분의 필요성에 관한 법리를 오해하는 등으로 재판결과에 영향을 미친 위법이 있다.

그러므로 원심결정을 파기하고, 사건을 다시 심리·판단하게 하기 위하여 원심법원에 환송하기로 하여 관여 대법관의 일치된 의견으로 주문과 같이 결정한다.

대법관 김영란(재판장) 이홍훈 안대희(주심) 양창수

[서식 66] 친생자관계 존재·부존재확인의 소

친생자관계 존재·부존재확인의 소

인지액 20,000원
송달료 156,000원 (15회분×당사자 수)

사　　건 20○○드단87070 친생자관계 존재·부존재확인
원　　고 이○○ (○○○○○○ - ○○○○○○○)
주소 서울시 도봉구 창동 810 신창아파트 105동 102호
송달장소 구리시 인창동 668-1 주공아파트 603동 1108호
본적 전남 보성군 벌교읍 벌교리 365-2
피　　고 이○○ (○○○○○○ - ○○○○○○○)
주소 서울 동대문구 이문동 257-163
본적 전남 곡성군 곡성읍 구원리 634

변론종결 20○○. 9. 23.
판결선고 20○○. 10. 7.

청구취지

1. 원고와 피고 사이에는 친생자관계가 존재함을 확인한다.
2. 원고와 피고 사이에는 친생자관계가 존재하지 아니함을 확인한다.

라는 ㅍ나결으 구합니다.

청구원인

1. 인정사실
   가. 원고는 호적상 피고 부(父)로, 오○○ 을 모(母)로 하여 그들 사이의 친생자로 등재되어 있다. 나. 그러나, 실제로는 피고의 동생인 이○○(611124-0000000)이 조○○(640311-0000000)와 사이에서 원고를 출산하였는데, 피고와 오○○ 사이에 자식이 없었던 관계로 위 이○○ 과 조○○ 의 양해 아래 피고가 19○○. 12. 23. 위와 같이 원고의 출생신고를 한 것이다.
   나. 그 후 피고가 원고를 수년간 양육하였으나, 19○○. 12. 19. 오○○ 과 협의이혼을 하면서 원고를 이○○ 과 조○○ 에게 다시 데려다 주었고, 그 때부터는 이○○ 과 조○○ 가 원고를 줄곧 양육하였다.

2. 판단
   위 인정사실에 의하면 원고와 피고 사이에는 친생자관계가 존재하지 아니함이 명백하고, 원고로서는 그 확인의 이익이 있으므로, 원고의 피고에 대한 이 사건 청구는 이유

있어 주문과 같이 판결한다.

첨부서류

1. 기본증명서(상세)(원고, 피고) 각 1통
1. 가족관계증명서(상세)(원고, 피고) 각 1통
1. 주민등록표등(초)본(원고, 피고) 각 1통
1. 혼인관계증명서(원고, 피고) 각 1통
1. 기타 입증자료(유전자시험성적서) 1부
1. 소장 부본 1부

20 . . .

원고 (날인 또는 서명)

서울가정법원 귀중

◇ 유의사항 ◇

1. 소장에는 인지액 20,000원 상당의 금액을 현금이나 신용카드·직불카드 등으로 납부한 내역을 기재한 영수필확인서를 첨부하여야 합니다.
2. 송달료는 156,000원(15회분×당사자 수)을 송달료취급은행에 납부하고 납부서를 첨부하여야 합니다.
3. ☎ 란에는 연락 가능한 (휴대)전화번호를 기재하시기 바랍니다.

[서식 67] 부양료

서울가정법원
심　판

사　건 20○○느단5394 부양료
청 구 인 김○○ (○○○○○○ - ○○○○○○○)
주소 상주시 모동면 이동리 683
상 대 방 손○○ (○○○○○○ - ○○○○○○○)
주소 서울 노원구 상계동 111-77 엘지빌라 301
소송대리인 법무법인 ○○
담당변호사 ○○○, ○○○

주　문

1. 상대방은 청구인에게 부양료로 20○○. 6. 2.부터 청구인이 사망에 이르기까지 매월 말일에 300,000원씩을 지급하라
2. 심판비용은 각자 부담한다

청구취지

상대방은 친구에게 부양료로 30,000,000원 및 이에 대하여 이 사건 심판일로부터 완제일까지 연 15%의 비율에 의한 금원을 지급하라

이　유

기록에 의하면, 청구인과 상대방은 모자간이며, 청구인은 별다른 수입과 재산이 없이 위 주소지에서 거주하고 있고, 상대방은 목재회사에 다니면서 고정적인 급여를 받고 있다.
따라서 상대방은 청구인을 부양할 의무가 있다고 할 것이며, 청구인과 상대방의 관계, 생활정도, 청구인 및 상대방의 나이, 상대방 이외의 다른 부양의무자가 있는 점 등 기록에 나타난 여러 가지 사정을 고려하여 이 사건 심판청구서가 상대방에게 송달된 다음날인 20○○. 6. 2.부터 청구인이 사망에 이르기까지 매월 말일에 300,000원씩을 지급하는 것이 상당하다고 판단되어 주문과 같이 신판한다.(청구인은, 청구인과 상대방 사이에 상대방이 부친인 손○○ 로부터 상속받은 재산을 매각할 경우 청구인의 생활비 및 부양료로 매도대금 중 50%를 지급하기로 합의하였는바, 20○○. 3.경 그 부동산을 63,000,000원에 매각하였으므로, 약정에 기하여 그 중 30,000,000원을 지급하여야 한다는 취지로 주장하나, 위 합의를 인정할 만한 아무런 증거가 없다).

20○○. ○. ○.

판사　전○○

[서식 68] 재산분할

서울가정법원
제 1 부
심 판

사 건 2016느합130 재산분할
청 구 인 이○○ (○○○○○○ - ○○○○○○○)
서울 성북구 보문동6가 314 명가아트빌 201호
상 대 방 김○○ (○○○○○○ - ○○○○○○○)
서울 송파구 잠실동 251-2 201호

주 문

1. 상대방은 청구인에게 재산분할로 41,530,497원을 지급하라.
2. 청구인의 나머지 청구를 기각한다.
3. 심판비용 중 90%는 청구인이, 나머지는 상대방이 각 부담한다.
4. 제1항은 가집행할 수 있다.

청구취지

상대방은 청구인에게 재산분할로 별지 제1목록 기재 각 분양권[20]을 양도하라.

이 유

1. 인정사실
   가. 청구인과 상대방은 1987. 2. 24. 혼인신고를 마치고 그 사이에 아들 이○○ (1987. 8. 13.생), 이○○ (1987. 12. 18.생)를 둔 채 혼인생활을 유지해 오다가, 1998. 12. 15. 협의이혼신고를 마쳤으나, 그로부터 약 6개월 후 재결합하여 혼인신고를 마치지 않은 상태에서 혼인생황을 다시 시작하였다.
   나. 청구인은 혼인 중 영어과외를 하거나 영어학원에서 강사로 일하였으나 그로 인한 수입이 미미하였고, 이에 상대방은 1988년경부터 계를 하여 그 수익금으로 가계를 도왔다.
   다. 청구인과 상대방은 1994. 2. 11. 서울 종로구 창신동 647-42 소재 주택을, 2001. 2. 28. 별지 제2목록 제9항 기재 토지를, 2001. 4. 27. 별지 제2목록 제10항 기재 토지를 각 청구인 명의로 취득하였고, 위 협의이혼 직후인 1998. 12. 18. 위 창신동 소

20) 별지는 생략하였음

재 주택에 관한 소유명의를 상대방 앞으로 이전하였다.

라. 상대방은 위 협의이혼 직후부터 계 수익금 등을 부동산을 구입하는 데 투자하여, 1999. 1. 12. 별지 제2목록 제3항 기재 토지를 상대방 명의로 취득하고, 2003. 10. 10. 위 창신동 소재 주택을 매도하여 그 대금과 계 수익금으로 2003. 12. 22. 서울 송파구 잠실동 101-1 우성아파트 13동 102호를 경락받았다가 이를 다시 매도하여, 2010. 1. 21. 서울 송파구 잠실동 잠실주공아파트 212동 207호를 상대방 명의로 2013. 8. 23. 위 잠실주공아파트 221동 305호를 청구인 명의로, 2013. 9. 27. 위 잠실주공아파트 314동 102호를 상대방 명의로, 2013. 11. 5. 위 잠실주공아파트 405동 312호를 청구인 명의로 각 취득하였다(그 후 위 각 잠실주공아파트에 관한 재건축 사업이 진행되어, 청구인과 상대방은 위 잠실주공아파트 212동 207호에 관하여는 재건축될 아파트 2205동 2001호를, 위 잠실주공아파트 314동 102호에 관하여는 재건축될 아파트 308동 1902호를, 위 잠실주공아파트 405동 312호에 관하여는 재건축 될 아파트인 서울 송파구 잠실동 44 레이크팰리스 410동 502호를 각 분양받았다).

마. 또한, 상대방은 2013. 9.경 서울 강남구 역삼동 815 소재 점프밀라노 지하 2층 주차장에 관한 주차용역계약을 체결하여 투자금 100,000,000원을 지급하고 지금까지 주차관리업을 영위하고 있다.

바. 한편, 청구인은 2015. 8.경 가출한 후 임의로 2015. 9.경 위 잠실주공아파트 221동 305호를 매수인에게 융자금 180,000,000원을 인수시키는 조건으로 대금 450,000,000원에, 위 레이크팰리스 410동 502호 분양권을 매수인에게 융자금 310,000,000원을 인수시키는 조건으로 대금 654,000,000원에 각 매도하여 그 무렵 대금 합계 614,000,000원{= (450,000,000원 - 180,000,000원) + (654,000,000원 - 310,000,000)}을 수령하였고, 귀가를 종용하는 상대방의 요구를 받아들이지 않은 채 위 매도대금을 사용하면서 지금까지 홀로 생활하고 있다.

사. 청구인이 가출한 2015. 8.경 상대방은 위 각 부동산 이외에도 주거지인 서울 송파구 잠실동 251-2 소재 주택에 관한 임차보증금반환채권 60,000,000원, 우리은행에 예치해 둔 저축예금 합계 76,145,284원, 시가 17,340,400원 상당의 에스케이 주식 400주, 시가 612,007원 상당의 주식회사 에이치비씨코오롱 주식 253주, 위 잠실주공 아파트 314동 102호의 재건축으로 인한 조합원환급금채권 102,084,000원을 보유하고 있었다.

아. 한편, 위 2015. 8.경 부부 공동재산의 가액은 별지 제2목록 '가액'란 기재와 같다.

2. 판단

가. 재산분할의 대상

(1) 재산 내역 및 그 가액

위 인정사실에 의하면, 청구인과 상대방이 재결합한 후 비록 혼인신고를 마치지는 않았으나 부부공동생황을 영위하면서 혼인의 실체를 이루어 사실혼관계를 형성하였고, 청구인이 2015. 8.경 가출함으로써 그 사실혼관계가 해소되었다고 할 것인바, 사실혼관계 해소에 따른 재산분할에 있어 분할의 대상이 되는 재산과 액수를 사실혼관계가 해소된 날을 기준으로 정하는 것이 상당하므로, 별지 제2목록 기재 각 재산의 혼인 중 청구인과 상대방 공동의 노력으로 형성, 유지된 재산으로서 이 사건 재산분할의 대상이 된다고 할 것이다.

(2) 청구인의 주장 및 판단

이에 대하여 청구인은 먼저, 상대방이 2011. 10.부터 지금까지 위 점프밀라노 지하 주차장을 관리하면서 매월 1,500,000원씩 얻은 수익 합계 54,000,000원도 이 사건 재산분할의 대상에 포함되어야 한다고 주장하는바, 상대방이 위 주차장을 관리하면서 2013. 10.경부터 2014. 10.경까지 매월 약 1,500,000원, 그 다음 달부터 지금까지 매월 약 1,000,000원의 수익을 얻은 사실은 당사자사이에 다툼이 없으나, 상대방이 2013. 10.경부터의 위 각 월 수익금을 지금까지 보유하고 있다고 볼 만한 아무런 증거가 없고, 오히려 상대방이 이를 생활비 등의 용도로 모두 소비한 것으로 보이므로, 위 주장은 이유 없다.

또한, 청구인은, 청구인이 2015. 9.경 위 잠실주공아파트 221동 305호와 위 레이크팰리스 410동 502호 분양권을 매도하고 수령한 대금에서 부동산중개수수료 10,000,000원, 국민은행 대출금 변제액 18,244,000원, 태서식품 투자손실액 100,000,000원, 생활비 30,000,000원, 자녀에게 송금한 생활비 5,000,000원, 주민세 납부금액 8,174,200원을 지출하였으므로 그 나머지인 469,581,800원만이 이 사건 재산분할의 대상이 되어야 한다고 주장하나, 이는 청구인이 가출하여 이미 사실혼관계가 해소된 이후에 지출된 것이고 그 지출 내역 또한 대부분 청구인의 개인적 용도에 해당하는데다가 이것이 모두 매도대금에서 지출된 것이라고 볼 만한 증거도 없으므로, 위 주장도 이유 없다.

또한 청구인은, 자신의 명의로 보유하고 있던 별지 지2목록 제9항 기재 토지에 관하여 2017. 1. 12. 세금체납에 따른 공매가 진행되어 그 소유권을 상실하였으므로 위 토지는 더 이상 이 사건 재산분할의 대상으로 고려될 수 없다고 주장하나, 앞서 적시한 바와 같이 이 사건 재산분할은 사실혼관계가 해소된 2015. 8.경을 기준으로 하여 분할대상 재산 내역과 그 가액을 확정하는 것이고, 청구인이 2015. 8.경 위 토지를 보유하고 있었음은 이미 인정한 바와 같으므로, 청구인이 현재 위 토지를 보유하고 있지 않더라도 2015. 8.경 위 토지의 가치를 이 사건 재산분할의 대상으로 고려함이 상당하다고 할 것이어서, 위 주장도 이유 없다.

마지막으로 청구인은, 위 2015. 9.경 아파트 매도에 따른 양도세납부채무 54,760,510원과 주민세납부채무 1,081,940원은 청구인의 소극재산으로서 이 사건 재산분할의 대상에 포함되어야 한다고 주장하나, 위 양도세납부채무는 청구인이 상대방과 아무런 상의 없이 부부 공동재산을 임의로 처분함으로써 부담하게 된 것이고, 위 주민세납부채무는 사실혼관계가 이미 해소된 이후인 2016년도의 조세채무에 해당하여, 상대방과 공동으로 부담해야 할 성질의 소극재산으로 볼 수 없으므로, 위 주장도 이유 없다.

(3) 상대방의 주장 및 판단

한편 상대방은, 청구인이 분할을 구하고 있는 대부분의 재산은 상대방이 계 수익금을 부동산에 투자하여 형성한 것으로서 실질적으로 상대방 소유의 재산이므로 청구인의 재산분할 청구에 응할 수 없다는 취지로 주장하나, 앞서 인정한 모든 분할대상 재산이 청구인과 상대방의 혼인생활 중 형성된 것이어서 설령 위 주장과 같이 오로지 상대방의 노력으로 위 각 재산을 형성한 것이라고 하더라도 그와 같은 사정을 고려하여 재산분할비율을 정하는 것은 별론으로 하고, 부부공동생활관계가 유지되고 있는 동안에 취득한 재산을 혼인관계 해소에 따른 재산분할의 대상에서 아예 제외할 수는 없다고 할 것이므로, 위 주장은 이유 없다.

나. 재산분할의 방법 및 비율

분할대상 재산의 형태, 그 이용 상황 및 현재의 소유명의와 취득경위 등 이 사건 심문에 나타난 여러 사정을 종합하여 보면, 위 각 공동재산을 그 보유현황에 따라 청구인과 상대방에게 각 확정적으로 귀속시키되, 그 결과 이 사건 재산분할로 청구인에게 궁극적으로 귀속되어야 할 금액을 상대방이 금전으로 정산하는 것이 상당하다고 할 것이다.

나아가 청구인에게 귀속되어야 할 재산분할의 비율 및 가액에 관하여 살피건대, 상대방이 계 수익금으로 부동산투자에 성공한 것이 위 각 공동재산을 형성, 유지하는 데 주된 기여를 한 것으로 보이는 점, 청구인이 가출하여 일방적으로 사실혼관계를 파기한 점, 그 무렵 청구인이 임의로 처분한 아파트 가액이 그 후 크게 상승한 점, 청구인이 가출한 후로 상대방이 자녀들을 홀로 양육하고 있는 점, 그 밖에 전체 분할대상 재산의 취득경위, 청구인과 상대방의 나이, 가족관계, 혼인생활의 과정 및 계속기간 등 이 사건 심문에 나타난 제반 사정을 종합적으로 고려할 때 청구인의 재산분할 비율은 약 30%로 정함이 상당하고, 그에 따라 청구인에게 귀속되어야 할 금액은 별지 제2목록 기재 분할대상 총 재산 가액 합계 2,337,161,194원 중 위 30%의 재산분할 비율에 상응하는 금액을 약간 하회하는 700,000,000원으로 정함이 상당하다.

다. 청구인 보유 재산 가액의 공제

한편, 위 인정사실에 의하면, 청구인이 사실혼 해소 무렵 별지 제2목록 제9. 10, 11항 기재 각 재산 가액 합계 658,469,503원을 보유하고 있었으므로, 결국 상대방은 청구인에게 재산분할로 위 700,000,000원에서 위 658,469,503원을 공제한 나머지 41,530,497원을 지급할 의무가 있다.

3. 결론

그렇다면, 이 사건 재산분할 청구에 관하여는 위와 같이 정하기로 하여 주문과 같이 심판한다.

20○○. 6. 16.

재판장 판사 김○○

판사 김○○ 출산휴가로 기명날인 불능

재판장 판사 김○○

판사 시○○

[서식 69] 양육자변경

서울가정법원

심 판

사 건 2016느단5126 친권자 및 양육자변경
청 구 인 안○○ (○○○○○○ - ○○○○○○○)
주소 서울 노원구 상계동 995 한신아파트 5-503
본적 상주시 사벌면 화달리 387
상 대 방 성○○ (○○○○○○ - ○○○○○○○)
주소 서울 노원구 상계동 389-314
본적 충남 금산군 금성면 화림리 740
대리인 법무법인 ○○
담당변호사 ○○○
사건본인 안○○ (○○○○○○ - ○○○○○○○)
주소 서울 노원구 월계동 556
본적 청구인과 같다.

주 문

1. 청구인은 매월 1회, 첫째 일요일 오후 2시부터 오후 6시까지 청구인의 주소지 또는 청구인이 책임질 수 있는 장소에서 사건본인을 면접교섭할 수 있다.
2. 청구인의 주위적 청구를 기각한다.
3. 심판비용은 각자가 부담한다.

청구취지

주위적으로, 사건본인에 대한 친권자 및 양육자를 청구인으로 변경한다. 예비적으로 청구인은 매월 중 청구인이 희망하는 각 15일간 사건본인과 청구인의 주소지에서 동거할 수 있다.

이 유

1. 인정사실

이 사건 기록에 의하면 다음과 같은 사실이 인정된다.

가. 청구인과 상대방은 1994. 11. 9. 혼인신고를 마치고 그 사이에 사건본인을 출산한 법률상 부부였으나, 2016. 1. 25. 이혼조정이 성립되었는데 당시 사건본인에 대한 친권자 및 양육자로 상대방을 지정하기로 하였다.

나. 사건본인은 태어난 지 한 달 보름 후부터 사건본인의 이모가 맡아 양육하고 있고, 현재 청구인, 상대방보다는 이모에게 더 정서적인 친밀감을 느끼고 있으며 갑자기 양육환경이 바뀌는 것에 대한 두려움을 갖고 있다.

다. 사건본인의 이모는 자신이 사건본인을 계속 양육하겠다는 의사를 밝히고 있다.

2. 주위적 청구에 대한 판단

청구인은 이 사건 주위적 청구원인으로, 상대방은 사건본인을 직접 양육하지 않고 사건본인의 양육을 전적으로 사건본인의 이모에게 맡기면서 자신에게 양육비를 계속 요하고 있으므로, 사건본인에 대한 친권자 및 양육자를 청구인으로 변경하여야 한다고 주장한다.

그러므로 살피건대, 위 인정사실과 이 사건 심리에 나타난 사건본인의 연령, 성별, 현재까지의 양육상황, 교육환경, 청구인과 상대방의 연령, 직업 가족관계, 재산상태, 양육의사 등 여러 사정을 종합하여 보면, 사건본인에 대한 친권자, 양육자를 청구인으로 변경하는 것보다는 사건본인에게 현재의 양육환경을 유지하는 것이 사건본인의 원만한 성장과 복지를 위하여 적절하다고 할 것이다.

따라서, 청구인의 주위적 청구를 기각한다.

3. 예비적 청구에 대한 판단

앞서 본 인정사실과 이 사건 심리에 나타난 사건본인의 생활환경, 당사자들의 의사 등을 종합하여 보면, 주문 제1항 기재와 같이 면접교섭의 횟수, 시간, 방법 등을 정하는 것이 사건본인의 심리적 안정과 복지를 위하여 합당하다고 할 것이다.

4. 결론

그렇다면, 청구인의 이 사건 친권자 및 양육자 변경청구는 이유 없어 이를 기각하고, 면접교섭에 관하여는 위와 같이 정하기로 하여 주문과 같이 심판한다.

20○○. 4. 19.

판사 전○○

[서식 70] 친권상실

서울가정법원
제 1 부
심 판

사 건 20○○느합71 친권상실
청 구 인 김○○ (○○○○○○ - ○○○○○○○)
서울 관악구 신림동 409-108 전원빌라 나동 101호
상 대 방 정○○ (○○○○○○ - ○○○○○○○)
현재 소재불명
최후주소 서울 구로구 개봉동 109-5 성산아트빌 302호
사건본인 1. 최○○ (○○○○○○ - ○○○○○○○)
2. 최○○ (○○○○○○ - ○○○○○○○)
사건본인들 주소 서울 강북구 미아동 653-39
사건본인들 본적 서울 관악구 신림동 566-13

주 문

1. 상대방은 사건본인들에 대한 친권을 상실한다.
2. 심판비용은 상대방이 부담한다.

청구취지

주문과 같다.

이 유

1. 인정사실, 아래 각 사실은 갑 제1호증의 1, 2, 3, 갑 제2, 3호증의 각 기재에 심문 전체의 취지를 종합하여 인정할 수 있다.
   가. 청구인의 아들인 망 최○○ 은 2011. 10. 20. 상대방과 혼인신고를 마치고 그 사이에서 사건본인들을 낳았으나, 2017. 5. 17. 교통사고로 사망하였다.
   나. 상대방은 망 최○○ 사망 후 자주 외박을 하는 등 가사와 양육을 소홀히 하다가 2017. 11. 20.경 가출하였고, 2018. 2. 5.경에는 재혼을 이유로 사건본인들에 대한 양육권을 포기하겠다는 각서를 작성하여 청구인에게 교부하였다.
   다. 그 후로 상대방은 사건본인들과 일체의 연락을 하지 아니하였고, 현재 그 소재를 알 수 없는 상태이다.

라. 한편, 상대방이 가출한 후 현재까지 청구인이 사건본인들을 양육하고 있다.

2. 판단 및 결론

위 인정사실에 의하면, 망 최○○ 사망 직후인 2017. 11. 20.경 가출하여 현재까지 사건본인들을 보호양육하지 않고 있는 상대방에게는 사건본인들에 대한 친권을 행사시킬 수 없는 중대한 사유가 있다고 인정되므로, 그 친권상실을 구하는 청구인의 이 사건 청구를 인용하기로 하여 주문과 같이 심판한다.

20○○. ○. ○.

재판장 판사 김○○

판사 김○○

판사 시○○

[서식 71] 혼인무효의 소장

혼인무효 확인의 소

원 고 정 ＊ ＊ (전화 019-＊＊＊-1234)
주민등록번호 780313-＊＊＊＊＊＊＊
주 소
등록 기준지 서울 ＊＊구 ＊＊동 ＊＊번지

피 고 박 ○ ○(전화 010-＊＊＊-2222)
주민등록번호 750313-＊＊＊＊＊＊＊
주 소
등록 기준지 서울 ＊＊구 ＊＊동 ＊＊번지

청 구 취 지

1. 원고와 피고의 혼인신고(20○○년 ＊월 ＊＊일 서울특별시 강서구청장 접수)는 무효임을 확인한다.
2. 소송비용은 피고의 부담으로 한다.

라는 판결을 구합니다.

청 구 원 인

1. 피고는 원고와 초등학교 동창으로서 최근 동창회에서 몇 번 만났을 뿐 혼인에 관한 말을 꺼낸 적도 없으며, 혼인할 의사도 없었습니다.
2. 그럼에도 피고는 20○○년 ＊월 ＊일 서울특별시 강서구청장에게 원고도 모르게 일방적으로 혼인신고를 하였습니다.
3. 따라서 피고와 원고의 혼인은 당사자간에 합의가 없이 이루어진 무효의 혼인이므로 청구취지와 같은 판결을 구하게 된 것입니다.

첨 부 서 류

1. 소장부본	1통
1. 가족관계등록사항별증명서	1통
1. 혼인관계증명서	1통
1. 주민등록표등본	1통

20○○년 ○월 ○일

위 원고 정 ＊ ＊ (인)

서울가정법원 귀중

[서식 72] 혼인취소의 소

혼인취소의 소

원 고 : (☎ :)
주민등록번호 :
주 소 :
송 달 장 소 :
등 록 기준지 :

피 고 :
주민등록번호 :
주 소 :
등 록 기준지 :

청 구 취 지

1. 원고와 피고 사이에 [년 월 일] (시,도) (시,군,구)청장 에게 신고하여 한 혼인은 취소한다.
2. 소송비용은 피고가 부담한다. 라는 판결을 구함.

청 구 원 인

(소송을 제기하는 사유를 구체적으로 기재)

첨 부 서 류

1. 혼인관계증명서(원고, 피고) 각 1통
1. 가족관계증명서(원고, 피고) 각 1통
1. 주민등록표등(초)본(원고, 피고) 각 1통
1. 혼인신고서사본 1부
1. 소장부본 1부

20 . . .

원고 : (서명 또는 날인)

서울○○법원 귀중

◇ 유의사항 ◇

1. 소장에는 인지액 20,000원 상당의 금액을 현금이나 신용카드·직불카드 등으로 납부한 내역을 기재한 영수필확인서를 첨부하여야 합니다.
2. 송달료는 송달료취급은행에 납부하고 납부서를 첨부하여야 합니다.
3. ☎ 란에는 연락 가능한 휴대전화번호(전화번호)를 기재하시기 바랍니다.

[서식 73] 인지청구의 소장

인지청구의 소

원 고 김 ＊ ＊
주민등록번호 580313-＊＊＊＊＊＊＊
주 소
위 원고는 미성년자이므로 그 법정대리인
친권자(생모) 이 ＊ ＊ (전화 010-＊＊＊-1233)
주민등록번호 780313-＊＊＊＊＊＊＊
주소 및 등록기준지 위와 같은 곳

피 고 서울중앙지방검찰청 검사

청 구 취 지

원고는 소외 망 김△△(등록기준지 서울 동작구 사당동 ＊＊＊＊-1번지, 1930년 ＊월 ＊＊일생)의 자임을 인지한다.
라는 판결을 구합니다.

청 구 원 인

1. 원고의 생모인 소외 이 ＊ ＊은 소외 망 김△△과 혼인을 약속하고 2008년 10월 20일 경부터 동거하여 왔고, 2015. 5. 10. 둘 사이에 원고 김 ＊ ＊을 출산하였습니다.
2. 위 망 김△△은 2018. 5. 5. 심장마비로 갑자기 사망함으로써 아들의 출생을 보지 못했습니다.
3. 따라서 생모인 법정대리인은 원고의 생부가 사망하였으므로 민법 제864조에 의하여 검사를 상대로 하여 이 청구를 하는 것입니다.

첨 부 서 류

1. 소장부본 1통
1. 가족관계등록사항별증명서 1통
1. 주민등록표등본 1통
1. 제적등본 또는 기본증명서(소외 망 ooo) 1통
1. 출산증명서 1통

20○○. ○. ○.

위 원고 김 ＊ ＊

위 원고는 미성년자이므로

법정대리인 친권자(모) 이 ＊ ＊ (인)

서울가정법원 귀중

[서식 74] 이혼(친권자 지정)신고서 (러시아어-병행)

[양식 제11호]
[Форма №11]

이혼(친권자 지정)신고서
Заявление о разводе(назначении лица с родительским правом)
(년 월 일)
(год месяц число)

※ 신고서 작성 시 뒷면의 작성 방법을 참고하고, 선택항목에는 '영표(◯)'로 표시하기 바랍니다.

※ Пожалуйста, ознакомьтесь с инструкцией по заполнению на обратной стороне формы. На вопросы, требующие выбора, ответьте, используя 'символ нуля (◯)'.

구 분 Раздел			남 편(부) Муж(супруг)				아 내(처) Жена(супруга)			
①이혼 당사자 (신고인) ①Лица, расторгающие брак(заявители)	성 명 Ф.И.О.	한글 На корейском	*(성) /(명) *(Ф.) /(И.О.)			(인) 또는 서명 (личная печать) или подпись	*(성) /(명) *(Ф.) /(И.О.)			(인) 또는 서명 (личная печать) или подпись
		한자 Китайскими иероглифами	(성) /(명) (Ф.) /(И.О.)				(성) /(명) (Ф.) /(И.О.)			
	본(한자) Происхождение семейного клана (китайскими иероглифами)			전화 Тел.			본(한자) Происхождение семейного клана (китайскими иероглифами)		전화 Тел.	
	*주민등록번호 *Регистрационный номер резидента		-				-			
	출생연월일 Дата рождения									
	*등록기준지 *Место постоянной регистрации									
	*주 소 *Адрес									
②부모(양부모) ②Родители(приемные родители)	부(양부)성명 Ф.И.О. отца (приемного отца)									
	주민등록번호 Регистрационный номер резидента		-				-			
	모(양모)성명 Ф.И.О. матери (приемной матери)									
	주민등록번호 Регистрационный номер резидента		-				-			
③기 타 사 항 ③Прочее										

〈러시아어〉 [참고용]

④재판확정일자 ( ) ④Дата подтверждения судебного решения ( )	년 월 일 год месяц число	법원명 Наименование суда	법원 суд
아래 친권자란은 협의이혼 시에는 법원의 협의이혼의사확인 후에 기재합니다. При расторжении брака по взаимному согласию поля ниже, касающиеся лица с родительским правом заполняются только после подтверждения судом намерения расторгнуть брак обеих сторон.			

⑤친권자 지정 ⑤ Назначение лица с родительским правом							
	미성년인 자의 성명 Ф.И.О. несовершеннолетнего						
	주민등록번호 Регистрационный номер резидента	-			-		
	친권자 Лицо с родительским правом	1부2모 3부모 1Отец 2Мать 3 Родители	효력발생일 Дата вступления в силу	년 월 일 год месяц число	1부2모 3부모 1Отец 2Мать 3Родители	효력발생일 Дата вступления в силу	년 월 일 год месяц число
			원인 Основание	1 협의 2 재판 1 По согласию 2 Через суд		원인 Основание	1 협의 2 재판 1 По согласию 2 Через суд
	미성년인 자의 성명 Ф.И.О. несовершеннолетнего						
	주민등록번호 Регистрационный номер резидента	-			-		
	친권자 Лицо с родительским правом	1부2모 3부모 1Отец 2Мать 3 Родители	효력발생일 Дата вступления в силу	년 월 일 год месяц число	1부2모 3부모 1Отец 2Мать 3Родители	효력발생일 Дата вступления в силу	년 월 일 год месяц число
			원인 Основание	1 협의 2 재판 1 По согласию 2 Через суд		원인 Основание	1 협의 2 재판 1 По согласию 2 Через суд

⑥신고인 출석여부 ⑥Явка заявителя	1 남편(부) 2 아내(처) 1 Муж(супруг) 2 Жена(супруга)			
⑦제출인 ⑦Податель документа	성 명 Ф.И.О.		주민등록번호 Регистрационный номер резидента	-

※ 타인의 서명 또는 인장을 도용하여 허위의 신고서를 제출하거나, 허위신고를 하여 가족관계등록부에 실제와 다른 사실을 기록하게 하는 경우에는 **형법에 의하여 처벌**받을 수 있습니다. **눈표(*)로 표시한 자료**는 국가통계작성을 위해 통계청에서도 수집하고 있는 자료입니다.

※ В случае подачи поддельного заявления с использованием подписи или печати другого лица без его согласия, произведения записи с указанием ложных сведений в реестре родства виновному может вынесено **наказание в соответствии с Уголовным кодексом. Данные, отмеченные звездочкой (*)**, собираются также Национальным статистическим управлением с целью составления национальной статистики.

※ 아래 사항은 **「통계법」 제24조의2에 의하여 통계청에서 실시하는 인구동향조사**입니다. 「통계법」 제32조 및 제33조에 의하여 성실응답의무가 있으며 개인의 비밀사항이 철저히 보호되므로 사실대로 기입하여 주시기 바랍니다.

※ Ниже приведены пункты по **исследованию демографических тенденций, которое проводится Национальным статистическим управлением в соответствии с п. 2 ст. 24 「закона «О статистике»」.** Согласно статьям 32, 33 「закона «О статистике»」 вы обязаны достоверно ответить на все вопросы. При этом ваши личные данные всесторонне защищены и конфиденциальны. Просим достоверно заполнить все пункты.

※ 첨부서류 및 이혼당사자의 국적은 국가통계작성을 위해 통계청에서도 수집하고 있는 자료입니다.

〈러시아어〉 [참고용]

※ Прилагаемые документы и гражданство расторгающих брак собираются также Национальным статистическим управлением с целью составления национальной статистики.

인구동향조사
Исследование демографических тенденций

㉮실제 결혼 생활 시작일 ⓐДата начала совместного проживания (фактически)	년 월 일부터 С год месяц число	㉰19세 미만 자녀 수 ⓒКоличество детей младше 19 лет	명 Чел.	
㉯실제 이혼 연월일 ⓑДата расторжения брака (фактически)	년 월 일부터 С год месяц число			

㉱최종 졸업학교 ⓓ Последнее образование	남편(부) муж(супруг)	1하력 없음 1без образования 4고등학교 4старшая школа	2초등학교 2начальная школа 5대학(교) 5ВУЗ	3중학교 3средняя школа 6대학원 이상 6 послевузовское образование	아내(처) жена(супруга)	1하력 없음 1без образования 4고등학교 4старшая школа	2초등학교 2начальная школа 5대학(교) 5ВУЗ	3중학교 3средняя школа 6대학원 이상 6 послевузовское образование
㉲직업 ⓔ Профессия	남편(부) муж(супруг)	1관리직 1Руководитель 3사무직 3Офисные работники 5판매직 5Занимающийся продажей 7기능직 7Технический персонал 9단순노무직 9Простые рабочие 11학생 · 가사 · 무직 11Студент· Домашнее хозяйство· Безработный	2전문직 2Специалист 4서비스직 4Работники по обслуживанию 6농림어업 6Сельское, лесное или рыбное хозяйство 8장치 · 기계 조작 및 조립 8Инженер по эксплуатации и сборке машин и оборудования 10군인 10Военнослужащий		아내(처) жена(супруга)	1관리직 1Руководитель 3사무직 3Офисные работники 5판매직 5Занимающийся продажей 7기능직 7Технический персонал 9단순노무직 9Простые рабочие 11학생 · 가사 · 무직 11Студент· Домашнее хозяйство· Безработный	2전문직 2Специалист 4서비스직 4Работники по обслуживанию 6농림어업 6Сельское, лесное или рыбное хозяйство 8장치 · 기계 조작 및 조립 8Инженер по эксплуатации и сборке машин и оборудования 10군인 10Военнослужащий	

작 성 방 법
Инструкция по заполнению

※등록기준지: 각 란의 해당자가 외국인인 경우에는 그 국적을 기재합니다.

※Место постоянной регистрации: В случае, когда лицо в соответствующей графе является иностранным гражданином, то ему необходимо написать свое гражданство.

※주민등록번호: 각 란의 해당자가 외국인인 경우에는 외국인등록번호(국내거소신고번호 또는 출생연월일)를 기재합니다.

※Регистрационный номер резидента: В случае, когда лицо в соответствующей графе является иностранным гражданином, то ему необходимо написать номер регистрации иностранца (номер регистрации места проживания в Корее или дату рождения).

①란: 협의이혼신고의 경우 반드시 당사자 쌍방이 서명(또는 기명날인) 하여야 하나, 재판상 이혼신고의 경우에는 일방이 서명(또는 기명날인)하여 신고할 수 있습니다.

〈러시아어〉 [참고용]

Графа ①: В случае расторжения брака по взаимному согласию супругов, обязательно двум сторонам поставить подписи (или записать Ф.И.О и поставить печать), но в случае подачи заявления о расторжении брака по решению суда может подписать один супруг (или записать Ф.И.О и поставить печать) и заявлять о разводе.

②란: 이혼당사자의 부모가 주민등록번호가 없는 경우에는 등록기준지(본적)를 기재합니다. 이혼당사자가 양자인 경우 양부모의 인적사항을 기재하며, 이혼당사자의 부모가 외국인인 경우에는 주민등록번호란에 외국인등록번호(또는 출생연월일) 및 국적을 기재합니다.

Графа ②: В случае, когда у родителей лиц, расторгающих брак, нет регистрационного номера резидента, нужно написать место регистрации(место постоянной регистрации). В случае, когда лицо, расторгающее брак является приемным ребенком, вписать личные данные о приемных родителях, и в случае, когда родители являются иностранными гражданами, пишется их регистрационный номер иностранца (или дату рождения) в поле «регистрационный номер резидента» и гражданство.

③란: 아래의 사항 및 가족관계등록부에 기록을 분명하게 하는 데 특히 필요한 사항을 기재합니다.

Графа ③: Вписать факты, указанные ниже или особенно необходимые для внесения четкой информации в запись реестра семейного родства.

- 신고사건으로 인하여 신분의 변경이 있게 되는 사람이 있을 경우에 그 사람의 성명, 출생연월일, 등록기준지 및 신분변경의 사유
- В случае, когда есть лицо, статус которого изменяется в соответствии с зарегистрированным делом, указываются Ф.И.О.
, дата рождения, место постоянной регистрации того лица и причина изменения статуса.
- 피성년후견인(2018. 6. 30.까지는 금치산자 포함)이 협의상 이혼을 하는 경우에는 동의자의 성명, 서명(또는 날인) 및 출생연월일
- Если разводится совершеннолетний подопечный (включая недееспособное лицо до 30 июня 2018 года) по взаимному согласию, то указать Ф.И. О. тех, кто соглашаются с его разводом и их подпись (или печать) и их даты рождения.

④란: 이혼판결(화해, 조정)의 경우에만 기재하고, 협의이혼의 경우에는 기재하지 않습니다.

Графа ④: Заполняется только в случае судебного решения о расторжении брака (примирение, регулирование), а в случае расторжения брака по взаимному согласию супругов не заполнять.

: 조정성립, 조정에 갈음하는 결정, 화해성립이나 화해권고결정에 따른 이혼신고의 경우에는 "재판확정일자"아래의 ( )안에 "조정성립", "조정에 갈음하는 결정확정" 또는 "화해성립", "화해권고결정"이라고 기재하고, "연월일"란에 그 성립(확정)일을 기재합니다.

: В случае регистрации расторжения брака в результате совершения регулирования или решения, заменяющего регулирование, примирения, решения о рекомендации примирения, надо вписать в ( ) под «дата решения суда» фразы «совершение регулирования», «решение, заменяющее регулирование» или «установление примирения», «решение о рекомендации о примирении» и написать в графе «год месяц дата» дату их установления (подтверждения).

⑤란: 협의이혼의사확인 신청시에는 기재하지 아니하며, 법원의 이혼의사확인 후에 정하여진 친권자를 기재합니다.

Графа ⑤: В случае подачи заявления о подтверждении намерения о расторжении брака не заполнять, а после подтверждения судом намерения о расторжении брака пишется назначенное лицо с родительским правом.

지정효력발생일은 협의이혼의 경우 이혼신고일, 재판상이혼의 경우에는 재판 확정일을 기재합니다.

Дата вступления в силу пишется дата подачи заявления о расторжении брака в случае расторжения брака по взаимному согласию, а в случае расторжения брака по судебному решению пишется дата подтверждения решения суда..

원인은 당사자의 협의에 의해 지정한 때에는 "①협의"에, 직권 또는 신청에 의해 법원이 결정한 때에는 "②재판"에 "영표(○)"로 표시하고, 그 내용을 증명하는 서면을 첨부하여야 합니다.

В поле Причина, при решении по взаимному согласию обозначить ① «по согласию» "символом нуля (○)" и при решении судом по одностороннему усмотрению или по заявлению, обозначить ② «через суд» "символом нуля (○)". При этом нужно приложить документ, подтверждающий такое содержание.

자녀가 5명 이상인 경우 별지 기재 후 간인하여 첨부합니다. 임신 중인 자의 경우에는 출생신고 시 친권자 지정 신고를 합니다.

В случае, когда у лиц, расторгающих брак, есть больше 5 детей, составить прилагаемый документ на отдельном листе, а затем поставить печать между страницами и приложить их. Если развод происходит во время беременности, нужно сделать заявление о назначении обладателя родительских прав во время подачи заявления о рождении ребенка.

⑥란: 출석한 신고인의 해당번호에 "영표(○)"로 표시합니다.

Графа ⑥: Надо обозначить соответствующий номер явившегося заявителя "символом нуля (○)".

⑦란: 제출인(신고인이 작성한 신고서를 신고인이 아닌 사람이 제출할 경우만 기재)의 성명 및 주민등록번호를 기재합니다.[접수담당공무원은 신분증과 대조]

Графа ⑦: Необходимо написать Ф.И.О. и регистрационный номер резидента заявителя (только в случае, когда другое лицо подает заявление, заполненное заявителем).[принимающий служащий должен проверить подлинность данных по его удостоверению личности]

※ <u>아래 사항은 「통계법」 제24조의2에 의하여 **통계청에서 실시하는 인구동향조사**입니다.</u>

※ <u>Ниже приведены пункты по **исследованию демографических тенденций, которое проводится Национальным статистическим управлением** в соответствии с п. 2 ст. 24 「Закона «О статистике»」</u>

㉮란, ㉯란: 가족관계등록부상 신고일이나 재판확정일과는 관계없이 실제로 결혼(동거)생활을 시작한 날과 사실상 이혼(별거)생활을 시작한 날을 기재합니다.

Графа㉮, графа㉯: Вне зависимости от даты подачи заявления, указанной в реестре семейного родства или даты подтверждения судебного решения, надо написать дату начала фактического брака (совместного проживания) и дату начала расторжения

<러시아어> [참고용]

брака (раздельного проживания).

㉣란: 교육부장관이 인정하는 모든 정규교육기관을 기준으로 기재하되 각급 학교의 재학 또는 중퇴자는 최종 졸업한 학교의 해당번호에 '영표(○)'로 표시 합니다. <예시> 대학교 3학년 재학(중퇴) → ③고등학교에 '영표(○)'로 표시

Графа㉣: Надо отметить соответствующий пункт из стандартных учреждений образования всех уровней, которые признает министр образования. Учащийся или выбывший из учреждения образования различного уровня должен обозначить последнее окончившее учреждение, используя 'символ нуля(○)'.<Например> Студент, который учится на третьем курсе университета (который прекратил учебу на третьем курсе) → обозначить ③ старшую школу, используя 'символ нуля (○)'.

㉤란: 이혼할 당시의 주된 직업을 기준으로 기재합니다.

Графа㉤: Укажите основную профессию на момент расторжения брака.

1 관리자: 정부, 기업, 단체 또는 그 내부 부서의 정책과 활동을 기획, 지휘 및 조정 (공공 및 기업고위직 등)
1 Руководитель: занимается планированием, командой, координацией политики и деятельности в правительстве, предприятиях, организациях и в их отделах (высокопоставленные чиновники в обществе и предприятиях)
2 전문가 및 관련 종사자: 전문지식을 활용한 기술적 업무 (과학, 의료, 복지, 교육, 종교, 법률, 금융, 예술, 스포츠 등)
2 Специалист и работники по специальности: техническая работа с использованием специальных знаний (наука, медицина, социальная защита, образование, религия, юриспруденция, финансы, искусство, спорт и т.д.)
3 사무종사자: 관리자, 전문가 및 관련종사자를 보조하여 업무추진(행정, 경영, 보험, 감사, 상담 · 안내 · 통계 등)
3 Офисные работники: поддерживающие управляющих, специалистов и работников по специальности (администрирование, управление, страховка, надзор, консультация, информация, статистика и т. д.)
4 서비스종사자: 공공안전, 신변보호, 돌봄, 의료보조, 미용, 혼례 및 장례, 운송, 여가, 조리와 관련된 업무
4 Работник по обслуживанию: Работа, связанная с общественной безопасностью, индивидуальной защитой, услугами по уходу, вспомогательной медицинской службой, парикмахерскими услугами, свадебными и похоронными услугами, транспортировкой, досугом и приготовлением пищи.
5 판매종사자: 영업활동을 통해 상품이나 서비스판매 (인터넷, 상점, 공공장소 등), 상품의 광고 · 홍보, 계산 · 정산 등
5 Занимающийся продажей: продающий товар или услуги (Интернет, магазин, в общественных местах), реклама и оповещение о товаре, точный подсчет и расчет, и т. д.
6 농림 · 어업숙련종사자: 작물의 재배 · 수확, 동물의 번식 · 사육, 산림의 경작 · 개발, 수생 동 · 식물 번식 및 양식 등
6 Опытные работники в сферах сельского, лесного или рыбного хозяйства: выращивание сельскохозяйственных культур, сбор урожая, разведение животных, их размножение, лесоразведение, развитие, размножение и культивирование животных и растений, обитающих в воде
7 기능원 및 관련 기능 종사자: 광업, 제조업, 건설업에서 손과 수공구를 사용하여 기계 설치 및 정비, 제품가공
7 Техперсонал и техники: установка оборудования, обслуживание машин и обработка изделий в горнодобывающей промышленности, производстве, строительстве, используя ручной труд и ручные инструменты
8 장치 · 기계 조작 및 조립 종사자: 기계를 조작하여 제품생산 · 조립, 산업용기계 · 장비조작, 운송장비의 운전 등
8 Инженер по эксплуатации и сборке машин и оборудования: эксплуатация оборудования в производстве и сборе изделия, управление промышленным оборудованием и машиной. Управление транспортными средствами и т. д.
9 단순노무 종사자: 주로 간단한 수공구의 사용과 단순하고 일상적이며 육체적 노력이 요구되는 업무
9 Простые рабочие: работа с использованием простых ручных инструментов, обычного физического труда
10 군인: 의무복무를 포함하여, 현재 군인신분을 유지하고 있는 경우 (국방분야에 고용된 민간인과 예비군은 제외)
10 Военнослужащий: Лицо, которое в настоящее время имеет военный статус, включая обязательную службу (кроме гражданских лиц, занятых в оборонном секторе и резервных войсках)
11 학생 · 가사 · 무직: 교육기관에 재학하며 학습에만 전념하거나, 전업주부이거나, 특정한 직업이 없는 경우
11 Студент· Домашнее хозяйство· Безработный: Если лицо зачислено в учебное заведение и посвящено обучению, является постоянной домохозяйкой или не имеет конкретную профессию

첨 부 서 류
Прилагаемые документы

1. 협의이혼: 협의이혼의사확인서 등본 1부
1. Расторжение брака по взаимному согласию: 1 экземпляр копии свидетельства о подтверждении намерения расторжения брака по взаимному согласию.
2. 재판이혼: 판결등본 및 확정증명서 각 1부(조정·화해 성립의 경우는 조서등본 및 송달증명서).
2. Расторжение брака по решению суда: копия судебного решения и свидетельство о подтверждении решения по 1-у экземпляру (в случае установления регулирования и примирения необходимо предоставить протокол о примирении (регулировании), справку о доставке по 1 экземпляру).
3. 외국법원의 이혼판결에 의한 재판상 이혼
3. Судебное расторжение брака по решению иностранного суда
- 이혼판결의 정본 또는 등본과 판결확정증명서 각 1부.
- Оригинал решения о расторжении брака или его копия и свидетельство о подтверждении решения по 1-у экземпляру.
- 패소한 피고가 우리나라 국민인 경우에 그 피고가 공시송달에 의하지 아니하고 소송의 개시에 필요한 소환 또는 명령의 송

〈러시아어〉 [참고용]

달을 받았거나 또는 이를 받지 아니하고도 응소한 사실을 증명하는 서면 1부(판결에 의하여 이점이 명백하지 아니한 경우에 한한다).

- Если проигравший дело в суде ответчик является гражданином Республики Корея, то документ по 1-у экземпляру, подтверждающий, что он получил доставку вызова или команды, которые необходимы для инициирования дела, не путем доставки общедоступным объявлением, или что он принял участие в судебном процессе, несмотря на то, что он не получил их. (только в случае, когда данный факт не указывается в решении суда)
- 위 각 서류의 번역문 1부.
- Перевод каждого из вышеуказанных документов на корейском языке по 1-у экземпляра

※ 아래 4항은 가족관계등록관서에서 전산으로 그 내용을 확인할 수 있는 경우 첨부를 생략합니다.

※ Если возможно подтвердить информацию по следующему 4-ому пункту через электронную систему в органе регистрации семейных отношений, не нужно прилагать их.

4. 이혼 당사자 각각의 가족관계등록부의 가족관계증명서, 혼인관계증명서 각 1통.
4. Свидетельство о составе семьи и свидетельство о заключении брака из реестра семейного родства каждых лиц, расторгающих брак по 1-у экземпляру
5. 사건본인이 외국인인 경우
5. В случае, когда лицо в соответствующем деле является иностранным гражданином
   - 한국 방식에 의한 이혼: 사건본인 쌍방이 외국인인 경우에는 국적을 증명하는 서면(여권 또는 외국인등록증)사본 첨부
   - Расторжение брака по корейскому закону: В случае, когда обе стороны в деле являются иностранными гражданинами, необходимо приложить копию документа, подтверждающего гражданство (паспорт или карта регистрации иностранца)
   - 외국 방식에 의한 이혼: 이혼증서 등본 및 국적을 증명하는 서면(여권 또는 외국인등록증) 사본 각 1부
   - Расторжение брака по иностранному закону: копия свидетельства о расторжении брака и копия документа, подтверждающего гражданство (паспорт или карта регистрации иностранца) по 1-у экземпляру
6. 친권자지정과 관련한 소명자료
6. Подтверждающие документы, связанные с назначением обладателя родительских прав.
   - 협의에 의한 경우 친권자지정 협의서등본 1부.
   - В случае назначения обладателя родительских прав по взаимному согласию - 1 экземпляр копии соглашения о назначении обладателя родительских прав
   - 법원이 결정한 경우 심판서 정본 및 확정 증명서 1부.
   - В случае назначения обладателя родительских прав по решению суда - оригинал решения и свидетельства о подтверждении решения по 1-у экземпляру
7. 신분확인[가족관계등록예규 제443호에 의함]
7. Проверка личности [в соответствии с № 443 Правил регистрации родства]

① 재판상 이혼신고(증서등본에 의한 이혼신고 포함)

① Заявление о расторжении брака на основании решения суда (включая заявление о расторжении брака через подачу копии свидетельства)

- 신고인이 출석한 경우 : 신분증명서
- В случае явки заявителя : удостоверение личности
- 제출인이 출석한 경우 : 제출인의 신분증명서
- В случае явки подателя : удостоверение личности подателя
- 우편제출의 경우 : 신고인의 신분증명서 사본
- В случае предоставления по почте : копия удостоверения личности заявителя

※ 신고인이 성년후견인인 경우에는 7항의 ① 서류 외에 성년후견인의 자격을 증명하는 서면도 함께 첨부해야 합니다.

※ Если заявителем является опекун совершеннолетнего лица, он должен приложить документ, подтверждающий правовой статус опекуна совершеннолетнего лица, в дополнение к документам, указанным в подпункте ① п. 7.

② 협의이혼신고

② Заявление о расторжении брака по взаимному согласию

- 신고인이 출석한 경우 : 신고인 일방의 신분증명서
- В случае явки заявителя : удостоверение личности одной стороны заявителей
- 신고인 불출석, 제출인 출석의 경우 : 제출인의 신분증명서 및 신고인 일방의 신분증명서 또는 서명공증 또는 인감증명서 (신고인의 신분증명서 없이 신고서에 신고인이 서명한 경우 서명공증, 신고서에 인감 날인한 경우 인감증명)
- В случае неявки заявителя и явки подателя : удостоверение личности подателя и удостоверение личности одной из сторон заявителей, или заверение подписи, или свидетельство о подлинности печати подлинности печати. (В случае, если заявитель подписал заявление без удостоверения личности заявителя, нужно предоставить заверение подписи, а в случае, если поставил печать в заявлении, нужно предоставить свидетельство о подлинности печати)
- 우편제출의 경우 : 신고인 일방의 서명공증 또는 인감증명서(신고서에 서명한 경우 서명공증, 인감을 날인한 경우는 인감증명서).
- В случае подачи по почте : заверение подписи одной из сторон заявителей или свидетельство о подлинности печати. (Если подписали заявление, то предоставить заверение подписи, если поставили печать, то свидетельство о подлинности печати).

[서식 75] 이혼(친권자 지정)신고서 (몽골어 - 병행)

[양식 제11호]
[Маягт 11]

이혼(친권자 지정)신고서
Гэрлэлт цуцлах(асран хамгаалагч тогтоолгох) мэдэгдэл
(년 월 일)
(оны сарын өдөр)

※ 신고서 작성 시 뒷면의 작성 방법을 참고하고, 선택항목에는 '영표(○)'로 표시하기 바랍니다.
※ Мэдэгдэлийн хуудас бөглөхдөө ар талын бөглөх зааварталй танилцаж, сонгосон хэсэгтээ 'тэг(○)' гэж тэмдэглэнэ үү.

<table>
<tr><td colspan="3">구 분
Ангилал</td><td colspan="3">남 편(부)
Нөхөр (нөхөр)</td><td colspan="3">아 내(처)
Эхнэр(эхнэр)</td></tr>
<tr><td rowspan="7">①이혼 당사자 (신고인)
① Гэрлэлтээ цуцлуулж буй этгээд(Мэдэгдэл гаргагч)</td><td rowspan="2">성 명
Овог нэр</td><td>한글
Солонгос оор</td><td colspan="2">* (성) / (명)
* (овог) / (нэр)</td><td rowspan="2">(인) 또는 서명
(тамга) болон гарын үсэг</td><td colspan="2">* (성) / (명)
* (овог) / (нэр)</td><td rowspan="2">(인) 또는 서명
(тамга) болон гарын үсэг</td></tr>
<tr><td>한자
Ханзаар</td><td colspan="2">(성) / (명)
(овог) / (нэр)</td><td colspan="2">(성) / (명)
(овог) / (нэр)</td></tr>
<tr><td colspan="2">본(한자)
Ургийн овог (ханзаар)</td><td></td><td>전화
Утас</td><td></td><td>본(한자)
Ургийн овог (ханзаар)</td><td>전화
Утас</td><td></td></tr>
<tr><td colspan="2">*주민등록번호
*Регистерийн дугаар</td><td colspan="3">-
-</td><td colspan="3">-
-</td></tr>
<tr><td colspan="2">출생연월일
төрсөн он сар өдөр</td><td colspan="3"></td><td colspan="3"></td></tr>
<tr><td colspan="2">*등록기준지
*Үндсэн бүртгэлийн хаяг</td><td colspan="3"></td><td colspan="3"></td></tr>
<tr><td colspan="2">*주 소
*Хаяг</td><td colspan="3"></td><td colspan="3"></td></tr>
<tr><td rowspan="4">②부모 (양부모)
②Эцэг эх(Үрчилж авсан эцэг эх)</td><td colspan="2">부(양부)성명
Эцэг(өргөж авсан эцэг) –ийн овог нэр</td><td colspan="3"></td><td colspan="3"></td></tr>
<tr><td colspan="2">주민등록번호
Регистерийн дугаар</td><td colspan="3">-
-</td><td colspan="3">-
-</td></tr>
<tr><td colspan="2">모(양모)성명
Эх(өргөж авсан эх)-ийн овог нэр</td><td colspan="3"></td><td colspan="3"></td></tr>
<tr><td colspan="2">주민등록번호
Регистерийн дугаар</td><td colspan="3">-
-</td><td colspan="3">-
-</td></tr>
<tr><td colspan="3">③기 타 사 항
③Бусад зүйлс</td><td colspan="6"></td></tr>
<tr><td colspan="3">④재판확정일자
( )
④Шүүх хурлын товын өдөр
( )</td><td colspan="2">년 월 일
оны сарын өдөр</td><td>법원명
Шүүх байгууллагын нэр</td><td colspan="3">법원
Шүүх байгууллага</td></tr>
<tr><td colspan="9">아래 친권자란은 협의이혼 시에는 법원의 협의이혼의사확인 후에 기재합니다.
Доорх асран хамгаалагч гэсэн баганад тохиролцон гэрлэлтээ цуцлуулсан тохиолдолд шүүх байгууллагаас харилцан тохиролцон гэрлэлтээ цуцлуулсан тухайгаа баталгаажуулсны дараа тэмдэглэгээ хийнэ.</td></tr>
</table>

<몽골어>

[참고용]

⑤친권자 지정 ⑤Асран хамгаалагч тогтоох	구분						
	미성년인 자의 성명 Насанд хүрээгүй хүүхдийн овог нэр						
	주민등록번호 Регистерийн дугаар	-			-		
	친권자 Асран хамгаалагч	①부②모 ③부모 ①Эцэг ②Эх ③Эцэг эх	효력발생일 Хүчин төгөлдөр болсон өдөр	년 월 일 он сар өдөр	①부②모 ③부모 ①Эцэг ②Эх ③Эцэг эх	효력발생일 Хүчин төгөлдөр болсон өдөр	년 월 일 он сар өдөр
			원인 Шалтгаан	① 협의 ② 재판 ① тохиролцсон ② шүүх хурал		원인 Шалтгаан	① 협의 ② 재판 ① тохиролцсон ② шүүх хурал
	미성년인 자의 성명 Насанд хүрээгүй хүүхдийн овог нэр						
	주민등록번호 Регистерийн дугаар	-			-		
	친권자 Асран хамгаалагч	①부②모 ③부모 ①Эцэг ②Эх ③Эцэг эх	효력발생일 Хүчин төгөлдөр болсон өдөр	년 월 일 он сар өдөр	①부②모 ③부모 ①Эцэг ②Эх ③Эцэг эх	효력발생일 Хүчин төгөлдөр болсон өдөр	년 월 일 он сар өдөр
			원인 Шалтгаан	① 협의 ② 재판 ① тохиролцсон ② шүүх хурал		원인 Шалтгаан	① 협의 ② 재판 ① тохиролцсон ② шүүх хурал
⑥신고인 출석여부 ⑥Мэдэгдэл гаргагч өөрөө ирсэн эсэх		① 남편(부) ① Нөхөр(нөхөр)			② 아내(처) ② Эхнэр(эхнэр)		
⑦제출인 ⑦Бичиг баримт бүрдүүлэгч	성 명 Овог нэр			주민등록번호 Регистерийн дугаар	-		

※ 타인의 서명 또는 인장을 도용하여 허위의 신고서를 제출하거나, 허위신고를 하여 가족관계등록부에 실제와 다른 사실을 기록하게 하는 경우에는 **형법에 의하여 처벌**받을 수 있습니다. **눈표(*)로 표시한 자료**는 국가통계작성을 위해 통계청에서도 수집하고 있는 자료입니다.

※ Бусдын гарын үсэг болон тамгыг ашиглан хуурамч мэдэгдэл гаргаж өгөх юмуу, хуурамч мэдэгдэл хийн гэр бүлийн байдлын бүртгэлд бодит биш мэдээллийг тэмдэглүүлэх тохиолдолд **эрүүгийн хуульд заасны дагуу шийтгэл** хүлээнэ. **Од тэмдэглэгээ(*) -гээр тэмдэглэсэн материал** нь улс орны статистикийн мэдээлэлд зориулан статистикийн ерөнхий газраас цуглуулдаг материал юм.

※ 아래 사항은 **「통계법」 제24조의2에 의하여 통계청에서 실시하는 인구동향조사**입니다. 「통계법」 제32조 및 제33조에 의하여 성실응답의무가 있으며 개인의 비밀사항이 철저히 보호되므로 사실대로 기입하여 주시기 바랍니다.

※ Доорх заалт нь 「**Статистикийн тухай хууль**」**-ийн 24 дугээр зүйлийн 2-т заасны дагуу статистикийн ерөнхий газраас явуулдаг хүн амын чиг хандлагын судалгаа юм.** 「Статистикийн тухай хууль」 -ийн 32 дугаар зүйл болон 33 дугаар зүйлд заасны дагуу шударгаар хариулах үүрэгтэй бөгөөд хувь хүний мэдээллийн нууцлалыг чандлан сахих тул бодит үнэнээр нь бөглөж өгнө үү.

※ 첨부서류 및 이혼당사자의 국적은 국가통계작성을 위해 통계청에서도 수집하고 있는 자료입니다.

※ Хавсаргах материал болон гэрлэлт цуцлалтанд оролцогчийн иргэншил нь улсын статистикийн мэдээлэлд зориулан статистикийн ерөнхий газраас цуглуулж байгаа материал болно.

인구동향조사
Хүн амын чиг хандлагын судалгаа

⑧실제 결혼 생활 시작일 ⑧Бодитоор хамтдаа амьдарч эхэлсэн өдөр	년 월 일부터 оны сарын өдрөөс	⑩19세 미만 자녀 수 ⑩19 ба түүнээс доош насны хүүхдийн тоо	명 Хүн
⑨실제 이혼 연월일	년 월 일부터		

〈몽골어〉 [참고용]

ⓑБодитоор гэрлэлтээ цуцласан он сар өдөр		оны сарын өдрөөс		
㉱최종 졸업학교 ⓓ Хамгийн сүүлд Төгссөн сургууль	남편(부) Нөхөр(нөхөр)	①학력 없음 ②초등학교 ③중학교 ①Боловсрол байхгүй ②Бага сургууль ③Дунд сургууль ④고등학교 ⑤대학(교) ⑥대학원 이상 ④Ахлах сургууль ⑤Их(дээд) сургууль ⑥Магистер ба түүнээс дээш	아내(처) Эхнэр(эхнэр)	①학력 없음 ②초등학교 ③중학교 ①Боловсрол байхгүй ②Бага сургууль ③Дунд сургууль ④고등학교 ⑤대학(교) ⑥대학원 이상 ④Ахлах сургууль ⑤Их(дээд) сургууль ⑥Магистер ба түүнээс дээш
㉲직업 ⓔ Ажил мэргэжил	남편(부) Нөхөр(нөхөр)	①관리직 ②전문직 ①Удирдлагын ажил ②Нарийн мэргэжлийн ажил ③사무직 ④서비스직 ③Оффиссийн ажил ④Үйлчилгээний ажил ⑤판매직 ⑥농림어업 ⑤Худалдааны ажил ⑥Газар тариалан загасны аж ахуйн ажил ⑦기능직 ⑧장치ㆍ기계 조작 및 조립 ⑦техникч ⑧Багаж·тоног төхөөрөмжийн ажиллагаа ⑨단순노무직 ⑩군인 ⑨Энгийн хөдөлмөр эрхлэлт ⑩Цэрэг ⑪학생ㆍ가사ㆍ무직 ⑪Сурагч·гэрийн ажил·ажилгүй	아내(처) Эхнэр(эхнэр)	①관리직 ②전문직 ①Удирдлагын ажил ②Нарийн мэргэжлийн ажил ③사무직 ④서비스직 ③Оффиссийн ажил ④Үйлчилгээний ажил ⑤판매직 ⑥농림어업 ⑤Худалдааны ажил ⑥Газар тариалан загасны аж ахуйн ажил ⑦기능직 ⑧장치ㆍ기계 조작 및 조립 ⑦техникч ⑧Багаж·тоног төхөөрөмжийн ажиллагаа ⑨단순노무직 ⑩군인 ⑨Энгийн хөдөлмөр эрхлэлт ⑩Цэрэг ⑪학생ㆍ가사ㆍ무직 ⑪Сурагч·гэрийн ажил·ажилгүй

작 성 방 법
Бөглөх заавар

※등록기준지: 각 란의 해당자가 외국인인 경우에는 그 국적을 기재합니다.

※Үндсэн бүртгэлийн хаяг: Багана тус бүрт хамаарах этгээд нь гадаад хүн бол иргэншилээ бичнэ.

※주민등록번호: 각 란의 해당자가 외국인인 경우에는 외국인등록번호(국내거소신고번호 또는 출생연월일)를 기재합니다.

※Регистерийн дугаар: Багана тус бүрт хамаарах этгээд нь гадаад хүн бол гадаад иргэний үнэмлэхний дугаар(оршин суух үнэмлэхний дугаар болон төрсөн он сар өдөр)-аа бичнэ.

①란: 협의이혼신고의 경우 반드시 당사자 쌍방이 서명(또는 기명날인) 하여야 하나, 재판상 이혼신고의 경우에는 일방이 서명(또는 기명날인)하여 신고할 수 있습니다.

①багана : Тохиролцон гэрлэлтээ цуцлуулж буй тохиолдолд заавал оролцогч талууд гарын үсэг(болон тамга) –ээ зурах ёстой боловч, шүүхээр шийдвэрлүүлж гэрлэлтээ цуцлуулж буй тохиолдолд нэг тал нь гарын үсэг(болон тамга)-ээ зуран мэдэгдэлээ гаргаж болно.

②란: 이혼당사자의 부모가 주민등록번호가 없는 경우에는 등록기준지(본적)를 기재합니다. 이혼당사자가 양자인 경우 양부모의 인적사항을 기재하며, 이혼당사자의 부모가 외국인인 경우에는 주민등록번호란에 외국인등록번호(또는 출생연월일) 및 국적을 기재합니다.

②багана: Гэрлэлтээ цуцлуулж буй буй талуудын эцэг эх нь регистерийн дугааргүй тохиолдолд үндсэн бүртгэлийн хаяг(үндсэн овог)-аа бичнэ. Гэрлэлтээ цуцлуулж буй тал нь үрчлэгдсэн хүн байсан бол үрчилж авсан эцэг эхийн биеийн байцаалтыг тэмдэглэж, гэрлэлтээ цуцлуулж буй талын эцэг эх гадаад хүн байх тохиолдолд регистерийн дугаар гэсэн баганад гадаад иргэний үнэмлэхний дугаар(түүнчлэн төрсөн он сар өдөр) болон иргэншилийг тэмдэглэнэ.

③란: 아래의 사항 및 가족관계등록부에 기록을 분명하게 하는 데 특히 필요한 사항을 기재합니다.

③багана: Доорх заалт болон гэр бүлийн байдлын бүртгэлд тэмдэглэгээг тодорхой хийхэд нэн шаардлагатай зүйлийг тэмдэглэнэ.

- 신고사건으로 인하여 신분의 변경이 있게 되는 사람이 있을 경우에 그 사람의 성명, 출생연월일, 등록기준지 및 신분변경의 사유
- Мэдэгдэл гаргаж байгаатай холбогдуулан тухайн хүний статуст өөрчлөлт гарах тохиолдолд тухайн хүний овог нэр, төрсөн он сар өдөр, үндсэн бүртгэлийн хаяг болон статуст өөрчлөлт орж байгаа шалтгаан

〈몽골어〉 [참고용]

- 피성년후견인(2018. 6. 30.까지는 금치산자 포함)이 협의상 이혼을 하는 경우에는 동의자의 성명, 서명(또는 날인) 및 출생연월일
- Насанд хүрсэн ч тэжээгч асрагчийн хамгаалалтанд байх шаардлагатай этгээд(2018. 6. 30 хүртэл эрхээ эдлэх чадваргүй этгээд хамаарна) нь тохиролцон гэрлэлтээ цуцлуулж байгаа тохиолдолд хүлээн зөвшөөрч байгаа хүний овог нэр, гарын үсэг(болон тамга) болон төрсөн он сар өдөр

④란: 이혼관련(화해, 조정)의 경우에만 기재하고, 협의이혼의 경우에는 기재하지 않습니다.

④багана : Гэрлэлт цуцлах тухай шийдвэр(эвлэрэл, зохицол) гарсан тохиолдолд л зөвхөн тэмдэглэгээ хийж, тохиролцон гэрлэлтээ цуцлуулсан тохиолдолд тэмдэглэгээ хийхгүй.

: 조정성립, 조정에 갈음하는 결정, 화해성립이나 화해권고결정에 따른 이혼신고의 경우에는 "재판확정일자"아래의 ( )안에 "조정성립", "조정에 갈음하는 결정확정" 또는 "화해성립", "화해권고결정"이라고 기재하고, "연월일"란에 그 성립(확정)일을 기재합니다.

: Эвлэрэл, эвлэрэлтэй дүйцэхүйц шийдвэр, зохицол, зохицохыг зөвлөсөн шийдвэрийн дагуу гэрлэлт цуцлах мэдэгдэл гаргасан тохиолдолд "шүүхийн хурал товлогдсон огноо" доорх ( ) –нд "эвлэрэл", "эвлэрэлтэй дүйцэхүйц шийдвэр батлагдсан" эсвэл "зохицол", "зохицохыг зөвлөсөн шийдвэр" гэж тэмдэглэж, "он сар өдөр" гэсэн баганад тухайн шийдвэр гарсан(батлагдсан) өдрийг тэмдэглэнэ.

⑤란: 협의이혼의사확인 신청시에는 기재하지 아니하며, 법원의 이혼의사확인 후에 정하여진 친권자를 기재합니다.

⑤багана: Тохиролцон гэрлэлт цуцлуулах байр сууриа баталгаажуулах хүсэлт гаргах тохиолдолд тэмдэглэгээ хийхгүй бөгөөд, шүүх гэрлэлт цуцлуулах байр суурийг шалгасны дараа тогтоогдсон асран хамгаалагчийг тэмдэглэнэ.

지정효력발생일은 협의이혼의 경우 이혼신고일, 재판상이혼의 경우에는 재판 확정일을 기재합니다.

Тогтоосон хүчин төгөлдөр болох өдөр нь тохиролцон гэрлэлтээ цуцлуулсан тохиолдолд гэрлэлт цуцлалтаа мэдэгдсэн өдөр, шүүхээр шийдвэрлүүлсэн тохиолдолд шүүхийн шийдвэрийн батлагдсан өдрийг тэмдэглэнэ.

원인은 당사자의 협의에 의해 지정한 때에는 "1협의"에, 직권 또는 신청에 의해 법원이 결정한 때에는 "2재판"에 '영표(○)'로 표시하고, 그 내용을 증명하는 서면을 첨부하여야 합니다.

Шалтгаан нь оролцогч талуудын тохиролцоонд тулгуурлан тогтоосон бол "1тохиролцоо" гэсэн хэсэгт, шууд эрх болон хүсэлтийн дагуу шүүх байгууллага шийдвэрлэсэн бол "2шүүхийн шийдвэр" гэсэн хэсэгт 'тэг(○)' гэж тэмдэглэж, тэр агуулгаа нотлох баримтыг хавсаргана.

자녀가 5명 이상인 경우 별지 기재 후 간인하여 첨부합니다. 임신 중인 자의 경우에는 출생신고 시 친권자 지정 신고를 합니다.

5 ба түүнээс дээш хүүхэдтэй бол хавсралтыг бөглөсний дараа гарын үсэг зурж хавсаргана. Жирэмсэн бол хүүхэд төрөх үед асран хамгаалагчийг тогтоох мэдэгдэлээ гаргана.

⑥란: 출석한 신고인의 해당번호에 '영표(○)'로 표시합니다.

⑥багана: Өөрийн биеэр ирж мэдэгдэл гаргаж буй этгээд бол хамаарах дугаарын ард 'тэг(○)' гэсэн тэмдэглэгээг хийнэ.

⑦란: 제출인(신고인이 작성한 신고서를 신고인이 아닌 사람이 제출할 경우만 기재)의 성명 및 주민등록번호를 기재합니다.[접수담당공무원은 신분증과 대조]

⑦багана: Бичиг баримтыг гаргаж өгч буй этгээд(мэдэгдэл гаргагчийн бөглөсөн мэдэгдэл хуудсыг мэдэгдэл гаргагч өөрөө биш өөр хүнээр хүргүүлэн гаргаж өгөх тохиолдолд зөвхөн тэмдэглэнэ)-ийн овог нэр болон регистерийн дугаараа тэмдэглэнэ.[Бүртгэж авсан төрийн албан хаагч нь биеийн байцаалтыг шалгах]

※ <u>아래 사항은 「통계법」 제24조의2에 의하여 **통계청에서 실시하는 인구동향조사**입니다.</u>

※ <u>Доорх заалт нь 「статистикийн тухай хууль」 -ийн 24 дугээр зүйлийн 2-т заасны дагуу **статистикийн ерөнхий газраас хийж буй хүн амын чиг хандлагын судалгаа юм.**</u>

㉮란, ㉯란: 가족관계등록부상 신고일이나 재판확정일자는 관계없이 실제로 결혼(동거)생활을 시작한 날과 사실상 이혼(별거)생활을 시작한 날을 기재합니다.

ⓐбагана, ⓑбагана: Гэр бүлийн байдлын бүртгэлд мэдэгдэл гаргасан өдөр мөн шүүхийн шийдвэр гарсан өдөртэй хамааралгүйгээр бодитоор гэрлэж(хамтран амьдарсан) хамт амьдарч эхэлсэн өдөр болон бодитоор гэрлэлтээ цуцлан(салж тусдаа) амьдарч эхэлсэн өдрийг бичнэ.

㉰란: 교육부장관이 인정하는 모든 정규교육기관을 기준으로 기재하되 각급 학교의 재학 또는 중퇴자는 최종 졸업한 학교의 해당번호에 '영표(○)'로 표시 합니다. <예시> 대학교 3학년 재학(중퇴) → 4고등학교에 '영표(○)'로 표시

ⓒбагана: Боловсролын яамны сайдын зөвшөөрсөн бүхий л албан ёсны боловсролын байгууллагын түвшинээр тэмдэглэгээг хийх бөгөөд, тухайн түвшний сургуульд сурч байгаа болон сургуулиас гарсан этгээд нь хамгийн сүүлийн төгссөн сургуулийн холбогдох дугаарт 'тэг(○)' гэсэн тэмдэглэгээг хийнэ. <Жишээ нь> их сургуулийн 3 дугаар курсэд суралцаж байгаа(сургуулиасаа гарсан) →4 ахлах сургууль гэсэн дээр 'тэг(○)' гэж тэмдэглэнэ.

㉱란: 이혼할 당시의 주된 직업을 기준으로 기재합니다.

ⓓбагана: Гэрлэлтээ цуцлуулах үеийн эрхэлж буй ажлаа тэмдэглэнэ.

1	관리자: 정부, 기업, 단체 또는 그 내부 부서의 정책과 활동을 기획, 지휘 및 조정 (공공 및 기업고위직 등)
1	Удирдлагын ажил: Засгийн газар, ААН, олон нийтийн байгууллага болон түүний доторх газар хэлтэсийн бодлогын үйл ажиллагааг төлөвлөдөг, удирддаг болон зохицуулдаг(төрийн албаны болон хувийн хэвшлийн өндөр албан тушаал гэх мэт)
2	전문가 및 관련 종사자: 전문지식을 활용한 기술적 업무 (과학, 의료, 복지, 교육, 종교, 법률, 금융, 예술, 스포츠 등)
2	Нарийн мэргэжлийн ажил болон түүнтэй холбоотой ажил эрхлэгч : Нарийн мэргэжлийн мэдлэг ашигладаг технологийн ажил үүрэг(шинжлэх ухаан, эрүүл мэнд, халамж, боловсрол, шашин, хууль эрх зүй, санхүү, урлаг, спорт гэх мэт)
3	사무종사자: 관리자, 전문가 및 관련종사자를 보조하여 업무추진(행정, 경영, 보험, 감사, 상담 · 안내 · 통계 등)

<몽골어> [참고용]

[3] Оффисийн ажил эрхлэгч : Удирдлага, мэргэжилтэн болон түүнтэй холбоотой ажил эрхлэгчид туслах ажил үүргийг гүйцэтгэдэг(захиргаа, менежмент, даатгал, хянан шалгах, зөвлөгөө хүлээн авагч·статистик гэх мэт)
[4] 서비스종사자: 공공안전, 신변보호, 돌봄, 의료보조, 미용, 혼례 및 장례, 운송, 여가, 조리와 관련된 업무
[4] Үйлчилгээний ажил эрхлэгч : төрийн аюулгүй байдал, бие хамгаалах, асрах, эрүүл мэндийн туслах үйлчилгээ, гоо сайхан, гэрлэх ёслол болон бунхны үйлчилгээ, тээвэр, чөлөөт цаг, тогооч гэх мэт ажил үүрэг
[5] 판매종사자: 영업활동을 통해 상품이나 서비스판매 (인터넷, 상점, 공공장소 등), 상품의 광고・홍보, 계산・정산 등
[5] Худалдааны ажил эрхлэгч : Борлуулалтын үйл ажиллагаагаар дамжуулан бараа бүтээгдэхүүн юмуу үйлчилгээ худалдан борлуулах (интернет, дэлгүүр, олон нийтийн газар гэх мэт), бараа бүтээгдэхүүний зар·сурталчилгаа, төлбөр·тооцоо гэх мэт
[6] 농림・어업숙련종사자: 작물의 재배・수확, 동물의 번식・사육, 산림의 경작・개발, 수생 동・식물 번식 및 양식 등
[6] Газар тариалан·загасны аж ахуйн салбарын ажил эрхлэгч : Тариалангийн бүтээгдэхүүн тарих·хураах, амьтан үржүүлэх·тэжээх ойн аж ахуйн ойжуулалт·хөгжүүлэлт, усны амьтан·ургамал тэжээх, үржүүлэх гэх мэт
[7] 기능원 및 관련 기능 종사자: 광업, 제조업, 건설업에서 손과 수공구를 사용하여 기계 설치 및 정비, 제품가공
[7] Инженер болон түүнтэй холбоотой ажил эрхлэгч : Уул уурхай, үйлдвэрлэл, барилгын салбарт гар болон багаж хэрэгсэл ашиглан багаж тоног төхөөрөмж суурилуулах болон засах гэх мэт бараа бүтээгдэхүүн үйлдвэрлэх
[8] 장치・기계 조작 및 조립 종사자: 기계를 조작하여 제품생산・조립, 산업용기계・장비조작, 운송장비의 운전 등
[8] Багаж·тоног төхөөрөмж ажиллуулах болон угсарч суурилуулалтын ажил эрхлэгч: Тоног төхөөрөмжийг ашиглан бараа бүтээгдэхүүн үйлдвэрлэх·угсрах, үйлдвэрлэлийн зориулалттай багаж·тоног төхөөрөмж ажиллуулах, тээвэрлэлтийн тоног төхөөрөмж жолоодох гэх мэт
[9] 단순노무 종사자: 주로 간단한 수공구의 사용과 단순하고 일상적이며 육체적 노력이 요구되는 업무
[9] Энгийн хөдөлмөр эрхлэлт: Голдуу хялбар гар багаж хэрэгсэл ашиглах юмуу энгийн өдөр тутмын биеийн хүчний хөдөлмөртэй холбоотой ажил үүрэг
[10] 군인: 의무복무를 포함하여, 현재 군인신분을 유지하고 있는 경우 (국방분야에 고용된 민간인과 예비군은 제외)
[10] Цэрэг : Үүрэгт цэргийн албыг хамруулан, одоо цэрэг гэсэн статустай тохиолдол (батлан хамгаалах салбарт хөдөлмөр эрхэлж буй энгийн иргэн болон нөөц цэрэг хамаарахгүй)
[11] 학생・가사・무직: 교육기관에 재학하며 학습에만 전념하거나, 전업주부이거나, 특정한 직업이 없는 경우
[11] Сурагч·гэрийн ажил·ажилгүй: Боловсролын байгууллагад одоо харьяалагдан хичээл номондоо бүрэн анхаарлаа хандуулж буй эсвэл гэрийн эзэгтэй, эсвэл нэгэн ажил мэргэжилгүй бол

첨 부 서 류
Хавсаргах материал

1. 협의이혼: 협의이혼의사확인서 등본 1부
1. Тохиролцон гэрлэлтээ цуцлуулах : Тохиролцон гэрлэлтээ цуцлуулах бйир суурин баталгаажуулсан тодорхойлолтын хуулбар 1 хувь
2. 재판이혼: 판결등본 및 확정증명서 각 1부(조정·화해 성립의 경우는 조서등본 및 송달증명서).
2. Шүүхийн шийдвэрээр гэрлэлтээ цуцлуулах : Шүүхийн шийдвэрийн хуулбар болон батлагдсан тодорхойлолт тус бүр 1 хувь(эвлэрэл·зохицол хийсэн бол холбогдох баримт бичгийн хуулбар болон түүнийгээ илгээж хүргүүлсэн барим).
3. 외국법원의 이혼판결에 의한 재판상 이혼
3. Гадаадын шүүх байгууллагаар шийдвэрлүүлэн гэрлэлтээ цуцлуулах
   - 이혼판결의 정본 또는 등본과 판결확정증명서 각 1부.
   - Гэрлэлт цуцласан шүүхийн шийдвэрийн эх хувь болон хуулбар хувь мөн шүүхийн шийдвэр батлагдсан тодорхойлолт тус бүр 1 хувь.
   - 패소한 피고가 우리나라 국민인 경우에 그 피고가 공시송달에 의하지 아니하고 소송의 개시에 필요한 소환 또는 명령의 송달을 받았거나 또는 이를 받지 아니하고도 응소한 사실을 증명하는 서면 1부(판결에 의하여 이점이 명백하지 아니한 경우에 한한다).
   - Ялагдсан хариуцагч нь Солонгос улсын иргэн бол тухайн хариуцагч нээлттэй хүргэлтийн дагуу бус нэхэмжлэлтэй холбогдуулан зарлан дуудах болон албадан дуудах захирамжийг хүлээн авсан эсвэл үүнийг аваагүй хэрнээ нэхэмжлэлд оролцсон байдлаа нотлох бичиг баримт 1 хувь (шүүхийн шийдвэрийн дагуу энэ талаар тодорхойгүй тохиолдолд хамаарна).
   - 위 각 서류의 번역문 1부.
   - Дээрх бичиг баримт тус бүрийн орчуулга 1 хувь.

※ 아래 4항은 가족관계등록관서에서 전산으로 그 내용을 확인할 수 있는 경우 첨부를 생략합니다.
※ Доорх 4 заалт нь гэр бүлийн байдлын бүртгэлийн албанаас цахимаар шалгах боломжтой бол хавсаргахгүй байж болно.

4. 이혼 당사자 각자의 가족관계등록부의 가족관계증명서, 혼인관계증명서 각 1통.
4. Гэрлэлт цуцлуулж буй оролцогч талуудын тус бүрийн гэр бүлийн байдлын бүртгэлийн гэр бүлийн байдлын тодорхойлолт, гэрлэлтийн баталгаа тус бүр 1 хувь.
5. 사건본인이 외국인인 경우
5. Хэрэгт холбогдогч өөрөө гадаад хүн бол
   - 한국 방식에 의한 이혼: 사건본인 쌍방이 외국인인 경우에는 국적을 증명하는 서면(여권 또는 외국인등록증)사본 첨부
   - Солонгос ёсоор гэрлэлтээ цуцлуулах : Хэрэгт холбогдогч хоёрт тал бүгдээрээ гадаад хүн бол иргэншилээ нотлох бичиг баримт(гадаад паспорт болон гадаад иргэний үнэмлэх) –ын хуулбараа хавсаргах
   - 외국 방식에 의한 이혼: 이혼증서 등본 및 국적을 증명하는 서면(여권 또는 외국인등록증) 사본 각 1부

<몽골어> [참고용]

- Гадаад ёсоор гэрлэлтээ цуцлуулах : Гэрлэлт цуцлуулах бичгийн хуулбар болон иргэншилээ нотлох бичиг баримт(гадаад паспорт болон гадаад иргэний үнэмлэх) хуулбар тус бүр 1 хувь

6. 친권자지정과 관련한 소명자료

6. асран хамгаалагч тогтоохтой холбоотой тайлбар материал

- 협의에 의한 경우 친권자지정 협의서등본 1부.
- Тохиролцож байгаа тохиолдолд асран хамгаалагч тогтоон тохиролцсон бичгийн хуулбар 1 хувь.
- 법원이 결정한 경우 심판서 정본 및 확정 증명서 1부.
- Шүүхээс шийдвэр гаргасан тохиолдолд шүүхийн шийдвэрийн эх хувь болон баталсан тодорхойлолт 1 хувь.

7. 신분확인[가족관계등록예규 제443호에 의함]

7. Статус шалгах[гэр бүлийн байдлын бүртгэлийн жишиг журам 443-ны дагуу]

① 재판상 이혼신고(증서등본에 의한 이혼신고 포함)

① Шүүхийн шийдвэрээр гэрлэлт цуцлуулах мэдэгдэл гаргах(нотлох бичиг баримтийн хуулбарт тулгуурласан гэрлэлт цуцлах мэдэгдэл багтана)

- 신고인이 출석한 경우 : 신분증명서
- Мэдэгдэл гаргагч өөрийн биеэр ирсэн тохиолдол : Биеийн байцаалт
- 제출인이 출석한 경우 : 제출인의 신분증명서
- Бичиг баримт бүрдүүлэгч ирсэн тохиолдол : Бичиг баримт бүрдүүлэгчийн биеийн байцаалт
- 우편제출의 경우 : 신고인의 신분증명서 사본
- Шуудангаар бичиг баримтаа илгээсэн тохиолдол : Мэдэгдэл гаргагчийн биеийн байцаалтын хуулбар

※ 신고인이 성년후견인인 경우에는 7항의 ① 서류 외에 성년후견인의 자격을 증명하는 서면도 함께 첨부해야 합니다.

※ Мэдэгдэл гаргагч нь насанд хүрэгчийн тэжээгч асрагч бол 7 дугаар заалтын ① бичиг баримтнаас гадна насанд хүрэгчийн тэжээгч асрагчийн статусаа нотлох бичиг баримтыг ч бас хавсаргах шаардлагатай.

② 협의이혼신고

② Тохиролцон гэрлэлтээ цуцлуулж байгаагаа мэдэгдэх

- 신고인이 출석한 경우 : 신고인 일방의 신분증명서
- Мэдэгдэл гаргагч өөрийн биеэр ирсэн тохиолдол : Мэдэгдэл гаргагч нэг талын биеийн байцаалт
- 신고인 불출석, 제출인 출석의 경우 : 제출인의 신분증명서 및 신고인 일방의 신분증명서 또는 서명공증 또는 인감증명서(신고인의 신분증명서 없이 신고서에 신고인이 서명한 경우 서명공증, 신고서에 인감 날인한 경우 인감증명)
- Мэдэгдэл гаргагч өөрөө ирээгүй, бичиг баримт бүрдүүлэгч ирсэн тохиолдол : Бичиг баримт бүрдүүлэгчийн биеийн байцаалт болон мэдэгдэл гаргагчийн гарын үсгийн баталгаа эсвэл тамганы тодорхойлолт(мэдэгдэл гаргагчийн биеийн байцаалтын тодорхойлолт байхгүй мэдэгдэлийн хуудсанд мэдэгдэл гаргагч өөрөө гарын үсэг зурсан бол гарын үсгийн баталгаа, мэдэгдэлийн хуудсанд тамгаа дарсан бол тамганы тодохойлолт)
- 우편제출의 경우 : 신고인 일방의 서명공증 또는 인감증명서(신고서에 서명한 경우 서명공증, 인감을 날인한 경우는 인감증명서).
- Шуудангаар бичиг баримтаа илгээсэн тохиолдол : Мэдэгдэл гаргагч нэг талын гарын үсгний баталгаа эсвэл тамганы тодорхойлолт(мэдэгдэлийн хуудсанд гарын үсэг зурсан бол гарын үсгийн баталгаа, мэдэгдэлийн хуудсанд тамгаа дарсан бол тамганы тодохойлолт).

[서식 76] 이혼(친권자 지정)신고서 (베트남어 - 병행)

[양식 제11호]
[Mẫu số 11]

이혼(친권자 지정)신고서
Giấy khai báo ly hôn (chỉ định người có quyền cha mẹ)
(년 월 일)
(Năm tháng ngày)

※ 신고서 작성 시 뒷면의 작성 방법을 참고하고, 선택항목에는 '영표(◯)'로 표시하기 바랍니다.
※ Khi điền vào giấy khai báo, hãy tham khảo phương pháp điền mẫu ở mặt sau, và hãy biểu thị bằng 'dấu (◯)' ở mục cần lựa chọn.

구 분 Phân loại			남 편(부) Chồng (Phu)		아 내(처) Vợ (Thê)	
①이혼 당사자 (신고인) ① Đương sự ly hôn(Người khai báo)	성 명 Họ tên	한글 Tiếng Hàn	*(성) /(명) * (Họ) /(Tên)	(인) 또는 서명 (Đóng dấu) hoặc ký tên	*(성) /(명) *(Họ) /(Tên)	(인) 또는 서명 (Đóng dấu) hoặc ký tên
		한자 Tiếng Hán	(성) /(명) (Họ) /(Tên)		(성) /(명) (Họ) /(Tên)	
	본(한자) Nguyên quán (Tiếng Hán)			전화 Số điện thoại	본(한자) Nguyên quán (Tiếng Hán)	전화 Số điện thoại
	*주민등록번호 *Số chứng minh nhân dân		-		-	
	출생연월일 Ngày tháng năm sinh					
	*등록기준지 *Nơi đăng ký hộ khẩu					
	*주 소 *Địa chỉ					
②부모 (양부모) ②Cha mẹ(Cha mẹ nuôi)	부(양부)성명 Họ tên cha (cha nuôi)					
	주민등록번호 Số chứng minh nhân dân		-		-	
	모(양모)성명 Họ tên mẹ (mẹ nuôi)					
	주민등록번호 Số chứng minh nhân dân		-		-	
③기 타 사 항 ③Nội dung khác						

④재판확정일자 ( ) ④Ngày ấn định phán quyết ( )	년 월 일 Năm tháng ngày	법원명 Tên tòa án	법원 Tòa án

아래 친권자란은 협의이혼 시에는 법원의 협의이혼의사확인 후에 기재합니다.
Trường hợp thuận tình ly hôn thì ghi vào mục quyền cha mẹ dưới đây sau khi Tòa án xác nhận ý định thuận tình ly hôn.

⑤친	미성년인 자의 성명 Họ tên trẻ vị thành niên		

〈베트남어〉 [참고용]

<table>
<tr><td rowspan="7">권자
지정
⑤
Chỉ định người có quyền cha mẹ</td><td>주민등록번호
Số chứng minh nhân dân</td><td colspan="3">-
-</td><td colspan="3">-
-</td></tr>
<tr><td rowspan="2">친권자
Người có quyền cha mẹ</td><td rowspan="2">①부 ②모
③부모
①Cha
②Mẹ
③Cha mẹ</td><td>효력발생일
Ngày có hiệu lực</td><td>년 월 일
Năm tháng ngày</td><td rowspan="2">①부②모
③부모
①Cha
②Mẹ
③Cha mẹ</td><td>효력발생일
Ngày có hiệu lực</td><td>년 월 일
Năm tháng ngày</td></tr>
<tr><td>원인
Nguyên nhân</td><td>① 협의 ② 재판
① Hai bên thỏa thuận
②Tòa án phán quyết</td><td>원인
Nguyên nhân</td><td>① 협의 ② 재판
① Hai bên thỏa thuận
②Tòa án phán quyết</td></tr>
<tr><td>미성년인 자의 성명
Họ tên trẻ vị thành niên</td><td colspan="3"></td><td colspan="3"></td></tr>
<tr><td>주민등록번호
Số chứng minh nhân dân</td><td colspan="3">-
-</td><td colspan="3">-
-</td></tr>
<tr><td rowspan="2">친권자
Người có quyền cha mẹ</td><td rowspan="2">①부 ②모
③부모
①Cha
②Mẹ
③Cha mẹ</td><td>효력발생일
Ngày có hiệu lực</td><td>년 월 일
Năm tháng ngày</td><td rowspan="2">①부②모
③부모
①Cha
②Mẹ
③Cha mẹ</td><td>효력발생일
Ngày có hiệu lực</td><td>년 월 일
Năm tháng ngày</td></tr>
<tr><td>원인
Nguyên nhân</td><td>① 협의 ② 재판
① Hai bên thỏa thuận
②Tòa án phán quyết</td><td>원인
Nguyên nhân</td><td>① 협의 ② 재판
① Hai bên thỏa thuận
②Tòa án phán quyết</td></tr>
<tr><td colspan="2">⑥신고인 출석여부
⑥ Người khai báo có mặt không</td><td colspan="6">① 남편(부) ② 아내(처)
① Chồng (Phu) ② Vợ (Thê)</td></tr>
<tr><td>⑦제출인
⑦Người nộp</td><td>성 명
Họ tên</td><td colspan="2"></td><td>주민등록번호
Số chứng minh nhân dân</td><td colspan="3">-
-</td></tr>
</table>

※ 타인의 서명 또는 인장을 도용하여 허위의 신고서를 제출하거나, 허위신고를 하여 가족관계등록부에 실제와 다른 사실을 기록하게 하는 경우에는 **형법에 의하여 처벌**받을 수 있습니다. **눈표(*)로 표시한 자료**는 국가통계작성을 위해 통계청에서도 수집하고 있는 자료입니다.

※ Trường hợp giả mạo chữ ký hoặc dùng trộm con dấu của người khác để nộp đơn khai báo gian dối hoặc khai báo gian dối để ghi thông tin khác với thực tế vào sổ đăng ký quan hệ gia đình thì có thể bị **xử phạt theo Luật Hình sự**. **Các loại giấy tờ có đánh dấu sao (*)** là tài liệu mà Cục Thống kê cũng đang thu thập để lập báo cáo thống kê quốc gia.

※ 아래 사항은 **「통계법」 제24조의2에 의하여 통계청에서 실시하는 인구동향조사**입니다. 「통계법」제32조 및 제33조에 의하여 성실응답의무가 있으며 개인의 비밀사항이 철저히 보호되므로 사실대로 기입하여 주시기 바랍니다.

※ Các nội dung dưới đây là phần **điều tra nhân khẩu học do Cục Thống kê tiến hành theo Điều 24.2 「Luật Thống kê」**. Quý vị có nghĩa vụ trả lời thành thực theo Điều 32 và Điều 33 「Luật Thống kê」 và các nội dung thuộc về bí mật cá nhân sẽ được bảo vệ nghiêm ngặt nên mong Quý vị hãy điền vào theo đúng sự thật.

※ 첨부서류 및 이혼당사자의 국적은 국가통계작성을 위해 통계청에서도 수집하고 있는 자료입니다.

※ Giấy tờ đính kèm, quốc tịch của đương sự ly hôn là tài liệu mà Cục Thống kê cũng đang thu thập để lập báo cáo thống kê quốc gia.

인구동향조사
Điều tra nhân khẩu học

<table>
<tr><td colspan="2">㉮실제 결혼 생활 시작일
ⓐNgày bắt đầu cuộc sống hôn nhân thực tế</td><td colspan="2">년 월 일부터
Từ năm tháng ngày</td><td rowspan="2" colspan="2">㉰19세 미만 자녀 수
ⓒSố con dưới 19 tuổi</td><td rowspan="2">명
người</td></tr>
<tr><td colspan="2">㉯실제 이혼 연월일
ⓑNgày tháng năm ly hôn trên thực tế</td><td colspan="2">년 월 일부터
Từ năm tháng ngày</td></tr>
<tr><td>㉱최종 졸업학교</td><td>남편(부)</td><td colspan="2">①학력 없음 ②초등학교 ③중학교
①Không có học ② Tốt nghiệp ③ Tốt nghiệp</td><td>아내(처)</td><td colspan="2">①학력 없음 ②초등학교 ③중학교
①Không có học ② Tốt nghiệp ③ Tốt nghiệp</td></tr>
</table>

<베트남어> [참고용]

ⓓHọc vấn cao nhất	Chồng (Phu)	vấn [4]고등학교 [4] Tốt nghiệp trung học phổ thông	tiểu học [5]대학(교) [5]Tốt nghiệp đại học	trung học cơ sở [6]대학원 이상 [6] Tốt nghiệp cao học trở lên	Vợ (Thê)	vấn [4]고등학교 [4] Tốt nghiệp trung học phổ thông	tiểu học [5]대학(교) [5] Tốt nghiệp đại học	trung học cơ sở [6]대학원 이상 [6] Tốt nghiệp cao học trở lên
ⓔ직업 ⓔNghề nghiệp	남편 (부) Chồng (Phu)	[1]관리직 [1]Người quản lý [3]사무직 [3]Nhân viên văn phòng [5]판매직 [5]Nhân viên bán hàng [7]기능직 [7]Nhân viên kỹ thuật [9]단순노무직 [9]Lao động đơn giản [11]학생 · 가사 · 무직 [11]Học sinh, Người nội trợ, Người không có nghề nghiệp	[2]전문직 [2] Người làm công tác chuyên môn [4]서비스직 [4]Người làm dịch vụ [6]농림어업 [6]Người làm ngành nông lâm ngư nghiệp [8]장치 · 기계 조작 및 조립 [8]Thợ vận hành và lắp ráp thiết bị máy móc [10]군인 [10]Quân nhân		아내 (처) Vợ (Thê)	[1]관리직 [1]Người quản lý [3]사무직 [3]Nhân viên văn phòng [5]판매직 [5]Nhân viên bán hàng [7]기능직 [7]Nhân viên kỹ thuật [9]단순노무직 [9]Lao động đơn giản [11]학생 · 가사 · 무직 [11]Học sinh, Người nội trợ, Người không có nghề nghiệp	[2]전문직 [2]Người làm công tác chuyên môn [4]서비스직 [4]Người làm dịch vụ [6]농림어업 [6] Người làm ngành nông lâm ngư nghiệp [8]장치 · 기계 조작 및 조립 [8]Thợ vận hành và lắp ráp thiết bị máy móc [10]군인 [10]Quân nhân	

작 성 방 법
Phương pháp điền mẫu

※등록기준지: 각 란의 해당자가 외국인인 경우에는 그 국적을 기재합니다.

※Nơi đăng ký hộ khẩu: Ghi quốc tịch trong trường hợp đương sự ở các mục là người nước ngoài.

※주민등록번호: 각 란의 해당자가 외국인인 경우에는 외국인등록번호(국내거소신고번호 또는 출생연월일)를 기재합니다.

※Số chứng minh nhân dân: Trường hợp đương sự ở các mục là người nước ngoài thì điền vào số thẻ cư trú người nước ngoài (số đăng ký cư trú hoặc ngày tháng năm sinh).

①란: 협의이혼신고의 경우 반드시 당사자 쌍방이 서명(또는 기명날인) 하여야 하나, 재판상 이혼신고의 경우에는 일방이 서명(또는 기명날인)하여 신고할 수 있습니다.

Mục ①: Trường hợp khai báo ly hôn thuận tình thì nhất định hai bên đương sự phải cùng ký tên (hoặc đóng dấu ghi tên), trường hợp ly hôn theo phán quyết thì một bên có thể ký tên (hoặc đóng dấu ghi tên).

②란: 이혼당사자의 부모가 주민등록번호가 없는 경우에는 등록기준지(본적)를 기재합니다. 이혼당사자가 양자인 경우 양부모의 인적사항을 기재하며, 이혼당사자의 부모가 외국인인 경우에는 주민등록번호란에 외국인등록번호(또는 출생연월일) 및 국적을 기재합니다.

Mục ②: Trường hợp cha mẹ của đương sự ly hôn không có số chứng minh nhân dân thì ghi nơi đăng ký hộ khẩu (địa chỉ thường trú theo hộ khẩu). Trường hợp đương sự ly hôn là con nuôi thì điền vào thông tin cá nhân của cha mẹ nuôi, và trường hợp cha mẹ của đương sự ly hôn là người nước ngoài thì điền vào số thẻ cư trú người nước ngoài (hoặc ngày tháng năm sinh) và quốc tịch vào mục số chứng minh nhân dân.

③란: 아래의 사항 및 가족관계등록부에 기록을 분명하게 하는 데 특히 필요한 사항을 기재합니다.

Mục ③: Chỉ ghi những nội dung đặc biệt cần thiết để làm sáng tỏ nội dung dưới đây và nội dung ghi trong sổ đăng ký quan hệ gia đình.

- 신고사건으로 인하여 신분의 변경이 있게 되는 사람이 있을 경우에 그 사람의 성명, 출생연월일, 등록기준지 및 신분변경의 사유
- Trường hợp có người bị thay đổi thông tin trong các giấy tờ tùy thân do khai báo thì phải ghi rõ họ tên, ngày tháng năm sinh, nơi đăng ký hộ khẩu và lý do thay đổi thông tin trong giấy tờ tùy thân của người đó
- 피성년후견인(2018. 6. 30.까지는 금치산자 포함)이 협의상 이혼을 하는 경우에는 동의자의 성명, 서명(또는 날인) 및 출생연월일
- Trường hợp người thành niên được giám hộ (bao gồm cả người bị Tòa tuyên bố hạn chế năng lực hành vi dân sự về quản lý tài sản đến 30. 6. 2018) ly hôn thuận tình thì ghi họ tên của người đồng ý, ký tên (hoặc đóng dấu) và ngày tháng năm sinh

④란: 이혼판결(화해, 조정)의 경우에만 기재하고, 협의이혼의 경우에는 기재하지 않습니다.

Mục ④ Ghi mục này đối với trường hợp phán quyết ly hôn (hòa giải, điều đình), không điền vào trong trường hợp thuận tình ly hôn.

: 조정성립, 조정에 갈음하는 결정, 화해성립이나 화해권고결정에 따른 이혼신고의 경우에는 "재판확정일자"아래의 (　)안에

〈베트남어〉 [참고용]

"조정성립", "조정에 갈음하는 결정확정" 또는 "화해성립", "화해권고결정"이라고 기재하고, "연월일"란에 그 성립(확정)일을 기재합니다.

; Trong trường hợp khai báo ly hôn theo quyết định thay cho việc điều đình, thực hiện điều đình, quyết định khuyến nghị hòa giải hoặc thực hiện hòa giải thì điền "thực hiện điều đình", "ấn định quyết định thay cho điều đình" hoặc "thực hiện hòa giải", "quyết định khuyến nghị hòa giải" vào trong dấu ngoặc ( ) ở dưới phần "ngày tháng ấn định xét xử"; và ghi ngày thực hiện (ấn định) vào mục "ngày tháng năm".

⑤란: 협의이혼의사확인 신청시에는 기재하지 아니하며, 법원의 이혼의사확인 후에 정하여진 친권자를 기재합니다.

Mục ⑤: Không ghi khi đăng ký xác nhận ý định ly hôn thuận tình, và ghi vào người có quyền cha mẹ được định sẵn sau khi tòa án xác nhận ý định ly hôn.

지정효력발생일은 협의이혼의 경우 이혼신고일, 재판상이혼의 경우에는 재판 확정일을 기재합니다.

Đối với mục Ngày có hiệu lực chỉ định, ghi ngày khai báo ly hôn trong trường hợp thuận tình ly hôn, ngày ấn định phán quyết trong trường hợp ra tòa ly hôn.

원인은 당사자의 협의에 의해 지정한 때에는 "[1]협의"에, 직권 또는 신청에 의해 법원이 결정한 때에는 "[2]재판"에 '영표(○)'로 표시하고, 그 내용을 증명하는 서면을 첨부하여야 합니다.

Đối với mục nguyên nhân, khi chỉ định theo thỏa thuận của đương sự thì đánh dấu '(○)' vào "[1]Hai bên thỏa thuận", và khi tòa án quyết định theo thẩm quyền hoặc đề nghị thì đánh dấu '(○)' vào "[2]Tòa án phán quyết", và phải đính kèm văn bản chứng minh nội dung đó vào.

자녀가 5명 이상인 경우 별지 기재 후 간인하여 첨부합니다. 임신 중인 자의 경우에는 출생신고 시 친권자 지정 신고를 합니다.

Trường hợp có trên 5 đứa con thì sau khi điền mẫu đính kèm, phải đóng dấu giáp lai rồi nộp kèm. Trường hợp là người đang mang thai thì khai báo chỉ định người có quyền cha mẹ khi khai sinh.

⑥란: 출석한 신고인의 해당번호에 '영표(○)'로 표시합니다.

Mục ⑥: Đánh dấu '(○)' vào số tương ứng của người khai báo ly hôn có mặt.

⑦란: 제출인(신고인이 작성한 신고서를 신고인이 아닌 사람이 제출할 경우만 기재)의 성명 및 주민등록번호를 기재합니다.[접수담당공무원은 신분증과 대조]

Mục ⑦: Ghi họ tên và số chứng minh nhân dân của người nộp đơn (chỉ ghi trong trường hợp người không phải người đăng ký đến nộp đơn khai báo mà người đăng ký đã soạn thảo).[Cán bộ phụ trách tiếp nhận sẽ đối chiếu với giấy chứng minh nhân thân]

※ <u>아래 사항은 「통계법」 제24조의2에 의하여 **통계청에서 실시하는 인구동향조사**입니다.</u>

※ <u>Nội dung sau đây là phần **điều tra nhân khẩu học do Cục thống kê tiến hành** theo Điều 24.2 「Luật Thống kê」.</u>

㉮란, ㉯란: 가족관계등록부상 신고일이나 재판확정일과는 관계없이 실제로 결혼(동거)생활을 시작한 날과 사실상 이혼(별거)생활을 시작한 날을 기재합니다.

Mục ㉮, Mục ㉯: Ghi ngày mà vợ chồng bắt đầu cuộc sống hôn nhân (sống chung) trên thực tế và ngày bắt đầu cuộc sống ly hôn (ly thân), không liên quan đến ngày khai báo trong sổ đăng ký quan hệ gia đình hoặc ngày ấn định phán quyết.

㉰란: 교육부장관이 인정하는 모든 정규교육기관을 기준으로 기재하되 각급 학교의 재학 또는 중퇴자는 최종 졸업한 학교의 해당번호에 '영표(○)'로 표시 합니다.<예시> 대학교 3학년 재학(중퇴) → [4]고등학교에 '영표(○)'로 표시

Mục ㉰: Ghi tất cả các cơ quan giáo dục chính quy do Bộ trưởng Bộ Giáo dục công nhận, người đang theo học hoặc bỏ học giữa chừng ở các cấp học thì đánh dấu (○) vào số tương ứng với trường học đã tốt nghiệp cuối cùng. <Ví dụ> Đang theo học năm thứ 3 đại học (bỏ học giữa chừng) → Đánh dấu '(○)' vào [4]Tốt nghiệp trung học phổ thông

㉱란: 이혼할 당시의 주된 직업을 기준으로 기재합니다.

Mục ㉱: Ghi nghề nghiệp chính tại thời điểm ly hôn.

[1] 관리자: 정부, 기업, 단체 또는 그 내부 부서의 정책과 활동을 기획, 지휘 및 조정 (공공 및 기업고위직 등)
[1] Nhà quản lý: Người lập kế hoạch, chỉ huy và điều chỉnh các hoạt động và chính sách của chính phủ, doanh nghiệp, đoàn thể hay bộ phận nội bộ (vị trí cấp cao trong doanh nghiệp và cơ quan nhà nước)
[2] 전문가 및 관련 종사자: 전문지식을 활용한 기술적 업무 (과학, 의료, 복지, 교육, 종교, 법률, 금융, 예술, 스포츠 등)
[2] Chuyên gia và người làm công tác chuyên môn liên quan: Công việc mang tính kỹ thuật sử dụng kiến thức chuyên môn (khoa học, y tế, phúc lợi, giáo dục, tôn giáo, pháp luật, tài chính, nghệ thuật, thể thao, v.v.)
[3] 사무종사자: 관리자, 전문가 및 관련종사자를 보조하여 업무추진(행정, 경영, 보험, 감사, 상담・안내・통계 등)
[3] Người làm công việc văn phòng: Thực hiện công việc hỗ trợ cho nhà quản lý, chuyên gia và người làm công tác chuyên môn liên quan (hành chính, kinh doanh, bảo hiểm, kiểm toán, tư vấn, hướng dẫn, thống kê, v.v.)
[4] 서비스종사자: 공공안전, 신변보호, 돌봄, 의료보조, 미용, 혼례 및 장례, 운송, 여가, 조리와 관련된 업무
[4] Người làm dịch vụ: Công việc liên quan đến an ninh công cộng, bảo vệ tính mạng, chăm sóc, hỗ trợ y tế, làm đẹp, hôn lễ và tang lễ, vận chuyển, thư giãn giải trí, nấu ăn
[5] 판매종사자: 영업활동을 통해 상품이나 서비스판매 (인터넷, 상점, 공공장소 등), 상품의 광고・홍보, 계산・정산 등
[5] Người bán hàng: Bán sản phẩm hoặc dịch vụ (qua internet, cửa hàng, nơi công cộng, v.v.) bằng các hoạt động kinh doanh, quảng cáo và quảng bá sản phẩm, tính toán và thanh toán, v.v.
[6] 농림・어업숙련종사자: 작물의 재배・수확, 동물의 번식・사육, 산림의 경작・개발, 수생 동・식물 번식 및 양식 등
[6] Người làm nghề nông lâm ngư nghiệp: Trồng trọt và thu hoạch nông sản, nhân giống và chăn nuôi động vật, trồng rừng và phát triển lâm nghiệp, nhân giống và nuôi trồng động thực vật thủy sinh, v.v.
[7] 기능원 및 관련 기능 종사자: 광업, 제조업, 건설업에서 손과 수공구를 사용하여 기계 설치 및 정비, 제품가공
[7] Người lao động sử dụng kỹ năng tay nghề và người làm việc bằng kỹ năng liên quan: Sử dụng tay và công cụ cầm tay để lắp đặt và bảo trì máy móc, gia công sản phẩm trong ngành khai khoáng, sản xuất, xây dựng

〈베트남어〉 [참고용]

⑧ 장치·기계 조작 및 조립 종사자: 기계를 조작하여 제품생산·조립, 산업용기계·장비조작, 운송장비의 운전 등
⑧ Người làm công việc vận hành trang thiết bị, máy móc và lắp ráp: Vận hành máy móc để lắp ráp, sản xuất sản phẩm, vận hành trang thiết bị và máy móc dùng cho công nghiệp, vận hành trang thiết bị vận chuyển, v.v.
⑨ 단순노무 종사자: 주로 간단한 수공구의 사용과 단순하고 일상적이며 육체적 노력이 요구되는 업무
⑨ Người lao động chân tay đơn thuần: Chủ yếu sử dụng các công cụ cầm tay đơn giản và thực hiện công việc đơn thuần thường ngày, yêu cầu nỗ lực về mặt thân thể
⑩ 군인: 의무복무를 포함하여, 현재 군인신분을 유지하고 있는 경우 (국방분야에 고용된 민간인과 예비군은 제외)
⑩ Quân nhân: Trường hợp hiện tại đang duy trì tư cách quân nhân, bao gồm cả lính nghĩa vụ (ngoại trừ quân nhân dự bị và dân thường được tuyển dụng vào làm trong lĩnh vực quốc phòng)
⑪ 학생·가사·무직: 교육기관에 재학하며 학습에만 전념하거나, 전업주부이거나, 특정한 직업이 없는 경우
⑪ Học sinh, người nội trợ, người không có việc làm: Trường hợp chỉ chuyên tâm học hành và đang theo học tại một cơ quan giáo dục, hoặc là người nội trợ chuyên nghiệp, hoặc là không có nghề nghiệp cố định

첨 부 서 류
Giấy tờ nộp kèm

1. 협의이혼: 협의이혼의사확인서 등본 1부
1. Thuận tình ly hôn: Bản sao y giấy xác nhận ý định thuận tình ly hôn, 1 bản
2. 재판이혼: 판결등본 및 확정증명서 각 1부(조정·화해 성립의 경우는 조서등본 및 송달증명서).
2. Ra tòa ly hôn: Bản sao y phán quyết và giấy chứng nhận ấn định phán quyết, mỗi loại 1 bản (trường hợp thực hiện điều đình, hòa giải thì giấy chứng nhận tống đạt và bản sao y biên bản).
3. 외국법원의 이혼판결에 의한 재판상 이혼
3. Ly hôn qua xét xử dựa vào phán quyết ly hôn của tòa án nước ngoài
   - 이혼판결의 정본 또는 등본과 판결확정증명서 각 1부.
   - Bản chính phán quyết ly hôn hoặc bản sao y và giấy chứng nhận ấn định phán quyết, mỗi loại 1 bản
   - 패소한 피고가 우리나라 국민인 경우에 그 피고가 공시송달에 의하지 아니하고 소송의 개시에 필요한 소환 또는 명령의 송달을 받았거나 또는 이를 받지 아니하고도 응소한 사실을 증명하는 서면 1부(판결에 의하여 이점이 명백하지 아니한 경우에 한한다).
   - Trong trường hợp bị đơn thua kiện là công dân Hàn quốc, văn bản chứng minh sự thật rằng bị đơn đó không bị niêm yết công khai, đã nhận tống đạt lệnh hoặc giấy triệu tập cần thiết khi bắt đầu thủ tục tố tụng hoặc dù không nhận được các công văn này thì cũng đã đáp lại lệnh triệu tập, 1 bản (chỉ giới hạn trong trường hợp lợi thế theo phán quyết không rõ ràng).
   - 위 각 서류의 번역문 1부.
   - Bản dịch của các giấy tờ trên, 1 bản.

※ 아래 4항은 가족관계등록관서에서 전산으로 그 내용을 확인할 수 있는 경우 첨부를 생략합니다.
※ Có thể giản lược mục 4 dưới đây trong trường hợp cơ quan đăng ký quan hệ gia đình có thể kiểm tra được nội dung đó bằng phương thức điện tử.

4. 이혼 당사자 각각의 가족관계등록부의 가족관계증명서, 혼인관계증명서 각 1통.
4. Giấy chứng nhận quan hệ gia đình theo sổ đăng ký quan hệ gia đình, giấy chứng nhận quan hệ hôn nhân của đương sự ly hôn, mỗi loại 1 bản.
5. 사건본인이 외국인인 경우
5. Trường hợp bản thân người xin ly hôn là người nước ngoài
   - 한국 방식에 의한 이혼: 사건본인 쌍방이 외국인인 경우에는 국적을 증명하는 서면(여권 또는 외국인등록증)사본 첨부
   - Trường hợp ly hôn theo kiểu Hàn Quốc: Trong trường hợp bản thân hai bên trong vụ việc là người nước ngoài thì đính kèm bản sao văn bản chứng minh quốc tịch (hộ chiếu hoặc thẻ cư trú người nước ngoài)
   - 외국 방식에 의한 이혼: 이혼증서 등본 및 국적을 증명하는 서면(여권 또는 외국인등록증) 사본 각 1부
   - Trường hợp ly hôn theo kiểu nước ngoài: Bản sao y giấy chứng nhận ly hôn và bản sao văn bản chứng minh quốc tịch (hộ chiếu hoặc thẻ cư trú người nước ngoài), mỗi loại 1 bản
6. 친권자지정과 관련한 소명자료
6. Giấy tờ chứng minh liên quan đến việc chỉ định người có quyền cha mẹ
   - 협의에 의한 경우 친권자지정 협의서등본 1부.
   - Trường hợp thuận tình ly hôn, bản sao y biên bản thỏa thuận chỉ định người có quyền cha mẹ, 1 bản
   - 법원이 결정한 경우 심판서 정본 및 확정 증명서 1부.
   - Trường hợp ly hôn theo phán quyết, bản chính bản phán quyết và giấy chứng nhận ấn định phán quyết, 1 bản
7. 신분확인[가족관계등록예규 제443호에 의함]
7. Xác nhận nhân thân [Theo Điểm 443, Quy tắc đăng ký quan hệ gia đình]
   ① 재판상 이혼신고(증서등본에 의한 이혼신고 포함)
   ① Khai báo ly hôn theo phán quyết (bao gồm khai báo ly hôn theo bản sao y giấy chứng nhận)
   - 신고인이 출석한 경우 : 신분증명서
   - Trường hợp người khai báo có mặt: Giấy chứng minh nhân thân
   - 제출인이 출석한 경우 : 제출인의 신분증명서
   - Trường hợp người nộp hộ có mặt: Giấy chứng minh nhân thân của người nộp
   - 우편제출의 경우 : 신고인의 신분증명서 사본

〈베트남어〉 [참고용]

- Trường hợp nộp qua đường bưu điện: Bản sao giấy chứng minh nhân thân của người khai báo

※ 신고인이 성년후견인인 경우에는 7항의 ① 서류 외에 성년후견인의 자격을 증명하는 서면도 함께 첨부해야 합니다.

※ Trường hợp người khai báo là người giám hộ cho người thành niên thì ngoài giấy tờ ở mục ① Khoản 7 ra, phải đính kèm cả văn bản chứng minh tư cách của người giám hộ cho người thành niên.

② 협의이혼신고

② Khai báo thuận tình ly hôn

- 신고인이 출석한 경우 : 신고인 일방의 신분증명서
- Trường hợp người khai báo có mặt: Giấy chứng minh nhân thân của một bên người khai báo
- 신고인 불출석, 제출인 출석의 경우 : 제출인의 신분증명서 및 신고인 일방의 신분증명서 또는 서명공증 또는 인감증명서(신고인의 신분증명서 없이 신고서에 신고인이 서명한 경우 서명공증, 신고서에 인감 날인한 경우 인감증명)
- Trường hợp người khai báo không có mặt, người nộp hộ đến trình diện: Giấy chứng nhận nhân thân của người nộp và giấy chứng nhận nhân thân của một bên người khai báo hoặc giấy chứng nhận con dấu hay bản công chứng chữ ký (Bản công chứng chữ ký trong trường hợp người khai báo đã ký tên vào đơn khai báo, giấy chứng nhận con dấu trong trường hợp người khai báo đóng dấu vào đơn khai báo mà không có giấy chứng nhận nhân thân của người khai báo)
- 우편제출의 경우 : 신고인 일방의 서명공증 또는 인감증명서(신고서에 서명한 경우 서명공증, 인감을 날인한 경우는 인감증명서).
- Trường hợp nộp qua đường bưu điện: Bản công chứng chữ ký hoặc giấy chứng nhận con dấu của một bên người khai báo (Bản công chứng chữ ký trong trường hợp ký tên vào đơn khai báo, giấy chứng nhận con dấu trong trường hợp đóng dấu vào đơn khai báo)

[서식 77] 이혼(친권자 지정)신고서 (영어 - 병행)

[양식 제11호]
[Form No. 11]

이혼(친권자 지정)신고서 Divorce Registration (Designation of parental authority) (년 월 일) (Day Month Year)	※신고서 작성 시 뒷면의 작성 방법을 참고하고, 선택항목에는 '영표(○)'로 표시하기 바랍니다. ※Please refer to the instructions found on the back of this form and mark 'circle(○)' where applicable.

<table>
<tr><td colspan="3">구 분
Section</td><td colspan="4">남 편(부)
Husband</td><td colspan="4">아 내(처)
Wife</td></tr>
<tr><td rowspan="7">①이혼 당사자(신고인)
① Divorcing parties(Reporters)</td><td rowspan="2">성 명
Name</td><td>한글
Korean</td><td colspan="3">* (성) / (명)
* (Surname) / (First name)</td><td rowspan="2">(인) 또는 서명
(Seal) or signature</td><td colspan="3">* (성) / (명)
* (Surname) / (First name)</td><td rowspan="2">(인) 또는 서명
(Seal) or signature</td></tr>
<tr><td>한자
Chinese characters</td><td colspan="3">(성) / (명)
(Surname) / (First name)</td><td colspan="3">(성) / (명)
(Surname) / (First name)</td></tr>
<tr><td colspan="2">본(한자)
Place of family origin (Chinese characters)</td><td></td><td>전화
Telephone</td><td colspan="2"></td><td>본(한자)
Place of family origin (Chinese characters)</td><td></td><td>전화
Telephone</td><td></td></tr>
<tr><td colspan="2">*주민등록번호
* Resident Registration Number</td><td colspan="4">-
-</td><td colspan="4">-
-</td></tr>
<tr><td colspan="2">출생연월일
Date of birth</td><td colspan="4"></td><td colspan="4"></td></tr>
<tr><td colspan="2">*등록기준지
* Place of registration</td><td colspan="4"></td><td colspan="4"></td></tr>
<tr><td colspan="2">*주 소
*Address</td><td colspan="8"></td></tr>
<tr><td rowspan="4">②부모(양부모)
② Parent(s) (Adoptive parents)</td><td colspan="2">부(양부)성명
Father(or foster father)'s name</td><td colspan="4"></td><td colspan="4"></td></tr>
<tr><td colspan="2">주민등록번호
Resident Registration Number</td><td colspan="4">-
-</td><td colspan="4">-
-</td></tr>
<tr><td colspan="2">모(양모)성명
Mother(or foster mother)'s name</td><td colspan="4"></td><td colspan="4"></td></tr>
<tr><td colspan="2">주민등록번호
Resident Registration Number</td><td colspan="4">-
-</td><td colspan="4">-
-</td></tr>
<tr><td colspan="3">③기 타 사 항
③Remarks</td><td colspan="8"></td></tr>
<tr><td colspan="3">④재판확정일자
( )
④Decision date by courts
( )</td><td colspan="3">년 월 일
Day Month Year</td><td>법원명
Court name</td><td colspan="4">법원
Court</td></tr>
<tr><td colspan="11">아래 친권자란은 협의이혼 시에는 법원의 협의이혼의사확인 후에 기재합니다.
In case of divorce by agreement, the following parentage fields must be filled out after the intention to divorce by agreement is verified by the courts.</td></tr>
</table>

〈영어〉 [참고용]

⑤친권자 지정 ⑤ Designation and Change of Person Having Parental Authority							
	미성년인 자의 성명 Name of minor						
	주민등록번호 Resident Registration Number	-			-		
	친권자 Person with parental authority	1부 2모 3부모 1Father 2Mother 3Parent(s)	효력발생일 Effective date	년 월 일 Day Month Year	1부 2모 3부모 1Father 2Mother 3Parent(s)	효력발생일 Effective date	년 월 일 Day Month Year
			원인 Reason	1 협의 2 재판 1 Agreement 2 Judgment		원인 Reason	1 협의 2 재판 1 Agreement 2 Judgment
	미성년인 자의 성명 Name of minor						
	주민등록번호 Resident Registration Number	-			-		
	친권자 Person with parental authority	1부 2모 3부모 1Father 2Mother 3Parent(s)	효력발생일 Effective date	년 월 일 Day Month Year	1부 2모 3부모 1Father 2Mother 3Parent(s)	효력발생일 Effective date	년 월 일 Day Month Year
			원인 Reason	1 협의 2 재판 1 Agreement 2 Judgment		원인 Reason	1 협의 2 재판 1 Agreement 2 Judgment
⑥신고인 출석여부 ⑥Appearance of reporter(s)		1 남편(부) 1 Husband			2 아내(처) 2 Wife		

⑦제출인 ⑦Submitting person	성 명 Name		주민등록번호 Resident Registration Number	- -

※ 타인의 서명 또는 인장을 도용하여 허위의 신고서를 제출하거나, 허위신고를 하여 가족관계등록부에 실제와 다른 사실을 기록하게 하는 경우에는 형법에 의하여 처벌받을 수 있습니다. 눈표(*)로 표시한 자료는 국가통계작성을 위해 통계청에서도 수집하고 있는 자료입니다.

※ Falsifying one's signature or seal to present a false application, or submitting a false application resulting in incorrect information being recorded in the Family Register may result in prosecution pursuant to criminal law. Information marked with a * is also collected by Statistics Korea to create national statistical data.

※ 아래 사항은 「통계법」 제24조의2에 의하여 통계청에서 실시하는 인구동향조사입니다. 「통계법」 제32조 및 제33조에 의하여 성실응답의무가 있으며 개인의 비밀사항이 철저히 보호되므로 사실대로 기입하여 주시기 바랍니다.

※ The following census questionnaire is conducted by Statistics Korea in accordance with Article 24-2 of the 「Statistics Act」. Applicants are to respond to the questionnaire in accordance with Articles 32 and 33 of the 「Statistics Act」. The personal privacy of applicants is strictly protected. Please fill out the questionnaire correctly.

※ 첨부서류 및 이혼당사자의 국적은 국가통계작성을 위해 통계청에서도 수집하고 있는 자료입니다.

※ Any attached documents, as well as the nationality of divorce applicants are also collected by Statistics Korea in order to create national statistical data.

인구동향조사
Population Census

㉮실제 결혼 생활 시작일 ⓐFirst date of marriage:	년 월 일부터 since Day/ Month/ Year	㉰19세 미만 자녀 수 ⓒThe number of children under 19	명 # of children:
㉯실제 이혼 연월일 ⓑFirst date of divorce:	년 월 일부터 since Day/ Month/ Year		

㉱최종 졸업학교 ⓓ Final level of education attained	남편(부) Husband	1학력 없음 1None	2초등학교 2Elementary school	3중학교 3Middle school	아내(처) Wife	1학력 없음 1None	2초등학교 2Elementary school	3중학교 3Middle school
		4고등학교 4High school	5대학(교) 5College/ University	6대학원 이상 6Graduate school		4고등학교 4High school	5대학(교) 5College/ University	6대학원 이상 6Graduate school

〈영어〉 [참고용]

⑥직업 ⑥ Occupation	남편(부) Husband			아내(처) Wife		
		1관리직 1Administrative	2전문직 2Professional		1관리직 1Administrative	2전문직 2Professional
		3사무직 3Office	4서비스직 4Service		3사무직 3Office	4서비스직 4Service
		5판매직 5Sales	6농림어업 6Agricultural, forestry, fishery		5판매직 5Sales	6농림어업 6Agricultural, forestry, fishery
		7기능직 7Technical	8장치·기계 조작 및 조립 8Equipment or machine operation/assembly		7기능직 7Technical	8장치·기계 조작 및 조립 8Equipment or machine operation/assembly
		9단순노무직 9Simple labor services	10군인 10Military		9단순노무직 9Simple labor services	10군인 10Military
		11학생·가사·무직 11Student, housekeeping, unemployed			11학생·가사·무직 11Student, housekeeping, unemployed	

작 성 방 법
How to complete the form

※등록기준지: 각 란의 해당자가 외국인인 경우에는 그 국적을 기재합니다.

※Place of registration: if foreigner, provide nationality.

※주민등록번호: 각 란의 해당자가 외국인인 경우에는 외국인등록번호(국내거소신고번호 또는 출생연월일)를 기재합니다.

※Resident Registration Number: if foreigner, provide the Foreigner Registration Number (domestic residence report number or birth date).

①란: 협의이혼신고의 경우 반드시 당사자 쌍방이 서명(또는 기명날인) 하여야 하나, 재판상 이혼신고의 경우에는 일방이 서명(또는 기명날인)하여 신고할 수 있습니다.

Column ①: For divorce by agreement, both parties must sign (or name and seal), whereas for divorce by judgment, one party may sign (or name and seal) in order to report the divorce.

②란: 이혼당사자의 부모가 주민등록번호가 없는 경우에는 등록기준지(본적)를 기재합니다. 이혼당사자가 양자인 경우 양부모의 인적사항을 기재하며, 이혼당사자의 부모가 외국인인 경우에는 주민등록번호란에 외국인등록번호(또는 출생연월일) 및 국적을 기재합니다.

Column ②: If the parent(s) of the applicant for divorce notification does not have the Resident Registration Number, provide a place of registration (legal domicile). If the applicant for divorce notification was adopted, provide the personal information of his/her adoptive parents. If the parent(s) of the applicant for divorce notification is a foreigner, provide the Foreigner Registration Number (or date of birth) and nationality in the Resident Registration Number field.

③란: 아래의 사항 및 가족관계등록부에 기록을 분명하게 하는 데 특히 필요한 사항을 기재합니다.

Column ③: Fill out any necessary information required to clarify the registration of family relation records in the Family Register, including the following:

- 신고사건으로 인하여 신분의 변경이 있게 되는 사람이 있을 경우에 그 사람의 성명, 출생연월일, 등록기준지 및 신분변경의 사유
- If the identification of a person may change due to the reported divorce: the name, date of birth, place of registration, and the reason of change to the identification of the person must be provided.
- 피성년후견인(2018. 6. 30.까지는 금치산자 포함)이 협의상 이혼을 하는 경우에는 동의자의 성명, 서명(또는 날인) 및 출생연월일
- If a person under adult guardianship (includes incompetency until June 30, 2018) becomes divorced by agreement: the name, signature (or seal), and date of birth of the person providing the consent must be indicated.

④란: 이혼판결(화해, 조정)의 경우에만 기재하고, 협의이혼의 경우에는 기재하지 않습니다.

Column ④: Only applicable for a divorce judgment (settlement, mediation). Skip this column if a divorce by agreement is sought.

: 조정성립, 조정에 갈음하는 결정, 화해성립이나 화해권고결정에 따른 이혼신고의 경우에는 "재판확정일자"아래의 ( ) 안에 "조정성립", "조정에 갈음하는 결정확정" 또는 "화해성립", "화해권고결정"이라고 기재하고, "연월일"란에 그 성립(확정)일을 기재합니다.

: In the case of registering a divorce as a result of mediation, a decision in place of mediation, reconciliation or decision to recommend reconciliation, enter "mediation established," "a final decision in place of mediation," "reconciliation established," or "decision to recommend reconciliation" in the blank round bracket under "Date of finalized judgment." Provide the date of when the decision was finalized.

⑤란: 협의이혼의사확인 신청시에는 기재하지 아니하며, 법원의 이혼의사확인 후에 정하여진 친권자를 기재합니다.

Column ⑤: Not applicable for an application of verification of the intention to divorce by agreement. The parentage fields must be filled out after verification of the intention to divorce by agreement is completed by the courts.

〈영어〉

[참고용]

지정효력발생일은 협의이혼의 경우 이혼신고일, 재판상이혼의 경우에는 재판 확정일을 기재합니다.

For the effective date, indicate the date of reporting the divorce if seeking a divorce by agreement, and the date of judgment by the courts if seeking a divorce by judgment.

원인은 당사자의 협의에 의해 지정한 때에는 "[1]협의"에, 직권 또는 신청에 의해 법원이 결정한 때에는 "[2]재판"에 '영표(○)'로 표시하고, 그 내용을 증명하는 서면을 첨부하여야 합니다.

Mark 'circle(○)' in front of "[1]by agreement" if the divorce is determined by both concerned parties on consent, or "[2]judicial" if the divorce is determined by the courts by its authority or upon application by the applicants. Written evidences must be attached.

자녀가 5명 이상인 경우 별지 기재 후 간인하여 첨부합니다. 임신 중인 자의 경우에는 출생신고 시 친권자 지정 신고를 합니다.

If there are 5 or more children, use an additional page and affix a seal on the joint of each page and attach thereto. If the wife concerned the application is pregnant, fill out the declaration of parentage fields at the time of birth registration.

⑥란: 출석한 신고인의 해당번호에 '영표(○)'로 표시합니다.

Column 6: Mark 'circle (○)' the corresponding number of reporter(s) who appear.

⑦란: 제출인(신고인이 작성한 신고서를 신고인이 아닌 사람이 제출할 경우만 기재)의 성명 및 주민등록번호를 기재합니다.[접수담당공무원은 신분증과 대조]

Column 7: Fill out the name and Resident Registration Number of the submitting person (only if the person is not one of the reporters).[Receptionist official contrasts with ID card]

※ 아래 사항은 「통계법」 제24조의2에 의하여 통계청에서 실시하는 인구동향조사입니다.

※ The following census questionnaire is conducted by Statistics Korea in accordance with Article 24-2 of the 「Statistics Act」.

㉮란, ㉯란: 가족관계등록부상 신고일이나 재판확정일과는 관계없이 실제로 결혼(동거)생활을 시작한 날과 사실상 이혼(별거)생활을 시작한 날을 기재합니다.

Columns ⓐ, ⓑ:Indicate the actual date of marriage (cohabitation) and the actual date of divorce (separation) instead of the report date to the Family Register or the court decision date.

㉱란: 교육부장관이 인정하는 모든 정규교육기관을 기준으로 기재하되 각급 학교의 재학 또는 중퇴자는 최종 졸업한 학교의 해당번호에 '영표(○)'로 표시 합니다. <예시> 대학교 3학년 재학(중퇴) → [4]고등학교에 '영표(○)'로 표시

Column ⓓ: Indicate the level of formal education completion as recognized by the Minister of Education. Mark 'circle(○)' in front of the corresponding education level that you have completed, including if you are currently attending school or have dropped courses. <Example> attending (or dropped) 3rd year university: mark 'circle(○)' the [4] High school box.

㉲란: 이혼할 당시의 주된 직업을 기준으로 기재합니다.

Column ⓔ: Indicate the main occupation at the time of divorce.

[1] 관리자: 정부, 기업, 단체 또는 그 내부 부서의 정책과 활동을 기획, 지휘 및 조정 (공공 및 기업고위직 등)
[1] administrative: planning, supervising or controlling policies and activities at a government office, corporation, group or its department (higher position within a public or private entity, etc.)
[2] 전문가 및 관련 종사자: 전문지식을 활용한 기술적 업무 (과학, 의료, 복지, 교육, 종교, 법률, 금융, 예술, 스포츠 등)
[2] Professional and related workers: conducting technical tasks with specialized knowledge (science, medical, welfare, education, religion, legal, financial, art, sports, etc.)
[3] 사무종사자: 관리자, 전문가 및 관련종사자를 보조하여 업무추진(행정, 경영, 보험, 감사, 상담·안내·통계 등)
[3] Office workers: assisting managers, professionals and related workers (administration, management, insurance, auditing, consultation and guidance, statistical analysis, etc.)
[4] 서비스종사자: 공공안전, 신변보호, 돌봄, 의료보조, 미용, 혼례 및 장례, 운송, 여가, 조리와 관련된 업무
[4] Service workers: performing work related to public safety, protective custody, personal care, medical assistance, beauty treatment, marriage and funeral services, transportation, leisure, cooking, etc.
[5] 판매종사자: 영업활동을 통해 상품이나 서비스판매 (인터넷, 상점, 공공장소 등), 상품의 광고·홍보, 계산·정산 등
[5] Sales workers: selling goods/services (online, offline store, public places, etc.) through sales activities, and advertising, promoting or calculating the prices of goods, etc.
[6] 농림·어업숙련종사자: 작물의 재배·수확, 동물의 번식·사육, 산림의 경작·개발, 수생 동·식물 번식 및 양식 등
[6] Agricultural, forestry, or fishery-skilled workers: cultivating/harvesting crops, breeding animals, farming/developing forests, fostering/culturing aquatic plants/animals, etc.
[7] 기능원 및 관련 기능 종사자: 광업, 제조업, 건설업에서 손과 수공구를 사용하여 기계 설치 및 정비, 제품가공
[7] Technical and related workers: installing and maintaining machinery equipment, or processing products using manual tools or by hand, in the mining, manufacturing or constructing industries.
[8] 장치·기계 조작 및 조립 종사자: 기계를 조작하여 제품생산·조립, 산업용기계·장비조작, 운송장비의 운전 등
[8] Equipment or machine operation/assembly producing/assembling products by operating machines, operating industrial machines/equipment, driving transportation equipment, etc.
[9] 단순노무 종사자: 주로 간단한 수공구의 사용과 단순하고 일상적이며 육체적 노력이 요구되는 업무
[9] Simple labor service workers: conducting routine and physical labor work which mainly requires the use of simple manual tools
[10] 군인: 의무복무를 포함하여, 현재 군인신분을 유지하고 있는 경우 (국방분야에 고용된 민간인과 예비군은 제외)
[10] Military: one who is currently on army service duty (excludes a person belonging to a local reserve troop or a person who is hired by a private company in the field of national defense)
[11] 학생·가사·무직: 교육기관에 재학하며 학습에만 전념하거나, 전업주부이거나, 특정한 직업이 없는 경우
[11] Student, housekeeping, unemployed: a person who is currently attending an educational institute and is mainly dedicated to study at the institute, a housewife, or one who is unemployed

〈영어〉 [참고용]

첨 부 서 류

Attachments

1. 협의이혼: 협의이혼의사확인서 등본 1부
1. Divorce by agreement: One certified copy of affirmation of the intention to divorce by agreement
2. 재판이혼: 판결등본 및 확정증명서 각 1부(조정·화해 성립의 경우는 조서등본 및 송달증명서)
2. Divorce by judgment: One certified copy of the judgment and affirmation certificates (in case of mediation or settlement, a certified copy of the report and the service certificate).
3. 외국법원의 이혼판결에 의한 재판상 이혼
3. Divorce by judgment in accordance with the divorce by judgment of a foreign court
   - 이혼판결의 정본 또는 등본과 판결확정증명서 각 1부.
   - Text of divorce judgment or a certified copy thereof and a certificate of affirmation of the judgment
   - 패소한 피고가 우리나라 국민인 경우에 그 피고가 공시송달에 의하지 아니하고 소송의 개시에 필요한 소환 또는 명령의 송달을 받았거나 또는 이를 받지 아니하고도 응소한 사실을 증명하는 서면 1부(판결에 의하여 이점이 명백하지 아니한 경우에 한한다).
   - If a defendant lost a case and is of Korean nationality, attach a copy of written evidence that the defendant was served with a writ of summons or an order to commence litigation, instead of service by publication, or evidence that the defendant was in contestation without being served with a writ of summons or an order. (Only applicable where this point is not clear in the judgment).
   - 위 각 서류의 번역문 1부.
   - A translation of each document listed above.

※ 아래 4항은 가족관계등록관서에서 전산으로 그 내용을 확인할 수 있는 경우 첨부를 생략합니다.

※ The following item 4 is not required if the content can be identified electronically by the family relation registration department

4. 이혼 당사자 각각의 가족관계등록부의 가족관계증명서, 혼인관계증명서 각 1통.
4. A copy of each applicant's family relation certificate on the Family Register, and marriage certificate
5. 사건본인이 외국인인 경우
5. In case of a foreign applicant
   - 한국 방식에 의한 이혼: 사건본인 쌍방이 외국인인 경우에는 국적을 증명하는 서면(여권 또는 외국인등록증)사본 첨부
   - Divorce by Korean system: if both parties in the case are foreigners, attach copies of written evidence of nationality (passports or foreigner registration certificates)
   - 외국 방식에 의한 이혼: 이혼증서 등본 및 국적을 증명하는 서면(여권 또는 외국인등록증) 사본 각 1부
   - Divorce by foreign system: a certified copy of divorce certificates and written evidence of nationality (passports or foreigner registration certificates)
6. 친권자지정과 관련한 소명자료
6. Supporting documents for declaration of parentage
   - 협의에 의한 경우 친권자지정 협의서등본 1부.
   - In case of divorce by agreement, a certified copy of the agreement on declaration of parentage
   - 법원이 결정한 경우 심판서 정본 및 확정 증명서 1부.
   - In case of divorce by judgment, text of judgment and the affirmation certificate
7. 신분확인[가족관계등록예규 제443호에 의함]
7. Identification [pursuant to Family relation registration procedure No. 443]

   ① 재판상 이혼신고(증서등본에 의한 이혼신고 포함)

   ① Notification of divorce by judgment (including notification of divorce by a certified copy of certificates)
   - 신고인이 출석한 경우 : 신분증명서
   - When the application is submitted by the reporters: IDs of both reporters
   - 제출인이 출석한 경우 : 제출인의 신분증명서
   - When the application is submitted by a submitting person: ID of the submitting person
   - 우편제출의 경우 : 신고인의 신분증명서 사본
   - When the application is submitted by mail: copies of IDs of both reporters

   ※ 신고인이 성년후견인인 경우에는 7항의 ① 서류 외에 성년후견인의 자격을 증명하는 서면도 함께 첨부해야 합니다.

   ※ If a reporter is an adult guardian, the document listed in 7. ① as well as written evidence for the adult guardianship should be submitted.

   ② 협의이혼신고

   ② Notification of divorce by agreement
   - 신고인이 출석한 경우 : 신고인 일방의 신분증명서
   - When the application is submitted by the reporters: ID of either one of the reporters
   - 신고인 불출석, 제출인 출석의 경우 : 제출인의 신분증명서 및 신고인 일방의 신분증명서 또는 서명공증 또는 인감증명서(신고인의 신분증명서 없이 신고서에 신고인이 서명한 경우 서명공증, 신고서에 인감 날인한 경우 인감증명)
   - When the application is submitted by a submitting person while the reporters are not appearing: ID of the submitting person and ID or certification of the ID or a certified copy of seal certification of either one of the reporters, as applicable (i.e. certification of an ID is required if the reporters sign the application form without submitting their ID certifications; a certified copy of seal certification is required if the reporters seal the application form without submitting their ID certifications)
   - 우편제출의 경우 : 신고인 일방의 서명공증 또는 인감증명서(신고서에 서명한 경우 서명공증, 인감을 날인한 경우는 인감증

〈영어〉 [참고용]

명서).

- When the application is submitted by mail: certification of an ID or a certified copy of seal certification of either one of the reporters, as applicable (i.e. certification of an ID is required if the reporters sign the application form; a certified copy of seal certification is required if the reporters seal the application form)

[서식 78] 이혼(친권자 지정)신고서 (일본어 -병행)

[양식 제11호]
[様式第11号]

이혼(친권자 지정)신고서 離婚(親権者指定)届 (년 월 일) (年 月 日)	※ 신고서 작성 시 뒷면의 작성 방법을 참고하고, 선택항목에는 '영표(○)'로 표시하기 바랍니다. ※ 届出書は裏面の作成方法に沿って記載し、選択項目には「○」印をつけてください。

구분 区分			남편(부) 夫				아내(처) 妻			
①이혼당사자(신고인) ①離婚当事者(届出人)	성명 氏名	한글 ハングル	*(성) / (명) *(氏) / (名)			(인) 또는 서명 (印)又は署名	*(성) / (명) *(氏) / (名)			(인) 또는 서명 (印)又は署名
		한자 漢字	(성) / (명) (氏) / (名)				(성) / (명) (氏) / (名)			
	본(한자) 本貫(漢字)			전화 電話			본(한자) 本貫(漢字)		전화 電話	
	*주민등록번호 *住民登録番号		-				-			
	출생연월일 生年月日									
	*등록기준지 *登録基準地									
	*주소 *住所									
②부모(양부모) ②父母(養父母)	부(양부)성명 父(養父)氏名									
	주민등록번호 住民登録番号		-				-			
	모(양모)성명 母(養母)氏名									
	주민등록번호 住民登録番号		-				-			
③기타사항 ③その他の事項										
④재판확정일자 ( ) ④裁判確定日付 ( )			년 월 일 年 月 日			법원명 法院名	법원 法院			

아래 친권자란은 협의이혼 시에는 법원의 협의이혼의사확인 후에 기재합니다. 下記の親権者欄は協議離婚の場合は法院による協議離婚意思確認の後に記載します。								
⑤친권자지정 ⑤親権者指定	미성년인 자의 성명 未成年の子の氏名							
	주민등록번호 住民登録番号	-			-			
	친권자 親権者	1부 2모 3부모 1父 2母 3父母	효력발생일 効力発生日	년 월 일 年 月 日	1부 2모 3부모 1父 2母 3父母	효력발생일 効力発生日	년 월 일 年 月 日	
			원인 原因	1 협의 2 재판 1 協議 2 裁判		원인 原因	1 협의 2 재판 1 協議 2 裁判	
	미성년인 자의 성명 未成年の子の氏名							
	주민등록번호	-			-			

〈일본어〉 [참고용]

	住民登録番号	-			-		
	친권자 親權者	1부 2모 3부모	효력발생일 效力発生日	년 월 일 年 月 日	1부 2모 3 부모	효력발생일 效力発生日	년 월 일 年 月 日
		1父 2母 3父母	원인 原因	1 협의 2 재판 1 協議 2裁判	1父 2母 3 父母	원인 原因	1 협의 2 재판 1 協議 2裁判
⑥신고인 출석여부 ⑥届出人出席有無		1 남편(부) 1夫			2 아내(처) 2妻		
⑦제출인 ⑦提出人	성 명 氏名			주민등록번호 住民登録番号	- -		

※ 타인의 서명 또는 인장을 도용하여 허위의 신고서를 제출하거나, 허위신고를 하여 가족관계등록부에 실제와 다른 사실을 기록하게 하는 경우에는 **형법에 의하여 처벌**받을 수 있습니다. **눈표(*)로 표시한 자료**는 국가통계작성을 위해 통계청에서도 수집하고 있는 자료입니다.

※ 他人の署名又は印章を盗用して虚偽の届出書を提出したり、虚偽の届出を行い、家族関係登録簿に事実と異なる内容が記載されるようになった場合は、**刑法に基づき処罰**されることがあります。**アステリスク(*)がつけられた資料**は国家統計作成のために統計庁でも収集している資料です。

※ 아래 사항은 **「통계법」 제24조의2에 의하여 통계청에서 실시하는 인구동향조사**입니다. 「통계법」 제32조 및 제33조에 의하여 성실응답의무가 있으며 개인의 비밀사항이 철저히 보호되므로 사실대로 기입하여 주시기 바랍니다.

※ 下記の事項は **「統計法」第24条の2に基づき統計庁で実施する人口動向調査**です。「統計法」第32条及び第33条によって誠実に答える義務があり、個人の秘密は固く守られますので、事実通りに記入してください。

※ 첨부서류 및 이혼당사자의 국적은 국가통계작성을 위해 통계청에서도 수집하고 있는 자료입니다.

※ 添付書類及び離婚当事者の国籍は国家統計作成のために統計庁でも収集している資料です。

인구동향조사
人口動向調査

㉮실제 결혼 생활 시작일 ⓐ実際の結婚生活開始日	년 월 일부터 年 月 日から	㉰19세 미만 자녀 수 ⓒ19歳未満の子の数	명 人
㉯실제 이혼 연월일 ⓑ実際の離婚年月日	년 월 일부터 年 月 日から		

항목	남편(부) 夫		아내(처) 妻	
㉱최종 졸업학교 ⓓ最終学歴	남편(부) 夫	1학력 없음 2초등학교 3중학교 1学歴なし 2小学校 3中学校 4고등학교 5대학(교) 6대학원 이상 4高等学校 5大学(校) 6大学院以上	아내(처) 妻	1학력 없음 2초등학교 3중학교 1学歴なし 2小学校 3中学校 4고등학교 5대학(교) 6대학원 이상 4高等学校 5大学(校) 6大学院以上
㉲직업 ⓔ職業	남편(부) 夫	1관리직 2전문직 1管理職 2専門職 3사무직 4서비스직 3事務職 4サービス職 5판매직 6농림어업 5販売職 6農林漁業 7기능직 8장치·기계 조작 및 조립 7技能職 8装置・機械操作及び組立 9단순노무직 10군인 9単純労務職 10軍人 11학생·가사·무직 11学生・家事・無職	아내(처) 妻	1관리직 2전문직 1管理職 2専門職 3사무직 4서비스직 3事務職 4サービス職 5판매직 6농림어업 5販売職 6農林漁業 7기능직 8장치·기계 조작 및 조립 7技能職 8装置・機械操作及び組立 9단순노무직 10군인 9単純労務職 10軍人 11학생·가사·무직 11学生・家事・無職

작 성 방 법
作成方法

※등록기준지: 각 란의 해당자가 외국인인 경우에는 그 국적을 기재합니다.
※登録基準地:各欄の該当者が外国人の場合はその国籍を記載します。
※주민등록번호: 각 란의 해당자가 외국인인 경우에는 외국인등록번호(국내거소신고번호 또는 출생연월일)를 기재합니다.
※住民登録番号:各欄の該当者が外国人の場合は外国人登録番号(国内居所申告番号又は生年月日)を記載します。

〈일본어〉 [참고용]

①란: 협의이혼신고의 경우 반드시 당사자 쌍방이 서명(또는 기명날인) 하여야 하나, 재판상 이혼신고의 경우에는 일방이 서명(또는 기명날인)하여 신고할 수 있습니다.

①欄: 協議離婚届出の場合、必ず当事者双方が署名(又は記名捺印)しなければなりませんが、裁判上離婚届出の場合には、一方が署名(又は記名捺印)して離婚届を出すことができます。

②란: 이혼당사자의 부모가 주민등록번호가 없는 경우에는 등록기준지(본적)를 기재합니다. 이혼당사자가 양자인 경우 양부모의 인적사항을 기재하며, 이혼당사자의 부모가 외국인인 경우에는 주민등록번호란에 외국인등록번호(또는 출생연월일) 및 국적을 기재합니다.

②欄: 離婚当事者の父母に住民登録番号がない場合には、登録基準地(本籍)を記載します。離婚当事者が養子の場合は、養父母の人的事項を記載し、離婚当事者の父母が外国人の場合には、住民登録番号の欄に外国人登録番号(又は生年月日)及び国籍を記載します。

③란: 아래의 사항 및 가족관계등록부에 기록을 분명하게 하는 데 특히 필요한 사항을 기재합니다.

③欄: 下記の事項及び家族関係登録簿の記録を明確にするために特に必要な事項を記載します。

- 신고사건으로 인하여 신분의 변경이 있게 되는 사람이 있을 경우에 그 사람의 성명, 출생연월일, 등록기준지 및 신분변경의 사유
- 届出事件により身分に変更が生じる人がいれば、その人の氏名、生年月日、登録基準地及び身分変更の事由
- 피성년후견인(2018. 6. 30.까지는 금치산자 포함)이 협의상 이혼을 하는 경우에는 동의자의 성명, 서명(또는 날인) 및 출생연월일
- 被成年後見人(2018.6.30.までは禁治産者含む)が協議上離婚をする場合は同意者の氏名、署名(又は捺印)及び生年月日

④란: 이혼판결(화해, 조정)의 경우에만 기재하고, 협의이혼의 경우에는 기재하지 않습니다.

④欄: 離婚判決(和解、調停)の場合のみ記載し、協議離婚の場合は記載しません。

: 조정성립, 조정에 갈음하는 결정, 화해성립이나 화해권고결정에 따른 이혼신고의 경우에는 "재판확정일자"아래의 ( )안에 "조정성립", "조정에 갈음하는 결정확정" 또는 "화해성립", "화해권고결정"이라고 기재하고, "연월일"란에 그 성립(확정)일을 기재합니다.

: 調停成立、調停に代わる決定、和解成立又は和解勧告決定による離婚届出の場合は、「裁判確定日付」の下の( )欄に「調停成立」、「調停に代わる決定の確定」又は「和解成立」、「和解勧告決定」と記載し、「年月日」欄にその成立(確定)日を記載します。

⑤란: 협의이혼의사확인 신청시에는 기재하지 아니하며, 법원의 이혼의사확인 후에 정하여진 친권자를 기재합니다.

⑤欄: 協議離婚意思確認申立をするときには記載せず、法院の離婚意思確認後に定められた親権者を記載します。

지정효력발생일은 협의이혼의 경우 이혼신고일, 재판상이혼의 경우에는 재판 확정일을 기재합니다.

指定効力発生日は協議離婚の場合は離婚届出日、裁判上離婚の場合は裁判確定日を記載します。

원인은 당사자의 협의에 의해 지정한 때에는 "[1]협의"에, 직권 또는 신청에 의해 법원이 결정한 때에는 "[2]재판"에 '영표(○)'로 표시하고, 그 내용을 증명하는 서면을 첨부하여야 합니다.

原因は当事者の協議により指定した場合は「[1]協議」に、職権又は申立により法院が決定した場合は「[2]裁判」に「○」印をつけ、その内容を証明する書面を添付しなければなりません。

자녀가 5명 이상인 경우 별지 기재 후 간인하여 첨부합니다. 임신 중인 자의 경우에는 출생신고 시 친권자 지정 신고를 합니다.

子が5人以上いる場合は、別紙に記載し、割印して添付します。妊娠中の子の場合は出生届を出すときに親権者指定届出をします。

⑥란: 출석한 신고인의 해당번호에 '영표(○)'로 표시합니다.

⑥欄: 出席した届出人の該当番号に「○」印をつけます。

⑦란: 제출인(신고인이 작성한 신고서를 신고인이 아닌 사람이 제출할 경우만 기재)의 성명 및 주민등록번호를 기재합니다.[접수담당공무원은 신분증과 대조]

⑦欄: 提出人(届出人が作成した届出書を届出人でない人が提出する場合のみ記載)の氏名及び住民登録番号を記載します。[受付担当公務員は身分証で本人確認]

※ <u>아래 사항은 「통계법」 제24조의2에 의하여 통계청에서 실시하는 인구동향조사입니다.</u>

※ <u>下記の事項は「統計法」第24条の2に基づき統計庁で実施する人口動向調査です。</u>

㉮란, ㉯란: 가족관계등록부상 신고일이나 재판확정일과는 관계없이 실제로 결혼(동거)생활을 시작한 날과 사실상 이혼(별거)생활을 시작한 날을 기재합니다.

㉮欄、㉯欄: 家族関係登録簿上の届出日又は裁判確定日に関係なく、実際に結婚(同居)生活を始めた日と事実上離婚(別居)生活を始めた日を記載します。

㉰란: 교육부장관이 인정하는 모든 정규교육기관을 기준으로 기재하되 각급 학교의 재학 또는 중퇴자는 최종 졸업한 학교의 해당번호에 '영표(○)'로 표시 합니다. <예시> 대학교 3학년 재학(중퇴) → [4]고등학교에 '영표(○)'로 표시

㉰欄: 教育部長官が認めるすべての正規教育機関を基準にして記載し、各学校の在学者又は中退者は最終卒業した学校の該当番号に「○」印をつけます。<例示>大学3年生在学(中退)→ [4]高等学校に「○」印をつける。

㉱란: 이혼할 당시의 주된 직업을 기준으로 기재합니다.

㉱欄: 離婚当時の主な職業を基準に記載します。

[1]	관리자: 정부, 기업, 단체 또는 그 내부 부서의 정책과 활동을 기획, 지휘 및 조정 (공공 및 기업고위직 등)
[1]	管理者:政府、企業、団体又はその内部部署の政策と活動を企画、指揮及び調整 (公共及び企業の管理職など)

〈일본어〉 [참고용]

[2] 전문가 및 관련 종사자: 전문지식을 활용한 기술적 업무 (과학, 의료, 복지, 교육, 종교, 법률, 금융, 예술, 스포츠 등)
[2] 専門家及び関連従事者:専門知識を活用した技術的業務(科学、医療、福祉、教育、宗教、法律、金融、芸術、スポーツなど)
[3] 사무종사자: 관리자, 전문가 및 관련종사자를 보조하여 업무추진(행정, 경영, 보험, 감사, 상담·안내·통계 등)
[3] 事務従事者:管理者、専門家及び関連従事者を補助する業務(行政、経営、保険、監査、相談・案内・統計など)
[4] 서비스종사자: 공공안전, 신변보호, 돌봄, 의료보조, 미용, 혼례 및 장례, 운송, 여가, 조리와 관련된 업무
[4] サービス従事者:公共安全、身辺保護、ケア、医療補助、美容、婚礼及び葬儀、運送、余暇、調理に係る業務
[5] 판매종사자: 영업활동을 통해 상품이나 서비스판매 (인터넷, 상점, 공공장소 등), 상품의 광고·홍보, 계산·정산 등
[5] 販売従事者:営業活動による商品又はサービスの販売(インターネット、店、公共場所など)、商品の広告・広報、計算・精算など
[6] 농림·어업숙련종사자: 작물의 재배·수확, 동물의 번식·사육, 산림의 경작·개발, 수생 동·식물 번식 및 양식 등
[6] 農林・漁業熟練従事者:作物の栽培・収穫、動物の繁殖・飼育、森林の耕作・開発、水生動・植物の繁殖及び養殖など
[7] 기능원 및 관련 기능 종사자: 광업, 제조업, 건설업에서 손과 수공구를 사용하여 기계 설치 및 정비, 제품가공
[7] 技能員及び関連技能従事者:鉱業、製造業、建設業で手と手工具を使用して行う機械の設置及び整備、製品加工
[8] 장치·기계 조작 및 조립 종사자: 기계를 조작하여 제품생산·조립, 산업용기계·장비조작, 운송장비의 운전 등
[8] 装置・機械操作及び組立従事者:機械操作による製品の生産・組立、産業用機械・装備の操作、運送装備の運転など
[9] 단순노무 종사자: 주로 간단한 수공구의 사용과 단순하고 일상적이며 육체적 노력이 요구되는 업무
[9] 単純労務従事者:主に簡単な手工具の使用と単純かつ日常的・肉体的労力を要する業務
[10] 군인: 의무복무를 포함하여, 현재 군인신분을 유지하고 있는 경우 (국방분야에 고용된 민간인과 예비군은 제외)
[10] 軍人:義務服務を含め、現在軍人の身分を維持している場合(国防分野に雇用されている民間人と予備軍は除く)
[11] 학생·가사·무직: 교육기관에 재학하며 학습에만 전념하거나, 전업주부이거나, 특정한 직업이 없는 경우
[11] 学生・家事・無職:教育機関に在学して学習だけに専念する場合、専業主婦の場合、特定の職業がない場合

첨 부 서 류
添付書類

1. 협의이혼: 협의이혼의사확인서 등본 1부
1. 協議離婚:協議離婚意思確認書謄本1部
2. 재판이혼: 판결등본 및 확정증명서 각 1부(조정·화해 성립의 경우는 조서등본 및 송달증명서).
2. 裁判離婚:判決謄本及び確定証明書各1部(調停・和解が成立している場合は調書謄本及び送達証明書)
3. 외국법원의 이혼판결에 의한 재판상 이혼
3. 外国裁判所の離婚判決による裁判上離婚
 - 이혼판결의 정본 또는 등본과 판결확정증명서 각 1부.
 - 離婚判決の正本又は謄本と判決確定証明書各1部
 - 패소한 피고가 우리나라 국민인 경우에 그 피고가 공시송달에 의하지 아니하고 소송의 개시에 필요한 소환 또는 명령의 송달을 받았거나 또는 이를 받지 아니하고도 응소한 사실을 증명하는 서면 1부(판결에 의하여 이점이 명백하지 아니한 경우에 한한다).
 - 敗訴した被告が韓国の国民である場合、その被告が公示送達によらず訴訟の開始に必要な召喚又は命令の送達を受けた事実又はこれを受けずに応訴した事実を証明する書面1部(判決によりこの点が明確でない場合に限る)
 - 위 각 서류의 번역문 1부.
 - 上記各書類の翻訳文1部
※ 아래 4항은 가족관계등록관서에서 전산으로 그 내용을 확인할 수 있는 경우 첨부를 생략합니다.
※ 下記の第4項は、家族関係登録官署にて電算でその内容が確認できる場合は添付を省略します。
4. 이혼 당사자 각각의 가족관계등록부의 가족관계증명서, 혼인관계증명서 각 1통.
4. 離婚当事者それぞれの家族関係登録簿の家族関係証明書、婚姻関係証明書各1通
5. 사건본인이 외국인인 경우
5. 事件本人が外国人の場合
 - 한국 방식에 의한 이혼: 사건본인 쌍방이 외국인인 경우에는 국적을 증명하는 서면(여권 또는 외국인등록증)사본 첨부
 - 韓国方式による離婚:事件本人双方が外国人である場合は、国籍を証明する書面(パスポート又は外国人登録証)の写し添付
 - 외국 방식에 의한 이혼: 이혼증서 등본 및 국적을 증명하는 서면(여권 또는 외국인등록증) 사본 각 1부
 - 外国方式による離婚:離婚証書謄本及び国籍を証明する書面(パスポート又は外国人登録証)の写し各1部
6. 친권자지정과 관련한 소명자료
6. 親権者指定に係る疎明資料
 - 협의에 의한 경우 친권자지정 협의서등본 1부.
 - 協議による場合、親権者指定協議書謄本1部
 - 법원이 결정한 경우 심판서 정본 및 확정 증명서 1부.
 - 法院が決定した場合、審判書正本及び確定証明書1部
7. 신분확인[가족관계등록예규 제443호에 의함]
7. 身分確認[家族関係登録例規第443号による]
 ① 재판상 이혼신고(증서등본에 의한 이혼신고 포함)

〈일본어〉 [참고용]

① 裁判上離婚届出(証書謄本による離婚届出を含む)
- 신고인이 출석한 경우 : 신분증명서
- 届出人が出席した場合:身分証明書
- 제출인이 출석한 경우 : 제출인의 신분증명서
- 提出人が出席した場合:提出人の身分証明書
- 우편제출의 경우 : 신고인의 신분증명서 사본
- 郵便提出の場合:届出人の身分証明書の写し

※ 신고인이 성년후견인인 경우에는 7항의 ① 서류 외에 성년후견인의 자격을 증명하는 서면도 함께 첨부해야 합니다.

※ 届出人が成年後見人の場合は、第7項の①書類以外に成年後見人の資格を証明する書面も一緒に添付しなければなりません。

② 협의이혼신고

② 協議離婚届出
- 신고인이 출석한 경우 : 신고인 일방의 신분증명서
- 届出人が出席した場合:届出人の一方の身分証明書
- 신고인 불출석, 제출인 출석의 경우 : 제출인의 신분증명서 및 신고인 일방의 신분증명서 또는 서명공증 또는 인감증명서(신고인의 신분증명서 없이 신고서에 신고인이 서명한 경우 서명공증, 신고서에 인감 날인한 경우 인감증명)
- 届出人欠席、提出人出席の場合:提出人の身分証明書及び届出人の一方の身分証明書又は署名公証又は印鑑証明書(届出人が本人の身分証明書なしで離婚届に署名した場合は署名公証、離婚届に印鑑を捺印した場合は印鑑証明書)
- 우편제출의 경우 : 신고인 일방의 서명공증 또는 인감증명서(신고서에 서명한 경우 서명공증, 인감을 날인한 경우는 인감증명서).
- 郵便提出の場合:届出人の一方の署名公証又は印鑑証明書(離婚届に署名した場合は署名公証、離婚届に印鑑を捺印した場合は印鑑証明書)

[서식 79] 이혼(친권자 지정)신고서 (중국어 - 병행)

[양식 제11호]
[格式第11号]

이혼(친권자 지정)신고서
离婚（亲权人指定）申报书
(년 월 일)
(年 月 日)

※ 신고서 작성 시 뒷면의 작성 방법을 참고하고, 선택항목에는 '영표(○)'로 표시하기 바랍니다.
※ 请在填写申报书时尽量参考背面的填写方法，并在所要选择的方框中打出"○"。

구 분 分类			남 편(부) 丈 夫(夫)		아 내(처) 妻 子(妻)	
①이혼 당사자 (신고인) ①离婚 当事人 (申报人)	성 명 姓 名	한글 韩文	* (성) / (명) * (姓) / (名)	(인) 또는 서명 盖章或签名	* (성) / (명) * (姓) / (名)	(인) 또는 서명 盖章或签名
		한자 汉字	(성) / (명) (姓) / (名)		(성) / (명) (姓) / (名)	
	본(한자) 本 (汉字)			전화 电话	본(한자) 本 (汉字)	전화 电话
	*주민등록번호 *身份证号码		- -		- -	
	출생연월일 出生年月日					
	*등록기준지 *登记标准地					
	*주 소 *地 址					
②부모 (양부모) ②父母 (养父母)	부(양부)성명 父 (养父) 姓名					
	주민등록번호 身份证号码		- -		- -	
	모(양모)성명 母 (养母) 姓名					
	주민등록번호 身份证号码		- -		- -	
③기 타 사 항 ③其 他 事 项						
④재판확정일자 ④审判确定日期 ( ) ( )			년 월 일 年 月 日	법원명 法院名	법원 法院	

아래 친권자란은 협의이혼 시에는 법원의 협의이혼의사확인 후에 기재합니다.
以下亲权人栏在协议离婚时法院确认协议离婚意向后填写。

⑤친권자 지정 ⑤亲权人 指定							
	미성년인 자의 성명 未成年子女的姓名						
	주민등록번호 身份证号码	- -			- -		
	친권자 亲权人	1부 2모 3부모 1父 2母 3父母	효력발생일 生效日	년 월 일 年 月 日	1부 2모 3부모 1父 2母 3父母	효력발생일 生效日	년 월 일 年 月 日
			원인 原因	1 협의 2 재판 1 协议 2 审判		원인 原因	1 협의 2 재판 1 协议 2 审判
	미성년인 자의 성명 未成年子女的姓名						
	주민등록번호	-			-		

〈중국어〉 [참고용]

	身份证号码	-			-		
	친권자 亲权人	1부 2모 3부모	효력발생일 生效日	년 월 일 年 月 日	1부 2모 3 부모	효력발생일 生效日	년 월 일 年 月 日
		1父 2母 3父母	원인 原因	1 협의 2 재판 1 协议 2 审判	1父 2母 3 父母	원인 原因	1 협의 2 재판 1 协议 2 审判
⑥신고인 출석여부 ⑥申报人出席与否		1 남편(부) 1 丈夫 (夫)			2 아내(처) 2 妻子 (妻)		

⑦제출인 ⑦提交人	성 명 姓 名		주민등록번호 身份证号码	- -

※ 타인의 서명 또는 인장을 도용하여 허위의 신고서를 제출하거나, 허위신고를 하여 가족관계등록부에 실제와 다른 사실을 기록하게 하는 경우에는 **형법에 의하여 처벌**받을 수 있습니다. **눈표(*)로 표시한 자료**는 국가통계작성을 위해 통계청에서도 수집하고 있는 자료입니다.

※ 用他人签名或印章提交虚伪申报书或者进行虚伪申报导致家族关系登记簿上的记录和事实不符时，**根据刑法给予相应处罚**。**标有"*"的项目内容**属于由统计厅以制定国家统计资料为目标所收集的信息。

※ 아래 사항은 **「통계법」 제24조의2에 의하여 통계청에서 실시하는 인구동향조사**입니다. 「통계법」 제32조 및 제33조에 의하여 성실응답의무가 있으며 개인의 비밀사항이 철저히 보호되므로 사실대로 기입하여 주시기 바랍니다.

※ 以下项目用于**根据「统计法」第24条之2规定由统计厅实施的人口动态调查**。根据「统计法」第32条及第33条规定，申报人有义务诚实答复，个人隐私得到彻底保护，请如实填写以下内容。

※ 첨부서류 및 이혼당사자의 국적은 국가통계작성을 위해 통계청에서도 수집하고 있는 자료입니다.

※ 附件及离婚当事人的国籍属于由统计厅以制定国家统计资料为目标所收集的信息。

인구동향조사
人口动态调查

㉮실제 결혼 생활 시작일 ⓐ实际结婚生活开始日	년 월 일부터 自 年 月 日开始	㉰19세 미만 자녀 수 ⓒ未满19岁子女数	명 名
㉯실제 이혼 연월일 ⓑ实际离婚年月日	년 월 일부터 自 年 月 日开始		

㉱최종 졸업학교 ⓓ最终毕业学校	남편(부) 丈夫(夫)	1학력 없음 1无 4고등학교 4高中	2초등학교 2小学 5대학(교) 5大学 (大专)	3중학교 3初中 6대학원 이상 6研究生院以上	아내(처) 妻子(妻)	1학력 없음 1无 4고등학교 4高中	2초등학교 2小学 5대학(교) 5大学 (大专)	3중학교 3初中 6대학원 이상 6研究生院以上

㉲직업 ⓔ职业	남편(부) 丈夫(夫)	1관리직 1管理人员 3사무직 3事务人员 5판매직 5销售人员 7기능직 7技术员及有关部门技术工作人员 9단순노무직 9单纯劳务工作人员 11학생·가사·무직 11学生·家务·无职	2전문직 2专家及相关人员 4서비스직 4服务人员 6농림어업 6农林渔业熟练工作人员 8장치·기계 조작 및 조립 8装置·机械操作及组装工作人员 10군인 10军人	아내(처) 妻子(妻)	1관리직 1管理人员 3사무직 3事务人员 5판매직 5销售人员 7기능직 7技术员及有关部门技术工作人员 9단순노무직 9单纯劳务工作人员 11학생·가사·무직 11学生·家务·无职	2전문직 2专家及相关人员 4서비스직 4服务人员 6농림어업 6农林渔业熟练工作人员 8장치·기계 조작 및 조립 8装置·机械操作及组装工作人员 10군인 10军人

작 성 방 법
填 写 方 法

※등록기준지: 각 란의 해당자가 외국인인 경우에는 그 국적을 기재합니다.
※登记标准地：各栏相应填写者为外国人时填写国籍。
※주민등록번호: 각 란의 해당자가 외국인인 경우에는 외국인등록번호(국내거소신고번호 또는 출생연월일)를 기재합니다.

〈중국어〉 [참고용]

※身份证号码：外国人填写外国人登记号码（国内居所申报号码或出生年月日）。

①란: 협의이혼신고의 경우 반드시 당사자 쌍방이 서명(또는 기명날인) 하여야 하나, 재판상 이혼신고의 경우에는 일방이 서명(또는 기명날인)하여 신고할 수 있습니다.

①栏：协议离婚申报务必由当事人双方签名（或签字盖章），审判离婚申报时可由一方签名（或签名盖章）。

②란: 이혼당사자의 부모가 주민등록번호가 없는 경우에는 등록기준지(본적)를 기재합니다. 이혼당사자가 양자인 경우 양부모의 인적사항을 기재하며, 이혼당사자의 부모가 외국인인 경우에는 주민등록번호란에 외국인등록번호(또는 출생연월일) 및 국적을 기재합니다.

②栏：离婚当事人父母没有身份证号码时填写登记标准地（原籍）。离婚当事人为养子时填写养父母的个人信息。离婚当事人父母为外国人时在身份证号码栏上填写外国人登记号码（或出生年月日）及国籍。

③란: 아래의 사항 및 가족관계등록부에 기록을 분명하게 하는 데 특히 필요한 사항을 기재합니다.

③栏：填写以下事项及为明确记录家族关系登记簿记录的事项。

- 신고사건으로 인하여 신분의 변경이 있게 되는 사람이 있을 경우에 그 사람의 성명, 출생연월일, 등록기준지 및 신분변경의 사유
- 因申报事件导致身份变更时，记录身份变更人的姓名、出生年月日、登记标准地及身份变更的理由
- 피성년후견인(2018. 6. 30.까지는 금치산자 포함)이 협의상 이혼을 하는 경우에는 동의자의 성명, 서명(또는 날인) 및 출생연월일
- 成年被监护人（截至2018年6月30日为止包括无民事行为能力人）协议上离婚时填写同意者的姓名、签名（或盖章）及出生年月日。

④란: 이혼판결(화해, 조정)의 경우에만 기재하고, 협의이혼의 경우에는 기재하지 않습니다.

④栏：离婚判决（和解、调解）时填写，协议离婚时不填写。

: 조정성립, 조정에 갈음하는 결정, 화해성립이나 화해권고결정에 따른 이혼신고의 경우에는 "재판확정일자"아래의 ( )안에 "조정성립", "조정에 갈음하는 결정확정" 또는 "화해성립", "화해권고결정"이라고 기재하고, "연월일"란에 그 성립(확정)일을 기재합니다.

: 因为调解成立、做出代替调解的决定、和解成立或做出和解劝告决定的申报离婚时，在"审判确定日期"下面（ ）里填写"调解成立"、"确定代替调解的决定"或"和解成立"、"和解劝告决定"，并在"年月日"栏里填写其成立（确定）日期。

⑤란: 협의이혼의사확인 신청시에는 기재하지 아니하며, 법원의 이혼의사확인 후에 정하여진 친권자를 기재합니다.

⑤栏：申请确认协议离婚意向时不填写，在法院确认离婚意向后，填写决定的亲权人。

지정효력발생일은 협의이혼의 경우 이혼신고일, 재판상이혼의 경우에는 재판 확정일을 기재합니다.

指定生效日在协议离婚时填写离婚申报日，在审判离婚时填写审判确定日。

원인은 당사자의 협의에 의해 지정한 때에는 "①협의"에, 직권 또는 신청에 의해 법원이 결정한 때에는 "②재판"에 '영표(○)'로 표시하고, 그 내용을 증명하는 서면을 첨부하여야 합니다.

原因通过当事人协议的指定时在"①协议"上，通过职权或申请的由法院决定时在"②审判"上标注"○"，并应附加证明其内容的书面材料。

자녀가 5명 이상인 경우 별지 기재 후 간인하여 첨부합니다. 임신 중인 자의 경우에는 출생신고 시 친권자 지정 신고를 합니다.

子女5人以上时在附件上记录后盖骑缝章提交。对于怀孕中的女性在进行出生申报时，进行亲权人指定申报。

⑥란: 출석한 신고인의 해당번호에 '영표(○)'로 표시합니다.

⑥栏： 在出席的申报人相应号码上标注"○"。

⑦란: 제출인(신고인이 작성한 신고서를 신고인이 아닌 사람이 제출할 경우만 기재)의 성명 및 주민등록번호를 기재합니다.[접수담당공무원은 신분증과 대조]

⑦栏：填写提交人（仅限于非申报人将由申报人填写的申报书提交的情形）的姓名及身份证号码。[负责受理的公务员要核对身份证]

※ 아래 사항은 「통계법」 제24조의2에 의하여 통계청에서 실시하는 인구동향조사입니다.

※ 以下项目用于根据「统计法」第24条之2规定由统计厅实施的人口动态调查。

㉮란, ㉯란: 가족관계등록부상 신고일이나 재판확정일과는 관계없이 실제로 결혼(동거)생활을 시작한 날과 사실상 이혼(별거)생활을 시작한 날을 기재합니다.

㉮栏、㉯栏：与家族关系登记簿上的申报日或审判确定日无关，填写实际开始结婚（同居）生活的日期和事实上开始离婚（分居）生活的日期 。

㉰란: 교육부장관이 인정하는 모든 정규교육기관을 기준으로 기재하되 각급 학교의 재학 또는 중퇴자는 최종 졸업한 학교의 해당번호에 '영표(○)'로 표시 합니다. <예시> 대학교 3학년 재학(중퇴) → ④고등학교에 '영표(○)'로 표시

㉰栏：以教育部长官认定的所有正规教育机构为准记录，各级学校在校或辍学者在最终毕业学校的相应编号上标注"○"。<示例> 大学3年级在校（辍学） → 在"④高中"标注"○"。

㉱란: 이혼할 당시의 주된 직업을 기준으로 기재합니다.

㉱栏：以离婚当时主要职业为准填写。

①	관리자: 정부, 기업, 단체 또는 그 내부 부서의 정책과 활동을 기획, 지휘 및 조정 (공공 및 기업고위직 등)
①	管理人员：策划、指挥及调整政府、企业、团体及其内部部门的政策和活动（公共及企业高级职员等）
②	전문가 및 관련 종사자: 전문지식을 활용한 기술적 업무 (과학, 의료, 복지, 교육, 종교, 법률, 금융, 예술, 스포츠 등)
②	专家及相关人员：利用专业知识的技术性业务（科学、医疗、福利、教育、宗教、法律、金融、艺术、体育等）
③	사무종사자: 관리자, 전문가 및 관련종사자를 보조하여 업무수행(행정, 경영, 보험, 감사, 상담·안내·통계 등)

〈중국어〉 [참고용]

③ 事务人员：帮助管理人员、专家及相关人员推进业务（行政、经营、保险、审计、咨询、介绍、统计等）
④ 서비스종사자: 공공안전, 신변보호, 돌봄, 의료보조, 미용, 혼례 및 장례, 운송, 여가, 조리와 관련된 업무
④ 服务人员：与公共安全、人身保护、照顾、医疗后勤、美容、婚礼及葬礼、运输、休闲和烹调有关的业务
⑤ 판매종사자: 영업활동을 통해 상품이나 서비스판매 (인터넷, 상점, 공공장소 등), 상품의 광고·홍보, 계산·정산 등
⑤ 销售人员：通过营业活动销售商品或服务（互联网、商店、公共场所等）、商品的广告·宣传、计算·结算等
⑥ 농림·어업숙련종사자: 작물의 재배·수확, 동물의 번식·사육, 산림의 경작·개발, 수생 동·식물 번식 및 양식 등
⑥ 农林·渔业熟练工作人员：栽培·收获农作物、繁殖·饲养动物、耕种及开发山林、繁殖及养殖水生生物等
⑦ 기능원 및 관련 기능 종사자: 광업, 제조업, 건설업에서 손과 수공구를 사용하여 기계 설치 및 정비, 제품가공
⑦ 技术员及有关部门技术工作人员：矿业、制造业、建设业中用手和手工工具安装及维修机械、加工产品
⑧ 장치·기계 조작 및 조립 종사자: 기계를 조작하여 제품생산·조립, 산업용기계·장비조작, 운송장비의 운전 등
⑧ 装置·机械操作及组装工作人员：通过操作机械生产·组装产品、操作工业机械·设备、操作运输设备等
⑨ 단순노무 종사자: 주로 간단한 수공구의 사용과 단순하고 일상적이며 육체적 노력이 요구되는 업무
⑨ 单纯劳务工作人员：主要使用简单的手工工具和日常单纯需要体力劳务的业务
⑩ 군인: 의무복무를 포함하여, 현재 군인신분을 유지하고 있는 경우 (국방분야에 고용된 민간인과 예비군은 제외)
⑩ 军人：包括义务服役义务、当前维持军人身份的（被国防领域雇佣的非军事人员及预备军除外）
⑪ 학생·가사·무직: 교육기관에 재학하며 학습에만 전념하거나, 전업주부이거나, 특정한 직업이 없는 경우
⑪ 学生·家务·无职：在教育机构就读且专注于学习的、或做全职家庭主妇的、或没有特定职业的

첨 부 서 류
附 件 材 料

1. 협의이혼: 협의이혼의사확인서 등본 1부
1. 协议离婚：协议离婚意向确认书副本1份
2. 재판이혼: 판결등본 및 확정증명서 각 1부(조정·화해 성립의 경우는 조서등본 및 송달증명서).
2. 审判离婚：判决副本及确定证明书各1份（调解·和解成立时记录副本及送达证明书）
3. 외국법원의 이혼판결에 의한 재판상 이혼
3. 通过外国法院判决离婚的审判离婚
- 이혼판결의 정본 또는 등본과 판결확정증명서 각 1부.
- 离婚判决正本或副本和判决确定证明书各1份
- 패소한 피고가 우리나라 국민인 경우에 그 피고가 공시송달에 의하지 아니하고 소송의 개시에 필요한 소환 또는 명령의 송달을 받았거나 또는 이를 받지 아니하고도 응소한 사실을 증명하는 서면 1부(판결에 의하여 이점이 명백하지 아니한 경우에 한한다).
- 如果败诉的被告为韩国公民，则提交证明被告未依据公示送达，收到开始诉讼所需的传唤或裁定送达，或未收传唤或裁定送达也应诉的书面材料1份（限于判决时此部分不明确时）
- 위 각 서류의 번역문 1부.
- 以上各个文件的译文1份

※ 아래 4항은 가족관계등록관서에서 전산으로 그 내용을 확인할 수 있는 경우 첨부를 생략합니다.
※ 以下4项在家族关系登记机构可用电脑确认其内容时可省略附加。

4. 이혼 당사자 각자의 가족관계등록부의 가족관계증명서, 혼인관계증명서 각 1통.
4. 离婚当事人各自提交家族关系登记簿中的家族关系证明书、婚姻关系证明书各1份。
5. 사건본인이 외국인인 경우
5. 案件当事人为外国人时
- 한국 방식에 의한 이혼: 사건본인 쌍방이 외국인인 경우에는 국적을 증명하는 서면(여권 또는 외국인등록증) 사본 첨부
- 依据韩国方式离婚：案件双方当事人为外国人时，提交证明国籍的书面材料（护照或外国人登记证）复印件。
- 외국 방식에 의한 이혼: 이혼증서 등본 및 국적을 증명하는 서면(여권 또는 외국인등록증) 사본 각 1부
- 依据外国方式离婚：离婚证书副本及证明国籍的书面材料（护照或外国人登记证）复印件各1份
6. 친권자지정과 관련한 소명자료
6. 与亲权人指定有关的证明资料
- 협의에 의한 경우 친권자지정 협의서등본 1부.
- 协议离婚：亲权人指定协议书副本1份
- 법원이 결정한 경우 심판서 정본 및 확정 증명서 1부.
- 法院决定：审判书正本及确定证明书1份
7. 신분확인[가족관계등록예규 제443호에 의한]
7. 身份确认[根据家族关系登记例规第443号]
① 재판상 이혼신고(증서등본에 의한 이혼신고 포함)
① 审判离婚申报（包括用证书副本进行离婚申报）
- 신고인이 출석한 경우 : 신분증명서
- 申报人出席时：身份证明书
- 제출인이 출석한 경우 : 제출인의 신분증명서

〈중국어〉 [참고용]

- 提交人出席时：提交人的身份证明书
- 우편제출의 경우 : 신고인의 신분증명서 사본
- 邮政提交时：申报人的身份证明书复印件

※ 신고인이 성년후견인인 경우에는 7항의 ① 서류 외에 성년후견인의 자격을 증명하는 서면도 함께 첨부해야 합니다.

※ 申报人为成年监护人的，则应提交第7项之①所载之材料及证明成年监护人资格的书面材料。

② 협의이혼신고

② 协议离婚申报

- 신고인이 출석한 경우 : 신고인 일방의 신분증명서
- 申报人出席时：申报人一方的身份证明书
- 신고인 불출석, 제출인 출석의 경우 : 제출인의 신분증명서 및 신고인 일방의 신분증명서 또는 서명공증 또는 인감증명서(신고인의 신분증명서 없이 신고서에 신고인이 서명한 경우 서명공증, 신고서에 인감 날인한 경우 인감증명)
- 申报人不出席，提交人出席时：提交人的身份证明书及申报人一方的身份证明书或签名公证或印鉴证明（在未携带申报人身份证明书的情况下，申报人在申报书上签名时需提交签名公证；申报人在申报书上加盖印鉴章时则需提交印鉴证明）
- 우편제출의 경우 : 신고인 일방의 서명공증 또는 인감증명서(신고서에 서명한 경우 서명공증, 인감을 날인한 경우는 인감증명서).
- 邮政提交时：申报人一方的签名公证或印鉴证明（在申报书上签名时需要提交签名公证，加盖印鉴章时则需提交印鉴证明）

[서식 80] 이혼(친권자 지정)신고서 (태국어 - 병행)

[양식 제11호]
[แบบฟอร์มที่ 11]

이혼(친권자 지정)신고서 ใบหย่า(กำหนดผู้มีอำนาจปกครองบุตร) (년 월 일) (ปี...... เดือน...... วัน......)	※ 신고서 작성 시 뒷면의 작성 방법을 참고하고, 선택항목에는 '영표(◯)'로 표시하기 바랍니다. ※ โปรดกรอกข้อมูลโดยอ้างอิงวิธีการกรอกที่ด้านหลังกระดาษและทำเครื่องหมาย '(◯)' ลงในช่องที่ตรงกับความเป็นจริง

구분 รายการ			남편(부) สามี (ชาย)				아내(처) ภรรยา (หญิง)			
①이혼 당사자 (신고인) ① ผู้กรณีหย่า (ผู้แจ้ง)	성명 ชื่อ-นามสกุล	한글 อักษรภาษาเกาหลี	*(성) /(명) *(นามสกุล) /(ชื่อ)			(인) 또는 서명 (ตราประทับ) หรือ ลายมือชื่อ	*(성) /(명) *(นามสกุล) /(ชื่อ)			(인) 또는 서명 (ตราประทับ) หรือ ลายมือชื่อ
		한자 อักษรจีน	(성) /(명) (นามสกุล) /(ชื่อ)				(성) /(명) (นามสกุล) /(ชื่อ)			
	본(한자) วงศ์ตระกูล (อักษรจีน)			전화 โทรศัพท์			본(한자) วงศ์ตระกูล (อักษรจีน)		전화 โทรศัพท์	
	*주민등록번호 *เลขประจำตัวประชาชน		-				-			
	출생연월일 วันเดือนปีเกิด									
	*등록기준지 *ที่อยู่ตามทะเบียนบ้าน									
	*주소 *ที่อยู่									
②부모 (양부모) ② บิดามารดา (บิดามารดาบุญธรรม)	부(양부)성명 ชื่อ-นามสกุลของบิดา (บิดาบุญธรรม)									
	주민등록번호 เลขประจำตัวประชาชน		-				-			
	모(양모)성명 ชื่อ-นามสกุลของมารดา (มารดาบุญธรรม)									
	주민등록번호 เลขประจำตัวประชาชน		-				-			
③기타사항 ③ กรณีอื่นๆ										
④재판확정일자 ④ วันที่พิพากษาถึงที่สิ้นสุด ( ) ( )			년 월 일 ปี...... เดือน...... วัน......				법원명 ชื่อศาล	법원 ศาล		
아래 친권자란은 협의이혼 시에는 법원의 협의이혼의사확인 후에 기재합니다. กรณีหย่าโดยความยินยอม หลังจากศาลตรวจสอบความตกลงการหย่าแล้ว ให้กรอกข้อมูลผู้มีอำนาจปกครองบุตรต่อไปนี้										
⑤친권자	미성년인 자의 성명 ชื่อ-สกุลของผู้ที่ยังไม่บรรลุนิติภาวะ									

〈태국어〉

[참고용]

지정 ⑤	주민등록번호 เลขประจำตัวประชาชน	- -			- -		
	친권자	①부②모 ③부모 ①บิดา ②มารดา ③บิดามารดา	효력발생일	년 월 일 ปี...... เดือน...... วัน......	①부②모 ③부모 ①บิดา ②มารดา ③บิดามารดา	효력발생일	년 월 일 ปี...... เดือน...... วัน......
			원인 สาเหตุ	① 협의② 재판 ① ยินยอม ② [illegible]		원인 สาเหตุ	① 협의② 재판 ① ยินยอม ② [illegible]
	미성년인 자의 성명						
	주민등록번호 เลขประจำตัวประชาชน	- -			- -		
	친권자	①부②모 ③부모 ①บิดา ②มารดา ③บิดามารดา	효력발생일	년 월 일 ปี...... เดือน...... วัน......	①부②모 ③부모 ①บิดา ②มารดา ③บิดามารดา	효력발생일	년 월 일 ปี...... เดือน...... วัน......
			원인 สาเหตุ	① 협의② 재판 ① ยินยอม ② [illegible]		원인 สาเหตุ	① 협의② 재판 ① ยินยอม ② [illegible]

⑥신고인 출석여부	① 남편(부) ① สามี(ฝ่ายชาย)	② 아내(처) ② ภรรยา(ฝ่ายหญิง)	
⑦제출인 ⑦ผู้ยื่น	성명 ชื่อ-นามสกุล	주민등록번호 เลขประจำตัวประชาชน	- -

※ 타인의 서명 또는 인장을 도용하여 허위의 신고서를 제출하거나, 허위신고를 하여 가족관계등록부에 실제와 다른 사실을 기록하게 하는 경우에는 **형법에 의하여 처벌**받을 수 있습니다. **눈표(*)로 표시한 자료**는 국가통계작성을 위해 통계청에서도 수집하고 있는 자료입니다.

※ [illegible]

※ 아래 사항은 **「통계법」 제24조의2에 의하여 통계청에서 실시하는 인구동향조사**입니다. 「통계법」 제32조 및 제33조에 의하여 성실응답의무가 있으며 개인의 비밀사항이 철저히 보호되므로 사실대로 기입하여 주시기 바랍니다.

※ [illegible]

※ 첨부서류 및 이혼당사자의 국적은 국가통계작성을 위해 통계청에서도 수집하고 있는 자료입니다.

※ [illegible]

인구동향조사
การสำรวจสถิติประชากร

㉮실제 결혼 생활 시작일	년 월 일부터 ตั้งแต่ปี...... เดือน...... วัน......	㉰19세 미만 자녀 수	명 คน
㉯실제 이혼 연월일	년 월 일부터 ตั้งแต่ปี...... เดือน...... วัน......		

㉱최종 졸업학교	남편(부) สามี (ชาย)	①학력 없음 ②초등학교 ③중학교 ④고등학교 ⑤대학(교) ⑥대학원이상	아내(처) ภรรยา (หญิง)	①학력 없음 ②초등학교 ③중학교 ④고등학교 ⑤대학(교) ⑥대학원이상
㉲직업 ⓔอาชีพ	남편(부) สามี	①관리직 ②전문직 ③사무직 ④서비스직	아내(처) ภรรยา	①관리직 ②전문직 ③사무직 ④서비스직

<태국어> [참고용]

	(ชาย)			(หญิง)		
		3 [illegible]	4 [illegible]		3 [illegible]	4 [illegible]
		5 판매직 5 [illegible]	6 농림어업 6 [illegible]		5 판매직 5 [illegible]	6 농림어업 6 [illegible]
		7 기능직 7 [illegible]	8 장치 · 기계 조작 및 조립 8 [illegible]		7 기능직 7 [illegible]	8 장치 · 기계 조작 및 조립 8 [illegible]
		9 단순노무직 9 [illegible]	10 군인 10 [illegible]		9 단순노무직 9 [illegible]	10 군인 10 [illegible]
		11 학생 · 가사 · 무직 11 [illegible]			11 학생 · 가사 · 무직 11 [illegible]	

작 성 방 법

วิธีการกรอก

※등록기준지: 각 란의 해당자가 외국인인 경우에는 그 국적을 기재합니다.

※ [illegible]

※주민등록번호: 각 란의 해당자가 외국인인 경우에는 외국인등록번호(국내거소신고번호 또는 출생연월일)를 기재합니다.

※ [illegible]

①란: 협의이혼신고의 경우 반드시 당사자 쌍방이 서명(또는 기명날인) 하여야 하나, 재판상 이혼신고의 경우에는 일방이 서명(또는 기명날인)하여 신고할 수 있습니다.

ช่อง ①: [illegible]

②란: 이혼당사자의 부모가 주민등록번호가 없는 경우에는 등록기준지(본적)를 기재합니다. 이혼당사자가 양자인 경우 양부모의 인적사항을 기재하며, 이혼당사자의 부모가 외국인인 경우에는 주민등록번호란에 외국인등록번호(또는 출생연월일) 및 국적을 기재합니다.

ช่อง ②: [illegible]

③란: 아래의 사항 및 가족관계등록부에 기록을 분명하게 하는 데 특히 필요한 사항을 기재합니다.

ช่อง ③: [illegible]

- 신고사건으로 인하여 신분의 변경이 있게 되는 사람이 있을 경우에 그 사람의 성명, 출생연월일, 등록기준지 및 신분변경의 사유
- [illegible]
- 피성년후견인(2018. 6. 30.까지는 금치산자 포함)이 협의상 이혼을 하는 경우에는 동의자의 성명, 서명(또는 날인) 및 출생연월일
- [illegible]

④란: 이혼판결(화해, 조정)의 경우에만 기재하고, 협의이혼의 경우에는 기재하지 않습니다.

ช่อง ④: [illegible]

: 조정성립, 조정에 갈음하는 결정, 화해성립이나 화해권고결정에 따른 이혼신고의 경우에는 "재판확정일자"아래의 ( )안에 "조정성립", "조정에 갈음하는 결정확정" 또는 "화해성립", "화해권고결정" 이라고 기재하고, "연월일" 란에 그 성립(확정)일을 기재합니다.

[illegible]

⑤란: 협의이혼의사확인 신청시에는 기재하지 아니하며, 법원의 이혼의사확인 후에 정하여진 친권자를 기재합니다.

ช่อง ⑤: [illegible]

지정효력발생일은 협의이혼의 경우 이혼신고일, 재판상이혼의 경우에는 재판 확정일을 기재합니다.

[illegible]

원인은 당사자의 협의에 의해 지정한 때에는 "1 협의"에, 직권 또는 신청에 의해 법원이 결정한 때에는 "2 재판"에 "영표(○)" 로 표시하고, 그 내용을 증명하는 서면을 첨부하여야 합니다.

[illegible]

<태국어> [참고용]

자녀가 5명 이상인 경우 별지 기재 후 간인하여 첨부합니다. 임신 중인 자의 경우에는 출생신고 시 친권자 지정 신고를 합니다.

⑥란: 출석한 신고인의 해당번호에 '영표(○)' 로 표시합니다.

⑦란: 제출인(신고인이 작성한 신고서를 신고인이 아닌 사람이 제출할 경우만 기재)의 성명 및 주민등록번호를 기재합니다.[접수담당공무원은 신분증과 대조]

※ 아래 사항은 「통계법」 제24조의2에 의하여 **통계청에서 실시하는 인구동향조사**입니다.

㉮란, ㉯란: 가족관계등록부상 신고일이나 재판확정일과는 관계없이 실제로 결혼(동거)생활을 시작한 날과 사실상 이혼(별거)생활을 시작한 날을 기재합니다.

㉰란: 교육부장관이 인정하는 모든 정규교육기관을 기준으로 기재하되 각급 학교의 재학 또는 중퇴자는 최종 졸업한 학교의 해당번호에 '영표(○)' 로 표시 합니다.<예시> 대학교 3학년 재학(중퇴) → ④고등학교에 '영표(○)' 로 표시

㉱란: 이혼할 당시의 주된 직업을 기준으로 기재합니다.

1 관리자: 정부, 기업, 단체 또는 그 내부 부서의 정책과 활동을 기획, 지휘 및 조정 (공공 및 기업고위직 등)

2 전문가 및 관련 종사자: 전문지식을 활용한 기술적 업무 (과학, 의료, 복지, 교육, 종교, 법률, 금융, 예술, 스포츠 등)

3 사무종사자: 관리자, 전문가 및 관련종사자를 보조하여 업무추진(행정, 경영, 보험, 감사, 상담 · 안내 · 통계 등)

4 서비스종사자: 공공안전, 신변보호, 돌봄, 의료보조, 미용, 혼례 및 장례, 운송, 여가, 조리와 관련된 업무

5 판매종사자: 영업활동을 통해 상품이나 서비스판매 (인터넷, 상점, 공공장소 등), 상품의 광고 · 홍보, 계산 · 정산 등

6 농림 · 어업숙련종사자: 작물의 재배 · 수확, 동물의 번식 · 사육, 산림의 경작 · 개발, 수생 동 · 식물 번식 및 양식 등

7 기능원 및 관련 기능 종사자: 광업, 제조업, 건설업에서 손과 수공구를 사용하여 기계 설치 및 정비, 제품가공

8 장치 · 기계 조작 및 조립 종사자: 기계를 조작하여 제품생산 · 조립, 산업용기계 · 장비조작, 운송장비의 운전 등

9 단순노무 종사자: 주로 간단한 수공구의 사용과 단순하고 일상적이며 육체적 노력이 요구되는 업무

10 군인: 의무복무를 포함하여, 현재 군인신분을 유지하고 있는 경우 (국방분야에 고용된 민간인과 예비군은 제외)

11 학생 · 가사 · 무직: 교육기관에 재학하며 학습에만 전념하거나, 전업주부이거나, 특정한 직업이 없는 경우

첨부서류

1. 협의이혼: 협의이혼의사확인서 등본 1부
2. 재판이혼: 판결등본 및 확정증명서 각 1부(조정 · 화해 성립의 경우는 조서등본 및 송달증명서)
3. 외국법원의 이혼판결에 의한 재판상 이혼

〈태국어〉 [참고용]

- 이혼판결의 정본 또는 등본과 판결확정증명서 각 1부.
- 패소한 피고가 우리나라 국민인 경우에 그 피고가 공시송달에 의하지 아니하고 소송의 개시에 필요한 소환 또는 명령의 송달을 받았거나 또는 이를 받지 아니하고도 응소한 사실을 증명하는 서면 1부(판결에 의하여 이점이 명백하지 아니한 경우에 한한다).
- 위 각 서류의 번역문 1부.

※ 아래 4항은 가족관계등록관서에서 전산으로 그 내용을 확인할 수 있는 경우 첨부를 생략합니다.

4. 이혼 당사자 각각의 가족관계등록부의 가족관계증명서, 혼인관계증명서 각 1통.

5. 사건본인이 외국인인 경우
- 한국 방식에 의한 이혼: 사건본인 쌍방이 외국인인 경우에는 국적을 증명하는 서면(여권 또는 외국인등록증)사본 첨부
- 외국 방식에 의한 이혼: 이혼증서 등본 및 국적을 증명하는 서면(여권 또는 외국인등록증) 사본 각 1부

6. 친권자지정과 관련한 소명자료
- 협의에 의한 경우 친권자지정 협의서등본 1부.
- 법원이 결정한 경우 심판서 정본 및 확정 증명서 1부.

7. 신분확인[가족관계등록예규 제443호에 의함]

① 재판상 이혼신고(증서등본에 의한 이혼신고 포함)
- 신고인이 출석한 경우 : 신분증명서
- 제출인이 출석한 경우 : 제출인의 신분증명서
- 우편제출의 경우 : 신고인의 신분증명서 사본

※ 신고인이 성년후견인인 경우에는 7항의 ① 서류 외에 성년후견인의 자격을 증명하는 서면도 함께 첨부해야 합니다.

② 협의이혼신고
- 신고인이 출석한 경우 : 신고인 일방의 신분증명서
- 신고인 불출석, 제출인 출석의 경우 : 제출인의 신분증명서 및 신고인 일방의 신분증명서 또는 서명공증 또는 인감증명서(신고인의 신분증명서 없이 신고서에 신고인이 서명한 경우 서명공증, 신고서에 인감 날인한 경우 인감증명)
- 우편제출의 경우 : 신고인 일방의 서명공증 또는 인감증명서(신고서에 서명한 경우 서명공증, 인감을 날인한 경우는 인감증명서).

9. 이혼소송과 동시에 재산분할청구가 가능한가요

질의	이혼소송을 하면서 위자료 등 돈을 지급하여 달라는 소송을 함께 할 수 있나요?
응답	이혼소송을 제기하면서 위자료 및 재산분할 청구를 함께 할 수 있습니다. 공시송달 신청시 갖추어야 할 서류는 공시송달 신청서, 피고의 최후 주소지를 확인할 수 있는 증명서(주민등록초본), 피고의 친족(부모, 형제자매)이 작성한 소재 불명 확인서(가족관계증명서, 주민등록등본 포함) 등입니다.

가. 재산분할청구(민법 제839조의2)

(1) 성격

- 청산적 요소(혼인 중 부부쌍방의 협력으로 이룩한 재산의 청산)
- 혼인관계 해소 후의 부양적 요소
- 유책성 여부와는 무관, 유착배우자라 하더라도 재산분할 청구 가능

(2) 재산분할약정의 문제

- 협의이혼을 하기로 하고 재산분할약정을 한 때
  (가) 그 후 협의이혼이 되지 않아 재판상 이혼을 하게 되면 : 그 약정은 조건불성취로 효력이 없음
  (나) 협의이혼을 그대로 한 경우 : 재산분할약정의 이행을 구하는 민사소송을 제기할 것. 재산분할청구심판을 제기하면 '각하'됨.
- 남편이 잘못하여 처에게 "모든 재산을 포기한다"는 각서를 작성하여 준 경우(흔히 많음), 원래 재산분할청구권은 사전에 포기할 수 없지만, 이미 파탄상태에서 협의이혼을 전제로 각서를 작성하였고 그대로 협의이혼을 하게 되었다면 위 각서의 '포기조항'은 유효함.

나. 당사자

(1) 협의이혼한 당사자
(2) 재판상 이혼을 한 당사자 (규칙 제96조)[21]

(3) 혼인이 취소된 당사자 또는 혼인취소청구가 인용됨으로써 부부관계가 해소되는 당사자
(4) 사실혼 관계가 해소된 당사자

다. 재산분할의 대상과 방법

(1) 재산분할의 대상

(가) 적극재산

- 혼인 중 쌍방의 협력으로 취득한 재산
- 별거 후에 취득한 재산이라도 별거 전에 쌍방의 협력에 의하여 형성된 유형, 무형의 자산에 기한 것이면, 대상이 됨.
- 특유재산은 원칙적으로 대상이 안됨(예 : 증여나 상속재산). 다만 다른 일방이 적극적으로 그 유지에 협력하여 가치의 감소를 방지하였거나 그 증식에 협력한 경우는 예외적으로 대상이 됨.
- 가사노동을 분담하여 그 유지, 증가에 기여한 경우에도 됨.
- 받게 될 것으로 확정된 퇴직금, 연금(장래의 퇴직금이나 향후 수령할 퇴직연금은 포함 안됨)
- 의사, 변호사 등의 자격은 포함 안 됨. '기타 사정'으로만 참작
- 제3자 명의의 재산(분할대상은 되나, 현물분할로 명하면 집행불능이 되므로, 실제적으로는 현금분할만 가능함. 또는 다른 재산의 분할에 참작만 하는 정도).

(나) 소극재산

채무 - 분할대상인 부동산에 대한 임대차보증금 반환채무, 근저당권이 설정된 채무, 혼인생활비용으로 사용하기 위한 차용금채무 등은 공제 대상이다.

적극재산에서 소극재산을 공제하고 남은 금액이 없으면 : 청구기각

(2) 재산분할의 방법

- 현물분할, 경매분할, 현금분할

21) 민법 제839조의2 제1항은 협의상 이혼한 자의 한쪽은 다른 쪽에 대하여 재산분할을 청구할 수 있다고 규정하고, 민법 제843조에서 재판상이혼에 준용한다. 또 혼인취소의 경우에도 재산분할을 청구할 수 있다(법 제2조 제1항 2. 나. 4) 참조).

- 공식 : {(원고의 순재산 + 피고의 순재산)×원고에게 분할될 비율} - 원고의 순재산
- 실무에서는, 특정재산(부동산)을 일방의 소유로 하고 그 일방이 적정지분과의 차액 상당을 다른 일방에게 정산하게 하거나 혼용하는 방법을 많이 사용함.

예) 아이를 양육하는 처에게 현재 살고 있는 집을 넘겨주고, 남편에게는 부동산의 1/2(분할비율이 50%인 경우) 시가상당액에서 남편이 부담할 양육비를 뺀 차액을 정산하여 지급하도록 하는 방법.

(3) 재산분할비율

- 재산분할비율은 개별재산에 대한 기여도 그 밖의 모든 사정을 고려하여 전체로서의 형성된 재산에 대하여 상대방 배우자로부터 분할받을 수 있는 비율을 의미(대법원 2002. 9. 4. 선고 2001므718 판결)
- 평등비율설과 기여도설
- 맞벌이형, 가업협력형, 전업주부형으로 구분하여 기여도 산정(맞벌이형, 가업협력형의 경우 평등설, 전업주부형의 경우 기여도설).
- 재산분할비율이 균등하다면 순재산 차액의 1/2

(4) 재산분할재산의 가액 산정

- 재판상 이혼 : 이혼소송의 사실심 변론종결시
- 협의이혼 : 협의이혼이 성립한 날

라. 제척기간

민법 제839조의2 제3항 - 이혼한 날로부터 2년

마. 주문

청구취지나 조정신청취지에 위자료인지 재산분할인지를 명확히 하고, 조정조항 작성시에도 이 부분을 명확히 확인하여야 함(양도소득세 등 세금 문제에서 차이가 남).

(1) 금전 지급

> 상대방은 청구인에게 재산분할로 100,000,000원 및 이에 대한 이 심판확정 다음날부터 다 갚는 날까지 연 5%의 비율에 따른(비율로 계산한) 금원(돈)을 지급하라.

(2) 이전등기

> 상대방은 청구인에게 별지 목록 기재 부동산 1/2지분에 관하여 이 심판 확정일자 재산분할을 원인으로 한 소유권이전등기절차를 이행하라.

(3) 경매분할

> 별지 목록 기재 부동산을 경매에 부쳐 그 대금에서 경매비용을 공제한 나머지 금액을 청구인에게 ○/○, 상대방에게 ○/○의 비율로 분할한다.

(4) 현물분할을 하면서 기여도에 따른 분할비율과의 차이를 금전으로 정산하게 하는 경우

> 1. 상대방은 청구인에게 별지 제1목록 기재 부동산 중 1/2지분에 관하여 이 심판 확정일자 재산분할을 원인으로 한 소유권이전등기절차를 이행하고, 청구인은 상대방에게 별지 제2목록 기재 부동산 중 1/2지분에 관하여 이 심판 확정일자 재산분할을 원인으로 한 소유권이전등기절차를 이행하라.
> 2. 청구인은 위 재산분할의 조정으로서 상대방에게 5,000만원을 지급하라.

(5) 재판상 이혼, 위자료청구와 병합되고, 지연손해금의 지급을 명하는 경우

> 1. 원고와 피고는 이혼한다.
> 2. 피고는 원고에게 위자료로 3,000만원 및 이에 대한 20○○. ○. ○.부터 20○○. ○. ○.까지는 연 5%, 그 다음날부터 다 갚는 날까지는 연 15%의 각 비율에 따른 금원을 지급하라.
> 3. 원고의 나머지 위자료청구를 기각한다.

4. 피고는 원고에게 재산분할로 5,000만원 및 이에 대한 이 판결확정 다음날부터 다 갚는 날까지 연 5%의 비율에 따른 금원을 지급하라. 5. 소송비용 중 1/3은 원고가, 나머지는 피고가 각 부담한다. 6. 제2항은 가집행 할 수 있다.

10. 이혼할 때 자녀양육 문제는 어떻게 해결방법

질의	이혼한 후에도 아이는 제가 계속 길렀으면 합니다. 어떤 절차를 거치면 될까요?
응답	이혼 당시 미성년 자녀가 있는 경우, 미성년인 자녀의 친권을 누가 가질 것인가는, 협의이혼인 경우에는 협의이혼신고서에 미리 정하여야 하고, 재판상 이혼인 경우에는 당사자가 협의로 정하여야 합니다. 그러나 당사자간에 협의할 수 없거나 협의가 이루어지지 않는 경우에는 법원이 정합니다. 이혼한 뒤 자녀를 맡아서 양육하고 있는 쪽이 그렇지 않은 쪽에게 자녀의 양육비를 사전 또는 사후에 지급하라고 청구할 수 있습니다. 양육비 판결을 받고도 정당한 이유 없이 이행하지 않는 경우에는 법원에 일정기간 내에 그 의무를 이행하도록 '이행명령'을 신청할 수 있고, 판결에 기하여 상대방의 재산이나 수입 등에 대해 강제집행을 신청할 수도 있습니다.

가. 자녀양육안내

법원은 미성년 자녀가 있는 당사자들을 대상으로 '자녀양육안내' 제도를 실시하고 있습니다.

'자녀양육안내'는 친권자 및 양육자의 지정, 양육비 및 면접교섭 등 양육에 관한 사항을 주 내용으로 하고 있습니다. 그 밖에도 부모의 이혼이 자녀에게 미치는 영향, 자녀의 정서적 안정을 위해 이혼 과정에서 고려해야 할 사항, 이혼 후 부모의 역할 등을 다루고 있습니다.

이혼 당사자는 이를 통해 자녀의 복리와 양육 관련 사항에 대해 보다 객관적·합리적으로 생각할 수 있는 기회를 갖게 됩니다.

협의이혼 당사자들은 의무적으로 '자녀양육안내'에 참석한 뒤 가족관계등록계에 참석 확인서를 접수해야만 3개월간의 숙려기간이 시작됩니다.

재판상 이혼 당사자들은 '자녀양육안내' 참석이 의무사항은 아니나, 재판장이 이를 권고할 수 있습니다.

나. 자의 양육에 관한 처분(민법 제837조, 제837조의2)

(1) 청구 또는 직권으로 처분

민법 제837조 (이혼과 자의 양육책임) ①당사자는 그 자의 양육에 관한 사항을 협의에 의하여 정한다. <개정 1990. 1. 13.>

② 제1항의 협의는 다음의 사항을 포함하여야 한다. <개정 2007. 12. 21.>

1. 양육자의 결정
2. 양육비용의 부담
3. 면접교섭권의 행사 여부 및 그 방법

③ 제1항에 따른 협의가 자(子)의 복리에 반하는 경우에는 가정법원은 보정을 명하거나 직권으로 그 자(子)의 의사(意思)·나이와 부모의 재산상황, 그 밖의 사정을 참작하여 양육에 필요한 사항을 정한다. <개정 2007. 12. 21., 2022. 12. 27.>

④ 양육에 관한 사항의 협의가 이루어지지 아니하거나 협의할 수 없는 때에는 가정법원은 직권으로 또는 당사자의 청구에 따라 이에 관하여 결정한다. 이 경우 가정법원은 제3항의 사정을 참작하여야 한다. <신설 2007. 12. 21.>

⑤ 가정법원은 자(子)의 복리를 위하여 필요하다고 인정하는 경우에는 부·모·자(子) 및 검사의 청구 또는 직권으로 자(子)의 양육에 관한 사항을 변경하거나 다른 적당한 처분을 할 수 있다. <신설 2007. 12. 21.>

⑥ 제3항부터 제5항까지의 규정은 양육에 관한 사항 외에는 부모의 권리의무에 변경을 가져오지 아니한다. <신설 2007. 12. 21.>

제837조의2 (면접교섭권) ① 자(子)를 직접 양육하지 아니하는 부모의 일방과 자(子)는 상호 면접교섭할 수 있는 권리를 가진다. <개정 2007.12.21.>

② 가정법원은 자의 복리를 위하여 필요한 때에는 당사자의 청구 또는 직권에 의하여 면접교섭을 제한하거나 배제할 수 있다. <개정 2005.3.31.>

[본조신설 1990.1.13.]

(2) 청구권자

이혼한 부모, 재판상 이혼청구를 한 부모, 혼인이 취소되었거나 혼인취소청구를 한 부모, 혼인 외의 자를 인지한 부모 중 일방

다. 처분의 내용

- 이혼을 하는 부부는 자녀의 양육에 관한 사항을 협의에 의하여 정하고(민법 제843조, 제837조 제1항), 그 협의는 "① 양육자의 결정, ② 양육비용의 부담, ③ 면접교섭권의 행사 여부 및 그 방법에 관한 사항"을 포함해야 함(민법 제837조 제2항)
- 위 협의가 자녀의 복리에 반하는 경우는 가정법원은 보정을 명하거나 직권으로 그 자(子)의 의사(意思)·나이와 부모의 재산상황, 그 밖의 사정을 참작하여 양육에 필요한 사항을 정함(민법 제837조 제3항)
- 위 협의가 이루어지지 아니하거나 협의할 수 없는 때는 가정법원은 직권 또는 당사자의 청구에 따라 위3항과 같은 사정을 참작하여 양육에 관한 사항을 결정(민법 제837조 제4항)
- 자녀의 복리를 위하여 필요하다고 인정되는 경우는 부·모·자녀 및 검사의 청구 또는 직권에 의하여 자녀의 양육에 관한 사항을 변경하거나 다른 적당한 처분가능(민법 제837조 제5항)

(1) 양육자의 지정

- 친권은 양육권과 재산관리권을 포괄하는 개념이므로, 양육자가 따로 지정되지 않으면 친권자가 양육권을 가짐. 그러나, 가정법원의 처분에 의하여 친권자와 양육자는 분리될 수 있고, 이러한 경우에는 친권자는 이에 배치되지 않는 범위 내에서만 친권행사가 가능.
- 실무에서는 아이가 어리면 어머니에게 사실상 우선권이 주어지는 경우가 많음.
- 계속성의 원칙, 현상유지의 원칙(불법탈취의 경우에는 예외)

(2) 양육비의 부담

- 부모분담의 원칙

어떠한 사정으로 인하여 부모 중 어느 한 쪽만이 자녀를 양육하게 된 경우에, 그와 같이 양육하는 일방은 상대방에 대하여 현재 및 장래 있어서의 양육비 중 적정 금액의 분담을 청구할 수 있음은 물론이고, 부모의 자녀양육의무는 특별한 사정이 없는 한 자녀의 출생과 동시에 발생하는 것이므로 과거의 양육비에 대하여도 상대방이 분담함이 상당하다고 인정되는 경우에는 그 비용의 상환을 청구할 수 있다. 한 쪽의 양육자가 양육비를 청구하기 이전의 과거의 양육비 모두를 상대방에게 부담시키게 되면 상대방은 예상하지 못하였던 양육비를 일시에 부담하게 되어 지나치게 가혹하며 신의 성실의 원칙이나 형평의 원칙에 어긋날 수도 있으므로, 이와 같은 경우에는 반드시 이행청구 이후의 양육비와 동일한 기준에서 정할 필요는 없고, 부모 중 한 쪽이 자녀를 양육하게 된 경위와 그에 소요된 비용의 액수, 그 상대방이 부양의무를 인식한 것인지 여부와 그 시기, 그것이 양육에 소요된 통상의 생활비인지 아니면 이례적이고 불가피하게 소요된 다액의 특별한 비용(치료비 등)인지 여부와 당사자들의 재산 상황이나 경제적 능력과 부담의 형평성 등 여러 사정을 고려하여 적절하다고 인정되는 분담의 범위를 정할 수 있다(대결 1994.5.13. 92스21 전원합의체).

- 성년이 될 때까지 매월 또는 매년 일정액을 정기적으로 지급할 것을 명하는 방식이 일반적이다.
- 심판이나 조정에서 양육자가 지정되었는데도 양육권을 넘겨주지 아니한 채 계속 양육하는 경우에는 위법한 양육으로서 양육비 청구 불가.
- 사실혼관계나 일시적인 정교관계로 출생한 자에 대하여는 인지가 있기 전에는 양육비 청구 불가.
- 사정변경이 생기면 언제든지 증액 및 감액 청구 가능.

(가) 양육비부담조서에 대한 집행문부여

1) 이혼신고가 조건

양육비부담조서에 대하여 집행문을 내어 달라는 신청이 있을 경우에는 양육비부담조서가 작성된 당해 사건에서 발급된 확인서에 의하여 이혼신고가 마쳐졌음이 소명되어야 한다(가족관계의 등록 등에 관한 규칙 제78조 제5항). 이를 위하여 혼인관계증명서의 기재례를 변경하여 [이혼]란에 협의이혼의사확인사건의 법원 및 사건번호를 부기하기로 하였다. 따라서 양육비부담조서에 대하여 집행문을 내어 달라는 신청이 있을 경우에는 혼인관계증명서를 소명자료로 제출받아야 한다(협의이혼의 의사확인사무 및 가족관계등록사무 처리지침 제20조의2).

2) 담당 판사의 명령

양육비부담조서에 관하여 집행문을 내어 달라는 신청이 있는 경우에는 담당 판사의 명령이 있어야 집행문을 내어 줄 수 있다(협의이혼의 의사확인사무 및 가족관계등록사무 처리지침 제20조의2). 담당 판사의 명령은 집행문에 적어야 할 것이다(민집 제32조 제3항, 제35조 제3항).

(3) 면접교섭권의 제한 · 배제

- 면접교섭권은 부모 및 자만 청구 가능(조부모 등은 청구할 수 없음).
- 별거 중인 경우도 면접교섭권 청구 가능.
- 법원이 직권으로 재베나 제한도 가능(아버지가 자녀들에게 폭력을 행사한 경우, 재혼한 경우, 이혼사유가 가족들을 유기한 경우 등)
- 실무에서는 상당히 다투는 부분임(아이에게 혼란을 준다는 이율 양육친은 배제를 주장하나, 아이의 장래에 비추어 비양육친의 면접교섭이 필요하다는 점을 설득하여야 함).
- 시간적 제한(아이가 유아인 동안에만 제한 또는 숙박을 제한), 장소적 제한(양육친의 주거지로 제한), 방법적 제한(서신, 전화만 가능) 등이 있음.

라. 관련사건의 병합

(1) 재판상 이혼에는 흔히 다류 가사소송사건인 손해배상청구와 마류 가사비송사건인 재산분할 및 자녀의 친권자 및 양육자 지정청구 등이 병합될 수 있고, 재판상 이혼청구가 혼인의 무효나 취소의 청구에 선택적 또는 예비적으로 병합되거나 반소로 청구될 수도 있음

당사자가 이혼원인으로 여러개의 사유를 주장하는 경우는, 단순히 공격방법이 여러개인 때에 해당하지 않고 소가 선택적 또는 예비적으로 병합된 것으로 보아야 함

그러나 실무는 그와 같이 엄격한 구분은 하지 않고, 청구를 인용할 때는 인정 사실에 의하여 해당하는 사유를 병렬적으로 나열하고, 청구를 기각할 때는 "원고가 주장하는 재판상 이혼 원인이 되는 민법 제840조 제1호, 제3호, 제4호 또는 제6호의 사유의 어느 것에도 해당되지 않는다."는 식으로 판시[22)]

22) 확정판결의 기판력이 미치는 객관적 범위는 재판상 이혼청구를 기각한 경우에만 문제될 수 있는 것이므로 위와 같은 실무례는 타당

(2) 실무상 원고의 이혼청구에 대하여 피고가 원고의 주장사실을 다투면서 오히려 다른 사실을 내세워 반소로서 이혼청구를 하는 경우가 흔히 있음
위와 같은 반소가 원고의 청구를 인낙하거나 그 주장사실을 자백하는 것으로는 될 수 없고, 언제나 본소청구와는 독립된 별개의 반소청구임[23)]
본소와 반소의 청구원인이 다 같이 민법 제840조 제6호의 사유를 주장하는 것이라도 그 소송물이 동일할 수 없는 것인바, 각 청구를 심리하여 그 인용 여부를 판결주문에서 명백히 해야함[24)]

마. 양육비 직접지급명령

(1) 의의

양육비 직접지급명령은 이혼 시 미성년자인 자녀에 대한 양육비 지급책임을 부담하게된 정기금 양육비지급의무자(양육비채무자)의 고용자(소득세원천징수의무자)로 하여금 양육자(양육비채권자)에게 직접 양육비를 지급하도록 명령하여, 양육자로 하여금 보다 간편하게 양육비를 확보할 수 있도록 하기 위한 것이다.

(2) 관할

양육비 직접지급명령에 관한 사건은 양육비채무자의 보통재판적(민소법 제2조~제5조)이 있는 곳의 가정법원의 전속관할이다(규칙 제120조의3 제1항).

(3) 신청의 방식

양육비 직접지급명령은 강제집행의 성격을 가지므로 양육비 직접지급명령신청에 따라 개시되는바, 양육비 직접지급명령신청은 서면으로 해야한다(법 제63조의2 제2항, 민집법 제4조).

양육비 직접지급명령신청서에는 2,000원의 인지를 붙여야 하고(인지법 제9조 제4항), 양육비 직접지급명령의 송달비용, 그 밖의 집행비용을 미리 내야 한다.

---

23) 재판상 이혼원인마다 별개의 소송물이 된다는 전제(판례)
24) 민법 제840조 제1호~제5호의 사유는 어느 것이나 그 규정상 상대방의 유책행위를 전제로 하는 것임이 명백하고, 다만 제6호의 사유는 귀책사유 있음을 필요로 하지 않는 것처럼 규정되어 있으나, 판례는 그 경우에도 유책배우자의 이혼청구는 원칙적으로 허용되지 않고 예외적으로만 허용될 뿐이라는 입장이기 때문임

(4) 신청서 기재사항(전산양식 C2440)

① 신청의 취지

상대방은 청구인에게 20○○. ○. ○.부터 사건본인이 성년이 될 때까지 사건본인의 양육비로 월 ○○만원씩을 매월 말일에 지급하라.

1. 상대방은 청구인에게, 가. 사건본인의 과거 양육비로 ○○만원 및 이에 대한 심판확정일 다음날부터 연 5%의 비율로 계산한 돈을 지급하고, 나. 사건본인의 장래 양육비로 20○○. ○. ○.(심판청구서 부본 송달 다음날 또는 심판 다음날)부터 사건본인이 성년이 될 때까지 월 ○○만원씩을 매월 말일에 지급하라. 2. 제1항은 가집행할 수 있다.

② 양육비채권자・채무자, 소득세원천징수의무자와 그 대리인의 표시
③ 집행권원 및 집행채권(청구금액)의 표시
④ 2회 이상 양육비가 지급되지 않은 구체적인 내역과 직접 지급을 구하고 있는 기한이 도래하지 아니한 정기금 양육비 채권의 구체적인 내용
⑤ 집행권원에 기초한 청구권의 일부에 관해서만 양육비 직접지급명령을 신청하는 때는 그 범위

(5) 첨부서류

신청서에는 신청서 외에 집행력 있는 정본, 소득세원천징수의무자가 법인인 때는 그 자격증명, 대리인에 의한 신청일 때는 위임장, 그 밖에 강제집행개시의 요건을 증명하는 서면 등을 첨부한다.

11. 조정으로 이혼할 수 있는 방법

가. 이혼조정신청서 작성

질의	배우자와 이혼에 합의하는 과정에서 법원의 도움을 받을 수는 없을까요? 가능하면 재판상 이혼은 피하고 싶습니다
응답	재판상 이혼 소송을 하기 전에 먼저 가정법원에 이혼조정신청을 할 수 있습니다. 이혼조정을 신청하려면 우선 법원에 '이혼조정신청서'를 작성하여 제출하여야 합니다.

(1) 조정에 의한 이혼

재판상 이혼은 나류 가사소송사건으로 조정전치주의 적용을 받기 때문에 재판상 이혼을 하려는 자는 먼저 가정법원에 조정을 신청하여야 한다(가소 2조 1항 1호 나목의 4). 조정을 신청하지 아니하고 소를 제기한 때에는 가정법원은 그 사건을 조정에 회부하여야 한다(가소 50조 2항 본문). 다만, 공시송달에 의하지 아니하고는 당사자의 일방 또는 쌍방을 소환할 수 없거나 그 사건이 조정에 회부되더라도 조정이 성립될 수 없다고 인정 하는 경우에는 그러하지 아니하다(가소 50조 2항 단서), 조정의 결과 당사자 사이에 이혼에 대한 합의가 성립되어 합의된 사항을 조서에 기재하거나, 조정에 갈음하는 결정이 확정된 때에는 재판상 이혼이 성립한다(가소 59조 1항, 민조 30조).

조정에 의한 이혼이 성립하면 조정을 신청한 자는 조정이 성립되거나 조정에 갈음하는 결정이 확정된 날로부터 1개월 내에 조정조서등본을 첨부하여 이혼신고를 하여야 하고 그 상대방도 이혼신고를 할 수 있다(법 78조, 58조, 예규 171호). 조정성립일로부터 1개월이 경과한 때에는 송달증명서를 첨부하여야 한다(예규 309호)

(2) 재판에 의한 이혼

당해 사건에 대한 조정을 하지 않기로 하는 결정이 있거나 조정이 성립되지 않은 것(조정불성립)으로 종결된 경우 또는 조정에 갈음하는 결정이 이의신청에 의하여 그 효력을 상실한 경우에, 조정신청을 한 때 소가 제기된 것으로 본다(소제기의 간주, 가사소송법 49조, 민사조정법 36조).

미성년자는 성년의제(826조의2)에 의하여, 피한정후견인은 가족법상 행위에 관하여 완전한 행위능력을 가지므로 독자적으로 소를 제기할 수 있다. 그러나 당사자가 피성년후견인인 경우에는 단독으로 소를 제기하지 못하므로 법정대리인이 대리하여야 한다(민사소송법 55조 본문). 만약 배우자가 성년후견인이라면 소 제기자와 상대방이 동일인이 되어 중복되는 모순이 발생하므로 이때는 후견감독인이 피성년후견인을 대리하고(940조의6), 후견감독인이 없는 경우에는 특별대리인을 선임하여야 한다(949조의3, 921조).

나. 가사조정절차의 특성

(1) 조정전치주의

(가) 나류[25] 및 다류[26] 가사소송사건과 마류[27] 가사비소송사건에 대하여 소를 제기하거나 심판을 청구하고자 하는 자는 먼저 조정을 신청하여야 하고, 이들 사건에 대하여 조정을 신청하지 아니하고 소를 제기하거나 심판을 청구한 때에는 가정법원은 원칙적으로 그 사건을 조정에 회부하여야 한다(가사소송법 제50조).

이들 사건에 관한 분쟁을 일거에 해결함에 필요한 민사사건의 청구도 가사조정의 대상이다. 가사사건의 청구와 민사사건의 청구가 동일한 사실관계에 기초하거나 논리적 선후관계에 있을 것을 요하지 아니한다. 다만, 이들 민사사건의 청구가 가사조정의 대상으로 되기 위하여는 조정기관의 허가를 받아야 하며, 가사사건에 병합하여 조정신청을 하면 함께 조정의 대상이 된다(가사소송법 제57조 제2항).

다만 조정이 성립되지 않으면 민사사건은 다시 분리, 이송되어 지방법원이 소송사건으로 다룬다(가사소송법 제60조).

(나) 당사자에게 재판과 조정의 선택권을 부여하고 법원의 재량에 의한 조정회부제도를 선택하고 있는 민사사건과 달리 가사사건에서는 원칙적 조정전치주의를 채택하고 있다.[28]

또한 조정기간은 숙려기간으로서의 의미도 가지고 있다

(다) 가사소송법 제59조 제2항 단서는 당사자가 임의로 처분할 수 없는 사항에 대하여 조정이 성립하거나 조정을 갈음하는 결정이 확정되더라도 재판상 화해와 동일한 효력이 생기지 않는다고 규정하고 있다. 이는 그러한 내용의 조정이나 조정을 갈음하는 결정을 하여서는 아니된다는 것을

---

25) ① 혼인무효・취소, 이혼, 협의이혼무효・취소, 사실상혼인관계존부확인(혼인관계소송), ② 친생부인, 인지, 인지 무효・취소, 父의 결정, 친생자관계존부확인(친자관계소송), ③ 입양무효・취소, 파양, 협의파양무효・취소, 양친자관계존부확인(양친자관계소송) 중 무효소송 및 친생자관계존부확인의 소를 제외한 것.

26) 본질적으로 민사사건인 재산상의 청구로서, ① 약혼해제・사실혼부당파기를 원인으로 하는 손해배상・원상회복 청구(제3자에 대한 청구포함), ② 가류・나류소송사건 중 혼인・입양의 무효・취소, 협의이혼・협의파양의 무효・취소, 이혼, 파양을 원인으로 하는 손해배상・원상회복청구(제3자에 대한 청구 포함) 등이 있다.

27) 친권・양육에 관한 사항, 재산분할, 부양료, 상속재산분할 등.

28) 민사조정의 경우에는 소송절차와의 관계에서 보충적인 성격을 갖게 된다.

의미한다. 따라서 나류 가사소송사건 및 마류 가사비송사건 중 소송물 자체를 당사자가 임의로 처분할 수 없는 사항에 관하여도 간접적이고도 우회적인 방법에 의하여 당사자 사이에 분쟁을 체결하는 내용의 합의가 가능할 수 있으므로 조정전치주의가 적용된다.

(2) 자녀 등 이해관계인의 이익 고려

조정을 함께 있어서는 당사자의 이익 외에 조정으로 인하여 영향 받게 되는 모든 이해관계인의 이익을 고려하여야 한다. 특히 자의 친권자 지정과 변경, 양육방법의 결정 등 미성년 자녀의 이해와 직접 관련되는 사항을 조정함에 있어서는 미성년 자녀의 복리가 우선적으로 고려되어야 한다(가사소송법 제58조). 따라서 가사조정의 경우 당사자 사이에 합의가 성립된 경우에도 그 내용이 상당하지 않은 경우 신청인의 신청취지에 반하지 아니하는 범위 내에서 사건의 공평한 해결을 위하여 조정을 갈음하는 결정 등을 하게 된다.

(3) 사실조사의 필수적 선행

성질상 순수한 민사소송에 속하는 다류 가사소송사건을 제외한 나류 가사소송사건과 마류 가사비송사건은 어느 것이나 가정평화와 미풍양속의 보존, 발전을 목적으로 하여 가정법원이 후견적인 입장에서 신분관계 그 자체에 관한 분쟁 또는 신분관계에서 비롯된 분쟁을 심리, 판단하고 조정하여 당사자 사이에 일정한 권리의무를 형성하고 신분관계의 안정을 도모함을 기본적인 특성으로 한다. 민사조정절차에서의 사실 및 증거조사가 임의적인 것(민사조정법 제22조)과는 달리, 가사조정절차에서는 원칙적으로 사실조사를 하여야 한다(가사소송법 제56조).

가정법원은 직권으로 사실조사 및 필요한 증거조사를 하여야 하며(가사소송법 제17조 전단), 언제든지 당사자 또는 법정대리인을 신문 또는 심문할 수 있다(같은 법 제17조 후단, 제38조, 제48조, 제56조). 변론주의가 지배하는 민사소송에서도 법원의 직권에 의한 증거조사가 인정되지만(민사소송법 제292조), 보충적인 것이라는 점에서 차이가 있다.

(4) 조정위원회 조정의 원칙

민사조정은 조정담당판사에 의한 조정이 원칙이나(민사조정법 제7조), 가사조정은 조정위원회 조정이 원칙이며, 당사자의 명시한 반대의사가 없는 경우에 한하여 조정담당판사가 조정을 할 수 있다(가사소송법 제52조).

(5) 조정에서의 진술원용금지 철폐

민사조정에서의 진술은 소송에서 원용하지 못하도록 하고 있다(민사조정법 제23조). 이는 당사자 등이 조정절차에서 조정의 성립을 목표로 주장과 양보를 한 것을 조정이 불성립된 후 상대방이 소송에서 원용하지 못하게 하려는 것이다. 그러나 가사조정에서는 이러한 제한이 없다.[29]

오히려 조정을 하지 않기로 하는 결정을 하거나 조정이 불성립된 경우, 직권으로 한 조정을 갈음하는 결정에 대하여 이의신청이 있는 등으로 소송절차로 이행될 때에는, 조정장 또는 조정담당판사는 의견을 첨부하여 소송 또는 심판절차에서의 재판에 참고자료가 되도록 하고 있다(가사사송법 제61조).

다. 가사조정의 대상

(1) 가류 가사소송사건

가류 가사소송사건은 진실한 신분관계와 가족관계등록부의 기재 등에 의하여 공시되어 있는 외형상의 신분관계의 불일치를 해소하기 위한 방편으로 인정된 것들로서 확인소송의 일종이고, 그 확정판결에는 대세적 효력이 있어 (21조) 성질상 소송물에 관한 당사자의 임시처분이 허용되지 아니하므로 조정의 대상으로 되지 아니한다.

---

29) 미국에서는 쌍방 당사자가 화해(senttlement)를 위한 협상과정에서 진술한 내용(사실관계에 대한 자백을 포함한다.)을 소송절차에서 원용할 수 없도록 제한하는 증거법칙이 정착되어 있는데, 이는 쌍방 당사자가 협상과정에서는 아무런 걱정 없이 자유롭게 의견을 교환할 수 있도록 제도적으로 보장하는 것이 궁극적으로 화해를 촉진시킬 수 있다는 정책적인 고려에서 비롯된 것이라고 한다. 따라서 현행법상 가사조정절차에는 민사조정법 23조의 규정이 준용되지 않지만, 실무적으로 가사조정절차에서 당사자가 진술한 모든 내용을 그대로 소송절차에서 원용하는 것을 허용할 수는 없고, 조정의 목적과 성질에 반하지 않는 범위내에서 당사자의 진술을 부분적으로 소송절차에 원용할 수 있도록 하는 것이 바람직하다는 의견이 있다. 김시철, 가사조정실무, 실무연구 Ⅷ(2002.10.), 442쪽 이하.

(2) 나류 가사소송사건

(가) 나류 가사소송사건 중에는 사실상혼인관계존부확인의 소와 같이 확인소송에 해당하는 것으로 해석되는 것도 있지만, 본질적으로는 신분관계의 형성·변경을 목적으로 하는 소송이고, 그 판결에는 가류 가사소송사건과 마찬가지로 대세적 효력이 있으므로(21조) 성질상 당사자의 임의처분이 가능하다고 해석되는 재판상이혼, 재판산파양 등을 제외하고는 그 소송물 자체를 직접적으로 당사자가 임의로 처분하여 확정판결을 얻은 것과 동일한 효과가 발생되도록 하는 것은 원칙적으로 허용되지 아니한다.

(나) 그러나, 나류 소송사건 중 이혼, 파양을 제외한 사건에서 간접적인 방법으로 당사자가 소송의 목적인 청구를 소멸시키는 것은 가능하다. 예컨대, 사실상혼인관계존부확인소송에서 당사자가 사실혼관계를 유지·존속시키기로 합의하고 혼인신고를 함으로써 분쟁을 해결하고 소송의 목적을 소멸시키는 것, 혼인의 취소소송에서 당사자가 협의이혼을 하는 것, 부의 결정·친생부인·인지청구의 소에서 일방 당사자 또는 제3자가 사건본인을 인지하는 것, 인지의 취소·인지에 대한 이의의 소에서 인지의 적법·유효함을 인정하고 소를 취하하는 것, 입양의 취소소송에서 당사자가 협의상파양을 하는 것, 파양의 취소소송에서 당사자가 파양을 인정하고 소를 취하하는 것 등을 들 수 있다.

(3) 다류 가사소송사건

다류 가사소송사건은 순수한 재산상의 청구로서 본질상 민사사건에 해당하는 것이므로 당사자의 임의처분이 허용되고, 따라서 조정의 대상으로 됨은 당연하다.

(4) 라류 가사비송사건

라류 가사비송사건은 대심적 구조를 가지지 아니하여 상대방의 존재가 전제되어 있지 아니하고, 신분행위의 허가, 권리의무의 부여·박탈 등에 관하여 가정법원의 후견적 감독작용이 요구되는 것들이므로 당사자 사이의 타협과 화해를 속성으로 하는 조정의 대상으로 될 수 없음은 성질상 당연하다.

(5) 마류 가사비송사건

마류 가사비송사건은 상대방의 존재를 전제로 한 대심적 구조의 분쟁사건들이므로 임의적 처분이 가능하고 조정의 대상이 된다.

(6) 가사조정의 목적인 청구와 관련 있는 민사사건

가사조정의 목적인 청구는 가사조정의 대상인 나류 및 다류 가사소송사건과 마류 가사비송사건의 청구를 가리킨다. 이들 사건에 관한 분쟁을 일거에 해결함에 필요한 민사사건의 청구도 가사조정의 대상이다. 가사사건의 청구와 민사사건의 청구가 동일한 사실관계에 기초하거나 논리적 선후관계에 있을 것을 요하지 아니한다. 다만, 이들 민사사건의 청구가 가사조정의 대상으로 되려면 조정기관의 허가를 받아야 하며, 가사사건에 병합하여 조정신청을 하면 함께 조정의 대상이 된다(가사소송법 제57조 제2항).

다만 조정이 성립되지 않으면 민사사건은 다시 분리, 이송되어 지방법원이 소송사건으로 다룬다(가사소송법 제60조).

* 임의처분이 허용되지 않는 사항에 관하여는 조정이 성립하거나 조정을 갈음하는 결정이 확정되어도 효력이 없다(가사소송법 제59조 제2항 단서, 대법원 1999. 10. 8. 98므1698).

라. 조정의 절차

(1) 조정의 신청

본안사건(가사소송 또는 가사비송)의 관할법원 또는 당사자가 합의로 정한 가정법원도 관할법원이 된다(가사소송법 제51조 제1항).

이해관계인의 임의참가나 강제참가가 가능하다(가사소송법 제49조, 민사조정법 제16조).

피신청인을 잘못 지정한 경우에는 조정기관의 허가를 얻어 경정할 수 있다(가사소송법 제49조, 민사조정법 제17조).

본인의 의사가 존중되어야 하기 때문에 대표당사자제도는 허용되지 않는다(가사소송법 제49조 단서, 민사조정법 제18조).

시효중단의 효력이 있다(민사조정법 제35조 제1항). 다만 조정신청이 취하되거나 취하간주된 후 1월 이내에 소를 제기하지 않으면 시효중단의 효력이 없다.

(2) 조정기관

(가) 조정위원회

2인 이상의 조정위원과 조정장으로 구성되는 합의체에 독립기관이다(가사소송법 제52조 제1항, 제53조).

(나) 조정담당 판사

가정법원장이 지정한 조정담당판사는 당사자가 반대의사를 명백하게 표시하지 않으면 단독으로 조정할 수 있다(가사소송법 제52조 제2항)

(다) 수소법원

제1심 수소법원이 조정에 회부한 사건으로서 스스로 조정하는 경우이다.

(3) 조정의 시행

(가) 가사조사관에 의한 사실의 사전조사(가사소송법 제56조)
(나) 조정위원들에게 조정신청서 및 조사보고서 송부
(다) 조정기일의 지정 및 당사자의 출석
- 즉지조정 : 당사자 쌍방이 출석하여 조정신청을 하는 때
- 2회 이상 조정기일에 불출석하면 조정신청이 취하된 것으로 간주된다(민사조정법 제31조).
- 피신청인이 조정기일에 출석하지 않은 경우에는 원칙적으로 직권으로 조정을 갈음하는 결정을 하여야 한다(민사조정법 제32조, 제30조, 제40조).
- 격지조정(가사소송규칙 제119조)도 가능하다.
(라) 조정기관의 자세

가사소송법 제58조 (조정의 원칙) ① 조정위원회는 조정을 할 때 당사자의 이익뿐 아니라 조정으로 인하여 영향받게 되는 모든 이해관계인의 이익을 고려하고 분쟁을 평화적 · 종국적(終局的)으로 해결할 수 있는 방안을 마련하여

당사자를 설득하여야 한다.

② 자녀의 친권을 행사할 사람의 지정과 변경, 양육 방법의 결정 등 미성년자인 자녀의 이해(利害)에 직접적인 관련이 있는 사항을 조정할 때에는 미성년자인 자녀의 복지를 우선적으로 고려하여야 한다.
[전문개정 2010.3.31.]

(4) 조정의 종료

(가) 조정신청의 각하 : 주소미보정, 인지미보정

(나) 조정신청의 취하, 취하간주 취하에 상대방의 동의는 필요하지 않다.

(다) 조정을 하지 아니하는 결정(가사소송법 제49조, 민사조정법 제26조)
성질상 조정을 함에 적당하지 아니한 사건 : 조정을 구하는 내용이 법령이나 공서양속에 반하는 경우, 재판으로 해결함이 타당한 경우 등
당사자가 부당한 목적으로 조정신청을 한 것으로 인정되는 경우 : 의무를 회피하거나 소송을 지연시킬 목적으로 조정신청을 한 경우

(라) 조정을 갈음하는 결정
합의가 성립되지 않은 사건, 성립된 합의의 내용이 상당하지 아니한다고 인정한 사건, 피신청인이 출석하지 아니한 사건 등에 관하여 **원칙적으로** 강제조정결정을 하여야 한다(가사소송법 제49조, 민사조정법 제30조, 제32조)
송달된 때로부터 2주일 이내에(송달 전이라도) 이의신청 할 수 있고, 이의신청은 상대방이 동의한다면 취하할 수도 있다.
이의가 없거나 이의가 취하되거나 각하되면 재판상 화해와 동일한 효력이 있다.

(마) 조정의 성립
조정조서의 기재로써 성립(가사소송법 제59조 제1항).
조정이 성립되면 확정판결과 동일한 효력이 있다.
이혼조정에 의한 이혼신고도 협의이혼신고가 아닌 재판상이혼신고로 처리한다.
당사자가 임의로 처분할 수 없는 사항에 대한 조정은 무효이다.
무제한 기판력설 : 준재심으로만 취소 가능.
즉, 조정성립 과정에서 실체상 하자가 있다 하더라도 이를 이유로 조정의 무효·취소를 구할 수는 없고, 그것이 재심사유에 해당하는 경우에 한하여 준재심에 의하여서만 효력을 다툴 수 있다.

(바) 조정의 불성립

합의가 성립되지 않은 사건, 성립된 합의의 내용이 상당하지 아니하다고 인정한 사건, 조정을 갈음하는 결정을 하지 아니할 때에는 조정불성립으로 종결한다(민사소송법 제27조).

(5) 소송 또는 심판절차로의 이행 · 회부

조정이 불성립된 경우, 조정을 하지 아니하는 결정을 한 경우, 조정을 갈음하는 결정에 대하여 이의신청이 있는 경우, 공시송달에 의하지 않고는 조정기일을 통지할 수 없을 때 등

조정장 또는 조정담당판사는 의견을 첨부하여야 한다(가사소송법 제61조) : 당부의 판단이 아니라 공평한 해결방안에 관한 의견의 제시임

(6) 조정조항의 예

(가) 이혼 · 위자료 · 재산분할 · 양육자지정 등의 경우

1. 신청인과 피신청인은 이혼한다.
2. 피신청인은 신청인에게 위자료로 20○○. ○. ○.까지 1,000만원을 지급한다.
3. 신청인은 나머지 청구를 포기한다.
4. 조정비용은 각자 부담한다.

1. 신청인과 피신청인은 이혼한다.
2. 피신청인은 신청인에게 위자료로 1,000만원을 지급하되, 20○○. ○. ○.부터 20○○. ○. ○.까지 매월 말일에 100만원씩을 10회에 걸쳐 분할하여 지급한다. 피신청인이 위 분할지급을 1회라도 지체할 때는 기한의 이익을 상실한다.
3. 신청인은 나머지 청구를 포기한다.
4. 조정비용은 각자 부담한다.

1. 신청인과 피신청인은 지금까지의 불화를 해소하고 혼인관계를 유지하여 부부로서 동거하기로 한다.
2. 신청인은 나머지 청구를 포기한다.
3. 조정비용은 각자 부담한다.

1. 신청인과 피신청인은 이혼한다.
2. 사건본인 ○○○(신청인과 피신청인 사이의 미성년자인 자녀)의 친권자 및 양육자로 피신청인을 지정한다.
3. 피신청인은 신청인에게 별지 목록 기재 부동산에 관하여 재산분할을 원인으로 한 소유권이전등기절차를 이행한다.
4. 신청인은 나머지 청구를 포기한다.
5. 조정비용은 각자 부담한다.

1. 신청인과 피신청인은 이혼한다.
2. 사건본인 ○○○(신청인과 피신청인 사이의 미성년자인 자녀)의 친권자 및 양육자로 신청인을 지정한다.
3. 피신청인은 신청인에게 사건본인의 양육비로 이 조정성립일부터 사건본인이 성년이 될 때까지 매월 말일에 50만원씩 지급한다.
4. ① ㉠ 피신청인은 매월 둘째, 넷째 토요일 15:00부터 그 다음날 17:00까지 피신청인이 원하는 장소에서 사건본인을 면접교섭할 수 있다.
   ㉡ 신청인(양육자)은 사건본인을 위 토요일 15:00 ○○에서 피신청인에게 인도하고, 피신청인은 그 다음날 17:00 같은 장소에서 사건본인을 신청인에게 다시 인도한다.
   ㉢ 만일 신청인이 ㉡항의 의무를 이행하지 않는 경우는 그 의무불이행의 회수마다 100만원의 손해배상금을 피신청인에게 지급한다.
   ② 사건본인이 유치원 또는 초등학교에 취학하기 이전에는 피신청인은 신청인과 합의하여 1년에 2회씩 피신청인의 휴가기간 중 피신청인이 희망하는 각 7일간 피신청인의 주소지 또는 피신청인이 책임질 수 있는 장소에서 사건본인과 함께 지낼 수 있다.
   ③ 사건본인이 취학한 이후에는 피신청인은 매년 1월과 2월 사이 및 7월과 8월 사이 사건본인의 방학기간 중 각 1회씩 피신청인이 지정하는 7일 동안 피신청인의 주거지 또는 피신청인이 책임질 수 있는 장소에서 사건본인과 함께 지낼 수 있다.
   ④ 피신청인은 설·추석 연휴기간 동안 사건본인과 함께 지낼 수 있다.
5. 신청인은 나머지 청구를 포기한다.
6. 조정비용은 각자 부담한다.

(나) 사실혼해소 등의 경우

1. 신청인과 피신청인 사이의 사실혼관계를 해소한다.
2. 피신청인은 신청인에게 피신청인의 주거지에 보관되어 있는 별지 목록 기재 물건을 인도하고, 20○○. ○. ○.까지 위자료로 1,000만원을 지급한다.
3. 신청인은 나머지 청구를 포기한다.
4. 조정비용은 각자 부담한다.

1. 피신청인은 20○○. ○. ○.까지 신청인으로부터 별지 목록 기재 물건(약혼예물로 교부하였던 시계, 반지 등)을 인도받음과 동시에 신청인에게 2,000만원을 지급한다.
2. 신청인은 20○○. ○. ○.까지 피신청인으로부터 2,000만원을 지급받음과 동시에 별지 목록 기재 물건(약혼예물로 교부받은 시계, 반지 등)을 피신청인에게 인도한다.
3. 신청인은 나머지 청구를 포기한다.
4. 조정비용은 각자 부담한다.

(다) 그 밖의 경우

1. 신청인과 피신청인은 20○○. ○. ○.까지 별거하기로 한다.
2. 위 기간 동안 신청인이 사건본인(신청인과 피신청인 사이의 미성년자인 자녀)을 양육한다.
3. 위 기간 동안 피신청인은 신청인에게 매월 말일에 150만원씩을 부양료로 지급한다.
4. 신청인은 나머지 청구를 포기한다.
5. 조정비용은 각자 부담한다.

12. 친생자 관계 정리방법

질의	가족관계등록부상 저는 갑과 을 사이의 혼인 중의 자로 출생신고가 되어 있으나, 실제로는 갑과 병 사이에서 태어났습니다. 어떻게 바로잡을 수 있습니까?
응답	을을 상대로 친생자관계부존재확인 청구를 제기하여 판결을 얻은 후 그 판결에 따라 가족관계등록부를 정정할 수 있습니다. 만약 을이 사망하였다면 관할 검찰청의 검사를 상대로 소송을 제기하여야 합니다.

가. 가사조정에 관한 자세한 사항은 ○○지방법원 홈페이지 (http://○○○.scourt.go.kr) 상단의 '소송절차' → '가사조정절차'를 참조

나. 가사조정 이전에 가사조사관으로부터 사건에 관한 사실조사를 받고 나서, 정해진 조정 날짜에 당사자들이 직접 법원에 출석하여야 하고(소송대리인이 있는 경우 대리인 출석 가능), 조정은 비공개로 진행합니다.

다. 조정이 이루어지면 이는 확정 판결과 동일한 효력을 가집니다. 조정이 성립되면, 당사자는 조정조서 성립일로부터 1개월 이내에 조정조서등본과 송달증명원을 첨부하여 등록기준지 또는 주소지에서 이혼 신고를 하여야 합니다.

13. 소장과 준비서면의 제출방법

질의	법원에 소를 제기하려면 어떻게 하면 되는지요?
응답	법원에 소를 제기하려면 우선 소장을 작성하여 제출하여야 합니다. 소장의 양식은 ○○지방법원 종합민원실에 유형별로 견본을 두고 있으니 참조하시기 바랍니다. 소장의 기재사항, 첨부서류, 송달료 등에 관한 자세한 사항은 ○○지방법원 홈페이지(http://○○○.scourt.go.kr)를 참조하시기 바랍니다. 소장의 형식은 위 홈페이지 상단의 '양식' → '가사재판' → '이혼소송청구'에 있습니다.

질의	이혼소송을 제기할 때 첨부서류는 무엇인가요?
응답	① 가족관계증명서(원・피고) ② 주민등록등본(원・피고) ③ 혼인관계증명서(원・피고) ④ 원고와 피고 사이의 미성년자녀가 있는 경우 그 자녀 각자의 기본증명서, 가족관계증명서 ⑤ 재판상 이혼사유를 증명하는 서면(진단서, 진술서 등)이 필요합니다(개개의 소송에 따라 추가로 필요한 서류가 있을 수 있습니다).

가. 이혼신고의 신고인, 신고기간, 신고의장소

(1) 신고인

재판상 이혼신고의 의무자는 그 소를 제기하거나 조정을 신청한 자이다(법 78조, 58조). 재판상 이혼의 소를 제기하거나 조정을 신청한 자의 상대방도 이혼신고를 할 수 있으나, 이때의 이혼신고는 신고의무자로서의 신고가 아니기 때문에 신고를 해태한 책임은 소제기자 또는 조정신청인이 부담한다(예규 309호). 또한 소를 제기한 자가 사망한 경우에는 그 사람의 배우자 또는 4촌 이내의 친족이 신고할 수 있다(예규 85호).

(2) 신고의기간

재판상 이혼신고는 판결이 확정 또는 조정이 성립된 날로부터 1개월 내에 판결등본 및 확정증명서 또는 조정조서등본 및 송달증명서를 첨부하여 신고하여야 한다. 그리고 재판상 이혼신고에는 증인 2인의 연서는 불필요하다.

(3) 신고의 장소

재판상 이혼신고의 장소에 대한 특별한 규정이 없으므로 혼인신고의 장소에 관한 일반 원칙에 따라 이혼 당사자의 등록기준지 또는 신고인의 주소지나 현재지에서 한다. 대한민국 국민이 아닌 사람에 대한 이혼신고는 그 거주지 또는 신고인의 주소지나 현재지에서 한다(법 20조).

(4) 기재사항 및 첨부서면

이혼신고서에는 당사자의 성별·본·출생연월일·주민등록번호 및 등록기준지(당사자가 외국인인 경우에는 그 성명 및 국적). 당사자의 부모와 양부모의 성명, 등록기준지 및 주민등록번호, 민법 제909조 제4항 또는 제5항에 따라 친권자가 정해진 때는 그 내용을 기재하여야 한다(법 74조).

미성년인 자여가 있는 경우에는 그 자녀에 대한 양육과 친권자결정에 관한 협의서 또는 가정법원의 심판정본 및 확정증명서를 첨부하여 친권자 지정신고를 하여야 한다. 임신 중인 자녀가 있는 경우에는 이혼신고 시가 아니라 그 자녀 출생신고 시에 그 자녀에 대한 양육과 친권자결정에 관한 협의서 또는 심판정본 및 그 확정증명서를 첨부하여 친권자지정신고를 하여야 한다.

14. 재판기일의 출석 방법

질의	'변론기일통지서'를 받았습니다. 어떻게 하면 되는지요?
응답	기일통지를 받으면, 지정된 기일과 시간을 지켜서 법정에 출석하여야 합니다. 만일 정당한 사유 없이 변론기일에 출석하지 아니하는 때에는 담당 재판부에서 결정으로 500,000원 이하의 과태료를 부과하고 구인할 수 있습니다.

질의	사정이 생겨 변론기일에 불출석하게 되면 어떻게 되는지요?
응답	변론기일에 2회 이상 불출석할 경우, 소를 취하한 것으로 보게 될 수 있으니 유의하셔야 합니다. 양쪽 당사자가 변론기일에 출석하지 아니하거나 출석하였다 하더라도 변론하지 아니한 때에는 다시 변론기일을 정하여 소환하게 되는데, 이 때 새로 지정된 변론기일이나 그 뒤의 변론기일에 다시 양쪽 당사자가 출석하지 아니하거나 출석하였다고 하더라도 변론하지 아니한 때에는 1개월 이내에 기일지정신청을 할 수 있고, 위 기간 내에 기일지정신청을 하지 않으면 소를 취하한 것으로 보게 됩니다.

15. 주장 증명방법

가. 『증거서류』

질의	'증거서류'는 언제 제출하여야 되는지요?
응답	필요한 서증은 가능한 한 첫 기일의 1주일 전에 준비서면과 함께 모두 제출하시되, 반드시, 제출할 때 상대방에게 줄 서증의 복사본도 같이 제출하여 주시기 바랍니다(결국 총 2부 제출). 가급적 각각의 서증에 대하여 서증번호, 서증명, 작성연월일, 작성자, 증명취지 등을 기재한 증거설명서도 첨부하는 것이 좋습니다.

질의	증거서류를 제출할 경우 서증번호를 어떻게 붙여야 하나요?
응답	문서 하나당 하나의 서증번호를 붙이고, 제출순서에 따라 원고측의 경우 갑 제1호증, 갑 제2호증 … 순으로 번호를 붙이시면 됩니다. (피고측의 경우 을 제1호증, 을 제2호증 …)

나. 『증인신청』

질의	'증인신청'은 어떻게 하면 되는지요?
응답	증인신청을 하기 위해서는 증인신청서를 작성하여 ○○지방법원 종합민원실에 제출하여야 합니다. 증인신청서에는 사건번호, 당사자, 증인의 표시(성명, 주민등록번호, 주소, 전화번호, 휴대전화번호, 직업, 증명취지, 단 주소는 증인출석요구서가 송달될 수 있도록 정확하고 자세하게 적어야 합니다)를 적어야 하고, 증인이 사건에 관여하거나 그 내용을 알게된 경위를 적습니다.

증인신청서를 제출할 경우 증인신문사항과 증인 여비를 납부하여야 합니다. 증인신문사항은 증인에게 물어보고 싶은 사항을 쟁점 중심으로 간략하게 작성하여 질문 순서대로 번호를 매겨 제출하시면 됩니다(상대방 수에 5를 더한 숫자만큼 제출합니다).

특히 증인신문사항을 만들 때에는 증인이 경험한 사실을 물어보는 내용으로 만들어야 합니다. 증인에게 의견을 물어보는 내용은 증인신문사항으로서 부적절하고, 재판장은 그와 같은 내용을 삭제하도록 할 수 있습니다.

증인 여비는 증인신청서를 제출할 때 미리 내야 합니다(법원으로부터 통지 받은 여비 금액을 신한은행 등에 법원 보관금으로 납부하고 영수증을 담당 재판부에 직접 또는 우편 등으로 제출하면 됩니다). 다만 증인이 여비청구권포기서를 제출한 경우 또는 직접 증인을 데리고 올 경우(대동증인)에는 증인 여비를 미리 내지 않을 수도 있습니다.

다. 『문서제출명령, 문서송부촉탁, 사실조회』

질의	피고가 가지고 있는 서류를 증거로 제출하고 싶은데 어떻게 하면 되는지요?
응답	'문서제출명령'을 신청하시면 됩니다. 상대방이나 제3자가 가지고 있는 문서(제출의무가 있는 경우)를 제출하도록 요구하는 법원의 명령이 '문서제출명령'입니다. 송부촉탁한 문서가 법원에 도착하면, 그 문서에서 서증으로 제출할 문서를 개별적으로 가려내어 서증목록(서증번호와 서증명)을 작성하여 제출하여야 합니다. 그 기록을 다시 복사하여 서증으로 제출하면 당해 서증이 이중으로 제출되는 결과가 되어 기록관리 및 기록검토에 어려움이 있으므로 주의해야 합니다.

질의	문서송부촉탁은 어떤 경우에 하는 것인가요?
응답	문서송부촉탁은(문서의 제출의무가 있는지를 가리지 않고) 그 문서소지자를 상대로 그 문서를 법원에 보내도록 촉탁하는 절차로서, 국가기관, 법인, 병원 등이 보관하는 문서를 서증으로 제출하고자 하는 경우에 이용할 수 있습니다.

질의	'사실조회'는 어떤 경우에 하는 건가요?
응답	사실조회란 공공기관, 학교, 그 밖의 단체, 개인 또는 외국의 공공기관에 그 업무에 속하는 특정사항에 관한 조사 또는 보관 중인 문서의 등본. 사본의 송부를 촉탁함으로써 증거를 수집하는 절차로, 촉탁 상대방이 쉽게 조사할 수 있는 사실에 대하여 조회하는 제도입니다.

질의	문서송부촉탁, 문서제출명령, 사실조회 등의 양식은 어떻게 얻을 수 있나요?
응답	○○지방법원홈페이지 (http://○○○.scourt.go.kr)의 양식모음란을 참조하거나, 법원 접수 창구에 비치된 증거신청양식을 활용하여 필요한 사항을 적어넣으신 후 제출하시면 됩니다.

16. 이행의 확보

가사소송법에 특유한 이행확보제도로는 ① 사전처분(가소 62, 부양료, 유아인도, 면접교섭, 접근금지 등), ② 이행권고·명령(가소 64, 금전지급 등 재산상의 의무 또는 유아의 인도의무의 이행을 권고·명령하고 불이행시 과태료, 30일까지 감치의 제재를 가할 수 있음), ③ 양육비직접지급명령(가소 62조의2), 정기금 양육비에 대한 담보제공명령⑦일시금지급명령(가소 63조의3) 등이 있다.

17. 사전처분

가. 의의

가사사건의 소의 제기, 심판청구 또는 조정의 신청이 있는 경우 가정법원·조정위원회 또는 조정담당판사는 사건의 해결을 위하여 특히 필요하다고 인정한 때 직권 또는 당사자의 신청에 의하여 상대방 기타 관계인에게 현상을 변경하거나 물건을 처분하는 행위의 금지를 명할 수 있고, 사건에 관련된 재산의 보존을 위한 처분, 관계인의 감호와 양육을 위한 처분 등 적당하다고 인정되는 처분을 할 수 있다(가사소송법 제62조 제1항). 이를 사전처분이라고 하며, 이에 위반한 경우에는 과태료를 부과할 수 있다(법 67조 1항). 이 사전처분은 민사조정절차의 '조정 전의 처분(민사조정법 제21조)'과 그 취지를 같이 하는 것이나, 가사조정절차에는 민사조정법의 규정에 앞서 가사소송법 제62조의 규정이 적용된다.

당사자의 신청은 서면 또는 말로 할 수 있다. 그 신청에는 1,000원의 인지를 붙여야 하고(인지법 9조 5항 4호).

나. 보전처분과의 구별

사건처분제도의 본래의 취지는 가사비송에 속하는 사항을 피보전권리로 하여 민사소송법상 가압류·가처분과 동일하게 임시적인 처분을 할 수 있게 하려는 데 있다고 할 수 있다.

그러나 가사소송법 제62조 제1항은 사전처분을 할 수 있는 사건의 범위를 가사비송사건에 한정하지 아니하고 가사소송사건에까지도 적용할 수 있도록 규정하는 한편, 동법 제63조 제1항은 마류 가사비송사건을 본안사건으로 하여 민사소송법상의 보전처분에 관한 규정을 준용하여 가압류·가처분을 할 수 있도록 규정하고 있으므로 사전처분과 가압류·가처분 등의 보전처분의 구별이 반드시 명확한 것은 아니다.

가사사건에서의 사전처분과 가압류·가처분 등의 보전처분은 다음과 같은 점에서 차이가 있다.

(1) 사전처분

가정법원이 후견적 입장에서 적극적 처분을 함을 본질로 하는 것으로서 직권으로도 할 수 있고, 가사소송사건의 청구나 가사비송사건의 청구뿐만 아니라 조정신청사항을 본안으로 하여서도 사전처분을 할 수 있고, 그 시기에 있어서도 본안의 계속을 요건으로 하며, 집행력이 인정되지 아니하나, 위반행위에 대하여 과태료에 의한 간접강제의 수단이 마련되어 있다.

(2) 보전처분

현상유지적인 소극적 처분을 본질로 하는 것으로서 신청에 의하여서만 이를 할 수 있고, 가사소송사건이나 마류 가사비송사건을 본안으로 하는 경우에 한하여 가압류 가처분이 허용되고 이 경우에는 민사집행법상의 가압류·가처분에 관한 규정이 준용된다(법 63조 1항, 민집 276조~312조의 규정 준용). 라류 가사비송사건을 본안으로 하여서는 이를 할 수 없으며, 판결 또는 심판이 확정되기 전인 한 그 시기에 제한이 없고, 그 결정에 집행력이 있다는 점 등에서 차이가 있다.

사전처분에는 집행력이 없다(가사소송법 제62조 제5항). 따라서 보전처분과 유사한 내용의 사전처분, 예컨대 재산의 처분을 금지하는 처분을 명하더라도 이를 등기, 등록할 수는 없다. 이는 민사조정절차에서의 '조정 전의 처분'에 집행력이 인정되지 아니하는 것(민사조정법 제21조 제4항)과 궤를 같이 한다.

나류 및 다류 가사소송사건과 마류 가사비송사건은 조정의 대상이 되므로 가사조정사건을 본안사건으로 하여서도 가압류·가처분을 할 수 있는데, 이 경우에 가사조정의 신청은 본안의 제소로 본다(법 63조 3항). 따라서 채무자의 신청에 따라 제소명령이 있는 경우에 채권자가 가사조정의 신청을 하면 제소기간 도과를 이유로 가압류·가처분을 취소할 수는 없다.

가압류·가처분의 관할법원은 민사집행법의 규정에 의하여 정하여진다. 즉, 가압류는 가압류할 물건의 소재지를 관할하는 가정법원이나 본안의 관할 가정법원이 관할하고(민집 278조), 가처분은 본안의 관할가정법원이 관할한다(민집 303조). 이는 전속관할이다(민집 21조). 급박한 경우에 재판장이 단독으로 재판할 수도 있다(민집 312조).

신청서에는 대리인의 자격을 증명하는 서면(위임장)을 첨부하여야 하고, 10,000원의 인지를 붙여야 하며(인지법 9조 2항), 송달료 등을 납부하여야 한다.

다. 사전처분의 태양

(1) 현상의 변경·물건처분행위의 금지

부부의 부양·협조·생활비용의 부담에 관한 처분(마류 1호의 사건) 또는 재산관리자의 변경을 구하는 사건(마류 2호의 사건)에서, 부부재산의 사용, 수익으로 인한 수입금의 소비를 금지하고 보관을 명하거나 현재의 재산관리자인 부부의 일방에게 재산의 일반적인 처분을 금지하는 것, 미성년후견인·성년후견인·한정후견인·특정후견인의 선임 또는 변경(라류 18호의 사건)·유언집행자의 해임(라류 47호의 사건) 등의 사건에서 현상유지를 위하여 그 변경이 청구된 후견인 또는 해임이 청구된 유언집행자의 직무집행을 정지하는 것 등이 이에 해당한다.

물건의 처분을 금지하는 취지에서의 가압류나 점유이전금지가처분, 처분금지가처분 또는 임시의 지위를 정하는 가처분이 허용되는 범위 내에서는 보전처분과 중복될 수도 있으나, 사전처분은 대상자에게 의무를 부과함에 그칠 뿐 집행력이 없다는 점이 다르다.

(2) 재산의 보존을 위한 처분

부부재산의 분할(마류 4호의 사건)·상속재산의 분할(마류 10호의 사건)등의 사건에서, 그 분할 대상인 재산의 보존을 위하여 재산관리인을 선임하고 관계인에게 그 재산의 처분을 금지하는 것, 기여분의 결정(마류 9호의 사건)사건에서 공동상속인에게 각자의 재산처분을 금지하는 것 등이 이에 해당한다.

(3) 관계인의 감호와 양육을 위한 처분

(가) 자의 양육에 관한 처분사건[마류 3)호]·부양에 관한 사건[마류 8)호] 등에서 상대방으로 하여금 일정기간 동안 정기적으로 일정액의 양육비 또는 부양료를 지급하도록 하는 것 등이 이에 해당한다.

(나) 친권상실선고사건[마류 6)호]에서 친권자의 친권행사를 정지시키고 대행자를 선임하여 그 대행자로 하여금 자를 양육하게 하는 것(규칙 102조) 등에서 상대방으로 하여금 일정기간 동안 정기적으로 일정액의 양육비 또는 부양료를 지급하도록 하는 것 등이 이에 해당한다.

(4) 기타 적당하다고 인정되는 처분

금치산·한정치산 선고사건(라류 1호의 사건)에서 재산관리인을 선임하여 사건본인의 재산상의 행위에 그 재산관리인의 후견 내지 보조를 받도록 하는 것, 출입금지 내지 접근금지를 명하는 것 등을 예로 들 수 있다.

라. 위반 시 제재

직권 또는 권리자의 신청에 의하여 1,000만 원 이하의 과태료에 처할 수 있다(가사소송법 제67조 제1항).

사전처분 결정을 할 때 미리 위 제재를 고지하여야 한다(가사소송법 제62조 제2항).

18. 가압류·가처분

가. 의의

가정법원은 가사소송사건 또는 마류 가사비송사건을 본안사건으로 하여 가압류 또는 가처분을 할 수 있고, 이 경우는 민사집행법상의 가압류·가처분에 관한 규정이 준용되는바(법 제63조 제1항), 이를 사전처분과 구별하여 가사소송법상의 가압류·가처분(또는 보전처분)이라고 한다.

나. 관할

(1) 토지관할

가압류(민집법 제278조) → ① 가압류할 물건 있는 곳을 관할하는 가정법원
② 본안 관할가정법원 관할
가처분(민집법 제303조) → ① 본안 관할가정법원
② 다툼의 대상 있는 곳을 관할하는 가정법원 관할

(가) 본안의 관할법원[30)]

본안이 제1심법원에 계속 중이면 그 제1심법원에 보전처분의 신청을 하여야 하고, 본안이 항소심에 계속 중이면 그 항소법원에 해야 한다(민집법 제311조).

본안사건에 대하여 당해 법원에서 판결이 선고된 후 항소 또는 상고로 인하여 기록이 송부되기 전이면 기록이 있는 당해 법원이 본안법원이 된다(대법원 1971. 9. 28. 선고 71다1532 판결, 대법원 1960. 6. 30.자 4293민항115 결정).

그러나 상고로 인하여 기록이 상고심에 송부되고 본안이 상고심에 계속 중일

30) 대법원 1982. 3. 9. 선고 81다1223 판결, 대법원 2001. 3. 13. 선고 99다11328 판결

때는 상고심은 사실심리를 하기에 적당하지 아니하고 집행법원으로서도 부적합하기 때문에 제1심법원이 보전처분사건의 관할법원이 된다(대법원 2002. 4. 24.자 2002즈합4 결정).

(나) 목적물이 있는 곳을 관할하는 가정법원(가압류)

가압류에서는 가압류할 물건이 있는 곳을 관할하는 가정법원도 관할법원이 된다.

권리이전에 등기 또는 등록이 필요한 자동차·특허권 등에 관한 재산권에 대한 가압류는 등기 또는 등록을 하는 곳을 관할하는 가정법원이 여기에 해당한다(민집규 제213조 제1항).

(다) 다툼의 대상이 있는 곳을 관할하는 가정법원(가처분)

가처분의 경우 다툼의 대상이 있는 곳을 관할하는 가정법원도 관할법원이 된다.

다툼의 대상이란 민사집행법 제300조 제1항의 다툼의 대상에 관한 가처분에서의 다툼의 대상이다.

권리이전에 등기 또는 등록이 필요한 그 밖의 재산권에 대한 가처분은 등기 또는 등록을 하는 곳을 관할하는 가정법원이 관할한다(민집규 제216조, 제213조 제1항).

(2) 사물관할(민사 및 가사소송의 사물관할에 관한 규칙 제3조)

가정법원 및 가정법원지원의 합의부는 가사소송법 제2조 제1항, 제2항의 사건 중 다음 사건을 제1심으로 심판한다.

① 소송목적의 값이 2억원을 초과하는 다류 가사소송사건(다만, 단독판사가 심판할 것으로 합의부가 결정한 사건을 제외)

② 「가사소송법」 제2조제1항제2호 나목 9), 10) 사건 및 4) 사건 중 청구목적의 값이 2억원을 초과하는 사건. 다만, 단독판사가 심판할 것으로 합의부가 결정한 사건을 제외한다.

③ 다류 가사소송사건과 「가사소송법」 제2조제1항제2호 나목 4) 사건을 병합한 사건으로서 그 소송목적의 값과 청구목적의 값을 더한 금액이 2억원을 초과하는 사건(다만, 단독판사가 심판할 것으로 합의부가 결정한 사건을 제외)

④ 위 ①~③의 사건 중 단독판사가 심판할 것으로 합의부가 결정한 사건을 제외한 사건에 해당하지 아니하는 사건으로서 합의부가 심판할 것으로 합의부가 결정한 사건.

다. 신청서

(1) 신청

(가) 신청서 제출

보전처분 신청은 신청의 취지와 이유를 적은 서면으로 해야 한다(민집규 제203조).

(나) 신청서 기재사항

구체적인 기재사항은 민사집행법에 따른 보전처분과 동일하다(법 제63조, 민집법 제279조, 제301조, 민집규 제203조 제2항, 민소법 제249조, 제274조).
신청서 기재사항의 작성에 관하여 특히 유의할 점은 다음과 같다.

① 피보전권리

압류에서는 피보전권리인 청구채권을 표시하고 그 금액을 기재하고 만약 그 청구채권이 일정한 금액이 아닌 때는 금전으로 환산한 금액을 기재한다(민집법 제279조 제1항 제1호).
다툼의 대상에 관한 가처분의 경우는 그 청구권을 표시하여야 하지만, 금액은 표시할 필요 없다.
임시의 지위를 정하기 위한 가처분에서는 현재 다툼이 있는 권리 또는 법률관계를 기재한다.
피보전권리는 경우에 따라 복수일 수 있고, 예비적·선택적으로 기재 가능하다.

② 보전의 필요성

민사집행법 제277조에 따라 보전처분 이유가 될 사실(보전의 필요성)을 구체적으로 명백하게 표시(민집법 제279조 제1항 제2호)

③ 목적물의 표시

다툼의 대상에 관한 가처분은 그 피보전권리가 특정물에 관한 이행청구권이므로 가처분신청서에 그 목적물을 명확하게 표시해야 한다.
가압류의 경우는 견해가 나뉘고 있으나, 실무상으로는 실제의 편의라든지 그 집행과의 관계를 고려하여 가압류를 부동산가압류, 유체동산가압류, 채권가압류의 세 가지로 구별하여 채권자가 같은 채권을 위하여 같은 채무자 소유의 부동산, 유체동산, 채권을 가압류 할 때는 각각 별개의 사건으로서 3개의 가압류신청을 하고 있는 것이 대부분이다.

따라서 가압류법원이 동시에 집행기관이 되지 않는 유체동산가압류 이외에는 거의 예외없이 신청서에 목적물까지도 표시하고 있으며 법원도 이를 가압류명령 중에 기재하고 있음이 일반적이다.

(다) 신청서에 첨부할 서류

신청서에는 대리인의 자격을 증명하는 서면(위임장)을 첨부하여야 하고, 10,000원의 인지를 붙여야 하며, 송달료 등을 납부해야 한다.

본안소송에서 소송대리권을 가지는 자는 당연히 보전처분신청의 대리권도 가지므로, 본안소송의 위임장사본을 제출하고, 본안소송의 소장 사본 등을 첨부하여 피보전권리를 소명한다면 별도의 소송위임장을 제출하지 않아도 된다.

일반적인 조정안

1. 원고와 피고는 이혼한다.
2. 사건본인의 친권자 및 양육자로 　　　　　를 지정한다.
3. ________는________에게 사건본인들의 양육비로, ____________부터 ____________까지는 월______만 원씩, 그 다음날부터__________까지는 월_________만 원씩을 매월 말일에 각 지급한다. 만약,________이 1회라도 위 양육비 지급을 지체하는 경우 기한의 이익을 일부 상실하고 3개월분 양육비를 선급한다.
4. 가. ________는 사건본인이 성년에 달할 때까지 매월_________토요일 오후_________시부터 다음날 오후_________시까지 및 여름방학과 겨울방학 기간 중 각 7일간_________의 주거지 또는_________가 책임질 수 있는 장소에서 사건본인을 면접 교섭할 수 있다.
   나. ________는 면접교섭이 끝난 후 반드시 사건본인을_________의 주거지에 데려다 주어야 하고, _________는 위 면접교섭에 협조하고 이를 방해하여서는 안된다.
5. 가. ________은 _______에게 재산분할로 _________까지________원을 지급한다. (지급하되_________까지__________원, _________까지 _______원으로 회 분할하여 지급한다.) 단 위 지급기일까지 위 금원을 지급하지 아니하는 경우에는 (기한의 이익을 상실하고) 미지급금 및 이에 대하여 지급기일 다음날부터 다 갚을 때까지 연 _________%의 비율에 의한 지연손해금을 가산하여 지급한다.
   나. ________는 _______채권가압류, _______부동산가압류를 해지한다.
   다. 위 가항과 나항은 동시에 이행한다.
   *** 별지목로고 기재 부동산 중 1/2지분에 관하여 이 조정일자 재산분할을 원인으로 한 소유권이전등기절차를 이행한다. _________은 위 부동산에 설정된 근저당채무(________)와 임차보증금 반환채무 중 각 2/1을 인수한다.
6. ________는 나머지 ________청구를, ________는 나머지 ________청구를 각 포기한다.
7. 쌍방은 향후 상대방에 대하여 이 사건 이혼과 관련하여 위자료, 재산분할 등 일체의 재산상 청구르르 하지 아니한다.
8. 소송비용 및 조정비용은 각자 부담으로 한다.

19. 1심 판결을 다투려면 어떻게 하여야 하나요?

질의	'판결 선고'는 어떠한 방식으로 이루어지나요?
응답	판결은 재판장이 판결원본에 따라 주문을 읽는 방식으로 선고하고, 필요한 때에는 이유를 간략히 설명할 수 있습니다. 판결은 당사자가 출석하지 않아도 선고 할 수 있고, 선고에 의해 판결의 효력이 발생합니다.

질의	패소 판결을 받았습니다. 다투려면 어떻게 하면 되는지요?
응답	제1심 법원은 판결이 선고된 후 그 정본을 당사자에게 송달하는데, 제1심 판결에 불복이 있는 당사자는 판결문이 송달된 날부터 2주 이내에 항소장을 제1심 법원에 제출하는 방식으로 항소하여 다툴 수 있습니다.

20. 가사항소심 재판은 1심 재판과 어떻게 다른가요?

질의	항소란 무엇이며 항소취지는 어떻게 기재하나요?
응답	가. 항소란 항소란 자신에게 불리하게 선고된 1심 판결에 승복할 수 없으므로 1심 판결을 취소 또는 변경해 달라는 신청을 말하고, 이때 항소를 제기한 당사자를 항소인, 상대방을 피항소인이라 합니다. 나. 항소취지 항소취지는 1심 판결의 주문 중 어떤 부분에 대하여 취소나 변경을 구하는지를 특정하여 항소장에 적는 것을 의미하며, 항소취지에 따라 항소심의 심판 범위가 정해지므로 정확하게 기재하여야 합니다. 예를 들어, 원고가 1심에서 위자료 1,000만 원을 청구하여 300만 원 지급판결(일부승소) 받은 경우, 원고가 항소를 제기하면 '1심판결 중 원고 패소부분을 취소한다. 피고는 원고에게 700만 원을 지급하라.'고 항소취지를, 피고가 항소를 제기하면 '1심판결 중 피고 패소부분을 취소하고, 위 취소부분에 해당하는 원고의 청구를 기각한다.'고 항소취지를 기재하게 될 것 입니다.

질의	항소심 재판에서 청구취지를 바꾸거나 주장, 증거를 추가할 수는 없나요?
응답	항소심은 원칙적으로 1심 판결 중 당사자가 불복하는 범위에 대해서만 판단하지만 청구의 기초가 같다면 청구의 변경이나 확장도 가능합니다. 또한 항소심 재판은 1심과 항소심에 제출된 모든 주장과 증거를 기초로 판단하게 되므로 항소심에서 새로운 주장이나 증거의 제출도 가능하나, 1심에서도 제출할 수 있었던 것이라면 시기에 늦은 공격방어방법으로서 받아들여지지 않을 수 있습니다.

질의	1심 패소자가 항소를 하면 1심 판결에 대한 강제집행은 불가능해지나요?
응답	1심 판결의 주문에 가집행선고가 기재되어 있으면, 비록 항소되더라도 1심 판결에 의하여 강제집행을 할 수 있습니다. 다만, 항소인이 별도로 강제집행정지신청을 하고 이에 따라 강제집행정지결정이 내려지면 결정에서 정해진 시점까지 1심 판결에 의한 강제집행은 더 이상할 수 없게 됩니다.

질의	1심에서 제출한 증거를 항소심에서 다시 제출하여야 하나요?
응답	항소심은 1심 재판의 연장이므로 1심 재판에서 제출한 증거를 항소심에서 다시 제출할 필요가 없습니다.

질의	1심에서 신문한 증인을 항소심에서 다시 신문할 수 있나요?
응답	항소심에서는 1심에서 신문한 증인을 원칙적으로 다시 신문하지 않습니다. 다만 1심의 증인신문에서 부족한 부분이 있고 사건의 해결에 핵심적인 사항이라고 판단될 경우에만 예외적으로 다시 신문할 수 있습니다.

21. 변호사를 선임할 형편이 안 되는데, 어떤 방법이 있나요

질의	변호사를 선임할 형편이 안 되는데, 혹시 도움을 받을 수 있는 방법은 없는지요?
응답	‘소송구조’ 제도가 있습니다. 소송구조는 소송비용(인지대, 송달료, 증인여비, 감정료, 변호사 보수 기타 재판비용)을 지출할 자금능력이 부족한 사람에 대하여, 법원이 당사자의 신청 또는 직권으로 소송비용을 유예 또는 면제시켜 재판을 받을 수 있도록 하는 제도입니다.

질의	소송구조를 받으려면 어떠한 요건을 갖추어야 하나요?
응답	소송구조를 받기 위해서는 신청인의 무자력과 승소가능성이라는 두 가지 요건이 필요합니다. 무자력은 자연인의 경우에는 경제적으로 빈곤하여 자기 및 가족에게 필요한 생활을 해치지 않고서는 소송비용을 지출할 수 없는 상태에 있는 사람을 의미하며, 이에 대한 소명자료로 ‘소송구조 재산관계진술서’를 작성해서 제출하여야 합니다. 실무상 자금능력이 부족한 것으로 인정되는 것은 주로 다음 중 어느 하나에 해당하는 경우입니다. ① ‘국민기초생활보장법’에 따른 수급자, ② ‘한부모가족지원법’에 따른 보호대상자, ③ ‘기초노령연금법’에 따른 수급자 승소가능성은 신청인이 그 소송에서 패소할 것이 분명하지 아니할 경우 인정되며, 법원이 재판절차에서 나온 자료를 기초로 판단합니다.

질의	변호사비용에 대한 소송구조 결정을 받았습니다. 이후 절차는 어떻게 되나요?
응답	소송구조결정문을 가지고 가까운 변호사 사무실이나 대한법률구조공단으로 가셔서 안내(변호사 선임)를 받으셔야 합니다.

22. 재판서류 우편접수 방법

질의	재판서류를 우편으로 보내려고 하는데 어떻게 하면 되나요?
응답	재판서류를 우편으로 접수하는 것도 가능합니다. 우편으로 재판서류를 보낼 때에는 겉봉투에 해당 법원 외에도 재판부와 사건번호, 사건명을 표시하시면 당해 재판부에 신속히 전달될 수 있습니다. 우편접수의 경우 우편물을 발송한 때가 아니라 '우편물이 당해 법원에 도착한 때'를 기준으로 재판서류가 법원에 접수된 것으로 보게 되므로, 제출기간이 정해져 있는 경우에는 우편물이 기간 내에 접수될 수 있도록 주의해야 합니다. 또한, 우편으로 제출된 재판서류는 접수 시에 제출자가 작성명의인(그 문서를 작성하였다고 표시된 사람) 본인인지 확인할 수 없으므로 우편제출자가 작성명의인 본인 또는 그로부터 위임을 받은 사람이라는 점을 증명할 서류를 함께 제출하여야 합니다. 다만 준비서면이나 서증은 서류를 접수하는 것만으로 바로 재판상의 효력이 발생하는 것은 아니고, 당사자가 변론기일에 법원에 출석하여 이를 진술하거나 또는 제출한다고 말하여야 합니다.

23. 상속에 관한 사건

가. 개설

(1) 마류 9호의 기여분의 결정, 마류 10호의 상속재산의 분할에 관한 처분사건

(2) 구별 개념 : 민법 제1014조에 따른 피인지자 등의 상속분에 상당한 가액 지급 청구 → 다류 가사소송사건

나. 민법 제1008조의2 제2항 및 제4항에 따른 기여분의 결정

(1) 의의 및 성질

(가) 기여분의 결정

공동상속인 중 상당한 기간 동거·간호, 그 밖의 방법으로 피상속인을 특별히 부양하거나 피상속인의 재산의 유지 또는 증가에 특별히 기여한 자가 있을 때 상속개시 당시의 피상속인의 재산가액에서 공동상속인의 협의로 정한 그 자의 기여분을 공제한 것을 상속재산으로 보고 법정상속분에 따라 산정한 상속분에 기여분을 가산한 액으로써 그 자의 상속분으로 한다(민법 제1008조의2 제1항).

기여분에 관한 공동상속인의 협의가 되지 아니하거나 협의할 수 없는 때는 기여자의 청구에 의하여 가정법원이 기여의 시기, 방법 및 정도와 상속재산의 액 그 밖의 사정을 참작하여 기여분을 정한다(같은조 제2항).

(나) 기여자의 청구

민법 제1013조 제2항에 따른 상속재산의 분할청구가 있거나 민법 제1014조에 따른 피인지자 등의 상속재산에 상당한 가액의 지급청구가 있는 경우 청구 가능하다(같은조 제4항).

(다) 기여분의 제한

상속이 개시된 때의 피상속인의 재산가액에서 유증의 가액을 공제한 액을 넘지 못한다.

(라) 기여분을 받을 수 있는 자

① 포괄유증을 받은 자 → 통설 부정
② 대습상속인

(2) 기여분의 양도, 포기

① 기여분은 상속분과 분리하여 별개로 양도하거나 기여분을 제외한 나머지 상속분만 양도 불가
② 상속권의 포기는 당연히 기여분의 포기를 포함

(3) 정당한 당사자

민사소송법 중 필수적 공동소송에 관한 규정이 준용된다(법 제47조).

상속인 중의 1명 또는 여러명이 나머지 상속인 전원을 상대방으로 청구한다(규

칙 제110조).

(4) 관할

① 상대방 중 1명의 보통재판적 있는 곳의 가정법원(법 제46조 본문), 가정법원 합의부 사물관할
② 기여분결정청구사건은 다른 기여분결정청구사건 및 상속재산분할사건과 병합하여 처리(규칙 제112조)

(5) 심리

(가) 조정전치(민법 제1008조의2 제4항)

(나) 심판청구

① 요건

상속재산분할의 심판청구나 조정신청이 있을 것

② 심판청구기간의 지정

- 상속재산분할 심판청구가 있는 때는 가정법원은 당사자가 기여분의 결정을 청구할 수 있는 기간을 정하여 고지할 수 있고, 그 기간을 넘겨 청구된 기여분결정의 청구는 각하 가능(규칙 제113조 제1항, 제2항)
- 가정법원이 지정하는 기간은 1월 이상이어야 한다(같은조 제1항 후문).

③ 심판청구의 방식

- 심판청구서 제출(규칙 제111조, 제75조 제1항)
- 청구취지는 기여분의 결정을 구한다는 취지가 표시되는 것으로 충분

(다) 기여분결정사건의 계속 중에 당사자가 사망한 경우

그 상속인이 수계

(라) 사건의 병합

병합된 사건에 대하여는 1개의 심판으로 재판

① 동일한 상속재산에 관한 여러개의 기여분결정청구사건은 병합하여 심리, 재판

(규칙 제112조 제1항)

② 기여분결정청구사건은 상속재산분할청구사건에 병합하여 심리, 재판(같은조 제2항)

(6) 심판

(가) 병합 심리되는 수개의 기여분결정청구와 상속재산분할청구는 1개의 심판으로 재판. 주문에는 기여분 결정에 관한 사항과 상속재산분할에 관한 사항을 별개로 표시

(나) 주문례

기여분의 결정방법으로는 금액으로 정하거나 상속재산에 대한 일정비율로 정하는 것이 보통이다.

특정한 상속재산을 취득하게 하는 것은 상속재산분할의 문제이고 기여분 그 자체가 상속재산취득의 원인으로 되는 것은 아니므로 특정한 상속재산을 기여분으로 정하는 것은 적당하지 않다.

① 금액으로 정하는 경우

청구인의 기여분을 1,000만원으로 정한다.

② 상속재산에 대한 비율로 정하는 경우

청구인의 기여분을 상속재산(상속개시 당시의 가액 ○○만원)에 대한 1/5로 정한다.

피상속인의 상속재산(상속개시 당시의 가액 ○○만원)에 대한 청구인의 기여분을 30%로 정한다.

③ 상속재산분할심판과 병합된 경우

1. 청구인의 기여분을 1,000만원으로 정한다. 2. 피상속인의 상속재산 중 별지 제1목록 기재 부동산은 청구인의 소유로, 제2목록 기재 부동산은 상대방 A의 소유로, 제3목록 기재 부동산은 상대방 B의 소유로 각 분할한다.

어느 경우에나 기여분의 결정에 있어서는 이행명령이 문제될 여지가 없고, 기여분을 인정하는 이상 나머지 청구를 기각한다는 주문을 쓸 필요 없다.

다. 민법 제1013조 제2항에 따른 상속재산의 분할에 관한 처분

(1) 의의 및 성질

(가) 의의

상속재산을 공동상속인에게 상속분에 따라 공평하게 배분

① 상속개시 후 단순승인의 효과가 생긴 때는 상속인은 상속이 개시된 때부터 피상속인의 재산에 관한 포괄적 권리의무 승계(민법 제1005조 본문) → 상속인이 수인인 때는 상속재산은 공유(민법 제1006조)

② 피상속인은 유언으로 상속재산의 분할방법을 정하거나 이를 정할 것을 제3자에게 위탁할 수 있고, 상속개시의 날로부터 5년을 초과하지 아니하는 기간 내의 그 분할을 금지할 수 있다(민법 제1012조).

③ 그와 같은 정함이 없는 경우는 공동상속인은 언제든지 그 협의에 의하여 상속재산을 분할할 수 있고, 그 협의가 성립되지 아니한 때는 가정법원에 그 분할을 청구 가능(민법 제1013조)

④ 상속재산의 분할은 상속개시된 때에 소급하여 효력(민법 제1015조)

(나) 공유물분할과 구분

집합재산인 상속재산을 가정법원이 후견적 재량에 의하여 공동상속인 사이에 배분한다.

(2) 정당한 당사자

상속인 중의 1명 또는 여러명이 나머지 상속인 전원을 상대방으로 청구(규칙 제110조) → 공동당사자 사이에는 민사소송법 중 필수적 공동소송에 관한 규정이 준용(법 제47조)

(3) 관할

토지관할은 상대방의 보통재판적이 있는 곳의 가정법원, 사물관할은 합의부

(4) 심판청구

(가) 심판청구의 대리

① 당사자의 일부가 미성년자인 경우의 특별대리인 필요
② 부재자 : 부재자 재산관리인으로 선임된 자가 권한 외의 행위에 대한 허가를 받아 절차 관여

(나) 심판청구의 요건과 방식

1) 심판청구의 요건

① 공동상속인 중에 상속의 포기, 승인을 위한 숙려기간(민법 제1019조) 중에 있는 자가 있을 때는 상속인의 지위가 확정되지 아니하므로 상속재산분할심판을 할 수 없다.
② 피상속인이 유언으로 상속개시일로부터 5년을 초과하지 아니하는 기간 동안 분할을 금지한 때는 상속재산분할을 청구할 수 없다.

2) 심판청구의 방식

심판청구서의 제출(규칙 제114조)
상속재산분할의 심판청구서에는 일반적인 필수적 기재사항[31](법 제36조 제3항) 외에, 이해관계인의 성명과 주소, 공동상속인 중 상속재산으로부터 증여 또는 유증을 받은 자가 있는 때는 그 내용, 상속재산의 목록을 기재

3) 기여분결정 청구기간의 지정

상속재산분할의 심판청구가 있은 때 가정법원은 당사자가 기여분의 결정을 청구할 수 있는 1월 이상의 기간을 정하여 고지할 수 있고, 그 지정기간을 넘긴 기여분결정청구는 각하 가능(규칙 제113조)

31) 청구취지는 "별지 목록 기재 상속재산의 분할을 구한다."는 것과 같이, 상속재산의 분할을 구한다는 취지와 그 대상인 상속재산을 특정함으로써 충분하고, 분할방법까지 구체적으로 적을 필요는 없다.

4) 사건의 병합

병합된 사건에 대하여는 1개의 심판으로 재판

① 분할이 청구된 상속재산에 관하여 기여분결정청구가 있는 때는 병합 심리, 재판(규칙 제112조 제2항)

② 여러개의 기여분결정청구가 있는 때에도 동일(같은조 제1항)

5) 당사자의 사망과 절차의 수계

분할의 이익이 존재하는 한 상속인이 절차를 수계

(5) 분할의 대상

분할대상이 일반 → 공동상속인이 피상속인으로부터 포괄적 승계한 일체의 권리, 의무

(6) 분할의 기준

(가) 일반적 기준

상속재산의 분할은 특별수익이나 기여분 등에 의하여 법정상속분을 수정한 구체적 상속분에 따라 행하는 것이지만, 어떤 기준에 의할 것인지에 관하여는 직접적 규정이 없다.

(나) 구체적 상속분의 산정

1) 상속재산・특별수익재산의 평가

① 특별수익재산의 의의 및 취지(민법 제1008조)

② 평가 기준시 → 상속개시 당시를 기준으로 하여 상속재산을 평가

(7) 분할방법의 종류

현물분할 / 차액정산에 의한 현물분할(대상분할) / 경매에 의한 가액분할이 있는바, 어느 방법을 선택할지는 가정법원이 후견적 재량에 의하여 결정(경우에 따라 3가지 혼용가능)

(8) 심판

(가) 심판의 범위

심리종결 시까지 분할이 청구된 모든 상속재산에 대하여 동시에 분할의 심판(규칙 제115조 제1항)

(나) 이행명령(규칙 제115조 제3항, 제97조)

(다) 지연손해금 · 가집행명령

(라) 심판의 주문

1) 현물분할의 경우

① 1개의 물건을 분할하는 경우

별지 목록 기재 부동산을 별지 도면 표시 ……와 같이 분할하여 그 중 (가) 표시 부분은 청구인의, (나) 표시 부분은 상대방 ○○○의, (다) 표시 부분은 상대방 □□□의 각 소유로 한다.

② 여러개의 물건을 각자의 소유로 분할하는 경우

1. 별지 제1목록 기재 부동산은 청구인의 소유로, 별지 제2목록 기재 부동산은 상대방 ○○○의 소유로, 별지 제3목록 기재 동산은 상대방 □□□의 소유로 각 분할한다. 2. 가. 청구인에게, 별지 제1목록 기재 부동산 중 상대방 ○○○는 ○지분, 상대방 □□□은 □지분에 관하여, 나. 상대방 ○○○에게, 별지 제2목록 기재 부동산 중 청구인은 ○지분, 상대방 □□□은 □지분에 관하여, 각각 이 심판 확정일자 상속재산분할을 원인으로 한 이전등기 절차를 이행하라. 3. 상대방 ○○○는 상대방 □□□에게 별지 제3목록 기재 동산을 인도하라.

2) 차액정산에 의한 현물분할의 경우

1. 별지 목록 기재 부동산을 청구인의 소유로 분할한다. 2. 상대방들은 청구인에게, 위 부동산 중 각 ○지분에 관하여 이 심판 확정일자 상속재산분할을 원인으로 한 소유권이전등기절차를 이행하라. 3. 청구인은 상대방들에게 20○○. ○. ○.까지 각 ○○만원씩 지급하라.

3) 경매분할의 경우

별지 목록 기재 부동산을 경매하여 그 대금 중 경매절차비용을 공제한 금원을 청구인에게 ○지분, 상대방 ○○○에게 ○지분, 상대방 □□에게 □지분의 비율로 분할한다.

아직 상속등기가 경료되어 있지 아니한 경우는 분할에 의하여 각자 취득하게 되는 재산에 관하여 피상속인으로부터 직접 상속등기를 경료하는 것으로 족함. 현물분할이나 차액정산에 의한 현물분할의 경우에 이행명령으로서 공동상속인 상호간의 지분이전등기를 명하는 것은 이미 공동상속인들의 명의로 상속등기가 경료되어 있음을 전제

24. 아버지가 빚이 많아 상속포기를 해도 되나요

질의	아버지가 많은 빚을 남기고 돌아가셔서 상속포기를 하려고 하는데, 어떻게 해야 하나요?
응답	상속인은 피상속인(아버지)이 사망한 날로부터 3월내에 법원에 상속포기 신고를 할 수 있는데, 사망한 아버지의 마지막 주소지를 관할하는 가정법원에 신고를 하여야 합니다. 아버지의 사망 후 3개월이 지나면 원칙적으로 상속포기를 할 수 없으니 반드시 3개월기간을 준수하여 상속포기 신고를 하여야 합니다.

25. 한정승인에 관하여

질의	아버지가 빚이 없는 줄 알고 상속포기를 하지 않았는데, 아버지의 채권자가 아버지에게 빌려준 돈을 갚으라고 아들인 저에게 내용증명을 보내왔습니다. 지금이라도 상속을 포기할 수는 없나요?
응답	아들이 아버지가 사망한 후 3개월 내에 상속포기나 한정승인을 하지 않으면 단순승인이 되어 원칙적으로 아버지의 빚을 물려받게 됩니다. 그런데 아들이 아버지의 빚이 상속받은 재산보다 더 많다는 사실을 제대로 알지 못했을 때에는 그 사실을 알았을 때부터 3개월내에 법원에 한정승인을 할 수 있습니다.

한정승인이란(1028조) 아버지로부터 상속받은 재산의 한도에서만 아버지의 채무에 대하여 책임을 진다는 것을 의미하며(1029조), 아버지로부터 상속받은 재산이 없다면 아버지의 채권자에 대하여 아무런 책임을 지지 않게 됩니다.

따라서 아버지의 채권자로부터 내용증명이나 소장을 받은 날로부터 3개월 내에 사망한 아버지의 마지막 주소지를 관할하는 가정법원에 상속재산목록을 첨부하여 한정승인신고를 하면 됩니다(아버지의 채무를 안 때로부터 3개월이 지나면 원칙적으로 한정승인을 할 수 없으니 반드시 3개월 기간을 준수하여 한정승인 신고를 하여야 합니다)(1041조, 1019조 본문).

상속인이 한정승인을 함에는 제1019조 제1항 또는 제3항의 기간 내에 상속재산의 목록을 첨부하여 법원에 한정승인의 신고를 하여야 한다(1030조 1항). 제1019조 제3항의 규정에 의하여 한정승인을 한 경우 상속재산 중 이미 처분한 재산이 있는 때에는 그 목록과 가액을 함께 제출하여야 한다(동조 2항). 상속인이 목록을 작성하면서 고의로 상속재산을 재산목록에 기입하지 아니한 때에는 한정승인이 아니라 단순승인을 한 것으로 본다(1026조 3호).

파산선고 전에 채무자를 위하여 상속개시가 있는 경우에 파산자가 파산선고 후에 한 단순승인 또는 상속포기는 파산재단에 대하여 한정승인의 효력을 가진다(채무자회생법 385조, 386조 1항).

한정승인자는 제1032조 제1항의 기간(채권 · 수증의 신고기간) 만료 전에는 상속채권의 변제를 거절할 수 있다(1033조).

한정승인자는 제1032조 제1항의 기간 만료 후에 상속재산으로서 그 기간 내에 신고한 채권자와 한정승인자가 알고 있는 채권자에 대하여 각 채권액의 비율로 변제하여야 한다(1034조 1항 본문). 그러나 우선권 있는 채권자의 권리를 해하지 못한다(동항 단서). 제1019조 제3항의 규정에 의하여 한정승인을 한 경우에는 그 상속인은 상속재산 중에서 남아있는 상속재산과 함께 이미 처분한 재산의 가액을 합하여 제1항의 변제를 하여야 한다(동조 2항 본문). 다만, 한정승인을 하기 전에 상속채권자나 유증 받은 자에 대하여 변제한 가액은 이미 처분한 재산의 가액에서 제외한다(동항 단서).

가. 상속의 포기 · 한정승인(민법 제1019조)

(1) 성질

상속으로 인하여 생기는 권리 · 의무의 포괄적 승계를 전면적으로 거부하여, 처음부터 상속인이 아니었던 것과 같은 효과를 생기게 하는 상속인의 의사표시(단독행위)를 상속의 포기라고 한다.

가정법원이 하는 신고의 수리는 상속의 한정승인이나 포기에 관한 적법한 신고가 있었고 이를 수리하였다는 사실을 증명하는 공증행위의 일종이라고 할 수 있으나, 다른 한편 그 신고의 수리는 반드시 심판에 의하여 하고 심판서를 작성하도록 규정되어 있으므로(가사소송규칙 제75조 제3항) 단순한 사실행위에 그치는 것이 아니라 재판의 일종이기도 하다.

(2) 청구권자

상속인 본인, 후순위 상속인(상속포기의 신고에 관한 예규[32])

(3) 신고기간

(가) '상속개시 있음을 안 날'로부터 3월 내 포기 또는 한정승인

상속인은 상속개시 있음을 안 날부터 3월 내에 가정법원에 포기의 신고를 하여야 한다(1041조, 1019조 본문). 다만, 이해관계인 또는 검사의 청구에 의하여 가정법원이 숙려기간을 연장한 때에는 그 기간 내에 신고하여야 한다(1041조, 1019조 단서).

'피상속인의 사망사실을 알고 이로써 자신이 상속인이 되었음을 안 날'을 의미한다(대법원 2006. 2. 10. 2004다33865, 33872). 상속재산 또는 상속채무의 존재를 몰랐다고 하더라도 신고기간은 진행된다(판례, 다수설)

(나) 상속채무초과사실을 안 날부터 3월 내에 한정승인(특별한정승인)

민법부칙의 개정 : 1998. 5. 27. 이전에 상속사실을 알았으나 그 후 상속채무초과사실을 안 상속인도 개정민법 시행일로부터 3월 내에 한정승인을 할 수 있는 것으로 부칙이 개정되었다(2005. 12. 29.)

가정법원의 허가를 받아 연장할 수 있다.

---

32) 제3조 (후순위 상속인의 상속포기신고)
피상속인의 상속인이 도리 자격이 있는 사람(배우자, 직계비속, 직계존속, 형제자매, 4촌 이내 방계혈족)은 상속이 개시도니 이후에는 선순위 상속인이 상속포기를 하지 아니한 경우라도 선순위 상속인보다 먼저 또는 선순위 상속인과 동시에 상속포기의 신고를 할 수 있다.

(4) 심리

신고기간 도과, 본인의 의사가 아닌 경우, 적법한 상속재산목록이 첨부되지 않은 경우 : 각하

(5) 효력

상속의 포기는 상속이 개시된 때에 소급하여 그 효력이 있다(1042조). 따라서, 상속을 포기한 사람은 처음(상속개시시)부터 상속인이 아니었던 것으로 된다. 제1순위 상속권자인 처와 자들이 모두 상속을 포기한 경우에는 손이 직계비속으로서 상속인이 된다.

상속인이 수인인 경우에 어느 상속인이 상속을 포기한 때에는 그 상속분은 다른 상속인의 상속분의 비율로 그 상속인에게 구속된다(1043조).

상속의 포기는 민법 제406조 제1항에서 정하는 "재산권에 관한 법률행위"에 해당하지 아니하여 사해행위취소의 대상이 되지 못한다(대법원 2011. 6. 9. 선고 2011다29307 판결).

상속을 포기한 자는, 그 포기로 인하여 상속인이 된 자가 상속재산을 관리할 수 있을 때까지 그 재산의 관리를 계속하여야 하는데, 상속재산의 관리에 관한 제1022조와 상속재산의 보전에 필요한 처분에 관한 제1023조가 준용된다(1044조).

수리심판이 효력을 발생한 때에 포기 또는 한정승인의 효력 발생

신고의 적법상만을 심리할 수 있을 뿐, 내용의 타당성은 심리하지 않으므로, 수리심판이 있더라도 일응 요건이 구비된 것으로 인정된 것일 뿐, 효력이 확정되는 것은 아니며, 한정승인 또는 포기의 효력이 있는지에 간한 최종판단은 실체법에 따라 본안소송에서 결정된다(대법원 2002. 11. 8. 2002다21882). 따라서 신고가 형식적 요건을 구비한 이상 상속채무가 상속재산을 초과하였다거나 상속인이 중대한 과실 없이 이를 알지 못하였다는 등의 실체적 요건에 대하여는 이를 구비하지 아니하였음이 명백한 경우 외에는 이를 문제삼아 한정승인신고를 불수리할 수는 없다(대법원 2006. 2. 13. 자 2004스74).

26. 아이의 친권자를 엄마로 바꾸는 방법은

질의	협의이혼할 때 아이 아빠를 친권자로 지정했지만, 엄마인 제가 계속 키워왔는데, 키우다보니 불편한 점이 많아서 아이의 친권자를 엄마인 저로 변경하고 싶어요.
응답	아이의 친권자를 아빠에서 엄마로 변경해달라고 법원에 친권자 변경 청구를 할 수 있습니다. 법원은 자녀의 복리, 부모의 양육의사, 자녀의 의사 등 모든 요소를 종합적으로 고려하여 친권자 변경을 결정합니다.

27. 아이의 성을 바꾸는 방법

질의	이혼 후에 재혼을 했는데 아이가 자라면서 새아빠, 동생 등 다른 가족과 성이 달라서 혼란스러워합니다. 아이의 성을 새아빠의 성으로 변경할 수 없나요?
응답	종전에는 원칙적으로 성과 본을 변경할 수 없었는데 2005년 민법이 개정되어 자녀의 복리를 위하여 자녀의 성과 본을 변경할 필요가 있는 때에는 부(父) 또는 모(母) 등의 청구에 의하여 법원의 허가를 받아 이를 변경할 수 있게 되었습니다. 재혼가정에서 자라는 자녀들이 실제로 아버지의 역할을 하고 있는 계부나 양부 및 그 가족들과 성이 달라서 고통을 받는 문제를 해결하기 위한 제도입니다. 아이의 부모 등은 아이의 주소지의 관할 가정법원에 아이의 성과 본을 변경해 달라는 청구를 할 수 있고, 법원은 친부모의 의견, 아이의 의사 등을 듣고 아이의 복리를 위하여 성본을 변경할 필요성이 있는 경우에 성본변경을 허가합니다.

가. 성본창설, 성본계속사용, 성본변경(민법 제781조)

(1) 성본의 결정

자는 부의 성과 본을 따름을 원칙으로 하되, 부모가 혼인ㅅ니고 시 모의 성과 본을 따르기로 합의한 경우에는 모의 성과 본을 따르고(민법 제781조 제1항), 부가 외국인인 경우에는 모의 성과 본을 따를 수 있으며(같은 조 제2항), 부를 알 수 없을 때에는 모의 성과 본을 따른다(같은 조 제3항).

자가 부모 모두를 알 수 없을 때에는 가정법원의 허가를 받아 성과 본을 창설한다(같은 조 제4항).

(2) 성본의 창설

(가) 의의

부모 모두를 알 수 없을 때에 본인이 가정법원에 성과 본을 창설하여 달라는 청구를 하면 가정법원이 이를 허가하여 주는 제도이다.

(나) 청구권자

① 부모를 모두 알 수 없어 성과 본이 없는 대한민국 국민(및 그 법정대리인).
② 국적취득자
③ '보호시설에 있는 미성년자의 후견직무에 관한 법률'에 의하여 지정된 후견인.

(다) 심리

불법체류하는 조선족 등이 적법하게 국적을 취득하지 않고 위법하게 취적하기 위하여 청구하는 경우나, 전과자가 호적세탁을 하기 위하여 청구하는 경우가 있으므로, 무적자인지 여부에 관하여 주민조회, 전과조회, 10지문 조회 등을 한다.

청구취지에 구속되지 않고 법원이 재량으로 성과 본을 창설하여 준다(예 : 전주 이씨로 해달라고 청구하여도 한양 이씨로 허가함)

(3) 성본계속사용

혼인 외의 출생자가 인지된 경우 자는 부모의 협의에 따라 종전의 성과 본을 계속 사용할 수 있되, 부모가 협의할 수 없거나 협의가 이루어지지 아니한 경우에는 가정법원의 허가를 받아 종전의 성과 본을 계속 사용할 수 있다(민법 제781조 제5항).

(4) 성본변경

자의 복리를 위하여 자의 성과 본을 변경할 필요가 있을 때에는 부, 모 또는 자(자가 미성년자이고 법정대리인이 청구할 수 없는 경우에는 친족이나 검사)의 청구에 의하여 가정법원의 허가를 받아 성과 본을 변경할 수 있다(민법 제781조제6항).

(가) 절차

부, 모, 자(민법 제781조 제6항). 양부, 양모도 가능, 자가 미성년자이고 법정대리인이 청구할 수 없는 경우에는 민법 제777조의 규정에 따른 친족 또는 검사가 청구(민법 제781조 제6항 단서).

관할은 사건본인의 주소지를 관할하는 가정법원(가사소송법 제44조 제1호).

부, 모, 자가 15세 이상인 때에는 그 자의 의견을 들을 수 있고, 자의 부모 중 자와 성과 본이 동일한 사람의 사망 그 밖의 사유로 의견을 들을 수 없는 경우에는 자와 성과 본이 동일한 최근친 직계존속의 의견을 들을 수 있으나(가사소송규칙 제59조의2 제2항) 임의적임. 자에 대한 의견청취는 진술서 제출로 갈음함.

(나) 심판 및 불복

인용결정에 대하여는 불복이 허용되지 않고 기각결정에 대하여는 청구인 즉시항고 가능).

(다) 성ㆍ본 변경의 허가기준

자의 복리를 위하여, 자의 성과 본을 변경할 필요가 있을 때(민법 제781조 제6항)[33], 성년자의 성ㆍ본 변경 청구는 법적 안정성 보호를 위하여 비교적 엄격하게 심리한다.

---

33) 대법원 209. 12. 11. 자 2009스23 결정 : 자의 나이와 성숙도를 감안하여 자 또는 친권자·양육자의 의사를 고려하되, 먼저 자의 성·본 변경이 이루어지지 아니할 경우에 내부적으로 가족 사이의 정서적 통합에 방해가 되고 대외적으로 가족 구성원에 관련된 편견이나 오해 등으로 학교생활이나 사회생활에서 겪게 되는 불이익의 정도를 심리하고, 다음으로 성·본 변경이 이루어질 경우에 초래되는 정체성의 혼란이나 자와 성·본을 함께 하고 있는 친부나 형제자매 등과의 유대 관계의 단절 및 부양의 중단 등으로 인하여 겪게 되는 불이익의 정도를 심리한 다음, 자의 입장에서 위 두 가지 불이익의 정도를 비교형량하여 자의 행복과 이익에 도움이 되는 쪽으로 판단하여야 한다.[원심은 친부가 성본변경에 강력히 반대하고 친부와 함께 생활하고 있는 사건번온(1985년생 여)의 오바(1983년생, 남)가 성본을 그대로 유지하고 있는 점, 사건본인이 성인이 된 후 현재까지 '구'씨로 칭해지면서 생활관계를 형성해 온 점 등을 종합하여 청구를 배척하였으나 대법원은 이미 성년에 도달하여 사리분별이 있는 사건본인이 성본변경을 희망하고 있는 점, 사건본인이 양부(2011. 4. 14. 사건본인 모와 재혼 후 사건본인을 양육하다가 2003. 2. 3. 사건본인을 입양함)와 가족으로서의 귀속감을 느끼고 있고, 사건본인이 양부와 성본이 다름으로 인하여 이력서나 주민등록표 등을 제출할 때마다 불편을 겪고 있는 것으로 보이는 점, 사건본인은 부모의 이혼 후 부나 오빠와 별다른 교류가 없어 유대관계가 이미 상실된 상태로 보이므로 이 사건 성본변경으로 인한 유대관계단절로 사건본인에게 발생하는 불행이나 불이익은 미미할 것으로 추단되는 점, 성본변경권을 남용하고 있다고 볼만한 아무런 자료가 없는 점 등에 비추어 허가함이 상당하다고 판시]. 가족관계등록예규 312호 제3조는 부부가 이혼 후 다시 재혼하면서도 자가 모의 성과 본을 따르기로 협의할 수 있고 그 협의이후 태어나는 모든 자녀에 대하여 효력이 있다고 하여 형제자매 사이에 성본이 달라지는 것을 허용하고 있다.

28. 가족관계등록법의 제정에 따른 개정

가. 배경

가족관계등록법의 제정에 따른 용어 개정이 필요하다.

나. 가족관계등록법의 주요 내용

(1) 가족관계 등록사무의 국가사무화 및 대법원 관장

가족관계 등록사무를 국가사무화하고, 대법원이 등록사무를 관장하도록 하였다.

(2) 호적을 대체하는 개인별 가족관계등록부 제도

개인별 가족관계등록부를 편제하도록 하고, 본적을 폐지하였으며, 등록기준지 개념을 도입하였다. 좀 더 구체적으로 살펴보면, 호주를 기준으로 가(家)단위로 편제하던 방식을 국민 개인별로 등록기준지에 따라 가족관계등록부를 편제하도록 하였고, 가(家)의 근거지로 호적의 편제기준인 본적 개념을 폐지하였으며, 기능적 필요성에서 "등록기준지" 개념을 도입한 것이다.

- 현행 호적과 비교 -

현행	변경
호적(부)	가족관계등록(부)
호적등・초본	등록사항별 5가지 증명서
본적	등록기준지
전적	등록기준지 변경
제적	폐쇄
취적	가족관계 등록창설
(호적의) 기재	(가족관계등록부의) 기록

한편 전산화 환경에 맞춘 가족관계등록부를 도입하였다. 각종 가족관계의 발생, 변동사항의 작성 및 관리를 전산정보처리조직에 의하도록 하였는데, "가족관계등록부"란 서면장부가 아니라 가족관계등록사항을 개인별로 입력·처리한 전산정보자료를 말하는 것이다. 가족관계등록부는 개인별로 기록하고 본인 외의 관련 정보는 필요시 연결정보로 추출하여 사용함으로써 개인별 편제방식에 따른 중복정보처리 문제를 해소하였고, 그 사무처리를 단순화 하였다.

또한 다양한 목적별 증명서를 발급하도록 하였다(가족관계등록법 제15조). 증명목적에 따라 아래와 같은 5가지의 증명서를 마련하여 호적등본과 달리 본인 외의 개인정보가 불필요하게 노출되는 문제점을 해소하였다.

① 가족관계증명서 : 본인·배우자·부모·자녀의 기본 신분정보사항 포함(이혼한 전 배우자, 파양한 양부모·양자는 제외)
② 기본증명서 : 본인의 출생·사망·개명 등의 기본사항
③ 혼인관계증명서 : 본인·배우자의 기본 신분정보사항 및 본인의 혼인·이혼에 관한 사항
④ 입양관계증명서 : 본인·양부모·양자의 기본 신분정보사항 및 본인의 입양·파양에 관한 사항
⑤ 친양자입양관계증명서 : 본인·양부모·친생부모 또는 친양자의 기본 신분정보사항 및 본인의 입양·파양에 관한 사항

다. 성년후견, 한정후견, 특정후견 및 임의후견

(1) 개관

(가) 새로운 제도의 도입 및 규정

1) 새로운 제도의 도입

① 금치산, 한정치산 제도 폐지 → 성년, 한정, 특정, 임의후견제도 2013. 7. 1. 시행
② 이미 금치산 또는 한정치산의 선고를 받은 사람에 대하여는 종전의 규정이 적용
③ 다만, 성년후견 등이 개시된 경우와 2018. 7. 1.이 경과된 경우 금치산·한정치산 선고 효력 상실하되, 계속중인 한정치산·금치산 사건은 성년·한정후견 개시사건으로 간주

2) 규정

가사소송법 제2조 (가정법원의 관장 사항) ① 다음 각 호의 사항(이하 "가사사건"이라 한다)에 대한 심리(審理)와 재판은 가정법원의 전속관할(專屬管轄)로 한다. <개정 2017. 10. 31.>

2. 가사비송사건

가. 라류(類) 사건

1) 「민법」 제9조제1항, 제11조, 제14조의3제2항 및 제959조의20에 따른 성년후견 개시의 심판과 그 종료의 심판

1)의2 「민법」 제10조제2항 및 제3항에 따른 취소할 수 없는 피성년후견인의 법률행위의 범위 결정 및 그 변경

1)의3 「민법」 제12조제1항, 제14조, 제14조의3제1항 및 제959조의20에 따른 한정후견 개시의 심판과 그 종료의 심판

1)의4 「민법」 제13조제1항부터 제3항까지의 규정에 따른 피한정후견인이 한정후견인의 동의를 받아야 하는 행위의 범위 결정과 그 변경 및 한정후견인의 동의를 갈음하는 허가

1)의5 「민법」 제14조의2, 제14조의3 및 제959조의20에 따른 특정후견의 심판과 그 종료의 심판

(나) 성년후견제도와 종전 금치산, 한정치산 제도와의 비교

		금치산(한정치산)제도	성년후견제도
제도	본질	가족제도	복지제도
	목적	재산관리에 중점	신상보호에 중점
	방식	능력박탈(제한)	능력지원
피후견인	사유	심신상실/심신미약	질병・장애・노령 등으로 인한 정신적 제약
	종류	금치산/한정치산	성년/한정/특정/임의
후견인	자격	친족	친족 또는 제3자(법인 포함)
	선임방식	법정되어 있음	법원의 직권선임
	감독기관	친족회	법원(후견감독인)
법원	역할	능력박탈(제한)의 선언	후견인 선임과 감독
	성격	사법적(司法的)	행정적(行政的)

(다) 성년후견제도와 미성년후견제도와의 비교

		미성년후견제도	성년후견제도
피후견인	선임사유	친권자가 없거나 친권자가 대리권·재산관리권을 행사할 수 없는 경우	질병·장애·노령 등으로 인한 정신적 제약
후견인	자격	친족 또는 제3자(법인 X)	친족 또는 제3자(법인 포함)
	수	1인	수인 가능
	선임	법원 직권 선임(유언 지정이 있는 경우 제외)	법원의 직권선임
	감독기관	법원(후견감독인)	법원(후견감독인)
후견감독인	선임	법원 직권 선임(유언으로 지정이 있는 경우 제외)	법원의 임의적 선임
공시	방법	가족관계등록부	후견등기부
	촉탁	법원의 기록촉탁	법원의 등기촉탁(성년,한정,특정) 당사자의 신청(후견계약)
법원	역할	후견인 선임과 감독	후견인 선임과 감독

(라) 성년후견, 한정후견, 특정후견, 임의후견 비교표

	성년후견	한정후견	특정후견	임의후견
개시사유	정신적 제약으로 사무처리능력 지속적 결여	정신적 제약으로 사무처리능력의 부족	정신적 제약으로 일시적 후원 또는 특정사무 후원의 필요	정신적 제약으로 사무처리능력의 부족
후견개시 청구권자	본인, 배우자, 4촌 이내의 친족, 미성년후견(감독)인, 정후견(감독)인, 특정후견(감독)인, 임의후견(감독)인, 검사 또는 지방자치단체의 장	본인, 배우자, 4촌 이내의 친족, 미성년후견(감독)인, 년후견(감독)인, 특정후견(감독)인, 임의후견(감독)인, 검사 또는 지방자치단체의 장	본인, 배우자, 4촌 이내의 친족, 미성년후견인, 미성년후견감독인, 임의후견(감독)인, 검사 또는 지방자치단체의 장	본인, 배우자, 4촌 이내의 친족, 임의후견인, 검사 또는 지방자치단체의 장
후견개시 시점	성년후견개시 심판 확정 시	한정후견개시 심판 확정 시	특정후견 심판 확정 시	임의후견감독인 선임 심판 시
공시방법	법원의 등기촉탁	법원의 등기촉탁	법원의 등기촉탁	당사자의 등기신청 및 법원의 등기촉탁

본인의 행위능력	원칙적 행위능력상실자	원칙적 행위능력자	행위능력자	행위능력자
후견인의 권한	원칙적으로 포괄적인 대리권, 취소권	법원이 정한 범위 내에서 대리권, 동의권, 취소권	법원이 정한 범위 내에서 대리권	각 계약에서 정한 바에 따름

(2) 공통적인 사항

(가) 성년후견·한정후견·특정후견 관련 심판에서의 진술 청취

가정법원은 특정사건[34]의 경우 법에서 정한 자의 진술을 청취해야 함(법 제45조의3 제1항 각호).

다만 피성년후견인(피성년후견인이 될 사람을 포함)이나 피임의후견인(피임의후견인이 될 사람을 포함)이 의식불명, 그 밖의 사유로 자신의 의사를 표명할 수 없는 경우는 예외(법 제45조의3 제1항)

34) 진술 청취가 필요한 사건
- 성년후견 개시, 한정후견 개시 및 특정후견 개시
- 성년후견·한정후견·특정후견 종료
- 성년후견인·한정후견인·특정후견인의 선임, 성년후견감독인·한정후견감독인·특정후견감독인의 선임
- 성년후견인·한정후견인·특정후견인의 변경, 성년후견감독인·한정후견감독인·특정후견감독인의 변경
- 취소할 수 없는 피성년후견인의 법률행위의 범위 결정과 그 변경
- 성년후견인·한정후견인의 대리권의 범위 결정과 그 변경
- 성년후견인·한정후견인이 피성년후견인·피한정후견인의 신상에 관하여 결정할 수 있는 권한의 범위 결정과 그 변경
- 피성년후견인·피한정후견인의 격리에 대한 허가
- 피미성년후견인·피성년후견인·피한정후견인에 대한 의료행위의 동의에 대한 허가
- 피한정후견인이 한정후견인의 동의를 받아야 하는 행위의 범위 결정과 그 변경, 한정후견인의 동의를 갈음하는 허가
- 피미성년후견인, 피성년후견인 또는 피한정후견인이 거주하는 건물이나 그 대지에 대한 매도 등에 대한 허가
- 특정후견인에게 대리권을 수여

가사소송법 변경 사항

[시행 2023. 10. 19.] [법률 제19354호, 2023. 4. 18., 타법개정]

제2조 (가정법원의 관장 사항) ① 다음 각 호의 사항(이하 "가사사건"이라 한다)에 대한 심리(審理)와 재판은 가정법원의 전속관할(專屬管轄)로 한다. <개정 2013. 4. 5., 2013. 7. 30., 2014. 10. 15., 2016. 12. 2., 2017. 10. 31.>

1. 가사소송사건
   가. 가류(類) 사건
      1) 혼인의 무효
      2) 이혼의 무효
      3) 인지(認知)의 무효
      4) 친생자관계 존부 확인(親生子關係 存否 確認)
      5) 입양의 무효
      6) 파양(罷養)의 무효
   나. 나류(類) 사건
      1) 사실상 혼인관계 존부 확인
      2) 혼인의 취소
      3) 이혼의 취소
      4) 재판상 이혼
      5) 아버지의 결정
      6) 친생부인(親生否認)
      7) 인지의 취소
      8) 인지에 대한 이의(異議)
      9) 인지청구
      10) 입양의 취소
      11) 파양의 취소
      12) 재판상 파양
      13) 친양자(親養子) 입양의 취소
      14) 친양자의 파양
   다. 다류(類) 사건
      1) 약혼 해제(解除) 또는 사실혼관계 부당 파기(破棄)로 인한 손해배상청구(제3자에 대한 청구를 포함한다) 및 원상회복의 청

구

2) 혼인의 무효·취소, 이혼의 무효·취소 또는 이혼을 원인으로 하는 손해배상청구(제3자에 대한 청구를 포함한다) 및 원상회복의 청구

3) 입양의 무효·취소, 파양의 무효·취소 또는 파양을 원인으로 하는 손해배상청구(제3자에 대한 청구를 포함한다) 및 원상회복의 청구

4) 「민법」 제839조의3에 따른 재산분할청구권 보전을 위한 사해행위(詐害行爲) 취소 및 원상회복의 청구

2. 가사비송사건

가. 라류(類) 사건

1) 「민법」 제9조제1항, 제11조, 제14조의3제2항 및 제959조의20에 따른 성년후견 개시의 심판과 그 종료의 심판

1)의2 「민법」 제10조제2항 및 제3항에 따른 취소할 수 없는 피성년후견인의 법률행위의 범위 결정 및 그 변경

1)의3 「민법」 제12조제1항, 제14조, 제14조의3제1항 및 제959조의20에 따른 한정후견 개시의 심판과 그 종료의 심판

1)의4 「민법」 제13조제1항부터 제3항까지의 규정에 따른 피한정후견인이 한정후견인의 동의를 받아야 하는 행위의 범위 결정과 그 변경 및 한정후견인의 동의를 갈음하는 허가

1)의5 「민법」 제14조의2, 제14조의3 및 제959조의20에 따른 특정후견의 심판과 그 종료의 심판

2) 「민법」 제22조부터 제26조까지의 규정에 따른 부재자 재산의 관리에 관한 처분

2)의2 「민법」 제909조의2제5항에 따라 친권자 또는 미성년후견인의 임무를 대행할 사람(이하 "임무대행자"라 한다)의 같은 법 제25조에 따른 권한을 넘는 행위의 허가

3) 「민법」 제27조부터 제29조까지의 규정에 따른 실종의 선고와 그 취소

4) 「민법」 제781조제4항에 따른 성(姓)과 본(本)의 창설 허가

5) 「민법」 제781조제5항에 따른 자녀의 종전 성과 본의 계속사용허가

6) 「민법」 제781조제6항에 따른 자녀의 성과 본의 변경허가

7) 「민법」 제829조제2항 단서에 따른 부부재산약정의 변경에 대한 허가

7)의2 「민법」 제854조의2에 따른 친생부인의 허가
7)의3 「민법」 제855조의2제1항 및 제2항에 따른 인지의 허가
8) 「민법」 제867조에 따른 미성년자의 입양에 대한 허가
8)의2 「민법」 제873조제2항에 따라 준용되는 같은 법 제867조에 따른 피성년후견인이 입양을 하거나 양자가 되는 것에 대한 허가
9) 「민법」 제871조제2항에 따른 부모의 동의를 갈음하는 심판
10) 삭제 <2013. 7. 30.>
11) 「민법」 제906조제1항 단서에 따른 양자의 친족 또는 이해관계인의 파양청구에 대한 허가
12) 「민법」 제908조의2에 따른 친양자 입양의 허가
13) 「민법」 제909조제2항 단서에 따른 친권 행사 방법의 결정
13)의2 「민법」 제909조의2제1항부터 제5항까지(같은 법 제927조의2제1항 각 호 외의 부분 본문에 따라 준용되는 경우를 포함한다)에 따른 친권자의 지정, 미성년후견인의 선임 및 임무대행자의 선임
13)의3 「민법」 제909조의2제6항에 따른 후견의 종료 및 친권자의 지정
14) 삭제 <2021. 1. 26.>
15) 「민법」 제918조(같은 법 제956조에 따라 준용되는 경우를 포함한다)에 따른 재산관리인의 선임(選任) 또는 개임(改任)과 재산관리에 관한 처분
16) 「민법」 제921조(「민법」 제949조의3에 따라 준용되는 경우를 포함한다)에 따른 특별대리인의 선임
17) 「민법」 제927조에 따른 친권자의 법률행위 대리권 및 재산관리권의 사퇴(辭退) 또는 회복에 대한 허가
17)의2 「민법」 제927조의2제2항에 따른 친권자의 지정
17)의3 「민법」 제931조제2항에 따른 후견의 종료 및 친권자의 지정
18) 「민법」 제932조, 제936조제1항부터 제3항까지, 제940조, 제959조의3 및 제959조의9에 따른 미성년후견인·성년후견인·한정후견인·특정후견인의 선임 또는 변경
18)의2 「민법」 제938조제2항부터 제4항까지의 규정에 따른 성년후견인의 법정대리권의 범위 결정과 그 변경 및 성년후견인이 피성년후견인의 신상에 관하여 결정할 수 있는 권한의 범위 결

정과 그 변경

18)의3 「민법」 제940조의7에 따라 준용되는 제940조와 제940조의3, 제940조의4, 제959조의5 및 제959조의10에 따른 미성년후견감독인·성년후견감독인·한정후견감독인·특정후견감독인의 선임 또는 변경

19) 「민법」 제939조(「민법」 제940조의7, 제959조의3제2항, 제959조의5제2항, 제959조의9제2항, 제959조의10제2항에 따라 준용되는 경우 및 제959조의16제3항에 따라 준용되는 제940조의7에 따라 다시 준용되는 경우를 포함한다)에 따른 미성년후견인·성년후견인·한정후견인·특정후견인·미성년후견감독인·성년후견감독인·한정후견감독인·특정후견감독인·임의후견감독인의 사임에 대한 허가

20) 「민법」 제941조제1항 단서(같은 법 제948조에 따라 준용되는 경우를 포함한다)에 따른 후견인의 재산 목록 작성을 위한 기간의 연장허가

21) 「민법」 제947조의2제2항(「민법」 제959조의6에 따라 준용되는 경우를 포함한다)에 따른 피성년후견인 또는 피한정후견인의 격리에 대한 허가 및 「민법」 제947조의2제4항(「민법」 제940조의7, 제959조의5제2항 및 제959조의6에 따라 준용되는 경우를 포함한다)에 따른 피미성년후견인, 피성년후견인 또는 피한정후견인에 대한 의료행위의 동의에 대한 허가

21)의2 「민법」 제947조의2제5항(「민법」 제940조의7, 제959조의5제2항 및 제959조의6에 따라 준용되는 경우를 포함한다)에 따른 피미성년후견인, 피성년후견인 또는 피한정후견인이 거주하는 건물 또는 그 대지에 대한 매도 등에 대한 허가

21)의3 「민법」 제949조의2(「민법」 제940조의7, 제959조의5제2항, 제959조의6, 제959조의10제2항, 제959조의12에 따라 준용되는 경우 및 제959조의16제3항에 따라 준용되는 제940조의7에 따라 다시 준용되는 경우를 포함한다)에 따른 여러 명의 성년후견인·한정후견인·특정후견인·성년후견감독인·한정후견감독인·특정후견감독인·임의후견감독인의 권한 행사에 관한 결정과 그 변경 또는 취소 및 성년후견인·한정후견인·특정후견인·성년후견감독인·한정후견감독인·특정후견감독인·임의후견감독인의 의사표시를 갈음하는 재판

21)의4 「민법」 제950조제2항(「민법」 제948조 및 제959조의6에

따라 준용되는 경우를 포함한다)에 따른 미성년후견감독인·성년후견감독인·한정후견감독인의 동의를 갈음하는 허가

22) 「민법」 제954조(「민법」 제948조, 제959조의6 및 제959조의12에 따라 준용되는 경우를 포함한다)에 따른 피미성년후견인, 피성년후견인, 피한정후견인 또는 피특정후견인의 재산상황에 대한 조사 및 그 재산관리 등 후견임무 수행에 관하여 필요한 처분명령

22)의2 「민법」 제909조의2제5항에 따라 준용되는 같은 법 제954조에 따른 미성년자의 재산상황에 대한 조사 및 그 재산관리 등 임무대행자의 임무 수행에 관하여 필요한 처분명령

23) 「민법」 제955조(「민법」 제940조의7, 제948조, 제959조의5제2항, 제959조의6, 제959조의10제2항, 제959조의12에 따라 준용되는 경우 및 제959조의16제3항에 따라 준용되는 제940조의7에 따라 다시 준용되는 경우를 포함한다)에 따른 미성년후견인·성년후견인·한정후견인·특정후견인·미성년후견감독인·성년후견감독인·한정후견감독인·특정후견감독인·임의후견감독인에 대한 보수(報酬)의 수여

24) 「민법」 제957조제1항 단서(「민법」 제959조의7 및 제959조의13에 따라 준용되는 경우를 포함한다)에 따른 후견 종료 시 관리계산기간의 연장허가

24)의2 「민법」 제959조의4에 따른 한정후견인에게 대리권을 수여하는 심판과 그 범위 변경 및 한정후견인이 피한정후견인의 신상에 관하여 결정할 수 있는 권한의 범위 결정과 그 변경

24)의3 「민법」 제959조의8에 따른 피특정후견인의 후원을 위하여 필요한 처분명령

24)의4 「민법」 제959조의11에 따른 특정후견인에게 대리권을 수여하는 심판

24)의5 「민법」 제959조의16제3항에 따라 준용되는 제940조의7에 따라 다시 준용되는 제940조 및 제959조의15제1항·제3항·제4항에 따른 임의후견감독인의 선임 또는 변경

24)의6 「민법」 제959조의16제2항에 따른 임의후견감독인에 대한 감독사무에 관한 보고 요구, 임의후견인의 사무 또는 본인의 재산상황에 대한 조사명령 또는 임의후견감독인의 직무에 관하여 필요한 처분명령

24)의7 「민법」 제959조의17제2항에 따른 임의후견인의 해임

24)의8 「민법」 제959조의18제2항에 따른 후견계약 종료의 허가
25) 삭제 <2013. 4. 5.>
26) 삭제 <2013. 4. 5.>
27) 삭제 <2013. 4. 5.>
28) 삭제 <2013. 4. 5.>
29) 삭제 <2013. 4. 5.>
30) 「민법」 제1019조제1항 단서에 따른 상속의 승인 또는 포기를 위한 기간의 연장허가
31) 「민법」 제1023조(같은 법 제1044조에 따라 준용되는 경우를 포함한다)에 따른 상속재산 보존을 위한 처분
32) 「민법」 제1024조제2항, 제1030조 및 제1041조에 따른 상속의 한정승인신고 또는 포기신고의 수리(受理)와 한정승인 취소신고 또는 포기 취소신고의 수리
33) 「민법」 제1035조제2항(같은 법 제1040조제3항, 제1051조제3항 및 제1056조제2항에 따라 준용되는 경우를 포함한다) 및 제1113조제2항에 따른 감정인(鑑定人)의 선임
34) 「민법」 제1040조제1항에 따른 공동상속재산을 위한 관리인의 선임
35) 「민법」 제1045조에 따른 상속재산의 분리
36) 「민법」 제1047조에 따른 상속재산 분리 후의 상속재산 관리에 관한 처분
37) 「민법」 제1053조에 따른 관리인의 선임 및 그 공고와 재산관리에 관한 처분
38) 「민법」 제1057조에 따른 상속인 수색(搜索)의 공고
39) 「민법」 제1057조의2에 따른 상속재산의 분여(分與)
40) 「민법」 제1070조제2항에 따른 유언의 검인(檢認)
41) 「민법」 제1091조에 따른 유언의 증서 또는 녹음(錄音)의 검인
42) 「민법」 제1092조에 따른 유언증서의 개봉
43) 「민법」 제1096조에 따른 유언집행자의 선임 및 그 임무에 관한 처분
44) 「민법」 제1097조제2항에 따른 유언집행자의 승낙 또는 사퇴를 위한 통지의 수리
45) 「민법」 제1104조제1항에 따른 유언집행자에 대한 보수의 결정
46) 「민법」 제1105조에 따른 유언집행자의 사퇴에 대한 허가
47) 「민법」 제1106조에 따른 유언집행자의 해임

48) 「민법」 제1111조에 따른 부담(負擔) 있는 유언의 취소

나. 마류(類) 사건

1) 「민법」 제826조 및 제833조에 따른 부부의 동거·부양·협조 또는 생활비용의 부담에 관한 처분
2) 「민법」 제829조제3항에 따른 재산관리자의 변경 또는 공유재산(共有財産)의 분할을 위한 처분
3) 「민법」 제837조 및 제837조의2(같은 법 제843조에 따라 위 각 조항이 준용되는 경우 및 혼인의 취소 또는 인지를 원인으로 하는 경우를 포함한다)에 따른 자녀의 양육에 관한 처분과 그 변경, 면접교섭권(面接交涉權)의 처분 또는 제한·배제·변경
4) 「민법」 제839조의2제2항(같은 법 제843조에 따라 준용되는 경우 및 혼인의 취소를 원인으로 하는 경우를 포함한다)에 따른 재산 분할에 관한 처분
5) 「민법」 제909조제4항 및 제6항(혼인의 취소를 원인으로 하는 경우를 포함한다)에 따른 친권자의 지정과 변경
6) 「민법」 제922조의2에 따른 친권자의 동의를 갈음하는 재판
7) 「민법」 제924조, 제924조의2, 제925조 및 제926조에 따른 친권의 상실, 일시 정지, 일부 제한 및 그 실권 회복의 선고 또는 법률행위의 대리권과 재산관리권의 상실 및 그 실권 회복의 선고
8) 「민법」 제976조부터 제978조까지의 규정에 따른 부양(扶養)에 관한 처분
9) 「민법」 제1008조의2제2항 및 제4항에 따른 기여분(寄與分)의 결정
10) 「민법」 제1013조제2항에 따른 상속재산의 분할에 관한 처분

② 가정법원은 다른 법률이나 대법원규칙에서 가정법원의 권한으로 정한 사항에 대하여도 심리·재판한다.

③ 제2항의 사건에 관한 절차는 법률이나 대법원규칙으로 따로 정하는 경우를 제외하고는 라류 가사비송사건의 절차에 따른다.

[전문개정 2010. 3. 31.]

제37조의2 (절차의 구조) ② 제1항의 절차구조에 관하여는 「민사소송법」 제128조제3항부터 제5항까지, 제129조부터 제133조까지를 준용한다. 다만, 「민사소송법」 제132조 및 제133조 단서는 마류 가사비송사건에 한정하여 준용한다. <개정 2023. 4. 18.> [본조신설 2013. 4. 5.]

版 權
所 有

2024년 최신판

알기쉬운 이혼소송

2013年 4月 18日 初版 發行
2014年 7月 21日 二版 發行
2016年 4月 1日 三版 發行
2017年 11月 20日 四版 發行
2020年 8月 3日 五版 發行
2023年 3月 3日 六版 發行
2024年 4月 10日 七版 發行

編 著 : 법률연구회
發行處 : 법률정보센터

주소 서울시 성북구 아리랑로 4가길 14
전화 (02) 953-2112
등록 1993.7.26. NO.1-1554
www.lawbookcenter.com

ISBN 978-89-6376-551-8 定價 : 20,000원